Die rechtliche Stellung des Rehabilitanden
in außerbetrieblichen Rehabilitationseinrichtungen

Europäische Hochschulschriften

Publications Universitaires Européennes
European University Studies

Reihe II
Rechtswissenschaft

Série II Series II
Droit
Law

Bd./Vol. 3183

PETER LANG
Frankfurt am Main · Berlin · Bern · Bruxelles · New York · Oxford · Wien

Sascha Herms

Die rechtliche Stellung des Rehabilitanden in außerbetrieblichen Rehabilitationseinrichtungen

Ein Beitrag zur systemorientierten Argumentation

PETER LANG
Europäischer Verlag der Wissenschaften

Die Deutsche Bibliothek - CIP-Einheitsaufnahme

Herms, Sascha:

Die rechtliche Stellung des Rehabilitanden in außerbetrieblichen Rehabilitationseinrichtungen : ein Beitrag zur systemorientierten Argumentation / Sascha Herms. - Frankfurt am Main ; Berlin ; Bern ; Bruxelles ; New York ; Oxford ; Wien : Lang, 2001
(Europäische Hochschulschriften : Reihe 2, Rechtswissenschaft ; Bd. 3183)
Zugl.: Berlin, Freie Univ., Diss., 2000
ISBN 3-631-37549-2

D 188
ISSN 0531-7312
ISBN 3-631-37549-2

www.peterlang.de

Vorwort

Die vorliegende Untersuchung ist im September 1999 abgeschlossen worden und hat im Wintersemester 1999/2000 der Freien Universität Berlin als Dissertation vorgelegen.

Die Arbeit wendet sich zum einen an den Leser, der sich für klassische sozialrechtliche Dreicksbeziehungen interessiert. Zum anderen aber auch an denjenigen sich vor allem mit juristischen Methodenfragen beschäftigenden Juristen. Schließlich möchte die Arbeit einen Beitrag zur praktischen Konfliktlösung im Rahmen der Rechtsstellung von vorrübergehend oder auf Dauer behinderten Menschen leisten.

Herzlich danken möchte ich Herrn Professor Dr. Jochem Schmitt (Erstgutachter) für die Betreuung der Arbeit sowie die hilfreichen Anregungen und Hinweise. Die wissenschaftliche Tätigkeit an seinem Lehrstuhl hat die Erstellung der Arbeit maßgeblich gefördert. Für die Erstellung des Zweitgutachtens bedanke ich mich bei Herrn Professor Dr. Detlef Leenen. Schließlich gebührt meinem Kollegen Herrn Thorsten Bauer besonderer Dank für seine kritischen und überaus fruchtbaren Anmerkungen, insbesondere zum methodischen Teil der Arbeit.

Vor Veröffentlichung wurde die Arbeit aktualisiert, so daß Rechtsprechung und Literatur bis einschließlich Dezember 2000 berücksichtigt werden konnten.

Berlin, den 15. März 2001

Sascha Herms

Inhaltsverzeichnis

ZWEITER TEIL
Beurteilung von Rehabilitationsverhältnissen in Literatur und Rechtsprechung

DRITTER TEIL
Methodische Vorgaben

Abkürzungsverzeichnis

a.A.	anderer Ansicht
a.a.O.	am angegebenen Ort
a.F.	alte Fassung
Abs.	Absatz
AcP	Archiv für die civilistische Praxis
AFG	Arbeitsförderungsgesetz
AfP	Archiv für Presserecht (Zeitschrift)
AiB	Arbeit im Betrieb (Zeitschrift)
AktG	Aktiengesetz
AmtlMittLVA	Amtliche Mitteilungen der Landesversicherungsanstalt Rheinprovinz
AN	Amtliche Nachrichten für Reichsversicherung
ANBA	Amtliche Nachrichten der Bundesanstalt für Arbeit
Anm.	Anmerkung
AO Reha	Anordnung des Verwaltungsrates der Bundesanstalt für Arbeit über die individuelle Förderung der beruflichen Fortbildung und Umschulung
AöR	Archiv für das öffentliche Recht
AP	Arbeitsrechtliche Praxis (Entscheidungssammlung)
ArbG	Arbeitsgericht
ArbGG	Arbeitsgerichtsgesetz
ArbZG	Arbeitszeitgesetz
ARSP	Archiv für Rechts- und Sozialphilosophie
Art.	Artikel
AuA	Arbeit und Arbeitsrecht (Zeitschrift)
AuB	Arbeit und Beruf (Zeitschrift)
AuR	Arbeit und Recht (Zeitschrift)
ausdr.	ausdrücklich
ausf.	ausführlich
BAG	Bundesarbeitsgericht
BAGE	Amtliche Sammlung der Entscheidungen des Bundesarbeitsgerichts
BAG WfB	Bundesarbeitsgemeinschaft der Werkstätten für Behinderte
BArbBl	Bundesarbeitsblatt (Zeitschrift)
BB	Der Betriebs-Berater (Zeitschrift)
BBG	Bundesbeamtengesetz
Bd.	Band
Begr.	Begründer
BeschFG	Gesetz über arbeitsrechtliche Vorschriften zur Beschäftigungsföderung (Beschäftigungsförderungsgesetz)

BeschSchG	Gesetz zum Schutz der Beschäftigten vor sexueller Belästigung am Arbeitsplatz
best.	bestätigend
BetrVG	Betriebsverfassungsgesetz
BGB	Bürgerliches Gesetzbuch
BGBl.	Bundesgesetzblatt
BGH	Bundesgerichtshof
BBiG	Berufsbildungsgesetz
BDSG	Bundesdatenschutzgesetz
BKK	Die Betriebskrankenkasse (Zeitschrift)
Bl.	Blatt
BlWPfl	Blätter der Wohlfahrtspflege (Zeitschrift)
BochKomm	Bochumer Kommentar zum Sozialgesetzbuch
BPersVG	Bundespersonalvertretungsgesetz
br	Behindertenrecht (Zeitschrift)
BR-Drucks.	Bundesrats-Drucksache
BReg.	Bundesregierung
Breith	Breithaupt, Sammlung von Entscheidungen
BRRG	Beamtenrechtsrahmengesetz
BSG	Bundessozialgericht
BSGE	Amtliche Sammlung der Entscheidungen des Bundessozialgerichts
BT-Drucks.	Bundestags-Drucksache
BUrlG	Mindesturlaubsgesetz für Arbeitnehmer (Bundesurlaubsgesetz)
BVerfG	Bundesverfassungsgericht
BVerfGE	Amtliche Sammlung der Entscheidungen des Bundesverfassungsgerichts
BVerwG	Bundesverwaltungsgericht
BVG	Bundesversorgungsgesetz
bzw.	beziehungsweise
DB	Der Betrieb (Zeitschrift)
ders.	derselbe
Diss.	Dissertation
DOK	Die Ortskrankenkasse (Zeitschrift)
DÖV	Die Öffentliche Verwaltung (Zeitschrift)
DRV	Deutsche Rentenversicherung (Zeitschrift)
DVBl	Deutsches Verwaltungsblatt (Zeitschrift)
EFZG	Gesetz über die Entgeltfortzahlung im Krankheitsfall und an Feiertagen (Entgeltfortzahlungsgesetz)
ErsK	Die Ersatzkasse (Zeitschrift)
EuGH	Europäischer Gerichtshof

e.V.	eingetragener Verein
f., ff.	folgende, fortfolgende
FEVS	Fürsorgerechtliche Entscheidungen der Verwaltungs- und Sozialgerichte
Fn.	Fußnote
GemS OGB	Gemeinsamer Senat der Obersten Gerichtshöfe des Bundes
GG	Grundgesetz
GmbH	Gesellschaft mit beschränkter Haftung
HdbStR	Handbuch des Staatsrechts, hrgg. von *Isensee*, Josef
HGB	Handelsgesetzbuch
h.M.	herrschende Meinung
hrgg.	herausgegeben
Hrg.	Herausgeber
i.d.F.	in der Fassung
i.d.R.	in der Regel
i.S.d.	im Sinne des, der
i.V.m.	in Verbindung mit
insbes.	insbesondere
JBl	Juristische Blätter (Zeitschrift)
JR	Juristische Rundschau (Zeitschrift)
JuS	Juristische Schulung (Zeitschrift)
JZ	Juristenzeitung
KSchG	Kündigungsschutzgesetz
LAG	Landesarbeitsgericht
LPersVG	Landespersonalvertretungsgesetz
LS	Leitsatz
LSG	Landessozialgericht
MDR	Monatszeitschrift für Deutsches Rechts
m.E.	meines Erachtens
m.w.N.	mit weiteren Nachweisen
NDV	Nachrichtendienst des Deutschen Vereins für öffentliche und private Fürsorge (Zeitschrift)
NJW	Neue Juristischen Wochenschrift
Nr.	Nummer

NVwZ	Neue Zeitschrift für Verwaltungsrecht
NZA	Neue Zeitschrift für Arbeitsrecht
NZS	Neue Zeitschrift für Sozialrecht
OLG	Oberlandesgericht
OVG	Oberverwaltungsgericht
RdA	Recht der Arbeit (Zeitschrift)
RdL	Recht der Landwirtschaft (Zeitschrift)
RehaAnglG	Gesetz über die Angleichung der Leistungen zur Rehabi-
litation	
RGBl.	Reichsgesetzblatt
Rn.	Randnummer
RsDE	Beiträge zum Recht der sozialen Dienste und Einrichtun-
gen	(Zeitschrift)
RVO	Reichsversicherungsordnung
S.	Seite
SAE	Sammlung Arbeitsrechtlicher Entscheidungen
SchwBeschG	Schwerbeschädigtengesetz
SchwbG	Gesetz zur Sicherung der Eingliederung Schwerbehinderter in Arbeit, Beruf und Gesellschaft (Schwerbehindertengesetz)
SchwbWV	Dritte Verordnung zur Durchführung des Schwerbehindertengesetzes (Schwerbehindertenwerkstättenverordnung)
SDSRV	Schriftenreihe des Deutschen Sozialrechtsverbandes
SGb	Die Sozialgerichtsbarkeit (Zeitschrift)
SGB	Sozialgesetzbuch
SozR	Sozialrecht (Entscheidungssammlung)
SozSich	Soziale Sicherheit (Zeitschrift)
SozVers	Die Sozialversicherung (Zeitschrift)
SRH	Sozialrechtshandbuch
st.Rspr.	ständige Rechtsprechung
SVBG	Gesetz über die Sozialversicherung Behinderter in geschützten Einrichtungen
TVG	Tarifvertragsgesetz
u.a.	und andere
unveröff.	unveröffentlicht
USK	Urteilssammlung für die gesetzliche Krankenversicherung

vgl.	vergleiche
VSSR	Vierteljahresschrift für das Sozialrecht
VVDStRL	Veröffentlichungen der Vereinigung Deutscher Staatsrechtslehrer
VwVfG Bd.	Verwaltungsverfahrensgesetz des Bundes
WfB	Werkstatt (-stätten) für Behinderte
ZAS	Zeitschrift für Arbeitsrecht und Sozialrecht
z.B.	zum Beispiel
ZfA	Zeitschrift für Arbeitsrecht
ZfF	Zeitschrift für das Fürsorgewesen
ZfS	Zentralblatt für Sozialversicherung, Sozialhilfe und Versorgung
ZfSH	Zeitschrift für Sozialhilfe
ZfSH/SGB	Zeitschrift für Sozialhilfe und Sozialgesetzbuch
Ziff.	Ziffer
ZIP	Zeitschrift für Wirtschaftsrecht
zit.	zitiert
ZRP	Zeitschrift für Rechtspolitik
ZSR	Zeitschrift für Sozialreform
z.T.	zum Teil
ZTR	Zeitschrift für Tarif-, Arbeits- und Sozialrecht des öffentlichen Dienstes
zust.	zustimmend

§ 1 Einleitung und Problemdarstellung

Die vorliegende Untersuchung möchte einen Beitrag hinsichtlich der rechtlichen Stellung von Rehabilitanden zu Einrichtungen der beruflichen Rehabilitation leisten. Dieses Problem erfreut sich hinsichtlich einzelner Teilbereiche sowie spezieller Teilfragen insbesondere seit Ende der sechziger Jahre einer lebhaften wissenschaftlichen Diskussion, die bislang zu den unterschiedlichsten Ergebnissen und zu wenig Einigkeit geführt hat.[1]

A. Das Sachproblem

Angesichts der seit Jahren andauernden gesetzgeberischen Bemühungen um die Regelung zumindest eines Teilbereichs der beruflichen Rehabilitation im Rahmen der Eingliederung des Rehabilitations- und Schwerbehindertenrechts als IX. Buch in das SGB, hat die Frage nach der Rechtsstellung von Behinderten während einer Rehabilitationsmaßnahme nichts an ihrer Aktualität verloren. Bereits 1984 plante die damalige Bundesregierung ausweislich ihres ersten Berichts über die Lage der Behinderten und die Entwicklung der Rehabilitation eine Vereinheitlichung und Fortentwicklung des Rehabilitationsrechts.[2] Auch die im Herbst 1998 neu gewählte Bundesregierung hat sich im Rahmen ihrer Koalitionsvereinbarung darauf verständigt, im Zusammenhang mit der Kodifizierung des SGB IX das Recht der Rehabilitation zusammenzufassen und weiterzuentwickeln.[3] Bis auf Ausnahmen wird dieses Vorhaben auch in der wissenschaftlichen Literatur nachhaltig unterstützt.[4] Allerdings besteht das Problem des Gesetzgebers weniger in der Kodifizierung der Rechtsstellung des Rehabilitanden zur Rehabilitationseinrichtung, sondern vielmehr in der Frage, wie die Förderung durch die Sozialhilfeträger nach dem BSHG einerseits und durch die Sozialversicherungsträger im wesentlichen nach den SGB

---

[1] Vgl. nur die einschlägigen Monographien von *Aretz, Dierks, Leisten, Naendrup* sowie die Gutachten zu Teilproblemen von *Gitter* und *Schulin.*

[2] Vgl. BT-Drucks. 10/1233, S.47 unter Ziffer 1.44. Auch in ihrem zweiten Behindertenbericht vom 2.5.1989 hat die Bundesregierung an diesem Plan festgehalten, vgl. BT-Drucks. 11/4455 S.54 f. Schließlich wurde das Ziel in der Koalitionsvereinbarung vom 16.1.1991 für die 12. Legislaturperiode erneut aufgegriffen (Ziff. V 32). Zu den Vorhaben im einzelnen vgl. *Fuchs*, SozSich 1990, 103 ff.

[3] Koalitionsvereinbarung der Regierungsparteien vom 20.10.1998 für die 14. Legislaturperiode des Deutschen Bundestages Ziff. VI. 6., abgedruckt in ZRP 1998, 485, 495.

[4] Vgl. nur *Adloch*, br 1998, 185 ff.; *ders.*, br 1995, 133 ff.; *Schulin*, Neumann u.a., S.117 m.w.N.; aber auch *André*, ZfSH/SGB 1990, 345, 352, der ein besonderes Buch für Behindertenrecht „inhaltsarm und somit für überflüssig" hält, ebenfalls skeptisch *Bertram/Beckmann*, br 1998, 177 ff.; *Fuchs*, SozSich 1990, 103, 110; *Kolb*, SRH, C.27 Rn.21; GK-SGB I/*Schellhorn*, zu § 10 SGB I Rn.3.

andererseits zu vereinheitlichen sind.[5] Im Rahmen der vorliegenden Arbeit soll auf dieses Problem nicht näher eingegangen werden.

Das Thema der vorliegenden Untersuchung erhält zudem Bedeutung aus dem Umstand, daß der beruflichen Rehabilitation eine Schlüsselrolle im Sozialrecht zukommt[6], was nicht nur in der sozialstaatlichen Verantwortung des Staates begründet liegt, sondern auch in der wirtschaftlichen Bedeutung einer erfolgreichen beruflichen Wiedereingliederung von Rehabilitanden. Dabei kommt der Rehabilitation vor allem auch die Aufgabe zu, eine dauerhafte Abhängigkeit des Rehabilitanden von Sozialleistungen möglichst zu verhindern.

Der dem Rechtsproblem zugrunde liegende Lebenssachverhalt läßt sich zunächst darauf reduzieren, daß ein aufgrund unterschiedlicher Ursachen körperlich und/oder geistig behinderter Mensch in einer beruflichen Rehabilitationseinrichtung arbeitet, aus- und fortgebildet bzw. umgeschult wird. Eine Einheit gewinnt das Untersuchungsthema nicht nur dadurch, daß es sich bei der Tätigkeit der Rehabilitanden um eine sozialrechtlich flankierte Maßnahme von erheblicher Dauer handelt, sondern auch dadurch, daß zunächst rein äußerlich eine Affinität zum Arbeits- bzw. Berufsbildungsrecht festzustellen ist. Allerdings arbeitet der Rehabilitand zum Zweck der beruflichen Rehabilitation bzw. wird im Rahmen dieser Zwecksetzung ausgebildet.

B. Das methodologische Problem

Methodologisch erweist sich die Frage nach der Entwicklung rechtlicher Maßstäbe zur Beurteilung des Rechtsverhältnisses zwischen Rehabilitand und Rehabilitationseinrichtung als besonders herausfordernd: Zunächst sind, wie sich noch im einzelnen zeigen wird, angesichts der weitestgehend fehlenden spezialgesetzlichen Regelung der Materie erhebliche „normative Freiräume" festzustellen. Dies veranlaßt die meisten Autoren nach dem Gesetzgeber zu rufen bzw. Regelungen de lege ferenda vorzuschlagen.[7] Angesichts der planmäßigen Dauer der Rehabilitations-

---

[5] Leistungsvoraussetzungen (z.B. Bedürftigkeit nach dem BSHG und Erfüllung der jeweiligen versicherungsrechtlichen Voraussetzungen nach den jeweiligen SGB) und Leistungsgrundsätze (z.B. Subsidiarität der Sozialhilfe und Versicherungsprinzip im Sozialversicherungsrecht) beider Institutionen sind schwer vereinbar. Vgl. bereits den Bericht der Bundesregierung zu § 2 Abs.3 RehaAnglG vom 2.1.1976, BT-Drucks.7/4535 S.12; ausf. zu dem Problem *Igl*, Pflegebedürftigkeit, S.287 f.; *Lachwitz/Trenk-Hinterberger*, Neumann u.a., S.166 ff.; *Walger*, S.40 ff.

[6] *Rindt*, AuA 1990, 1, 2.

[7] Vgl. nur *Holl*, BlWPfl 1987, 262, 264; *Igl*, VSSR 1978, 201, 224, 247 f.; *Krause*, Gutachten zum 52. DJT, E 111; *Lachwitz*, RsDE 1 (1988), S.33, 51; *Naendrup*, SGb 1982, 265, 274; *Neumann*, RdA 1981, 143, 148; *Pünnel*, Festschrift für Gnade, S.323, 341; *Scholler/Broß*, ZfSH 1978, 1, 9; *Schulin*, Neumann u.a., S.117.

maßnahmen von mindestens zwei Jahren ist teilweise ein starkes Unbehagen hinsichtlich des unzureichenden Schutzes, der zur Zeit das Risiko einer Rechtsdurchsetzung vor allem auf den Rehabilitanden verlagert, erkennbar.[8] Die Analyse der bisherigen zum Teil sehr umfangreichen Untersuchungen zur Rechtsstellung von Rehabilitanden wird zeigen, daß es kaum eine rechtlich in Betracht kommende Qualifizierung gibt, die nicht vertreten wird. Dies mag bei juristischen Problemen häufig der Fall sein und insbesondere den Sozialrechtler nicht überraschen, führt im vorliegenden Problembereich allerdings zu so grundverschiedenen Rechtsansichten, daß die Auswirkungen kaum zu überschätzen sind. Der Rehabilitand sieht sich Auffassungen gegenübergestellt, die zwischen der Annahme eines nicht bestehenden Rechtsverhältnisses zur Rehabilitationseinrichtung, über die Annahme eines privatrechtlichen Rechtsverhältnisses eigener Art[9], der Annahme eines Arbeitsverhältnisses bis hin zur Annahme eines öffentlich–rechtlichen Rechtsverhältnisses, sei es direkt oder abgeleitet aus seinem Verhältnis zum Sozialleistungsträger, variieren. Soweit die Unterschiede lediglich ein Problem der Rechtswissenschaft wären, ließe sich für die Betroffenen damit noch leben, aber auch die Rechtsprechung ist ähnlich verunsichert.

Es fällt ferner das Bedürfnis auf, demjenigen – im vorliegenden Fall also dem Rehabilitanden – genau denjenigen Schutz zu gewähren, den er benötigt.[10] Dies mag zunächst seine Ursache in einem sozialpolitischen Engagement haben, wirft allerdings die methodologische Frage auf, inwieweit Rechtsnormen angewendet werden können, weil die Rechtsfolge „paßt".[11] Die Frage wird als erste Reaktion die Antwort hervorrufen, daß es zur Anwendung einer Rechtsnorm komme, wenn der gesetzliche Tatbestand erfüllt ist. Daß die Rechtsfolge „paßt", wird sich dann nicht aus einem mehr oder weniger unbestimmten Sozialempfinden, sondern aus der Erfüllung des Tatbestandes ergeben. Andererseits scheint die Auffassung, daß wenn die Rechtsordnung einen bestimmten Schutz in Form rechtlicher Normenkomplexe

---

[8] Vgl. *Igl*, VSSR 1978, 201, 250, der in dem Umstand, daß die vorliegend zu erörternden Rechtsverhältnisse zwischen Rehabilitationseinrichtung und Rehabilitand weder gesetzlich noch dogmatisch auch nur annähernd geklärt sind, die Begründung einer zweiten Abhängigkeit, neben der ohnehin schon bestehenden Behinderung, sieht.

[9] Was für den Laien bedeutet, daß der Inhalt - im besten Fall nur für ihn - nicht im vorhinein bestimmbar ist.

[10] Z.B. *Fredebeul*, BB 1983, 968, 971, zur Rechtsstellung der Rehabilitanden in Berufsförderungswerken; allgemein zum Arbeitsrecht OLG Düsseldorf NJW 1998, 2978, 2979 f.: „Der Schutzgedanke des Arbeitsrechts gebietet es, wenn dem unternehmerischen Risiko ... keine Möglichkeit zur Wahrnehmung unternehmerische Chancen gegenübersteht, Arbeitsrecht anzuwenden."; vgl. ferner ähnliche Ansätze bereits bei *Herschel*, DB 1977, 1185, und *Nikisch*, § 16 III.3., aber auch aus neuerer Zeit bei *Reinecke*, ZIP 1998, 581, 587, der hinsichtlich der Arbeitnehmerbegriffsbildung ausführt: „Allgemein geht es darum, Schutzbedürftige durch die Anwendung von Arbeits- und Sozialrecht zu schützen, nicht dagegen Schutzbedürftige aus dem Anwendungsbereich herauszuhalten." sowie Strick/*Wank*, RdA 1998, 228, 239; *ders.*, NZA 1999, 225, 226, 228.

[11] In diesem Sinne z.B. *Neseker*, ZfF 1970, 290, 292.

bereit hält, sie diesen auch demjenigen zukommen lassen muß, der ihn bedarf, einer gewissen Plausibilität nicht zu entbehren. Es stellt sich demnach die Frage, ob sich eine methodisch und sachlich befriedigende rechtliche Zuordnung der Rechtsverhältnisse bereits aus dem geltenden Recht ergibt.

Hauptursache für die Varietät der Ergebnisse, zu denen die einzelnen Autoren kommen, scheint offenbar eine dem Problem nur bedingt gerechtwerdende Methode der Erkenntnisgewinnung sein. Die besondere Schwierigkeit der rechtlichen Zuordnung der Tätigkeit eines Behinderten in einer Rehabilitationseinrichtung ergibt sich daraus, daß der Behinderte in einer rechtlichen Gemengelage von Sozialrecht, Arbeitsrecht und allgemeinem Privatrecht in der Rehabilitationseinrichtung tätig wird. Insbesondere unterscheiden sich die Motivationen der einzelnen sozialen Akteure strukturell von den üblicherweise anzutreffenden bzw. historisch überkommenen. Die Rehabilitationseinrichtung beschäftigt zumindest auch aus einer sozial-therapeutischen Zielsetzung heraus, wie auch der Rehabilitand vor allem die Rehabilitation sucht. Dies scheint nur schwer in das geltende Privatrecht, das sich in erster Linie von ökonomischen Gesichtspunkten leiten läßt, einzuordnen zu sein. Aus dieser besonderen Problemlage ergibt sich die Notwendigkeit, eine Methode zu entwickeln, die diesem Problem gerecht wird, denn Gegenstand und Erkenntnisinteresse bestimmen die anzuwendende Methode. Aus Gründen der Methodenehrlichkeit kann jedoch nicht einfach irgendein methodischer Weg, der sich vermeintlich gegen die bisherigen Rechtsauffassungen durchsetzt, eingeschlagen werden, sondern die Methode ist mit Rücksicht auf den Untersuchungsgegenstand zu entwickeln. Dies ist insbesondere hinsichtlich der Überprüfbarkeit und Nachvollziehbarkeit der gewonnenen Ergebnisse erforderlich. Die erarbeitete Methode hat sich schließlich bezüglich ihrer Handhabbarkeit zur Lösung der Rechtsstellungsprobleme der Rehabilitanden zu bewähren.

Die rechtliche Klärung der beruflichen Stellung von Behinderten im Rahmen von Rehabilitationsmaßnahmen ist nicht nur für den einzelnen Behinderten von enormer Bedeutung, sondern auch ein sozial- und rechtsstaatliches Gebot. Daß diese Klärung nicht allein der gesetzgeberischen Dezision obliegt, wird sich an den sowohl verfassungsrechtlichen wie einfachrechtlichen Vorgaben, die bereits das bestehende Recht aufweist, zeigen.[12] Diese Vorgaben herauszuarbeiten, stellt das wesentliche Anliegen der vorliegenden Arbeit dar. Das im beschriebenen Zusammenhang angesprochene Problem einer Zwecksetzung, die nicht der typischerweise im Arbeits- bzw. Berufsbildungsrecht anzutreffenden entspricht, weist ferner über die konkrete Rechtsfrage, die es zu lösen gilt, hinaus. Es handelt sich hierbei um eine durchaus typische Problemlage, die das Verhältnis zwischen sozialstaatlicher Beschäftigungsförderung im weitesten Sinne und privatrechtlichen Konfliktösungsmechanismen betrifft.

---

[12] In diesem Sinne auch *Neumann,* Neumann u.a., S.16.

C. Der Gang der Untersuchung

Der Aufbau der Arbeit folgt dem aufgezeigten Erkenntnisinteresse: Im *Ersten Teil* werden die grundlegenden Begriffe geklärt, die zu erörternden Lebenssachverhalte eingegrenzt sowie die rechtlichen Rahmenbedingungen dargestellt. Im *Zweiten Teil* werden die bisherigen rechtlichen Forschungsergebnisse und die zum Problemkomplex vorhandene Rechtsprechung zusammengefaßt. Dabei wird nicht nur das jeweilige Ergebnis von Bedeutung sein, sondern es wird versucht, soweit dies möglich ist, den jeweiligen methodischen Ansatz aufzuzeigen. Im *Dritten Teil* soll nach Erörterung der bisherigen methodischen Konzepte ein eigenständiges methodisches Konzept entwickelt werden. Dieses muß sich schließlich hinsichtlich seiner Tragfähigkeit im *Vierten Teil* bewähren, wobei die Vorteile gegenüber herkömmlichen Ansätzen herausgearbeitet und schließlich die Grenzen aufgezeigt werden.

ERSTER TEIL

Begriffsklärung, rechtliche Rahmenbedingungen und Rechtstatsachen

§ 2 Begriffsklärung

Die Notwendigkeit der folgenden Begriffsklärung ergibt sich zum einen aus dem Umstand, daß im Rahmen des Rehabilitationsrechts, soweit dieses überhaupt als ein abgrenzbares Rechtsgebiet besteht und der Begriff nicht vielmehr lediglich einen Problemkomplex umschreibt, ein äußerst uneinheitlicher Sprachgebrauch innerhalb der sich mit dem Problemkomplex beschäftigenden Rechtswissenschaft anzutreffen ist. Zum anderen soll im Zuge der Begriffsklärung auch eine eindeutige Themeneingrenzung erfolgen. Vielfach bedingt der uneinheitliche Sprachgebrauch nämlich auch eine Erweiterung der erfaßten Lebenssachverhalte, was dazu führt, daß teilweise unmerklich über unterschiedliche Sachverhalte diskutiert wird.[13] Dieses Problem bedarf im Rehabilitationsrecht deshalb besondere Beachtung, weil es einen in erheblichem Umfang außerhalb staatlicher Regelungen gewachsenen Lebensbereich mit bereits eigenen Begrifflichkeiten zumeist nur ausschnitthaft regelt. Es ist deshalb erforderlich, einige in der Literatur gebräuchliche terminologische Festlegungen kurz anzusprechen und die entsprechende Verwendung im Rahmen der vorliegenden Arbeit festzulegen.

Das Untersuchungsthema der vorliegenden Arbeit, die Rechtsstellung der Rehabilitanden in Einrichtungen der beruflichen Rehabilitation, betrifft lediglich einen Teilbereich der Rehabilitation, die *berufliche* Rehabilitation, und diese nur insoweit *Arbeit* bzw. *Ausbildung* das Mittel der beruflichen Rehabilitation darstellt.

A. Arbeit als Mittel der beruflichen Rehabilitation

I. Begriff der Rehabilitation im Sozialrecht

Für eine umfassende Rehabilitation als Aufgabe des Sozialrechts gibt die Rahmenvorschrift des § 10 SGB I einheitliche Maßstäbe vor. Unter den Begriff des Sozialrechts können die in den §§ 3 bis 10 SGB I genannten Materien zusammengefaßt werden.[14] Demnach werden alle rechtlich relevanten Maßnahmen zur Eingliede-

---

[13] Als Beispiel mag der Gebrauch des Begriffs der *außerbetrieblichen* und *überbetrieblichen* Ausbildung genannt sein: Während beide Begriffe zum Teil synonym verwendet werden (so z.B. *Fredebeul*, BB 1982, 1493 ff.), wird zum Teil unter der überbetrieblichen eine rein schulische Ausbildung und unter außerbetrieblichen eine praktische Ausbildung außerhalb von Betrieben verstanden (so z.B. *Breitmeier/Frädrich*, DB 1982, 1929, 1933).

[14] Sog. formeller Sozialrechtsbegriff; vgl. *Eichenhofer*, Rn.2; *Erlenkämper*/Fichte, unter I.1., sowie unten unter § 9 D.IV.

rung und Wiedereingliederung Behinderter und zur Verhinderung einer drohenden Ausgliederung unter dem Sammelbegriff Rehabilitation zusammengefaßt. Eine Rehabilitationsmaßnahme stellt somit eine umfassende finale Sozialleistung[15] dar.[16] Rehabilitationsmaßnahmen lassen sich in medizinische und berufsfördernde Leistungen, in Leistungen zur sozialen Eingliederung sowie in ergänzende Leistungen aufteilen.[17] Ob darüber hinaus mit dem Begriff der „Eingliederung Behinderter" nach § 10 SGB I, der auch für den Rahmen der Eingliederungshilfe nach den §§ 39 ff. BSHG mitbestimmend ist[18], weitere, nicht unter den Begriff der Rehabilitation fallende Rechte erfaßt werden können[19], kann zunächst dahingestellt bleiben, denn die interessierenden Lebenssachverhalte lassen sich unschwer der Rehabilitation zuordnen, dienen sie doch sozialrechtlich gefördert der unmittelbaren Eingliederung Behinderter.

Der Begriff der Rehabilitation zeichnet sich durch seine prinzipielle Zielsetzung aus: Zum einen die unmittelbare Abwendung oder Beseitigung der Behinderung selbst (vgl. § 10 Nr.1 SGB I, § 39 Abs.3 S.1 BSHG) und zum anderen die Eingliederung bzw. Wiedereingliederung des Behinderten in die Gemeinschaft (vgl. § 39 Abs.3 S.1 BSHG), insbesondere in das Arbeitsleben (vgl. § 10 Nr.2 SGB I). Nicht unter den Begriff der Rehabilitation fallen die einer konkreten Rehabilitationsmaßnahme vorgelagerten, vorbereitenden Maßnahmen, wie z.B. Berufsfindungs- und Arbeitserprobungsmaßnahmen. Diese gehören zum der Rehabilitationsentscheidung vorgehenden Verwaltungsverfahren (vgl. § 8 SGB X).[20] Der Begriff der Rehabilitation als *Rechtsbegriff* umfaßt ferner lediglich den staatlich geförderten Bereich der Rehabilitation.

Im Hinblick auf das vorliegende Erkenntnisinteresse muß eine weitere Einschränkung vorgenommen werden: Die staatlich geförderten Rehabilitationsmaßnahmen, die weder dem engeren Sozialversicherungsrecht, dem Arbeitsförderungsrecht sowie dem Sozialhilferecht unterfallen, sondern besonderen Regelungskomplexen unterliegen, wie z.B. der schulischen Rehabilitation nach den Schulgesetzen der

---

[15] Zum Begriff der Sozialleistung vgl. KassKomm-*Seewald*, SGB I, zu § 11 Rn.3 ff.

[16] *Eichenhofer*, Rn.518 ff.; ferner ausf. *Schulin*, Soziale Sicherung, S.20 ff.

[17] Vgl. § 29 SGB I, § 26 Abs.1 SGB VII, § 40 BSHG.

[18] *Mergler/Zink*, BSHG, Einf. Eingl.H. Rn.5; *Schellhorn/Jirasek/Seipp*, BSHG, § 39 Rn.4.

[19] So *Eichenhofer*, Rn.518; KassKomm-*Seewald*, § 10 SGB I Rn.9; *Wertenbruch*, BochKomm, § 10 SGB I Rn.6; *ders.*, Festschrift Bundessozialgericht, Bd.1, S.325, 328 ff.; dagegen zutreffend *Dill/Gedon/Gemsjäger*, S.15; Erlenkämper/*Fichte*, unter 9.1.1; *Großmann*, in: Hauck/Noftz, SGB III, zu § 97 Rn.13; *Hennies* in LdR/Sozialrecht, S.288; *Rüfner*, in: Wannagat, SGB I, § 10 Rn.1; GK-SGB I/*Schellhorn*, zu § 10 SGB I Rn.12; *Schulin*, Soziale Sicherung, S.21; offengelassen *Igl*, Pflegebedürftigkeit, S.287; mehr dazu unter § 11 nach Klärung wichtiger Vorfragen.

[20] *Großmann*, in Hauck/Noftz, SGB III, § 97 Rn.75; KassKomm-*Niesel*, § 16 SGB VI Rn.15; *Pitschas*, in: Schulin HS-RV, § 33 Rn.5; *Zweng/Scheerer/Buschmann/Dörr*, SGB VI, zu § 20 Rn.55.

Länder, der Rehabilitation nach den Beamtengesetzen des Bundes und der Länder sowie der Entschädigung im Rahmen des sozialen Entschädigungsrechts (z.B. §§ 1 – 8 BVG, §§ 80 ff. SVG, § 47 ZDG, § 51 BSeuchG)[21], werden zwar vom grundsätzlich weiten Begriff der Rehabilitation erfaßt, müssen jedoch aus Gründen des Umfangs und der Übersichtlichkeit der Darstellung im Rahmen der vorliegenden Arbeit ausgeklammert werden.

II. *Arbeit* als Mittel der Rehabilitation

Die Mittel der Rehabilitation sind vielfältig und im Rahmen von Zweckmäßigkeit und Wirtschaftlichkeit unbeschränkt. Zur Verdeutlichung können die in §§ 28 ff. SGB VI von den Rentenversicherungsträgern erbrachten ergänzenden Leistungen dienen, die so unterschiedliche Leistungen wie Haushaltshilfen, Gruppensport oder die Übernahme von Kosten für Arbeitskleidung umfassen. Ein noch weiteres Leistungsspektrum eröffnet sich bei allen Leistungen, die der sozialen Eingliederung dienen, worunter z.B. auch Leistungen zur Verbesserung der Wohnsituation verstanden werden.[22] Dementsprechend vielfältig können auch die Beziehungen des Rehabilitanden zur Rehabilitationseinrichtung bzw. zu den sonstigen Leistungserbringern sein. Die vorliegende Untersuchung beschränkt sich auf das Rehabilitationsmittel *Arbeit*, die in einer Einrichtung der beruflichen Rehabilitation erbracht wird. Andere Leistungen, die insbesondere den Lebensbedarf während der Maßnahme decken (z.B. Heimunterbringung), gehören nicht zu den Leistungen der beruflichen Rehabilitation und sind von diesen auch strikt zu trennen.[23] Darüber hinaus bleiben auch sonstige allgemeine Lebensumstände des Rehabilitanden außer Betracht, die nicht mit der Arbeitserbringung in unmittelbarem Zusammenhang stehen, sondern sein häusliches, familiäres, wohn- und aufenthaltsmäßiges Umfeld betreffen.[24]

Daraus folgt, daß gegebenenfalls in Verbindung mit dem Rehabilitationsmittel Arbeit erbrachte Leistungen, wie z.B. die durchaus häufig vorkommende Unterbrin-

---

[21] Einen Überblick hierzu geben *Dill/Gedon/Gemsjäger*, S.82.

[22] Vgl. Bericht der BReg. BT-Drucks. 8/2190 S.8, wo dies ausdrücklich erwähnt wird sowie *Schellhorn/Jirasek/Seipp*, BSHG, § 40 Rn.46, die auf die grundsätzliche Offenheit der Leistungsmöglichkeiten hinweisen.

[23] Vgl. BSG NDV 1992, 67, 69, das feststellt, daß die Kosten einer während der beruflichen Rehabilitationsmaßnahme erforderlichen Heimunterbringung der Eingliederungshilfe für Behinderte nach § 39 BSHG unterfallen und unabhängig von der beruflichen Rehabilitationsmaßnahme sind. Diese sozialrechtliche Sicht ist auch als Arbeitshypothese für das später zu diskutierende Verhältnis zwischen Rehabilitationseinrichtung und Rehabilitand von Bedeutung, denn auch insoweit ist die berufliche Rehabilitationsmaßnahme von sonstigen Leistungen der Rehabilitationseinrichtung zu trennen, bzw. eine *rechtliche* Verknüpfung ausdrücklich zu begründen.

[24] In diesem Sinne nachdrücklich BSG NZS 1998, 38, 39, zur Frage der rentenversicherungsrechtlichen Behandlung von Arbeitsleistung im Ghetto Lodz, bzw. zum Vorliegen eines Beschäftigungsverhältnisses, während der Jahre 1940 bis 1944.

gung von Rehabilitanden in einem Internat bzw. in einer Pflegeeinrichtung, außer Betracht zu bleiben haben. Dies gilt auch unabhängig davon, ob diese Einrichtungen der Rehabilitationseinrichtung, in der die Arbeit erbracht wird, unmittelbar angegliedert sind. Ob nämlich das Zusammentreffen von tatsächlichen Ereignissen und Lebenslagen auch rechtliche Auswirkungen hat, muß erst gesondert festgestellt werden und darf nicht durch eine Zusammenziehung bzw. eine von vornherein angestrebte gemeinsame Betrachtung präjudiziert werden. Diese Gefahr droht allerdings, wenn Rehabilitationsmaßnahmen z.B. unter dem Oberbegriff des sozialen Pflege- und Betreuungsverhältnisses zusammengefaßt werden.[25] Wird dann versucht, das Wohnen und Arbeiten des Rehabilitanden in diesem Zusammenhang einheitlich zu erfassen, werden Lebenszusammenhänge zum Ausgangspunkt rechtlicher Zusammenhänge gemacht. Dies stellt eine Vorgehensweise dar, die aus guten Gründen sonst üblicherweise weder im Öffentlichen Recht noch im Privatrecht anzutreffen ist.[26]

Unter dem Rehabilitationsmittel Arbeit wird sowohl die Tätigkeit zur Herstellung eines Produkts, gleich ob Ware oder Dienstleistung, als auch die Tätigkeit zum Erlernen bestimmter Fähigkeiten verstanden, soweit dieses mit der Durchführung der Tätigkeit selbst verbunden ist (praktischer Teil der Ausbildung, Umschulung, Fortbildung). Hierbei handelt es sich um eine thematische Eingrenzung, ohne daß bereits eine Aussage darüber getroffen werden soll, wie diese Arbeit arbeits-, sozial- oder privatrechtlich zu qualifizieren ist. Die terminologische Festlegung ist erforderlich zur Abgrenzung von den sonstigen bereits erwähnten Rehabilitationsmitteln.

III. Arbeit als Mittel der *beruflichen* Rehabilitation

1. Abgrenzung gegenüber Maßnahmen der medizinischen Rehabilitation

Gegenstand der vorliegenden Untersuchung ist die Rechtsstellung der Rehabilitanden, die im Rahmen einer beruflichen Rehabilitationsmaßnahme Arbeit leisten. Betrachtet man die Leistungskataloge der §§ 10 Nr.5 RehaAnglG[27], 40, 42 SGB V, so fällt auf, daß Arbeit auch im Rahmen der medizinischen Rehabilitation als Rehabilitationsmittel eingesetzt werden kann. Soweit Arbeit als medizinisches Reha-

---

[25] So z.B. *Igl*, VSSR 1978, 201 ff.; *Krause*, Gutachten zum 52.DJT, E 16 f.; teilweise auch *Schulin*, Neumann u.a., S.85 f.

[26] Insoweit sei nur auf das das gesamte Privatrecht durchziehende Abstraktionsprinzip verwiesen. Noch allgemeiner gesagt gilt, daß nicht die Trennung von Lebenssachverhalten der Begründung bedarf, sondern deren Zusammenziehung zu einer rechtlichen Bewertungseinheit. Ferner fordert gerade der staatlich geförderte Rehabilitationsbereich eine strikte Trennung der einzelnen Leistungsbereiche, da sonst die Einstandspflicht der unterschiedlichen Kostenträger nicht geklärt werden kann, vgl. hierzu nur § 5 Abs.2 SBG XI.

[27] Vom 7.8.1974 (BGBl. I, S.1881) zuletzt geändert durch Art. 9 Gesetz zur sozialrechtlichen Absicherung flexibler Arbeitszeiten vom 6.4.1998 (BGBl. I, S.688).

bilitationsmittel eingesetzt wird, spricht das Gesetz von Arbeits- bzw. Beschäftigungstherapie oder von Arbeits- bzw. Beschäftigungserprobung (vgl. § 10 Nr.5 RehaAnglG, § 42 SGB V, § 15 Nr.3 SGB VI, § 27 Abs.1 Nr.7 SGB VII).

Angesichts dieser gesetzgeberischen Konzeption sowie dem verfolgten Untersuchungsgegenstand ist eine Abgrenzung zu Maßnahmen der medizinischen Rehabilitation erforderlich. Ferner ist die Abgrenzung auch sachlich geboten, denn es ist nicht auszuschließen, daß die unterschiedliche Konzeption auch Einfluß auf die Beurteilung der Rechtsstellung des Rehabilitanden hat.

a. Abgrenzung nach dem Träger der Rehabilitationsmaßnahme

Die Abgrenzung, ob eine Maßnahme der beruflichen oder der medizinischen Rehabilitation vorliegt, könnte sich bereits daraus ergeben, welcher Träger die Maßnahme auf welcher gesetzlichen Grundlage fördert. Dies trifft zum Teil auch zu, denn wird eine Maßnahme durch einen Träger der gesetzlichen Krankenversicherung auf Grundlage der §§ 40, 42 SGB V oder durch eine Pflegekasse nach § 32 Abs.1 SGB XI durchgeführt, so kann es sich nach der gesetzlichen Konzeption und entsprechend dem gegliederten System der Sozialversicherung nur um eine Maßnahme der medizinischen Rehabilitation handeln.[28] Die Arbeit im Rahmen einer Arbeitstherapie kann demnach nicht als berufliche Rehabilitationsmaßnahme angesehen werden. Umgekehrt kann es sich bei einer Förderung durch die Bundesanstalt für Arbeit auf Grundlage der §§ 97 ff. SGB III nur um eine Maßnahme der beruflichen Rehabilitation handeln.

Andererseits ist jedoch zu berücksichtigen, daß diese formale Betrachtungsweise bereits dann versagt, wenn Träger die Maßnahme fördern, die grundsätzlich sowohl medizinische wie auch berufliche Leistungen zur Rehabilitation erbringen können. Dies ist vor allem der Fall bei den Trägern der gesetzlichen Rentenversicherung (§ 9 Abs.1 SGB VI), der gesetzlichen Unfallversicherung (§ 26 Abs.1 SGB VII) sowie bei einer Förderung durch die überörtlichen Träger der Sozialhilfe im Rahmen der Eingliederungshilfe (§§ 40 f. BSHG).

Ferner ist zu berücksichtigen, daß in der Praxis zum Teil erhebliche Unsicherheiten über die Zuständigkeit des Trägers einer Rehabilitationsmaßnahme bestehen können, so daß z.B. eine Förderung durch die Bundesanstalt für Arbeit nur aufgrund ihrer vorrangigen Zuständigkeit (§ 6 Abs.2 Nr.2 RehaAnglG) erfolgen kann, ohne daß dadurch bereits geklärt ist, ob tatsächlich eine berufsfördernde Maßnahme vorliegt. Gleiches gilt für den jeweiligen Träger der Rentenversicherung im Bereich der medizinischen Rehabilitationsmaßnahmen (§ 6 Abs.2 Nr.1 RehaAnglG).

---

[28] *Brackmann*, Bd.1, 2.Teil, Kap.2 unter 3.1.

Letztlich stellt gerade in den schwer zu beurteilenden Fällen die Trägerschaft lediglich ein Indiz dar, insbesondere wenn man berücksichtigt, daß die Rechtsnatur der Maßnahme nur bedingt von der Einschätzung der beteiligten Subjekte abhängig gemacht werden kann und es vielmehr erstrebenswert ist, objektive Kriterien herauszuarbeiten.

b. Abgrenzung nach dem Durchführungsort der Rehabilitationsmaßnahme

Ferner kann der Ort der Durchführung der Maßnahme für ihre jeweilige Rechtsnatur sprechen. Wird die Arbeit als Rehabilitationsmittel in einem Krankenhaus oder in einer Einrichtung nach § 107 Abs.2 Nr.2 SGB V durchgeführt, so wird es sich im Regelfall auch um eine medizinische Maßnahme der Rehabilitation in Form der Arbeitstherapie handeln.[29] Ferner zeichnet sich die Arbeitserbringung im Rahmen einer medizinischen Rehabilitationsmaßnahme dadurch aus, daß sie fachmedizinisch unter ständiger ärztlicher Verantwortung und unter Mitwirkung von besonders geschultem Personal erfolgt.[30] Allerdings kann eine Maßnahme der medizinischen Rehabilitation ausnahmsweise auch ohne ärztliche Mitwirkung erfolgen.[31] Ferner kann eine Arbeitstherapie als medizinische Maßnahme der Rehabilitation auch in einer Werkstatt für Behinderte (WfB) erfolgen, obwohl diese eine Einrichtung der beruflichen Rehabilitation darstellt.[32]

Der Ort der Maßnahme sowie die fachmedizinische Begleitung hat folglich ebenso wie die Trägerschaft lediglich indizielle Bedeutung. Vor allem muß berücksichtigt werden, daß der Ort an dem eine Rehabilitationsmaßnahme durchgeführt wird, häufig auch von den lokalen Gegebenheiten und von Zufälligkeiten abhängt.[33]

c. Abgrenzung nach dem Ziel der Maßnahme

Da im Zweifelsfall weder der Träger noch der Ort der Rehabilitationsmaßnahme eine eindeutige Zuordnung ermöglichen, ist ergänzend und wohl auch entscheidend auf das *Ziel* der Rehabilitationsmaßnahme abzustellen.[34] Dabei ist zunächst festzustellen, daß sowohl die medizinische als auch die berufliche Rehabilitationsmaßnahme dasselbe in § 10 SGB I normierte allgemeine Rehabilitationsziel, die Eingliederung in die Gesellschaft, verfolgen. Beide können auch dem konkreten Ziel der Erhaltung, Besserung oder Wiederherstellung der Erwerbsfähigkeit

---

[29] *Mrozynski*, SGb 1985, 277, 278; ferner zum Begriff der medizinischen Rehabilitationseinrichtung BSG NZS 1998, 427, 428 f.
[30] BSGE 47, 47 (51).
[31] BSGE 54, 54 (60).
[32] So BSG USK 8303.
[33] So die Feststellungen des BSG SGb 1981, 231, 233 m.Anm. *Neumann*.
[34] In diesem Sinne ebenfalls *Schulin*, in: Schulin HS-KV, § 6 Rn.170 f.

(vgl. z.B. § 9 Abs.1 S.1 SGB VI) bzw. der Ermöglichung der Ausübung eines angemessenen Berufs (§ 39 Abs.3 S.2 BSHG) dienen.

Entscheidender Unterschied ist jedoch das *unmittelbare* Ziel der medizinischen Rehabilitationsmaßnahme, also insbesondere der Arbeits- bzw. Beschäftigungstherapie: Dieser geht es nur um die Behandlung des pathologischen Zustandes[35], nicht jedoch um eine planvolle berufliche Reintegration durch die Erbringung von Arbeitsleistung. Die Aufgabe der Arbeitstherapie ist die Testung, die Berufsfindung in Zusammenarbeit mit Ärzten, Psychologen und Berufsfürsorgern sowie die fortlaufenden Prüfung der körperlichen und seelisch-geistigen Belastungsfähigkeit (Belastungsprobe). Die Beschäftigungstherapie ist Vorstufe der Arbeitstherapie und noch nicht auf konkrete arbeitstechnisch relevante Handlungen ausgerichtet, wobei die Übergänge fließend sind.[36] Das Ziel der medizinischen Rehabilitationsmaßnahme ist folglich vorrangig die Erhaltung oder Besserung des Gesundheitszustandes und erst nachrangig die Eingliederung oder Wiedereingliederung in das Berufsleben bzw. die Gemeinschaft.[37] Die medizinische Rehabilitation ist als Vorstufe der beruflichen Rehabilitation anzusehen. Letztere wird im Regelfall idealerweise erst durchgeführt, wenn erstere erfolgreich beendet wurde[38], wobei der Übergang möglichst nahtlos stattfinden sollte.[39]

Die berufliche Rehabilitation hat als *unmittelbares* Ziel die Eingliederung bzw. Wiedereingliederung eines Behinderten in das allgemeine Arbeitsleben, d.h. in den allgemeinen Arbeitsmarkt. Daneben umfaßt der Begriff der beruflichen Rehabilitation nach § 29 Abs.1 Nr.2 d SGB I, § 11 Abs. 2 S.1 Nr.4 RehaAnglG zusätzlich auch die Hilfe zur Förderung einer Erwerbs- oder Berufstätigkeit in einer anerkannten WfB, wobei auch hier das vorrangige Ziel der Wiedereingliederung in den allgemeinen Arbeitsmarkt erhalten bleibt, wie der Gesetzgeber jüngst klargestellt hat (vgl. § 5 Abs.4 SchwbWV[40]).[41] Berufsfördernd ist die Maßnahme in einer Werkstatt demnach dann, wenn die Leistungsfähigkeit des Rehabilitanden erhalten, wesentlich gebessert oder wiederhergestellt wird, um in seinem bisherigen Beruf

---

[35] Weshalb ein Unterschied zur Krankenbehandlung kaum auszumachen sein wird, vgl. BSG USK 7894: „Gegenstand der Krankenhilfe"; ferner in diesem Sinne *Mrozynski*, Rn.133, 196; *Schulin* in: Schulin HS-KV, § 6 Rn.168.

[36] Ausf. *Huchthausen*, Rehabilitation 1969, 216, 218; *Jentschura*, Rehabilitation 1969, 220, 221 f.; KassKomm-*Niesel*, § 15 SGB VI Rn.9.

[37] BSGE 50, 156 (159); 54, 54 (59); KassKomm-*Niesel*, § 15 SGB VI Rn.4; *Zweng/ Scheerer/Buschmann/Dörr*, SGB VI, zu § 15 Rn.1.

[38] Dementsprechend wird teilweise in den Tatbeständen einiger Entscheidungen der Abschluß medizinischer Rehabilitationsmaßnahmen vor Beginn der beruflichen deutlich herausgestellt: vgl. BAG NZA 1993, 762; LAG Berlin RsDE 11 (1990), 107.

[39] Vgl. dazu *Tiedt/Seidel*, DRV 1984, 547, 553 f.; *Wille*, NDV 1980, 54.

[40] Neueingfügt durch das Sozialhilferechtsreformgesetz vom 23.7.1996 (BGBl I, S.1088) mit Wirkung zum 1.8.1996.

[41] *Hennies*, NZS 1994, 543, 546.

oder einer seiner Eignung, Neigung und bisherigen Tätigkeit angemessenen Erwerbs- oder Berufstätigkeit beschäftigt werden zu können.[42]

Zusammenfassend zeichnet sich die berufsfördernde Maßnahme dadurch aus, daß sie nach Ziel, Plan und inhaltlicher Ausgestaltung wesentlich durch das Erlernen beruflicher Kenntnisse und Fähigkeiten geprägt ist[43], demnach primär pädagogischer Art sein muß.[44] Stehen allerdings unmittelbar soziale Betreuung und Persönlichkeitsbildung im Vordergrund der Maßnahme, so handelt es sich hierbei entsprechend der konkreten Zielrichtung um eine Maßnahme der medizinischen Rehabilitation.[45] Die Tätigkeit des Behinderten in der Einrichtung wird sich dann im Schwerpunkt als Teil eines Heilplans darstellt, der untrennbar mit Maßnahmen der Krankheitsbehandlung verknüpft ist.[46] Das Ziel bzw. der Zweck der Maßnahme wird sich im Regelfall aus dem der Rehabilitation zugrundeliegenden Gesamtplan (vgl. § 5 Abs.3 S.1 RehaAnglG) ergeben.[47]

Die berufsfördernde Maßnahme im vorliegenden Problemkontext zeichnet sich somit sowohl durch das *Mittel* (konkrete Arbeit) wie auch das *Ziel* (Eingliederung in den allgemeinen oder vorübergehend in den besonderen Arbeitsmarkt) aus.[48]

2. *Abgrenzung gegenüber Maßnahmen der sozialen Rehabilitation*

Der Gesetzgeber unterscheidet neben der beruflichen und medizinischen Rehabilitation die soziale Rehabilitation (vgl. § 29 Abs.1 Nr.3 d) SGB I). Insbesondere im Hinblick darauf, ob eine Förderung durch die überörtlichen Träger der Sozialhilfe (§§ 72, 39 bis 47 BSGH) Maßnahmen der beruflichen Rehabilitation sein können oder nicht vielmehr ausschließlich der sozialen Rehabilitation zuzurechnen sind[49], scheint eine Abgrenzung alleine deshalb erforderlich zu sein, um die Tätigkeit im Rahmen der sozialen Rehabilitation von der Arbeit im Rahmen der beruflichen Rehabilitation abgrenzen zu können.

---

[42] BSG vom 22.9.1981 – 1 RJ 12/80 – unveröff.; BSGE 48, 74 (76).
[43] BSG AuB 1977, 156, 157 m.Anm. *Hoppe* = Breith 1977, 56; KassKomm-*Niesel*, § 16 SGB VI Rn.3 ff.
[44] BSG AuB 1977, 157 m.Anm. *Hoppe*.
[45] So kann z.B. eine Sprachtherapie sowohl eine Maßnahme der beruflichen wie auch der medizinischen Rehabilitation (in diesem Sinne § 15 Abs.1 Nr.2 SGB VI) darstellen, je nach Ziel der Maßnahme, vgl. hierzu BSGE 50, 156 (159). Deshalb scheint die Abgrenzung von *Schulin*, ZfS 1981, 270, wonach Maßnahmen der beruflichen Rehabilitation sich dadurch auszeichnen, daß sie mit ausschließlich nichtmedizinischen Mitteln durchgeführt werden, zu eng zu sein.
[46] BSG USK 8303.
[47] Erlenkämper/*Fichte*, unter 9.1.4.3.; *Wille*, NDV 1980, 85.
[48] Ähnlich *Schulin*, Neumann u.a., S.141.
[49] In diesem Sinne jedenfalls BSG Breith 1977, 56, 57.

Die berufliche Rehabilitation ist zunächst einmal Teil der sozialen Rehabilitation, d.h. der Eingliederung bzw. Wiedereingliederung in die Gemeinschaft. Der Begriff der sozialen Rehabilitation wird vorrangig vom Rehabilitationsziel her verstanden, nämlich im Hinblick darauf, den Behinderten in die Gesellschaft einzugliedern, wozu vor allem gehört, ihm die Teilnahme am Leben der Gemeinschaft zu ermöglichen oder zu erleichtern (§ 39 Abs.3 S.1 und 2 BSHG). Da dieses Ziel letztlich auch dasjenige der medizinischen und beruflichen Rehabilitation ist, läßt sich die soziale Rehabilitationsmaßnahme in leistungsrechtlicher Hinsicht vor allem dadurch abgrenzen, daß sie alle Hilfen umfaßt, die weder solche der medizinischen noch der beruflichen Rehabilitation darstellen.[50] Während die soziale Rehabilitation im wesentlichen durch die Wiedereingliederung in das allgemeine Arbeitsleben verwirklicht wird, können darüber hinausgehende eigenständige Maßnahmen bei der Eingliederung in den besonderen Arbeitsmarkt der WfB erforderlich sein.[51] Dieser Zusammenhang zwischen sozialer und beruflicher Rehabilitation wird teilweise nicht hinreichend gewürdigt, ist allerdings von erheblicher Bedeutung.[52] Soweit sich die beruflichen Rehabilitation durch eine spezifische Verknüpfung von Mittel und Ziel auszeichnet, liegt die Besonderheit der durch die §§ 39 ff. BSHG erfolgenden Förderung durch Maßnahmen der beruflichen Rehabilitation darin, daß Mittel und Ziel noch enger beieinander liegen als bei einer durch die Sozialversicherungsträger erfolgenden Förderung.

Die berufliche Rehabilitation ist demnach von Maßnahmen der sozialen Rehabilitation dadurch abzugrenzen, daß sie als speziellere Maßnahme das unmittelbare Ziel der Wiedereingliederung in den Arbeitsmarkt verfolgt.

B. Begriff des Rehabilitanden

Der Begriff des Rehabilitanden wird vorliegend als Rechtsbegriff verstanden, der sich aus der Teilnahme des Rehabilitanden an einer Rehabilitationsmaßnahme ergibt. Voraussetzung für sämtliche Maßnahmen der Rehabilitation, d.h. für einen

---

[50] *Schulin*, Neumann u.a., S.141.

[51] So zutreffend *Pitschas*, in: Schulin HS-RV, § 34 Rn.1; *Schulin*, Arbeitsentgelt, S.26f.; *ders.* ZfS 1981, 270; dagegen die wohl h.M., die versucht berufliche und soziale Rehabilitation zu trennen. Da die soziale Rehabilitation im Rahmen der vorliegenden Arbeit keine weitere Rolle spielt bzw. mit der beruflichen Rehabilitation zusammentrifft, scheint eine weitere begriffliche Abgrenzung entbehrlich.

[52] So verstehen *v.Maydell/Eylert*, RdA 1981, 148, 153, die Aufgabe der Rehabilitation in der Eingliederung des Behinderten in einen „normalen“ Lebenslauf, die Integration in die Gemeinschaft. *Hoppe*, AuB 1977, 158, weist zutreffend darauf hin, daß soziale und berufliche Rehabilitation nicht voneinander zu trennen sind, und eine Arbeits- und Berufsförderung nicht deshalb abgelehnt werden darf, weil sie auch der sozialen Eingliederung des Behinderten dient. In diesem Sinne, vgl. auch BSG AuB 1977, 157.

Anspruch auf diese Sozialleistung ist das Vorliegen einer Behinderung.[53] Der Rehabilitand zeichnet sich demnach dadurch aus, daß er im Sinne der jeweiligen Sozialgesetze behindert ist (vgl. §§ 10 SGB I, 19 SGB III; 9 Abs.1 SGB VI; 39 Abs.1 BSHG).[54] Eine Behinderung stellt dementsprechend einen körperlich, seelisch oder geistigen Zustand dar, der aus medizinischer Sicht durch eine Rehabilitationsmaßnahme verbessert oder wenigstens eine Verschlimmerung verhindert werden kann.[55]

Für die Rehabilitationseinrichtungen sowie die jeweiligen Rehabilitationsträger können sich hinsichtlich der beruflichen Eingliederung Behinderter praktisch erhebliche Unterschiede durch Art und Ursache der Behinderung ergeben.[56] Denn die Eingliederung „nur" körperlich Behinderter, geistig Behinderter oder z.B. Suchtkranker verlangt jeweils eigenständige Rehabilitationskonzepte.[57] Da allerdings dem Behinderten unabhängig von der Ursache, Art und Schwere der Behinderung ein Recht auf Rehabilitation zusteht, sind diese Umstände für den hier interessierenden Problemzusammenhang zunächst als rechtlich unerheblich anzusehen.

---

[53] Ausf. *Eichenhofer*, Rn.523; *Tiedt/Seidel*, DRV 1984, 547, 548 f.

[54] Aus dem Begriff des Rehabilitanden lassen sich keine weitergehenden Schlußfolgerungen ableiten. Der neuerdings von Neumann/*Pahlen*, SchwbG, zu § 54 b Rn.13, aufgestellte Gegensatz Rehabilitand – Arbeitnehmer – arbeitnehmerähnliche Person findet zumindest im Begriff des Rehabilitanden keine Stütze. Daß hierdurch die Aufgabe der beruflichen Rehabilitation insgesamt verkürzt wird, wird sich noch zeigen, zusammenfassend unten unter § 11.

[55] Demgegenüber geht die Weltgesundheitsorganisation im Rahmen des sog. dreigliedrigen Behindertenbegriffs davon aus, daß unter Behinderung die Benachteiligung (handicap) durch eine nicht nur vorübergehende Funktionseinschränkung (disability) zu verstehen ist, die auf einem regelwidrigen körperlichen, geistigen oder seelischen Zustand (impairment) beruht, vgl. *Igl*, Pflegebedürftigkeit, S.252 ff.; *Kraus*, br 1998, 117; *Rindt*, AuA 1990, 1, 2, jeweils m.w.N.; zum verfassungsrechtlichen Behindertenbegriff vgl. BVerfG NJW 1998, 131; *Jürgens*, ZfSH/SGB 1995, 353, 358 f.; *Springer*, br 1998, 92 f.; ferner die Konkretisierung durch §§ 1 bis 5 der EinglHVO nach § 47 BSHG vom 27.5.1964 (BGBl. I, S.339) zuletzt geändert durch Art.21 Gesetz zur Reform der Arbeitsförderung v. 24.3.1997 (BGBl. I, S.594) abgedruckt mit Kommentierung bei *Brühl*, in LPK-BSHG, § 39 Rn.1 ff.; ferner *Dill/Gedon/Gemsjäger*, S.15 ff.; *Neumann*/Pahlen, SchwbG, zu § 3 Rn.4 ff.

[56] Die weitaus häufigste Diagnose bei beruflichen Rehabilitanden, die in Berufsförderungs- und Berufsbildungswerken gefördert werden, ist eine Erkrankung des Bewegungs- und Stützapparates (rd. 60 %), gefolgt von Stoffwechsel- und Verdauungserkrankungen, von Erkrankungen der Nerven und Sinnesorgane sowie von psychischen Erkrankungen (mit jeweils etwa gleichen Anteilen), Abschlußbericht Reha-Kommission, 1997, S.221; ausführliche „Strukturmerkmalsanalyse" der Rehabilitanden bei *Walger*, S.140 ff. In Werkstätten für Behinderte scheint demgegenüber der Anteil der geistig Behinderten zu überwiegen, obwohl hier äußerst ungenaue Zahlen zur Verfügung stehen, vgl. *Naendrup*, Rechtsfragen, S.187, der einen Anteil der geistig Behinderten zwischen 20 und 90 % angibt.

[57] Vgl. nur Abschlußbericht Reha-Kommission, 1997, S.164 ff., 166, 167 ff.

Der Rehabilitand ist demnach ein behinderter Mensch, der an einer Rehabilitationsmaßnahme teilnimmt.[58]

C. Begriff des Rehabilitationsträgers

Rehabilitationsträger ist diejenige Körperschaft, Anstalt und Behörde, die gesetzlich verpflichtet ist, die Rehabilitation zu fördern.[59] Die Zuständigkeit zur Förderung der Rehabilitationsmaßnahmen ergibt sich entsprechend dem gegliederten System des Sozialversicherungsrechts aus der jeweiligen Ursache des Leistungsfalls[60] und aus dem Ziel der Maßnahme[61]. In allen übrigen Fällen, in denen weder Ursache noch Ziel der Maßnahme eine Zuständigkeit begründen, ergibt sie sich aus der nachrangigen Einstandspflicht der Sozialhilfeträger[62]. Durch die Regelungen des RehaAnglG wurde gleichzeitig versucht, den gesamten Rehabilitationsvorgang zu vereinheitlichen, das Handeln der einzelnen Träger aufeinander abzustimmen und Doppelzuständigkeiten zu vermeiden.[63] Bis zur endgültigen Klärung der Zuständigkeit (§ 6 Abs.2 Nr.2 RehaAnglG) ist die Bundesanstalt für Arbeit bei berufsfördernden Maßnahmen vorrangig zuständig, um so einen zügigen Beginn der Rehabilitationsmaßnahmen zu gewährleisten.[64]

Für die weitere Untersuchung ist es unerheblich, welcher Rehabilitationsträger den Rehabilitand fördert. Zwar könnte aufgrund der zum Teil bestehenden Unterschiede hinsichtlich der Leistungsgrundsätze, wonach vor allem im Bereich der Unfall- und Rentenversicherung vorrangig der Sachleistungsgrundsatz gilt[65], während die

---

[58] In diesem Sinne *Benz,* in: Schulin HS-UV, § 43 Rn.5; *Pitschas,* in: Schulin HS-RV, § 31 Rn.21. Die zum Teil erfolgende Differenzierung zwischen Rehabilitanden und Habilitanden, zur Kennzeichnung der von Geburt an Behinderten, wird im Rahmen der vorliegenden Untersuchung nicht übernommen. Im Rahmen der Eingliederung Behinderter findet eine solche Unterscheidung keine normative Grundlage. In diesem Sinne auch zutreffend *Schulin,* Soziale Sicherung, S.22.

[59] Vgl. § 2 Abs.2 RehaAnglG; es erscheint sachgerecht auch außerhalb des Zuständigkeitsbereichs der Sozialversichtungsträger, d.h. insbesondere im Bereich einer Förderung nach den §§ 39 ff. BSHG durch die überörtlichen Träger der Sozialhilfe, diese Terminologie beizubehalten; ebenso *Schulin,* Neumann u.a., S.90.

[60] §§ 26 ff. SGB VII.

[61] §§ 9 ff. SGB VI; 97 ff. SGB III.

[62] §§ 39 ff. BSHG.

[63] Vgl. *Zeihe,* SGb 1980, 555, 558; amtl. Begründung zu § 6 RehaAnglG BT-Drucks. 7/1237, S.56.

[64] Da der Umfang der berufsfördernden Leistungen sich im wesentlichen aus der Rahmenvorschrift des § 11 RehaAnglG ergibt und demnach bei allen Sozialversicherungsträgern im wesentlichen gleich ist, wird auf eine weitere Abgrenzung der jeweiligen Zuständigkeiten verzichtet.

[65] Vgl. *Benz,* in: Schulin HS-UV, § 43 Rn.14 f.; *Pitschas,* in: Schulin HS-RV, § 36 Rn.16.

Bundesanstalt für Arbeit wesentlich vom Geldleistungsgrundsatz bestimmt ist[66], die Annahme gerechtfertigt sein, dies wirke sich auch auf das Rechtsverhältnis zwischen Rehabilitand und Rehabilitationseinrichtung aus.[67] Dagegen spricht allerdings die Vermutung, daß die angestrebte Vereinheitlichung des Leistungsrechts durch das RehaAnglG sich auch vereinheitlichend auf die Rechtsposition des Rehabilitanden auswirken sollte.[68] Ferner darf die Form der staatlichen Leistungserbringung nicht die Rechtsposition bzw. den Rechtsschutz des Leistungsempfängers beeinträchtigen. Aus diesem Grund ist wohl mittlerweile anerkannt, daß auch beim Vorliegen einer Sachleistung ein privatrechtliches Rechtsverhältnis zwischen Leistungserbringer und Leistungsempfänger entstehen kann, so daß lediglich aus der Unterscheidung zwischen beiden Leistungsarten noch keine weiteren rechtlichen Folgerungen abgeleitet werden können.[69] Die rechtliche Beurteilung des vorliegend interessierenden Rechtsverhältnisses ist demnach unabhängig davon, ob die Maßnahme als Sach- oder Geldleistung angesehen wird, und demnach ist auch die Frage, welcher Träger die Maßnahme fördert, unerheblich.[70]

D. Begriff der beruflichen Rehabilitationseinrichtung

Die berufliche Rehabilitationseinrichtung[71] übernimmt die Umsetzung der Rehabilitationsmaßnahme. Die Träger von Rehabilitationseinrichtungen sind ganz überwiegend privatrechtlich organisiert.[72] Sie zeichnen sich dadurch aus, daß sie ihre wesentliche Aufgabe in der Rehabilitation von Behinderten und nicht in der Verfolgung eines anderweitigen, z.B. wirtschaftlichen Zweckes, sehen. Soweit Rehabi-

---

[66] BSG br 1996, 138, 139; demgegenüber die Rehabilitation auch nach § 56 AFG (jetzt: § 97 ff. SGB III) als Sachleistung ansehend: BSG SozR 3-4100 § 56 AFG; BAG AP Nr.4 zu § 5 BetrVG 1972 Ausbildung.

[67] Weswegen einige die Förderung des Rehabilitanden als Sachleistung ansehen: *Bauriedel*, DRV 1983, 557, 561; Erlenkämper/*Fichte*, unter 9.1.4.1.; *Kolb/Seidel*, Rn.480; *Naendrup*, Rechtsfragen, S.41, 196; *Unger*, ErsK 1983, 348, 350; zutreffend ablehnend *Neumann*, Neumann u.a., S.48; *Schulin*, Neumann u.a., S.101 ff., 115 ff., die darauf hinweisen, daß die Rehabilitationseinrichtungen eigene Aufgaben erbringen.

[68] Dem RehaAnglG entnimmt das BSG den „Gedanken der Leistungskontinuität", vgl. SozR 3-4100 § 56 AFG; ebenfalls in diesem Sinne *Pitschas,* in: Schulin HS-RV, § 31 Rn.8 ff.

[69] Zum Krankenhaus/Kassenarzt–Patient-Verhältnis BSGE 42, 117 (119); 69, 170 (173); BGHZ 89, 250 (255); *Gitter/Nunius,* in: Schulin HS-UV, § 5 Rn.132; *Schmitt*, S.145 ff., 156 ff.(Kassenarzt), 186 ff., 193 f.(Krankenhaus); *Schulin*, Neumann u.a., S.115; *Sodan*, S.120 ff., jeweils m.w.N.

[70] Dies wird bestätigt durch die umfassende Untersuchung von *Schmitt*, S.522 ff. (Zusammenfassung); in diesem Sinne auch *Schulin*, Neumann u.a., S.115.

[71] Die vorliegend gewählte Begrifflichkeit orientiert sich wiederum am Gebrauch des Gesetzes: vgl. §§ 17 Abs.3 S.1 SGB I, 93 BSHG, 11 Abs.2 a RehaAnglG. Der Begriff des Leistungserbringers hat sich vorwiegend im gesetzlichen Krankenversicherungsrecht eingebürgert und verbindet sich wesentlich mit dem Sachleistungsgrundsatz des Krankenversicherungsrechts.

[72] *Schulin*, Neumann u.a., S.136 m.w.N.

litationsmaßnahmen in Betrieben, die einen eigenständigen Zweck verfolgen, der sich nicht im wesentlichen mit der Rehabilitation Behinderter deckt, durchgeführt werden, handelt es sich hierbei nicht um Rehabilitationseinrichtungen im Rechtssinne. Diese Maßnahmen gehören zur der betrieblichen Rehabilitation und werden zunächst nicht berücksichtigt.[73] Die außerhalb der betrieblichen Rehabilitation geförderten Maßnahmen werden zumeist als außer- oder überbetriebliche Rehabilitationsmaßnahmen, bzw. die Einrichtungen als außer- oder überbetriebliche Rehabilitationseinrichtungen bezeichnet. Beide Begriffe werden im folgenden synonym verwendet.[74]

Dem einzelnen Rehabilitanden steht das Recht zu, sich die Rehabilitationseinrichtung seiner Wahl auszusuchen (z.B. § 3 Abs.2, 3 BSHG)[75]. Eine Zuweisung durch den Rehabilitationsträger erfolgt - entgegen einem teilweise anderes suggerierenden Sprachgebrauch[76] - rechtlich nicht.[77] Eine Frage des Sozialleistungsverhältnisses zwischen Rehabilitanden und Rehabilitationsträger ist der Anspruch des Rehabilitanden auf Förderung der von ihm in der Einrichtung beanspruchten rehabilitativen Leistung.

Als außerbetriebliche Rehabilitationseinrichtungen sind insbesondere Berufsförderungs- und Berufsbildungswerke sowie WfB von Bedeutung.[78] Der Schwerpunkt

---

[73] Die berufliche Rehabilitation wird insgesamt zu etwa 30 % in betrieblichen Maßnahmen durchgeführt, *Rindt*, AuA 1990, 1, 2; *Walger*, S.60. Bei im Rahmen der gesetzlichen Rentenversicherung geförderten beruflichen Rehabilitationsmaßnahmen nehmen die betrieblichen Maßnahmen nur einen Anteil von 10 % ein, Abschlußbericht Reha-Kommission, 1997, S.135. Die betriebliche Rehabilitation zunächst auszusparen, ist insbesondere im Hinblick auf die Übersichtlichkeit der Erörterung angezeigt. Allerdings wird sich später zeigen, daß die für die außerbetriebliche Rehabilitation herausgearbeiteten methodischen Vorgaben grundsätzlich auch für die betriebliche Rehabilitation fruchtbar gemacht werden können, vgl. unten § 12 B.III.4.d. bb) (2).

[74] Anders z.B. *Breitmeier/Frädrich*, DB 1982, 1929, 1931; wie hier *Walger*, S.58.

[75] Im Sozialversicherungsrecht ist das Wahlrecht des Rehabilitanden gesetzlich nicht festgelegt, allerdings nach überwiegender Auffassung zu bejahen, vgl. ausf. *Neumann*, Neumann u.a., S.18 ff. m.w.N. Eine diese Auffassung bestätigende gesetzliche Konkretisierung des Wahl- bzw. Selbstbestimmungsrechts ist nunmehr im Bereich der Pflegeversicherung durch § 2 SGB XI erfolgt.

[76] Z.B. *Herkert*, Berufliche Rehabilitation 1991, 34, 36: „Einweisungsbescheide"; aber auch *Vollmar*, RsDE 11 (1990), 41, 45, der darüber hinaus die Begründung des privatrechtlichen (!) Rehabilitationsverhältnisses in Berufsbildungswerken durch Leistungsbescheid annimmt. Ebenso *Breitmeier/Frädrich*, BB 1984, 1811, 1814.

[77] Das BSG br 1996, 138, 139, stellt zutreffend fest, daß die Förderung eines Behinderten in einer WfB die Bereitschaft der Werkstatt voraussetze, den Behinderten aufzunehmen. Ebenso BAG NZA 1993, 762, 763; *Fesca/Jakobi/Lachwitz*, RsDE 10 (1990), 41, 49; *Schulin*, Neumann u.a., S.110 m.w.N.

[78] Daneben wurden in den letzten Jahren sog. Einrichtungen der Phase II (bundesweit ca. 15) aufgebaut, die sich um die Betreuung Schwerstbehinderter kümmern. Besonderheit dieser Einrichtungen ist die Verbindung medizinischer Maßnahmen mit Maßnahmen der Beschäfti-

der Betrachtung wird sich deshalb auf die Rehabilitation in diesen drei Arten außerbetrieblicher Rehabilitationseinrichtungen beziehen.

E. Begriff der Rehabilitationsbeziehungen

Das Zusammenwirken von Rehabilitationseinrichtung, Rehabilitationsträger und Rehabilitand führt dazu, daß mindestens drei tatsächliche und rechtliche Beziehungen denkbar und auseinanderzuhalten sind:

Grafisch dargestellt:

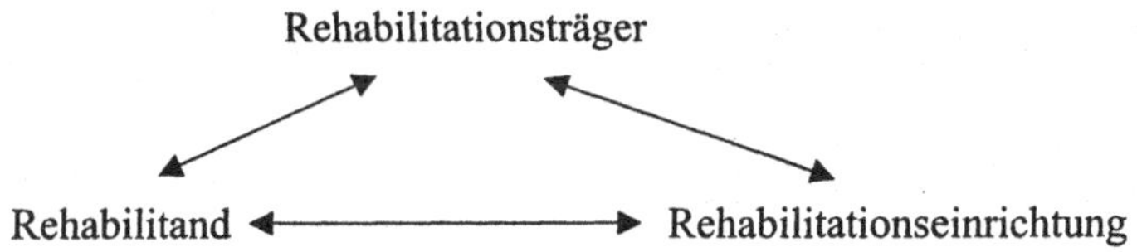

Zutreffend kann daher von „Dreiecksbeziehungen" gesprochen werden.[79] Dieser Begriff verdeutlicht die zunächst bestehende Eigenständigkeit jeder einzelnen Beziehung bei gleichzeitig vorhandenen *tatsächlichen* Zusammenhängen. Gegenstand der vorliegenden Arbeit ist ausschließlich das Rechtsverhältnis zwischen Rehabilitand und Rehabilitationseinrichtung. Die sonstigen Beziehungen werden nur insoweit thematisiert, als sie dieses Verhältnis rechtlich beeinflussen können.[80] Zwar

---

gungstherapie, Belastungserprobung, und Arbeitstherapie, vgl. hierzu *Dill/Gedon/Gemsjäger*, S.124 f.

[79] *Jakobi*, ZfS 1981, 293; *Schmitt*, S.12; anders hingegen jüngst *Neumann*, Neumann u.a., S.16: „Dreiecksverhältnis", der allerdings in der Sache die Beziehungen deutlicher als viele andere Autoren auseinanderhält. Auch das BAG (AP Nr.1 zu § 56 AFG unter I. der Gründe) spricht zum Teil vom „Vorliegen eines dreiseitigen Rechtsverhältnisses", ebenso *Brühl*, in LPK-BSHG, § 40 Rn.2; *Hennies*, NZS 1994, 545; *Igl*, in: Das sogenannte Dreiecksverhältnis, S.19; Neumann/*Pahlen*, SchwbG, zu § 54 b Rn.15.

[80] Nach ganz h.M. handelt es sich hierbei um jeweils öffentlich-rechtliche Leistungsverhältnisse, wobei allerdings die Rechtsnatur der wesentlichsten Gestaltungsmittel, z.B. Pflegesatzvereinbarungen, heftig umstritten ist, überwiegend allerdings eine Zuordnung zum Privatrecht erfolgt. Vgl. im einzelnen die ausführlichen Darstellungen zur Beziehung Rehabilitationsträger – Rehabilitand bei: *Naendrup*, Rechtsfragen, S.31 ff.; *Schmitt*, S.102, 334, 370 f., 427, 498 ff.; *Schulin*, Neumann u.a., S.95 ff.; *Unger*, SGb 1982, 343, 345; zum Verhältnis Rehabilitationsträger – Rehabilitationseinrichtung: differenzierend *Bauriedel*, DRV 1983, 557, 559 ff.; *Fuchs*, in: Das sogenannte Dreiecksverhältnis, S.42 ff.; *Naendrup*, Rechtsfragen, S.37 ff.; *Neumann*, Neumann u.a., S.45 ff.; *Schmitt*, S.86 ff., 334 ff., 371 ff., 427, 501 ff.; *Schulin*, Neumann u.a., S.126 ff.; *Unger*, SGb 1981, 343, 345; für ein privatrechtliches Rechtsverhältnis *Gagel*, AFG, § 33 Anm.8; *Natzel*, AP Nr.1 zu § 56 AFG; m.w.N., sowie zur Rechtsnatur von Gesamtvereinbarungen zwischen Einrichtung und Trägern aus der Rechtsprechung:

sind die Beteiligten im Rahmen der beruflichen Rehabilitation rein tatsächlich in engem Kontakt. Es ist jedoch nicht angebracht, hieraus bereits auf rechtliche Zusammenhänge bzw. die „Rechtsnatur“ zu schließen.[81] Vielmehr sind der Lebensbereich und -umfeld und die konkrete Beschäftigung zu trennen, so daß rechtliche Folgerungen aufgrund der tatsächlichen Verhältnisse begründungsbedürftig sind.[82]

Dem Versuch, rechtliche Erkenntnisse daraus zu gewinnen, einzelne Beziehungen als Basisverhältnis[83], Primär-/Sekundärbereich[84] oder Grund-/Erfüllungsverhältnis[85] zu klassifizieren, ist nicht zu folgen. Denn bereits eine solche Begrifflichkeit kann dazu verleiten, unzulässige Präsumtionen anzunehmen, die sich nicht aus dem Rechtsverhältnis selbst ergeben. In der Sache scheinen sie jedenfalls wenig hilfreich zu sein.

§ 3 Rechtliche Rahmenbedingungen der beruflichen Rehabilitation

Die rechtlichen Rahmenbedingungen der beruflichen Rehabilitation sind insbesondere unter dem Blickwinkel zu betrachten, inwieweit der Gesetzgeber Vorgaben hinsichtlich der vorliegend interessierenden Rechtsstellung der Rehabilitanden in Einrichtungen der beruflichen Rehabilitation statuiert.

BSGE 51, 108; BGH DVBl 1992, 615, 616 (öffentlich-rechtlicher Vertrag; Pflegesatzvereinbarung); BGHZ 76, 259 (262) (privatrechtlicher Vertrag zugunsten Dritter; Versorgungsvertrag zwischen Krankenkasse und Krankenhaus); GmS OGB NJW 1986, 2359 ff (privatrechtlicher Vertrag; Rahmenvereinbarung hinsichtlich orthopädischer Hilfsmittel).

[81] Ebenso *Schulin,* Neumann u.a., S.92; *Wendt*, RsDE 36 (1997), 43, 49; anders z.B. *Neumann*, Neumann u.a., S.16 f.; *Naendrup*, SGb 1982, 265, 271 ff.; *ders.*, Rechtsfragen, S.21 ff., der insbesondere deshalb zu dem Schluß kommt (S.33), das Rehabilitationsrecht entziehe sich überkommenen Denkbehelfen und deren Systematik. Ein derartiger Zusammenhang schwebte offenbar auch dem Gesetzgeber bei der Neuregelung des § 54 b SchwbG vor, soweit er die Rechtsnatur des zwischen WfB und Behindertem bestehenden Rechtsverhältnisses abhängig vom zugrunde liegenden Sozialleistungsverhältnis macht.

[82] In diesem Sinne instruktiv BSG NZS 1998, 38, 39, zur Frage der Annahme eines versicherungspflichtigen Arbeitsverhältnisses bei den sog. „Ghettoarbeitern“, während des Zweiten Weltkrieges sowie bereits oben unter II.

[83] *Fesca/Jacobi/Lachwitz*, RsDE 10 (1990), 41, 42 f.; *Haines*, Neumann u.a., S.230; *Rindt*, Präventive Rehabilitation 1991, 10, 21. *Eckmann*, Neumann u.a., S.217, meint, das Sozialrechtsverhältnis zwischen Rehabilitanden und Rehabilitationseinrichtung sei „zumindest Geschäftsgrundlage der vertraglichen Beziehung zwischen Behindertem und Einrichtung“.

[84] *Igl*, VSSR 1978, 201, 209 ff., der in einem späteren Aufsatz (in: Das sogenannte Dreiecksverhältnis, S.20 ff.) ferner ein Rangverhältnis zwischen den einzelnen Beziehungen aufstellt an dessen erster Stelle das Leistungszusageverhältnis, an zweiter das Leistungsbeschaffungsverhältnis und an dritter das Leistungserbringungsverhältnis steht. Damit scheint allerdings m.E. nicht viel mehr als eine zeitliche Rangordnung aufgestellt zu sein, die rechtlich noch keine Schlußfolgerungen zuläßt.

[85] *Zacher*, ZfS 1977, 145, 152 ff.

Als rechtlicher Ausgangspunkt der beruflichen Rehabilitation kann zunächst § 10 SGB I angesehen werden, der jedem, der körperlich, geistig oder seelisch behindert ist bzw. dem eine solche Behinderung droht, unabhängig von der Ursache seiner Behinderung ein *soziales Recht* auf die Hilfe einräumt, die notwendig ist, um die Behinderung abzuwenden, zu beseitigen, zu bessern, ihre Verschlimmerung zu verhüten oder Folgen zu mildern sowie um ihm einen seinen Neigungen und Fähigkeiten entsprechenden Platz in der Gemeinschaft, insbesondere im Arbeitsleben zu sichern.[86] Die Leistungen, die zur Verwirklichung dieses Rechts gewährt werden können, sind in § 29 SGB I konkretisiert. Ferner eröffnen spezialgesetzliche Umsetzungen dieses allgemeinen Rechts in den jeweiligen Leistungsgesetzen dem Behinderten Ansprüche auf Förderung unter den jeweiligen Leistungsvoraussetzungen.[87]

Hinsichtlich des hier interessierenden Fragenkomplexes finden sich gesetzliche Regelungen lediglich zur Rechtsstellung Behinderter in WfB. Das Rechtsverhältnis zwischen Behindertem und einer anerkannten WfB wurde im Zuge der Reform des Sozialhilferechts[88] dergestalt geregelt, daß im *Arbeitsbereich* der Werkstatt ein arbeitnehmerähnliches Rechtsverhältnis vorliegt, sofern nicht ein Arbeitnehmerstatus gegeben ist bzw. sich aus dem Sozialleistungsverhältnis etwas anderes ergibt (§ 54 b Abs.1 SchwbG). Der Inhalt dieses arbeitnehmerähnlichen Rechtsverhältnisses ist nach § 54 b Abs.3 SchwbG durch Werkstattverträge zu regeln.[89] Nach dem Willen des Gesetzgebers soll allerdings bereits aus dem arbeitnehmerähnlichen Rechtsstatus die entsprechende Anwendung offenbar aller arbeitsrechtlicher Vorschriften folgen, wobei als Beispiele Arbeitszeit-, (Erziehungs-) Urlaubs- und Mutterschutzregelungen sowie Vorschriften über die Entgeltfortzahlung im Krankheitsfall und an Feiertagen genannt werden.[90] Nach § 13 Abs.1 SchwbWV haben die Werkstätten den Behinderten im *Arbeitstrainingsbereich* den Abschluß schriftlicher Verträge anzubieten, in denen das besondere Rechtsverhältnis zwischen Werkstatt und Behindertem geregelt ist, soweit Regelungen eines Berufsausbil-

---

[86] *Großmann* in Hauck/Noftz, SGB III, zu § 97 Rn.41 ff.; *Naendrup*, Rechtsfragen, S.2 („soziales Grundrecht"); *Rindt*, AuA 1990, 1; *Schulin*, ZfS 1981, 270; *v.Maydell/Eylert*, RdA 1981, 148, 149.

[87] §§ 39 ff. BSHG (Sozialhilfeträger); §§ 97 ff. SGB III (Arbeitsförderungsrecht); §§ 9 ff. SGB VI (Rentenversicherung); §§ 26 ff. SGB VII (Unfallversicherung); § 35 a SGB VIII (Kinder- und Jugenhilfe), wobei § 35 a Abs.2 SGB VIII auf die Leistungen nach §§ 39 ff. BSHG verweist.

[88] Gesetz vom 23.7.1996 (BGBl. I, S.1088) sowie ausf. zum Gesetzgebungsverfahren *Kraus*, br 1996, 177 ff.

[89] Die frühere Verpflichtung zum bloßen Angebot von Werkstattverträgen wurde für den Arbeitsbereich ersetzt. Die anders lautende Regelung in § 13 Abs.1 SchwbWV wird durch die ranghöhere gesetzliche Regelung in § 54 b Abs.1 SchwbG verdrängt, zutreffend *Wendt*, RsDE 36 (1997), 43, 51.

[90] BT-Drucks. 13/3904, S.48, Ausschußbegründung zum unverändert übernommenen § 54 b SchwbG.

dungsvertrages, eines Vertrages im Sinne des § 19 BBiG oder eines Arbeitsvertrages nicht anwendbar sind. Bezüglich des *Eingangsbereichs* gibt es keine Regelungen. Ebensowenig existieren hinsichtlich der Rechtsstellung der Rehabilitanden in sonstigen Rehabilitationseinrichtungen gesetzliche Regelungen.[91] Schließlich sind die beruflichen Rehabilitanden kraft Gesetzes kranken-, renten-, unfall- und pflegeversichert.[92]

Außerhalb der Regelung der jeweiligen Leistungsansprüche des Behinderten gegen den jeweiligen Rehabilitationsträger zeichnen sich die rechtlichen Rahmenbedingungen der beruflichen Rehabilitation dadurch aus, daß im Mittelpunkt der Regelungen das Verhältnis zwischen Rehabilitationsträger und Rehabilitationseinrichtung steht (vgl. z.B. §§ 93 ff. BSHG, 248 ff. SGB III). Auch diesbezüglich erweist sich die gesetzgeberische Aktivität im Bereich des Rehabilitationsrechts, wie wohl im gesamten Sozialrecht, als wesentlich durch eine kostenpolitische Motivation geprägt.[93] Nur soweit es für die Betrachtung des Verhältnisses zwischen Rehabilitand und Rehabilitationseinrichtung erforderlich ist, wird auf dieses Rechtsverhältnis bzw. die rechtlichen Regelungen einzugehen sein.[94]

Festzuhalten ist, daß sich weder den gesetzlichen Regelungen noch den Gesetzgebungsmaterialien aussagekräftige Hinweise darauf entnehmen lassen, wie der Gesetzgeber das Rechtsverhältnis zwischen Rehabilitand und Rehabilitationseinrichtung einschätzt.[95] Allenfalls eine Zuordnung zum Privatrecht ließe sich durch die beschriebenen Regelungen, insbesondere die Verpflichtung einen Vertrag abzuschließen bzw. anzubieten, ableiten.[96] Auch durch die Neuregelung durch das Sozialhilfereformgesetz sollte die Rechtsstellung wohl nicht entschieden werden. Dies ergibt sich zum einen bereits aus den Gesetzgebungsmaterialien[97] und zum anderen daraus, daß die Fiktion nur greift, soweit kein anderes Rechtsverhältnis

---

[91] Im übrigen ausf. zum Regelungsdefizit bezüglich des Gesamtkomplexes der Leistungserbringung durch Dritte *Schmitt*, S.12 ff. sowie zu den Folgen dieses Defizits S.23 ff.

[92] Für Rehabilitanden in WfB: § 5 Abs.1 Nr.7 SGB V, § 20 Abs.1 S.2 Nr.7 SGB XI, § 1 S.1 Nr.2 a) SGB VI, § 2 Abs.1 Nr.2 und 4 SGB VII; für Rehabilitanden in Berufsförderungs- und Berufsbildungswerken: § 26 Abs.1 Nr.1 SGB III (nur für jugendliche Behinderte), § 5 Abs.1 Nr.6 SGB V, § 1 S.1 Nr.3 SGB VI, § 2 Abs.1 Nr.2 SGB VII, § 20 Abs.1 S.2 Nr.6 SGB XI. Diese Spezialregelungen lösten das Gesetz über die Sozialversicherung Behinderter in geschützten Einrichtungen (SVBG) vom 7.5.1975 (BGBl. I, S.1061) ab.

[93] Instruktiv *Schmitt*, S.12 ff.

[94] Es wird zum Teil darauf hingewiesen, daß die „stiefmütterliche" legislatorische Behandlung des Rechtsverhältnisses zwischen Behindertem und Rehabilitationseinrichtung, sich auch im tatsächlichen Umgang mit dem Behinderten widerspiegelt: Ein Großteil der Entscheidungsvorgänge laufe von vornherein unmittelbar zwischen Rehabilitationsträger und Rehabilitationseinrichtung ab, vgl. *Jakobi*, ZfS 1981, 293, 295.

[95] *Leisten*, S.42 f., 52 ff. m.w.N. sowie die relevanten Materialien: BR-Drucks. 554/79, S.21, 27; BT-Drucks. 7/3237 S.1-6.

[96] In diesem Sinne z.B. *Schmitt*, S.114.

[97] Vgl. BT-Drucks. 13/3904, S.48 f.

vorliegt und sich aus dem Sozialleistungsverhältnis nichts anderes ergibt. Insgesamt ist die gesetzliche Situation auf den ersten Blick durch Offenheit geprägt.[98]

§ 4 Rechtstatsachen

Da die Lösung rechtswissenschaftlicher Probleme in großem Maße von der Erfassung der zugrundeliegenden Lebenssachverhalte abhängig ist, sollen im folgenden die der weiteren Erörterung vorausgesetzten tatsächlichen Verhältnisse (Rechtstatsachen) dargestellt werden. Wie sich im Rahmen der methodischen Ausführungen im *Dritten Teil* noch zeigen wird, stehen Rechtserzeugung und Lebenswirklichkeit in einem wechselseitigen Abhängigkeitsverhältnis, das demzufolge auch bei der konkreten Rechtsfindung, die das Ziel der vorliegenden Untersuchung darstellt, nicht unberücksichtigt bleiben kann.[99] Hieraus ergibt sich der gesellschaftliche Konflikt, den es mit Hilfe des Rechts zu lösen gilt. Entscheidend bei der Erarbeitung rechtlicher Problemlösungen ist die möglichst erschöpfende Erfassung der tatsächlichen Verhältnisse, die den gesellschaftlichen Konflikt hervorbringen. Andererseits ist zu berücksichtigen, daß für generalisierende rechtliche Lösungsvorschläge nicht die Erfassung der einzelnen Umstände eines jeden Einzelfalls entscheidend sein können, sondern es vielmehr darum gehen muß, die wesentlichen rechtlich relevanten Tatsachen herauszuarbeiten. Sonst läuft die juristische Analyse Gefahr, sich in den vielfältigen Umständen einzelner Lebenssachverhalte zu verirren.

Insbesondere um ein besseres Verständnis für die heutigen Rechtstatsachen zu bekommen, scheint es angebracht, zunächst einen kurzen historischen Überblick über die Entwicklung des Rehabilitationsrechts in der Bundesrepublik den aktuellen Rechtstatsachen voranzustellen.

A. Historische Entwicklung der beruflichen Rehabilitation

I. Allgemeine Entwicklung des Behindertenrechts

Die berufliche Eingliederung Behinderter als planvolle *staatliche* Aufgabe gewann erstmals während des Ersten Weltkrieges an Bedeutung, als insbesondere die Kriegsversehrten als soziales Massenproblem deutlich wurden.[100] Diesen sollte das

---

[98] Dieser bereits 1981 von *Naendrup*, Rechtsfragen, S.5, konstatierte Befund hat sich seither nur unwesentlich geändert.

[99] Vgl. insbesondere hierzu das in § 8 E. IV.1. dargestellte Kommunikationsmodell.

[100] Ausführliche Darstellungen bei *Haaser*, NDV 1973, 122, 124 f.; *Jung*, RdA 1973, 161 ff., sowie aus neuerer Zeit *Dill/Gedon/Gemsjäger*, S.33 ff.; *Walger*, S.9 ff.

Gefühl genommen werden, infolge ihrer „im Kampf für das Vaterland" erlittenen körperlichen Schäden nutzlose Glieder der Gesellschaft geworden zu sein. Sie sollten das Bewußtsein zurückgewinnen, daß sie die ihnen verbliebene Arbeitskraft noch zu ihrem eigenen und zum Vorteil der Gesellschaft einsetzen und verwerten konnten. Es entsprach der Staatsräson, daß es eine Pflicht war, denjenigen besondere Hilfe zu gewähren, die im Dienst für die Allgemeinheit schwere gesundheitliche Schäden davongetragen hatten. Von daher erklärt sich auch, daß die staatlichen Aktivitäten sich nicht nur auf die Kriegsbeschädigten konzentrierten, sondern von Anfang an auch auf diejenigen, die infolge von Arbeitsunfällen Behinderungen erlitten (Opfer der Arbeit). Schwerpunkte der staatlichen Aktivität waren neben finanziellen Leistungen vor allem die Einführung von Pflichtarbeitsplätzen sowie ein stetig wachsender besonderer arbeitsrechtlicher Schutz für Schwerbeschädigte.[101] Behinderte, die nicht zu dem besonders geförderten Personenkreis gehörten, insbesondere die von Geburt an Behinderten, unterfielen der allgemeinen Fürsorge. Diese wurde vor allem von privaten Initiativen getragen, die zum Teil staatliche, vor allem kommunale Fördergelder erhielten.

Die Entwicklung nach dem Zweiten Weltkrieg hatte anfangs den gleichen Motor: Unmittelbar nach 1945 versuchten die einzelnen Länder durch eigene Regelungen, die sich insbesondere zwischen den einzelnen Besatzungszonen erheblich unterschieden, die sich verschärfenden sozialen Lebensbedingungen der Kriegsbeschädigten in den Griff zu bekommen. Die Anzahl der in den Betrieben für Kriegsversehrte vorzuhaltenden Pflichtarbeitsplätze wurde teilweise auf 10 % angehoben. Durch das Gesetz über die Beschäftigung Schwerbeschädigter vom 16. Juni 1953[102] wurde die Rechtslage wieder nach dem Vorbild des Schwerbeschädigtengesetzes 1923 vereinheitlicht und insbesondere die Möglichkeit der Ausgleichsabgabe neu eingeführt (§ 9 SchwBeschG). Die Entwicklung in den fünfziger und sechziger Jahren führte dazu, daß der vom Schwerbeschädigtengesetz erfaßte Personenkreis immer enger wurde[103], so daß nach umfangreichen und äußerst kontrovers geführten Reformdiskussionen am 14. März 1974 das Schwerbehindertengesetz verabschiedet wurde.[104] Die wohl bedeutendste Änderung, die mit der Verabschiedung des SchwbG einhergegangen ist, stellt die Erweiterung der staatlichen Behindertenpolitik auf alle Behinderte unabhängig von der Ursache der Behinde-

---

[101] Über die Verordnung über die Beschäftigung Schwerbeschädigter vom 9.1.1919 (RGBl. I, S.28) sowie die Verordnung über soziale Kriegsbeschädigten- und Kriegshinterbliebenenfürsorge vom 8.2.1919 (RGBl. I, S.187) führte die Entwicklung zur Verabschiedung des Schwerbeschädigtengesetzes vom 6.4.1920 (RGBl. I, S.458), novelliert durch Gesetz vom 23.12.1922 (RGBl. I, S.972), das schließlich in der Fassung vom 12.1.1923 (RGBl. I, S.58) seinen gesetzgeberischen Abschluß vor dem zweiten Weltkrieg fand.

[102] BGBl. I, S.389.

[103] Ende 1960 standen 360.000 offenen Pflichtarbeitsplätzen 6.000 arbeitslose Schwerbeschädigte gegenüber, *Jung*, RdA 1973, 161, 162; ferner ausf. *Großmann*, in Hauck/Noftz, SGB III, § 97 Rn.3 ff.

[104] In Kraft getreten am 1. Mai 1974, bekannt gemacht am 29. April 1974 (BGBl. I, S.1005).

rung dar. Zwar wurden vorher schon Behinderte, die nicht vom Schwerbeschädigtengesetz erfaßt wurden, in den Bereich der Daseinsvorsorge des Staates miteinbezogen, dies erfolgte jedoch wie schon vor dem Zweiten Weltkrieg lediglich im Rahmen der Fürsorge, d.h. außerhalb eines Rehabilitationskonzeptes.[105]

Neben der Ausweitung des Geltungsbereichs änderte sich allerdings auch der Charakter des Schwerbehindertenrechts: Stand im Rahmen der Regelungen des SchwBeschG vor allem noch die Fürsorge sowie Versorgung des Schwerbeschädigten durch den Arbeitgeber im Vordergrund[106], so erfuhr der Schutz der Schwerbehinderten nun eine verstärkte Einbindung in allgemeine zivil- und arbeitsrechtliche Regelungen, allerdings mit besonderen Fürsorgepflichten im Einzelfall.[107] Wurde die Ausdehnung der aktiven Behindertenpolitik in der Regierungsbegründung 1953 noch mit der Sorge um eine Benachteiligung der Kriegs- und Arbeitsopfer und eine unerträgliche Belastung der Wirtschaft abgelehnt, führte vor allem die Vollbeschäftigung und die noch darüber hinausgehende Furcht vor einem Arbeitskräftemangel Anfang der siebziger Jahre zum Durchbruch eines umfassenden Rehabilitationsgedankens.[108] Durch die neue Behindertenpolitik, eingeleitet durch das Aktionsprogramm der Bundesregierung zur Förderung der Rehabilitation der Behinderten von 1970[109], sollten nach Möglichkeit aus kostenverursachenden Sozialleistungsempfängern produktive, das Sozialprodukt vergrößernde und Steuern entrichtende Glieder der Gesellschaft werden, wodurch insgesamt das Wirtschaftswachstum gefördert würde.[110]

---

[105] *Boll*, Gesamtbericht, S.113; *Strohm*, Gesamtbericht, S.139, weist darauf hin, daß es hinsichtlich der „sonstigen" Behinderten, im Gegensatz zu den Schwerbeschädigten i.S.d. SchwBeschG, noch nicht einmal statistische Erhebungen gab.

[106] Vgl. hierzu z.B. die vom RAG (ARS 10, 335; 10, 338; 46, 336) entwickelte Versorgungstheorie, nach der ein Schwerbeschädigter während einer Krankheit, die auf eine Kriegsbeschädigung oder einen Arbeitsunfall zurückzuführen ist, Anspruch auf Lohnfortzahlung bis zur rechtswirksamen Beendigung seines Arbeitsverhältnisses hat. Ferner sei auf den noch nach § 5 SchwBeschG 1923 bestehenden Zwang zur Einstellung Schwerbeschädigter verwiesen, dem ein Arbeitgeber nur mit Genehmigung der Hauptfürsorgestelle aufgrund der besonderen Lage des Einzelfalls durch Geldzahlung entgehen konnte.

[107] Ausf. BAG vom 14.7.1983 – 2 AZR 34/82 – unveröff. unter II. 2. b) und c) der Gründe.

[108] *Haaser*, NDV 1973, 122, 125; *Jung*, RdA 1973, 161, 163; *Katzer*, BArbBl 1969, 240; *v.Maydell/Eylert*, RdA 1981, 148, 153.

[109] Sozialpolitische Informationen, hrgg. vom Bundesministerium für Arbeit und Sozialordnung, Nr.IV/13 vom 13.4.1970; ferner BT-Drucks.VI/643, S.22; ausf. *Dill/Gedon/Gemsjäger*, S.46 ff.

[110] Sozialbericht 1971 der Bundesregierung, BT-Drucks. VI/2155, S.18 ff.

II. Entwicklung der außerbetrieblichen Rehabilitationseinrichtungen

Vor dem Hintergrund der allgemeinen Entwicklung des Behindertenrechts ist die Entstehung der außerbetrieblichen Rehabilitationseinrichtungen zu sehen.[111]

Die konkreten Vorläufer der WfB in ihrer heutigen Struktur finden sich Ende der 50er Jahre.[112] Vor allem freie und kirchliche Träger der Behindertenhilfe, im wesentlichen die in der Bundesvereinigung Lebenshilfe für geistig Behinderte e.V. zusammengeschlossenen Elternverbände und Organisationen der freien Wohlfahrtspflege (insbesondere das Diakonische Werk, der Deutsche Caritas-Verband, die Arbeiterwohlfahrt und die im Deutschen Paritätischen Wohlfahrtsverband organisierten Vereinigungen) gründeten und organisierten sogenannte beschützende bzw. beschützte Werkstätten im Sinne des § 16 Abs.2 EinglHVO[113] nach § 47 BSHG.[114] Der Schwerpunkt der Arbeit der beschützenden Werkstätten lag allerdings im therapeutisch-betreuerischen Bereich. Sie waren demnach zunächst der öffentlichen Fürsorge zugeteilt[115] und standen für alle Behinderten offen, die sich in die Werkstattgemeinschaft einfügen konnten.[116] Zwar sollte auch nach der ursprünglichen Konzeption die Werkstatt eine sowohl therapeutisch und sozialpädagogische Funktion erfüllen wie auch dem Behinderten eine ihm nach Fähigkeiten und Bedürfnissen angemessene Arbeit verschaffen (produktionsorientierte Zielsetzung).[117] Ziel war aber nicht die Wiedereingliederung in den Arbeitsmarkt bzw. die Gesellschaft, denn die spezifisch rehabilitative Zielrichtung fehlte der Be-

---

[111] Ausf. *Stratmann/Urban*, S.38 ff.

[112] Zwar wurde die erste Werkstatt für Behinderte als „beschützende Werkstatt" bereits 1922 in Düsseldorf gegründet, eine Vergleichbarkeit der Strukturen bzw. eine lineare Entwicklung zum heutigen Werkstatttypus wird man wohl erst in den 50er Jahren feststellen können; vgl. auch *Baltzer/Jürgens*, SGb 1981, 241; *Rother*, NDV 1976, 272, 274. *Pünnel*, AuR 1978, 44, sieht den Anfang der Entwicklung sogar erst zu Beginn der 60er Jahre. Ausf. mit Vorläufern aus dem 19. Jahrhundert *Scholler*, ZfSH 1981, 193, 195 f.

[113] In der früheren Fassung vom 27.5.1964 (BGBl. I, S.379) zum BSHG vom 30.6.1961, zuletzt geändert durch Art.21 Gesetz zur Reform der Arbeitsförderung vom 24.3.1997 (BGBl. I, S.594).

[114] *Cramer*, 1997, S.2; ausf. *Haaser*, NDV 1973, 122 ff. Diese staatsferne Entwicklung der Rehabilitationseinrichtungen wird als ein Grund für die mangelnde Kodifizierung im Rehabilitationsrecht angesehen, vgl. *Naendrup*, Rechtsfragen, S.10 f.

[115] *v.Maydell/Eylert*, RdA 1981, 148, 153.

[116] *Gries*, Gesamtbericht, S.172.

[117] *Schlage*, S.78; *Schulin*, Arbeitsentgelt, S.28; die Werkstätten selbst weisen überwiegend bereits eine unterschiedliche Gewichtung von Produktion und Rehabilitation auf. *Baltzer/Jürgens*, SGb 1981, 241 weisen darauf hin, daß die Bandbreite von Einrichtungen „die die sozial- und heilpädagogische Beschäftigungstherapie in den Vordergrund stellten, bis hin zu Einrichtungen, die mit dem Einsatz von Behinderten als Billigst-Arbeitskräfte akkordmäßige Industrie-Produktion betrieben" reichten. Allerdings wird, seit der Normierung des Mindestvoraussetzungen im Rahmen eines Anerkennungsverfahrens (§§ 57 SchwbG, 17 ff. SchwbWV), der letztgenannte Fall wohl nicht mehr anzutreffen sein.

schäftigung in der WfB noch.[118] Mangels vorheriger gesetzlicher Regelungen kam es zu einer durchaus individuellen Entwicklung der einzelnen Werkstätten, was auch auf die unterschiedliche Trägerschaft und demzufolge unterschiedliche Weltanschauungen zurückzuführen ist. Dies führte dazu, daß das Erscheinungsbild und die Aufgabenstellung der WfB sich erheblich unterschieden.[119] Im wesentlichen bildeten sich zwei Typen von Werkstätten heraus, die eine mehr arbeitsmarkt-, produktions- und leistungsorientiert, die andere mehr auf Beschäftigungs- und Arbeitstherapie sowie auf Betreuung ausgerichtet.

Diesem höchst unterschiedlichen Erscheinungsbild der WfB entgegenzutreten und eine deutlich umrissene Aufgabenstellung festzulegen, diente die Verabschiedung des Schwerbehindertengesetzes 1974. Es wurde erstmals ein für alle Rehabilitationsträger maßgeblicher einheitlicher Werkstattbegriff festgelegt.[120] Hervorzuheben ist insbesondere, die Ausrichtung der WfB auf den allgemeinen Arbeitsmarkt bzw. auf den besonderen Arbeitsmarkt der WfB selbst, die sie zu einer Einrichtung der beruflichen Rehabilitation gemacht hat.[121] Dadurch wurden erstmals Behinderte unabhängig von der Ursache ihrer Behinderung in berufliche Rehabilitationskonzepte miteinbezogen. Ferner wurde mit der Eingliederung der Werkstatt in allgemeinere Arbeitsmarktkonzepte der Zielkonflikt zwischen einem arbeitsmarktbezogenen und einem bedürfnisbezogenen bzw. therapeutischem Konzept rechtlich manifestiert.[122]

---

[118] Ausführlich *Gries*, Gesamtbericht, S. 170 ff.

[119] *Cramer*, 1997, S.5; *Rother*, NDV 1976, 272, 273, sieht wohl zu recht bereits im Zugrundelegen unterschiedlicher Werkstattkonzeptionen eine Ursache für die unterschiedlichen Einschätzungen des Werkstattgeschehens.

[120] BT-Drucks. 7/1515 S.17; *Weber*, SchwbG, zu § 54 Anm.1 ff.; zur heutigen Konzeption der WfB ausf. unten unter B. I.2.b.

[121] *Jung*, RdA 1973, 161, 168. Der historische Einschnitt den die WfB durch Erlaß der §§ 52 ff. SchwbG (heute §§ 54 ff. SchwbG) erfahren hat, ist insbesondere bezüglich der Würdigung der Untersuchungen zur Rechtsstellung des Behinderten in WfB von Bedeutung (z.B. die ausf. Untersuchung von *Fabricius/Gammelin* aus dem Jahr 1972 oder die Auswertung einer Umfrage unter den „Behindertenwerkstätten" von *Stroebel* aus dem Jahr 1969, dazu s.u.), da erst ab 1974 eine klare Ausrichtung der WfB auch auf den allgemeinen Arbeitsmarkt erfolgte. Es sei nur auf einen Auszug der rechtlichen Würdigung von *Winckelmann*, Gesamtbericht, S.180, verwiesen, der die Bejahung eines Arbeitsverhältnisses vor allem mit der Begründung ablehnt: „Gerade weil von seiner Arbeitskraft kein Gebrauch gemacht werden kann, befindet er sich ja in einer beschützenden Werkstatt." Dem Umstand, daß die WfB nach §§ 54 ff. SchwbG kaum mit einer beschützenden Werkstatt vergleichbar ist, wurde bei der späteren Rezeption dieser Untersuchungen, die noch vor 1974 erfolgten, z.T. nicht hinreichend Rechnung getragen.

[122] Zur Diskussion *Cramer*, BArbBl 1980, 11, 12; *Schulin*, Soziale Sicherung, S.42 f.; instruktiv die zusammenfassende Schilderung im Urteil des BSG SGb 1989, 82, 84 m.Anm. *Fuchs*. Vgl. ferner die Darstellung im Urteil des LAG Saarland RsDE 4 (1989), 92, 99 f.

Den vorläufigen Abschluß in der rechtlichen Entwicklung fand die WfB im Zuge der Reform des Sozialhilferechts zum 1. August 1996.[123] Allerdings gehen die Änderungen zum ganz großen Teil nicht über Klarstellungen hinaus.

Entsprechend der historischen Entwicklung befindet sich der überwiegende Teil der Werkstätten in freier Trägerschaft (Verbände der freien Wohlfahrtspflege), gefolgt von den kirchlichen Trägern. Nur zum ganz geringen Teil stehen die Werkstätten in unmittelbarer Trägerschaft von Körperschaften des öffentlichen Rechts.[124] Die Beschäftigung von Behinderten in Werkstätten, die unmittelbar von einem Sozialhilfeträger betrieben werden, stellt die Ausnahme dar.[125] Das gleiche gilt für Berufsbildungswerke und Berufsförderungswerke.[126]

Vorläufer der Berufsförderungswerke waren vor 1957 im wesentlichen „Volksheilstätten" und "Versehrtenschulen", die nach dem Zweiten Weltkrieg durch ein paralleles Angebot von Arbeitstherapie und medizinischer Betreuung Kriegsversehrte zu rehabilitieren versuchten. Erst als 1957 mit der großen Rentenreform die berufliche Rehabilitation institutionalisiert wurde, entwickelten sich rasch Berufsförderungswerke, die sich 1968 in der "Arbeitsgemeinschaft Deutscher Berufsförderungswerke" zusammenschlossen.[127]
Die bislang jüngste Geschichte in der Reihe beruflicher Rehabilitationseinrichtungen weisen Berufsbildungswerke auf. Ihre konzeptionelle Einrichtung, insbesondere unter Verwendung bzw. Förderung bestehender Strukturen der freien Wohlfahrtspflege, erfolgte im Rahmen des Aktionsprogramms der Bundesregierung 1970.[128] Die Förderung von Berufsbildungswerken gliedert sich nahtlos in die übergeordnete konzeptionelle Änderung der Behindertenpolitik in diesem Zeitraum ein, die bereits oben unter dem Aspekt einer verstärkten Arbeitsmarktorientierung, weg von einem vorwiegend fürsorgerischem Konzept, angesprochen wurde.[129] Dies hat sich auch im Umgang mit jugendlichen Behinderten ohne Berufsausbildung gezeigt: Auch hier fand eine Akzentverschiebung weg von einer medizinischen Betreuung hin zu einer beruflichen Rehabilitation, d.h. vor allem unter Stärkung des pädagogischen Aspekts der Rehabilitation, statt.[130]

---

[123] Gesetz vom 23.7.1996 (BGBl. I, S.1088); zum Gesetzgebungsverfahren *Kraus*, br 1996, 177 ff.; zu den inhaltlichen Regelungen hinsichtlich der WfB: *Baur*, ZfSH/SGB 1999, 262, 263 ff.; *Finke*, br 1996, S.185 ff.; *Wendt*, RsDE 36 (1997), S.43 ff.

[124] Genaue Daten über die Träger der Werkstätten sind bis heute nicht statistisch erfaßt. Der genannten Einschätzung liegt eine Schätzung von *Schlage*, S.76, zugrunde, die jüngst von *Hüther*, BlWPfl 1989, 313, bestätigt wurde.

[125] *Schulin*, Arbeitsentgelt, S.13ff.

[126] *Naendrup*, Rechtsfragen, S.23 ff.; *Vollmar*, RsDE 11 (1990), 41, 42.

[127] Abschlußbericht Reha-Kommission, 1997, S.139; ausf. *Dings*, S.13 ff.

[128] Ausf. hierzu *Dreisbach*, S.17 ff., 22 ff.

[129] Siehe oben unter A.I.

[130] Auf den letzten Aspekt weist insbesondere *Dreisbach*, S.10 ff. hin.

B. Die der Untersuchung zugrundeliegenden aktuellen Rechtstatsachen

Die im folgenden darzustellenden Rechtstatsachen sind ausschließlich Ergebnis vorliegender empirischer Untersuchungen. Diese haben allerdings hinsichtlich der tatsächlichen Verhältnisse innerhalb der Rehabilitationseinrichtungen den Nachteil, daß sie überwiegend auf relativ eingeschränkten Umfragen basieren.[131] Eine umfassende aktuelle Studie der tatsächlichen Verhältnisse in den fast 700 außerbetrieblichen Rehabilitationseinrichtungen existiert derzeit nicht.[132] Allerdings reichen die empirischen Befunde über die außerbetriebliche Rehabilitation aus, um allgemeine rechtliche Kriterien zur Beurteilung des Rechtsverhältnisses zwischen Rehabilitationseinrichtung und Rehabilitand herausarbeiten zu können. Der Begriff der *Rechtstatsachen* verdeutlicht bereits, daß die Darstellung der tatsächlichen Verhältnisse bereits insoweit selektiv erfolgt, als Tatsachen, die ersichtlich keine normative Bedeutung gewinnen können, außen vor gelassen werden. Soweit die Rechtstatsachen in Verbindung mit entsprechenden rechtlichen Regelungen gebracht werden können, werden diese angegeben.

Es bietet sich aus Gründen der Übersichtlichkeit an, die Rechtstatsachen hinsichtlich der einzelnen Typen von Rehabilitationseinrichtungen getrennt darzustellen.

I. Werkstätten für Behinderte (WfB)

Innerhalb der Reihe von außerbetrieblichen Institutionen, die sich um die berufliche Rehabilitation Behinderter bemühen, nehmen sich WfB derjenigen Behinderten an, deren Behinderung am schwersten ist.[133] Derzeit bestehen 625 Werkstätten mit rund 155.000 Behinderten, davon 453 in den alten Bundesländern mit etwa 123.000 Behinderten und 172 Werkstätten in den neuen Bundesländern mit rund 32.000 Behinderten.[134] Da die rechtswissenschaftliche Diskussion sich im wesentlichen mit den in einer WfB beschäftigten Behinderten befaßt, ist es angebracht, die tatsächlichen Verhältnisse ausführlicher zu schildern.

---

[131] Daß die Untersuchungen im wesentlichen vor 1985 erfolgten, stellt sich demgegenüber als geringerer Nachteil dar, denn, soweit ersichtlich, haben sich die für die *Untersuchung maßgeblichen Verhältnisse* innerhalb der Rehabilitationseinrichtungen nicht geändert.

[132] *Walger*, S.55. Dieser Umstand kann nicht deutlich genug heraus gestellt werden, denn ein Teil der unterschiedlichen rechtlichen Bewertungen ergibt sich bereits aus der Zugrundelegung unterschiedlicher Rechtstatsachen im Rahmen der jeweils bereits vorliegenden Untersuchungen.

[133] Mit 50 – 70 % stellen die geistig Behinderten die größte Gruppe der Beschäftigten dar, *Schlage*, S.80.

[134] Vierter Behindertenbericht der Bundesregierung (BT-Drucks. 13/9514 vom 18.12.1997); *Cramer*, 1997, S.5; *Pünnel*, AuR 1996, 483.

1. Finanzierung und Wirtschaftsführung der Werkstatt

Die finanzielle Förderung erfolgt in Form einer institutionellen Förderung (vgl. §§ 248 ff. SGB III) sowie der individuellen Förderung durch pauschalierte Tagessätze[135]. Der Anteil der institutionellen Förderung an der Gesamtförderungssumme liegt zwischen 40 und 50 %.[136] Die Kosten der WfB werden darüber zu rund 80% von den überörtlichen Trägern der Sozialhilfe (§ 41 BSHG) und der Bundesanstalt für Arbeit (Ausbildungsgeld nach den §§ 102 Abs.2, 104 Abs.1 Nr.2, 107 SGB III; Übergangsgeld nach den §§ 160 ff. SGB III) getragen, zu rund 20% trägt die WfB die Kosten aus den selbst erwirtschafteten Umsätzen.[137] Diese betrugen im Jahr 1997 insgesamt rund 1,6 Mrd. DM.[138] Eine Förderung durch die Rentenversicherer nach § 18 SGB VI ist statistisch irrelevant.[139]

Die Abgrenzung der Zuständigkeit zwischen der Bundesanstalt für Arbeit und Sozialhilfeträgern im einzelnen war lange Zeit umstritten[140]. Bereits durch Einführung des § 9 Abs.2 AO Reha[141] durch die Änderungsanordnung vom 31. Juli 1975[142] wurde eine Förderung durch die Bundesanstalt für Arbeit von der Leistungsfähigkeit des Behinderten abhängig gemacht. Eine Förderung kam danach nur in Betracht, wenn die Leistungsfähigkeit des Behinderten mindestens einem Drittel derjenigen eines Nichtbehinderten in vergleichbarer Funktion entsprach. Für alle anderen Behinderten waren, soweit nicht die vorrangige Zuständigkeit eines anderen Rehabilitationsträgers gegeben war[143], der überörtliche Träger der Sozialhilfe zuständig. Mittlerweile ist die Bundesanstalt für Arbeit grundsätzlich im Eingangs- und Arbeitstrainingsbereich zuständig (§ 102 Abs.2 SGB III), während eine Förderung durch die Sozialhilfeträger im wesentlichen für Behinderte im Arbeitsbereich der Werkstatt erfolgt.

Als Wirtschaftsbetriebe unterliegen die WfB einer regelmäßigen Wirtschaftsprüfung (§ 12 Abs.1 SchwbWV). Für sie gelten handelsrechtliche Vorschriften der

---

[135] Zur Festlegung der Tagessätze vgl. *Baltzer/Jürgens*, SGb 1981, 241, 245 f.; *Naendrup*, Rechtsfragen, S.194 ff.

[136] *Schlage*, S.82.

[137] *Cramer*, 1997, S.5; *ders.* BArbBl 1980, 11.

[138] Süddeutsche Zeitung vom 9.3.1999, S.23, unter Berufung auf den Vorsitzenden der BAG WfB *Anders*.

[139] *Naendrup*, Rechtsfragen, S.186; Abschlußbericht Reha-Kommission, 1997, S.149; sie wird zudem von den Rentenversicherern mangels Eingliederungsaussicht auf dem allgemeinen Arbeitsmarkt abgelehnt. Dem wird entgegengehalten, daß die Rentenversicherung zumindest im Eingangs- und Arbeitstrainingsbereich mit dem Ziel der Eingliederung in den „Sonderarbeitsmarkt der Werkstätten für Behinderte" zuständig sei: *Kolb/Seidel*, Rn.500.

[140] Vgl. die Darstellung bei *Cramer*, 1997, S.12 ff.

[141] vom 2.7.1970 (ANBA Nr.10/1970) zuletzt geändert durch die 19. Änderungsanordnung zu AO Reha vom 26.10.1995 (ANBA 1995, S.1789).

[142] ANBA Nr.11/1975.

[143] Z.B. §§ 18 f. SGB VI; § 37 SGB VII, § 26 Abs.2 BVG, § 35 a SGB VIII.

Buchführungs- und Bilanzpflicht (§§ 38 ff. HGB, § 42 GmbHG, §§ 148 ff. AktG).[144] Einer darüber hinausgehenden Kontrolle, vergleichbar der Heimaufsicht nach §§ 9, 10 HeimG, unterliegen die Werkstätten nicht.

2. *Struktur und Konzeption der WfB*

Die WfB unterscheidet sich von Berufsförderungswerken und Berufsbildungswerken zunächst dadurch, daß ihr der unmittelbare Ausbildungscharakter fehlt. Dementsprechend sind Verweildauer der Behinderten in der Einrichtung erheblich länger, was sich sowohl in der Struktur wie auch in der Konzeption der WfB niederschlägt.

a. Struktur der WfB

Die Tätigkeit innerhalb der WfB ist in drei Bereiche gegliedert: Zunächst können Behinderte, bei denen der Fachausschuß Zweifel daran hat, ob die WfB für sie eine geeignete Einrichtung darstellt, ein mindestens vierwöchiges und höchstens dreimonatiges Eingangsverfahren durchlaufen (näher: § 3 SchwbWV[145]).[146] Im Arbeitstrainingsbereich sollen dem Behinderten in einem Lehrgang bzw. durch Einzelmaßnahmen Fertigkeiten und Grundkenntnisse vermittelt werden, um zu erreichen, daß er ein Mindestmaß an wirtschaftlich verwertbarer Arbeitsleistung erbringen kann.[147] Die Lehrgänge im Arbeitstrainingsbereich sind in zwei einjährige Phasen, einen Grund- und einen Aufbaukurs, aufgebaut (näher: § 4 SchwbWV[148]). Im Arbeitsbereich schließlich soll die kontinuierliche Tätigkeit der Behinderten erfolgen (näher: § 5 SchwbWV[149]). Die Plätze des Arbeitsbereichs sollen in ihrer Ausgestaltung möglichst denjenigen auf dem allgemeinen Arbeitsmarkt entsprechen.[150] Im Arbeitsbereich finden rund 80 % der Behinderten einen Dauerarbeitsplatz, da lediglich ein geringer Teil die tatsächliche Möglichkeit hat, auf den allgemeinen Arbeitsmarkt zu wechseln.[151] Demnach stellt sich der Arbeitstrainingsbereich, der zumindest konzeptionell auch Ausbildungsstätte für den allgemeinen

---

[144] Ausf. *Wendt*, RsDE 36 (1997), 43, 54 ff.

[145] Zuletzt geändert durch VO vom 14.12.1992 (BGBl. I, S.2013).

[146] Zu Sinn und Zweck des Eingangsverfahrens vgl. BSG ZfSH/SGB 1985, 216; *Cramer*, SchwbG, zu § 3 SchwbWV Rn.3. Ein Eingangsverfahren wird allerdings selten durchgeführt; vgl. *Schlage*, S.115.

[147] Näher hierzu BSG RsDE 28 (1995), 73, 79 ff.

[148] Zuletzt geändert durch Verordnung vom 14.12.1992 (BGBl. I, S.2013) sowie durch Gesetz zur Reform des Sozialhilferechts vom 23.7.1996 (BGBl. I, S.1088).

[149] Zuletzt geändert durch Gesetz zur Reform des Sozialhilferechts vom 23.7.1996 (BGBl. I, S.1088).

[150] *Baltzer/Jürgens*, SGb 1981, 241, 242.

[151] *Cramer*, 1997, § 54 SchwbG, Rn. 13; *ders.* ZfSH/SGB 1990, 1, 5 ff.; *Schlage*, S.120 nennt eine Zahl von 1 – 3,5 % der erfolgreichen Vermittlungen auf dem allgemeinen Arbeitsmarkt; *Baltzer/Jürgens*, SGb 1981, 241, 243 nennen 2 %; *Möller-Lücking*, SozSich 1980, 141, 145 nennt 3 %.

Arbeitsmarkt ist[152], zumeist als Vorbereitung zur Eingliederung in den geschützten Arbeitsmarkt der WfB dar. Eine räumlich-gegenständlich-personell faßbare Unterscheidung zwischen Behinderten, die im Eingangs-, Arbeitstrainings- oder Arbeitsbereich beschäftigt werden, scheint in der Praxis nicht feststellbar zu sein.[153] Oftmals hängt es von Zufällen oder den regionalen Gegebenheiten ab, ob die Ausbildung von Behinderten im Arbeitstrainingsbereich einer WfB oder in einem Berufsförderungs- oder Berufsbildungswerk erfolgt.[154]

In der Werkstatt werden Lohnfertigungs- (= Auftrags-), Eigenfertigungs- und Dienstleistungsarbeiten durchgeführt, wobei die Lohnfertigungsarbeiten für Industriebetriebe, insbesondere die Automobil- und Flugzeugindustrie, den größten Teil aller Arbeiten ausmachen (rund 66 %).[155] Neben fein- und grobmotorischen Arbeiten sind Hand- und Maschinenarbeiten, schematische Industriearbeiten und mehr handwerklich betonte Arbeiten zu unterscheiden. Dabei fallen Sortier- und Verpackungsarbeiten, Montagearbeiten (vor allem im Elektrobereich), Be- und Verarbeiten von Metallen, Kunststoffen, Holz und Textilien, Papier und Pappe an.[156] Im Unterschied zu den Lohnfertigungsarbeiten haben die Behinderten bei Eigenfertigungsarbeiten den Vorteil, daß sie unmittelbar am Endprodukt arbeiten können, z.B. Töpfergegenstände, Anfertigung schmiedeeisener Treppengeländer, hölzener Schränke, Stühle usw.[157] Hinzu kommt, daß der Termindruck, der bei den Behinderten zu einem Leistungsdruck führen kann, bei Eigenproduktionen naturgemäß geringer ist.[158]

Die Behinderten werden üblicherweise von einem Gruppenleiter angeleitet, überwacht und betreut. Der Gruppenleiter hat in der Regel eine abgeschlossene handwerkliche oder industrielle Berufsausbildung mit entsprechender Berufserfahrung als Geselle oder Facharbeiter. Daneben hat der Gruppenleiter üblicherweise eine Weiterbildung im sozialpädagogischen Bereich durchlaufen.[159]

Auf das unmittelbare Werkstattgeschehen selbst nimmt der jeweils zuständige Rehabilitationsträger in der Regel weder rechtlich noch tatsächlich Einfluß.[160] Das in

---

[152] *Neumann*, SGb 1981, 234, 235.

[153] So *Leisten*, S.61; *Naendrup*, Rechtsfragen, S.187; *Schlage*, S.95; *Stratmann/Urban*, S.36 f., ebenso die Feststellungen im Beschluß des ArbG Berlin vom 21.12.1978 – 5 BV 3/78 – unveröff.

[154] So die Feststellungen des BSG SGb 1981, 231, 233 f. m.Anm. *Neumann*.

[155] *Schlage*, S. 91; *Wendt*, AuR 1989, 128, 129; Prozentangabe aus Süddeutsche Zeitung vom 9.3.1999, S.23, unter Berufung auf den Vorsitzenden der BAG WfB *Anders*.

[156] *Schlage*, S.91; weitere Beispiele bei *Fehr/Laga*, BArbBl 1981, 11, 13, und *Leisten*, S.109 f.

[157] Ausf. *Schlage*, S.92 f.

[158] *Schlage*, S.101; ferner sehen *Fehr/Laga*, BArbBl 1981, 11, 13, die Gefahr der Abhängigkeit von regionalen Großbetrieben als Auftraggeber.

[159] *Schlage*, S.99.

[160] *Pünnel*, Festschrift für Gnade, S.323, 329.

§ 13 Abs.1 S.2 SchwbWV für den Werkstattvertrag geregelte Zustimmungserfordernis durch den zuständigen Rehabilitationsträger dient lediglich den finanziellen Interessen des Trägers nicht jedoch den Interessen des Rehabilitanden.[161]

Teilweise sind Internate an die WfB angegliedert, wobei jedoch die in WfB beschäftigten Behinderten im Gegensatz zu den in Berufsförderungs- und Berufsbildungswerken beschäftigten, überwiegend abends zu ihren Familien zurückkehren.[162] Ebenfalls nicht zur WfB im Rechtssinne gehören Bereiche, die der WfB räumlich und organisatorisch angegliedert sind und in denen Behinderte, die den Anforderungen an die Erbringung eines Mindestmaßes an wirtschaftlich verwertbarer Arbeit nicht mehr genügen (z.B. Tagesförderstätte), tätig sein können.[163]

b. *Inhaltliche Konzeption der WfB*

aa. *Meinungsvielfalt*

Die Ermittlung der inhaltlichen Konzeption bzw. der Funktion der WfB stellt sich als ein nicht unproblematisches Unterfangen dar. Es werden so unterschiedliche Aspekte angeführt wie die Verwirklichung des Rechts auf Arbeit[164], Eingliederung in die Gemeinschaft durch die Befähigung zu selbständigeren Wohnformen[165], Anerkennung in Kleingruppen, Entspannung, Abwechslung, Bewegung und spielerische Kreativität, Hilfe zur Selbstverwirklichung[166], Mittel zur Förderung der Kommunikation und Freizeitgestaltung[167] einerseits sowie Eingliederung in das Arbeitsleben[168], Herstellung von wirtschaftlichen Werten[169] und Ermöglichung eines Einkommens für die Behinderten[170] andererseits. Zusammengefaßt lassen sich die Konzeptionen in drei Gruppen aufteilen: 1. therapeutisch-betreuerische, 2. pro-

---

161 Vgl. *Cramer*, SchwbG, § 13 SchwbWV Rn.6; Neumann/*Pahlen*, SchwbG, § 13 SchwbWV Rn.4; *Wiegand*, SchwbG, zu § 54 b Rn.12. Dies zeigt sich insbesondere daran, daß der Vertrag auch ohne Zustimmung wirksam ist, sich allerdings nicht zu Lasten des Rehabilitationsträgers auswirken kann. Kritisch hinsichtlich der Rechtmäßigkeit der Regelung, insbesondere im Hinblick auf die Reichweite der Ermächtigungsgrundlage *Wendt*, RsDE 36 (1997), 43, 50.

162 *Naendrup*, Rechtsfragen, S.277; ausf. *Schlage*, S.121 ff.; *Stratmann/Urban*, S.35 f.

163 BSG SGb 1989, 82 m.Anm. *Fuchs*.

164 *Wiedemann/Kunz*, Rn.124.

165 *Tiedt/Seidel*, DRV 1984, 547, 554, 556 f., die ferner feststellen, daß in 70 % der Fälle dieser Erfolg eingetreten sei.

166 *Aretz*, S.86; *Fabricius/Gammelin*, S.190.

167 *Aretz*, S.86; *Fabricius/Gammelin*, S.259 jeweils mit weiteren „sozialen Funktionen". Vgl. ferner *Haaser*, NDV 1973, 122, 123; *v.Maydell/Eylert*, RdA 1981, 148, 154.

168 Neumann/*Pahlen*, SchwbG, zu § 54 Rn.6.

169 BSG SozR 2200 § 1237 a RVO Nr.19; *Zweng/Scheerer/Buschmann/Dörr*, SGB VI, zu § 18 Rn.4.

170 *Eckmann*, Neumann u.a., S.220; *Haaser*, NDV 1973, 122, 123. *Eckmann* war zum Zeitpunkt der Äußerung stellvertretender Leiter der Bundesarbeitsgemeinschaft der überörtlichen Sozialhilfeträger.

duktionsorientierte[171] und 3. rehabilitative. So sehr sich die Konzeptionen freilich jeweils überschneiden, ist doch zumeist ein eindeutiger Schwerpunkt auszumachen. Diese Schwerpunktsetzung mag zum einen der Art und Weise der Beteiligung des jeweiligen Autors geschuldet sein[172], zum anderen wird sie auch auf die noch immer zum Teil stark differierenden Erscheinungsbilder der einzelnen WfB zurückzuführen sein.[173]

Sowenig an dieser Stelle eine Bewertung dieser unterschiedlichen Aufgabenzuschreibungen erfolgen soll und kann, ist doch herauszustellen, daß im Rahmen einer rechtlichen Untersuchung vorrangig vom gesetzgeberischen Konzept auszugehen ist. Nur soweit dieses nicht mehr in Einklang mit dem tatsächlichen Erscheinungsbild gebracht werden kann, bedarf es einer Berücksichtigung überlagernder Erscheinungen.

bb. Gesetzliche Konzeption als berufliche Rehabilitationseinrichtung

Nach der gesetzlichen Konzeption ist die WfB in Abgrenzung von Berufsförderungs- und Berufsbildungswerken als das letzte Glied in der Kette der Einrichtungen zur beruflichen Rehabilitation anzusehen.[174] Das ergibt sich einerseits aus der bereits dargestellten Definition der beruflichen Rehabilitationsleistung und andererseits aus der Einordnung der Förderung der Beschäftigung in einer WfB in die Leistungen der beruflichen Rehabilitation[175]. Daraus folgt, daß Voraussetzung für

---

[171] Diese wird naturgemäß von den Vertretern der Bundesanstalt für Arbeit in den Vordergrund gerückt. Demnach stellt sich die WfB im wesentlichen als Produktionsstätte auf dem zweiten, wettbewerbsgeschützten Arbeitsmarkt dar, vgl. ausf. *Rother*, NDV 1976, 272, 274. Dies entspricht auch der Einordnung der Förderung als Maßnahme zum Ausgleich auf dem Arbeitsmarkt und zur Verhinderung von Arbeitslosigkeit (vgl. § 1 SGB III).

[172] In diesem Sinne *Stratmann/Urban*, S.38, 54 ff.

[173] Nach einer Untersuchung des Instituts für Sozialrecht in Bochum sehen 68 % der Werkstattleiter den Schwerpunkt ihrer Tätigkeit im pädagogisch-therapeutischen Bereich, rund ein Drittel geben allerdings an, sich schwerpunktmäßig nach der Auftragslage und der Rentabilität zu richten; zusammenfassend *Haaser*, NDV 1973, 122, 126. Die Untersuchung stammt allerdings aus dem Jahr 1968, so daß wiederum darauf hingewiesen werden muß, daß auch beschützende Einrichtungen in die Untersuchung mit einbezogen wurden, die den Anforderungen der §§ 54 ff. SchwbG wohl nicht mehr gerecht würden. In der Tendenz findet sich allerdings dieses Bild noch heute bestätigt, vgl. *Wendt*, AuR 1989, 128, mit einem instruktiven Beispiel einer anthroposophischen Einrichtung. Ferner werden auch die bereits von *Haaser*, aaO, S.125, herausgestellten unterschiedlichen Konzepte des Lebenshilfe e.V. und des Caritasverbandes, noch heute anzutreffen sein, vgl. hierzu auch *Jacobi*, S.71; *Runde*, S.158 f.; *Stratmann/Urban*, S.54 ff.

[174] BSG vom 22.9.1981 – 1 RJ 12/80 – unveröff.; BK-SchwbG, zu § 54 Rn.3; *Hennies*, NZS 1994, 543, 544 f.; Gröninger/*Thomas*, SchwbG, zu § 54 Rn.2.

[175] Vgl. § 54 Abs.1 SchwbG („Einrichtung zur Eingliederung Behinderter in das Arbeitsleben"), § 16 Abs.1 SGB VI und § 35 Abs.1 SGB VII (jeweils unter berufsfördernde Maßnahmen zur Rehabilitation), § 102 Abs.2 SGB III (als besondere Leistung zur Förderung der Eingliederung Behinderter) sowie § 41 Abs.1 BSHG

die Aufnahme in eine WfB die Rehabilitationsfähigkeit des Behinderten ist.[176] Ferner dient die Beschäftigung nach dem ausdrücklichen Willen des Gesetzgebers nicht lediglich der „Aufbewahrung" oder „Pflege" der Behinderten und soll ebenfalls nicht um ihrer selbst willen erfolgen, sondern die Behinderten sollen auch wirtschaftlich verwertbare Leistung, ggf. nach Durchlaufen des Eingangs- und Arbeitstrainingsverfahrens, erbringen.[177] Das setzt nicht voraus, daß das Arbeitsergebnis selbst wirtschaftlich ist, d.h in einem günstigen Verhältnis zu den aufgewandten Mitteln steht. Ausschlaggebend und ausreichend ist, daß das Produkt der Arbeitsleistung wirtschaftlichen Wert besitzt, sich als Ware verkaufen läßt.[178] Diese Sichtweise ergibt sich letztlich auch daraus, daß die Fähigkeit zur Erbringung eines Mindestmaßes an wirtschaftlich verwertbarer Arbeit als Voraussetzung für die Rehabilitationsfähigkeit anzusehen ist.[179] Trotz dieser Einschränkung liegen der Anknüpfung an die eingeschränkte Wirtschaftlichkeit der Tätigkeit des Behinderten auch sozialökonomische Gründe zugrunde.[180]

Diese konzeptionell angelegte wirtschaftliche Orientierung der WfB scheint, trotz der öffentlichen Unterstützung, in erheblichem Umfang den Lebensalltag der Werkstätten zu bestimmen. Die Werkstätten sind in der Regel eingebunden in die örtliche Wirtschaftsstruktur, die ihre Produktpalette und die Preise in Abhängigkeit vom allgemeinen Markt, d.h. der örtlichen Nachfragesituation bestimmen. Sie stehen im Wettbewerb sowohl zum allgemeinen Markt wie auch untereinander.[181] Aus dieser Wettbewerbssituation heraus folgt auch der Umstand, daß die Produktion im Arbeitsbereich „oft akkordmäßig" abläuft[182] und ein entsprechender Leis-

---

176 *Kolb*, SRH, C. 27 Rn.31; *Weber*, SchwbG, § 54 Anm.2.

177 BAG AP Nr.132 zu §§ 22, 23 BAT 1975; *Grupp*, BArbBl 1975, 339, 344; *Neumann*, RdA 1981, 143; Neumann/*Pahlen*, SchwbG, zu § 54 Rn.6 f.; vgl. auch BR-Drucks. 79/554, S.12.

178 BSG br 1996, 138, 139 und 166; BSG RsDE 28 (1995), 73, 81 („nützliche Arbeit"); BSG SozR 2200 § 1237 a RVO Nr.19; LSG Baden-Württemberg RsDE 28 (1995), 82, 85; Gröninger/*Thomas*, SchwbG, zu § 54 Rn.2.

179 Der Zusammenhang zwischen Leistungs- und Rehabilitationsfähigkeit des Behinderten wird nur selten hinreichend deutlich herausgestellt, ist jedoch Grundvoraussetzung zum widerspruchsfreien Verständnis der WfB als Einrichtung der beruflichen Rehabilitation, ähnlich *Kolb*, SRH, C. 27 Rn.31; *Weber*, SchwbG, zu § 54 Anm.2 ff.; ferner unten unter § 11.

180 *Eichenhofer*, Rn.522; *Naendrup*, Rechtsfragen, S.23.

181 Ausf. *Runde*, S.158 f. Die tatsächliche Bedeutung des Wettbewerbs der WfB untereinander wird unterschiedlich beurteilt: *Schlage*, S.86 geht davon aus, daß aufgrund der regionalen Einbindung der WfB ein Wettbewerb untereinander weniger festzustellen sei, allerdings ein Wettbewerb zu Justizvollzugsanstalten verstärkt festgestellt werden könne. Demgegenüber bejahen *Leisten*, S.111 f., und *Naendrup*, Rechtsfragen, S.172 f., auch ein Wettbewerb der Werkstätten untereinander.

182 *Baltzer/Jürgens*, SGb 1981, 241, 243; *Leisten*, S.17; auch *Fehr/Laga*, BArbBl 1981, S.11, 13, weisen auf die Tendenz hin, daß die Produktionsorientierung die Oberhand über die Rehabilitation gewinnt, was bereits empirisch bestätigt worden sei. Ebenfalls in diesem Sinne GK-SchwbG-*Dopatka*, § 54 Rn.4 („zunehmende Taylorisierung"); *Neumann*, SGb 1981, 234, 235; *Wendt*, AuR 1989, 128, 130. Nähere Angaben werden dann allerdings nicht gemacht. Hierzu paßt allerdings auch die Feststellung von *Rother*, NDV 1976, 272, 275, „daß Behin-

tungsdruck festzustellen ist.[183] Stärker als von der regionalen Wirtschaft ist der Absatz der Werkstätten von der konjunkturellen Lage der Gesamtwirtschaft abhängig. Schlechte Umsätze der Werkstatt führen in der Regel zu unmittelbaren Lohnkürzungen für die Behinderten.[184] Ferner wird konstatiert, daß der Trend zur Anpassung der Werkstätten an den allgemeinen Arbeitsmarkt in den letzten Jahren ständig zunehme.[185] Insbesondere führte die verschärfte wirtschaftliche Gesamtentwicklung seit Anfang der 80er Jahre dazu, daß sich innerhalb der WfB vermehrt sog. Fördergruppen entwickelt haben, in denen weniger leistungsfähige Behinderte tätig sind bzw. betreut werden.[186] Diese dienten dazu, formal den Anforderungen an eine einheitliche Werkstatt zu genügen, trotzdem allerdings eine Eingliederung in den tatsächlichen Arbeitsablauf nur den leistungsstarken Behinderten vorzubehalten.[187] Reine Beschäftigungstherapie, also freies Gestalten in Form eines Tätigseins ohne wirtschaftlich verwertbare Ergebnisse, spielt dementsprechend in der Werkstatt so gut wie keine Rolle mehr.[188] Schließlich soll sie auch dem Behinderten ermöglichen, ein angemessenes Arbeitsentgelt zu verdienen, um so seinen Lebensunterhalt bestreiten zu können und damit auch in die Lage versetzt zu werden, sein Leben möglichst selbständig führen zu können.[189]

Nach Auffassung der Bundesregierung haben sich die WfB zu „modernen, konkurrenzfähigen Industriebetrieben“ entwickelt, die sich dem allgemeinen Arbeitsmarkt

---

derte aus Werkstätten entlassen werden, um die Leistungsfähigkeit der Werkstatt zu steigern“, was im Widerspruch zu der Annahme von *Pünnel*, AuR 1987, 104, 106 *ders.*, Festschrift für Gnade, S.323, 330; *ders.*, AuR 1996, 483, 484, steht, daß vermeindliche Minderleistungen der Behinderten weder rechtliche noch tatsächliche Folgen nach sich zögen, was für ihn als entscheidendes Argument zur Ablehnung einer Verpflichtung zur Arbeitsleistung herangezogen wird, ausf. unten unter § 5 A. II.1.e. Sowohl *Rother*, als Anstaltsdirektor und Vorsitzender des Werkstattausschusses der Diakonie, wie auch *Pünnel*, als Vorsitzender der Lebenshilfe für geistig Behinderte, Unterer Niederhein e.V., sind unmittelbar am Werkstattleben beteiligt. Auf das hier besonders deutlich werdende Problem einer „unsicheren Tatsachenbasis“ bzw. der Varietät der Lebensverhältnisse, wird noch einzugehen sein.

183 *Naendrup*, Rechtsfragen, S.172 f.

184 *Schlage*, S.87, der Lohnkürzungen von bis zu 50 % innerhalb von 12 Monaten angibt. Instruktive Beispiele hinsichtlich der wirtschaftlichen Einbindung von Werkstätten des Landes Bremen bei *Dierks*, S.10 f.

185 So auch die Regierungsbegründung zur Reform des Sozialhilferechts BR-Drs. 452/95, S.28; *Schellhorn/Jirasek/Seipp*, BSHG, zu § 41 Rn.6; *Wendt*, AuR 1989, 128, 129.

186 Hierzu *Hüther*, BlWPfl 1989, 313, 314 f.

187 *Wendt*, AuR 1989, 128, 129; ähnlich bereits zum Eingangsverfahren *Stratmann/Urban*, S.77 ff. Hierfür spricht auch der Sachverhalt, der der Entscheidung des BSG SGb 1989, 83, zugrundelag.

188 *Schlage*, S.123.

189 Neumann/*Pahlen*, SchwbG, zu § 54 Rn.13.

angenähert haben, was sich an der Entgeltzahlung, der Rechtsstellung der Behinderten und an der sozialen Absicherung der Behinderten zeige.[190]

Insbesondere unter diesem Aspekt ist auch die Förderung einer Beschäftigung in einer WfB durch die Bundesanstalt für Arbeit zu sehen.[191] Sie ist erfolgreich, wenn durch die Förderung im Eingangs- und Arbeitstrainingsbereich eine Eingliederung in den allgemeinen oder besonderen Arbeitsmarkt gelingt. Für die Bundesanstalt für Arbeit ist die WfB im wesentlichen eine Produktionsstätte auf dem zweiten, wettbewerbsgeschützten Arbeitsmarkt. Behinderte, die den Leistungsansprüchen nicht mehr gerecht werden, gehören nach Auffassung der Bundesanstalt in eine therapeutisch bestimmte Beschäftigungseinrichtung.[192]

Das Konzept der beruflichen Rehabilitationseinrichtung kann sich freilich nicht in der Produktion von Waren und Dienstleistungen erschöpfen. Deshalb werden die betreuerisch-therapeutischen Aufgaben von den begleitenden Diensten wahrgenommen (§ 10 Abs.1 SchwbWV). Für je 120 Behinderte sollen in der Regel ein Sozialpädagoge oder ein Sozialarbeiter zur Verfügung stehen (§ 10 Abs.2 SchwbWV). Daneben können im Einvernehmen mit den jeweils zuständigen Sozialversicherungsträgern weitere erforderliche Fachkräfte beschäftigt werden.[193]

Zumindest konzeptionell findet sich demnach eine stärkere Betonung hinsichtlich der Betreuung der in der WfB Tätigen, als dies in normalen Produktionsbetrieben anzutreffen ist.

cc. Zusammenfassung

Die WfB ist konzeptionell eine Einrichtung der beruflichen Rehabilitation, die eine gewisse Wirtschaftlichkeit durch die Beschäftigung von Rehabilitanden, die produktiv tätig sein müssen, aufweist und daneben den rehabilitativen Auftrag durch begleitende Dienste abzusichern hat. Treffend ist insoweit die Annahme eines „Zwittergebildes“ zwischen Wirtschaftsbetrieb und sozialer Einrichtung.[194] Sonsti-

---

[190] BT-Drucks. 13/2440, S.26, Regierungsbegründung zur Änderung des § 41 BSHG durch das Gesetz zur Reform des Sozialhilferechts. In diesem Sinne ebenfalls *Hüther*, BlWPfl 1989, 313, 314.

[191] Ähnlich noch zur Förderung nach dem früheren AFG *Haaser*, NDV 1973, 122, 126; *Rother*, NDV 1976, 272, 273.

[192] *Rother*, NDV 1976, 272, 274.

[193] Über den Umfang der tatsächlichen Betreuung waren keine Angaben zu finden, er wird allerdings angesichts des ungünstigen Zahlenverhältnisses als eher gering angesehen, vgl. *Dierks*, S.24; *Leisten*, S.152. Aus dem geringen Umfang der gesetzlich vorgesehenen begleitenden Dienste wird teilweise bereits die stärkere Produktionsorientiertheit der WfB angenommen, so *Jürgens*, RdA 1986, 349, 351.

[194] So *Hennies*, NZS 1994, 543, 545; in diesem Sinne ebenfalls *Baur*, ZfSH/SGB 1999, 262, 265.

ge Funktionen können zum Zwecke der Anknüpfung rechtlicher Folgen nicht herangezogen werden, da sie sich nicht aus dem gesetzlichen Konzept ergeben.

3. Tatsächliche Arbeitsbedingungen

Im Folgenden sollen die tatsächlichen Arbeitsbedingungen orientiert an statistischem Material und damit, soweit es geht, wertfrei dargestellt werden.

Die tatsächlichen Arbeitsbedingungen der Rehabilitanden werden durchschnittlich zu rund 25 % in Werkstattverträgen geregelt, im übrigen zumeist durch eine Werkstattordnung.[195] Die wöchentliche Beschäftigungszeit der Behinderten liegt zwischen 35 und 40 Stunden.[196] Die tatsächlich von den Behinderten erbrachte Arbeitsleistung wird sehr unterschiedlich beurteilt. Das liegt vor allem daran, daß ein Vergleichsmaßstab nur sehr schwer einheitlich festzulegen ist und die individuellen Leistungsunterschiede erheblich sind. Einer Erhebung unter 53 Werkstätten mit 3670 Behinderten aus dem Jahre 1968 zufolge lag die Leistungsfähigkeit bei 22 % der Behinderten über 50 % der Leistungsfähigkeit eines Nichtbehinderten, bei 19 % zwischen 30 und 50 % sowie bei 59 % unter 30 % der Leistungsfähigkeit eines Nichtbehinderten.[197] Nach einer Untersuchung aus dem Jahr 1990 werden rund 7 % der Rehabilitanden als fähig eingeschätzt, auf dem allgemeinen Arbeitsmarkt tätig zu sein. Dabei schwanken allerdings die Angaben zwischen 24 % für Nordrhein-Westfalen und 0 % für Berlin[198], so daß ein wohl ganz erhebliches subjektives Moment zu vermuten ist.

Eine gesetzliche Pflicht zur Entlohnung der Behinderten, die im *Eingangs-* und *Arbeitstrainingsbereich* der Werkstatt tätig sind, besteht nicht. Diese erhalten in der Regel Ausbildungsgeld von der Bundesanstalt für Arbeit, in Ausnahmefällen auch Übergangsgeld (§§ 104 Abs.1 Nr.2, 107 SGB III bzw. §§ 20 ff. SGB VI,

---

[195] Rahmendaten, S.23, 20. Die Handhabung im Hinblick auf den Abschluß von Werkstattverträgen variiert von Bundesland zu Bundesland erheblich. So werden beispielsweise in Berlin und im Saarland offenbar grundsätzlich keine Werkstattverträge abgeschlossen, während in Hamburg zu 100 % Werkstattverträge bestehen; vgl. hierzu *Schulin*, Arbeitsentgelt, S.52.

[196] Vgl. § 6 Abs.1 SchwbWV. Ein Hinweis darauf, daß von dieser Beschäftigungszeit in der Praxis vermehrt abgewichen würde, findet sich nicht, vgl. nur *Baltzer/Jürgens*, SGb 1981, 241, 243; *Hüther*, BlWPfl 1989, 313, 315; *Klees*, AiB 1985, 39, 42; *Schlage*, S. 122.

[197] *Stroebel*, Die Rehabilitation 1969, 1, 2. Allerdings ist zu berücksichtigen, daß die Erhebung nicht nur in WfB entsprechend § 54 SchwbG erfolgte, sondern auch in beschützenden Einrichtungen, bei denen nicht mehr ermittelbar ist, ob diese den Anforderungen des heutigen Werkstattbegriffs gerecht würden. Die Zahlen scheinen deshalb umso mehr zweifelhaft zu sein, als die von der Untersuchung erfaßten Werkstätten auch Behinderte umfaßten, bei denen teilweise eine Arbeitszeit von mehr als 20 Stunden nicht eingehalten werden konnte, vgl. *Stroebel*, aaO. Die Einhaltung einer Arbeitszeit von 35 bis 40 Stunden in der Woche scheint allerdings von den Behinderten in heutigen Werkstätten, die die Anforderungen des § 54 SchwbG erfüllen, unproblematisch zu sein, vgl. vorige Fn.

[198] Rahmendaten, S.16.

49 ff. SGB VII für die im Rahmen der gesetzlichen Renten- oder Unfallversicherung geförderten Maßnahmen).[199] Die Entlohnung der Behinderten *im Arbeitsbereich* der WfB setzt sich nach § 54 b SchwbG aus einem Grundbetrag in Höhe des Ausbildungsgeldes[200] sowie einem Steigerungsbetrag, der die individuelle Leistung des Behinderten und den Gesamtertrag der Werkstatt berücksichtigt, zusammen.[201] Ferner wird der Steigerungsbetrag aus dem verminderten Nettoerlös nach der individuellen Arbeitsqualität berechnet. Bis zum 1. Juli 1994 wurde der Nettoerlös um einen Betrag (zwischen 25 und 33 %[202]), den die WfB entsprechend den jeweiligen Pflegesatzvereinbarungen an den jeweiligen Leistungsträger abzuführen hatte, vermindert.[203] Mit Neufassung des § 93 Abs.3 S.1 2. Halbsatz BSHG, gültig in dieser Fassung bis zum 31.12.1998[204], bzw. gemäß § 93 b Abs.1 S.1 1. Halbsatz BSHG ab dem 1. Januar 1999 sowie durch die klarstellende Regelung in § 41 Abs.3 S.3 BSHG[205] ist dies nicht mehr zulässig (Verbot der sog. Nettoerlösrückführung).[206] Ob und inwieweit der demnach entstandene Lohnanspruch des Behinderten ferner dem Zugriff des Sozialhilfeträgers in Form der Anrechnung als Einkommen ausgesetzt ist (§§ 76 ff. BSHG), wird lebhaft diskutiert.[207] Jedenfalls schließt neuerdings § 108 Abs.1 SGB III eine Anrechnung der in der Werkstatt verdienten Vergütung auf das Ausbildungsgeld (§ 104 SGB III) aus.

Die Entlohnungssysteme unterscheiden sich in den einzelnen WfB erheblich. Größtenteils werden sie von der Werkstattleitung einseitig vorgegeben, wobei immer häufiger auch eine „Haustarifvereinbarung" zwischen Werkstattleitung und Werkstattrat Grundlage der Entlohnung ist.[208] Nach Angaben der Bundesarbeits-

---

199 Ausf. Neumann/*Pahlen*, SchwbG, zu § 54 b Rn.24 ff.

200 Trotz der Formulierung als Soll-Vorschrift darf die Höhe des Ausbildungsgeldes, soweit dies der Gesamtertrag der WfB zuläßt, nicht unterschritten werden, BAG NZA 1999, Heft 7, S.VI (Kurzfassung).

201 Ausf. *Cramer*, SchwbG, zu § 54 b Rn.16 f.; Neumann/*Pahlen*, SchwbG, zu § 54 b Rn.26 ff.

202 Im Schnitt lag die Nettoerlösrückführung bei 193.000,- DM im Jahr, wobei der Höchstwert bei 1,47 Mill.DM und der niederigste Wert bei 19.000,- DM, vgl. Rahmendaten, S.52.

203 Im Einzelnen kritisch zur früheren Rechtslage *Aretz*, S.26 f. (Beispiel Hessen); *Dahlinger*, NDV 1979, 72, 74 f.; *Lachwitz*, SGb 1986, 547, 550 ff.; *Schulin*, Arbeitsentgelt, S.46 ff (Beispiel Bayern), sowie zur geänderten heutigen Rechtslage *Cramer*, SchwbG, § 54 b Rn.26; *Friedrich*, NDV 1994, 166.

204 Eingefügt durch das 2. Gesetz zur Umsetzung des Spar- Konsolidierungs- und Wachstumsprogramms – 2.SKWPG – vom 21.12.1993 (BGBl. I, S.2374).

205 Beide Vorschriften eingefügt durch Gesetz zur Reform der Sozialhilfe vom 23.7.1996 (BGBl. I, S.1088).

206 Ausf. hierzu *Wendt*, RsDE 36 (1997), 41, 50 ff., die insbesondere kritisiert, daß die Regelung leerläuft, denn gleichzeitig mit dem Verbot der Nettoerlösrückführung wurde die Höhe der Pflegesätze gedeckelt, so daß den WfB wohl eine erhöhte Entlohnung in der Praxis kaum möglich sein wird.

207 Bejahend OVG Berlin FEVS 31, S.418, 419 ff.; *Baltzer/Jürgens*, SGb 1981, 241, 244; *Dahlinger*, NDV 1979, 72, 76; *Mrozynski*, § 10 I.2.; erst ab einem anrechnungsfreien Mindestbetrag bejahend *Schulin*, Arbeitsentgelt, S.54 ff.

208 Im einzelnen *Wendt*, RsDE 36 (1997), 41, 52 f.

gemeinschaft für WfB beträgt die tatsächlich erzielte Vergütung der Behinderten im Durchschnitt rund 234 DM monatlich[209], wobei zum Teil aber auch Verdienste bis 1.850,- DM erzielt werden[210]. Das Arbeitsentgelt hat für jeden Behinderten zunächst einmal die gleiche wirtschaftliche Funktion wie für einen Nichtbehinderten.[211] Teilweise wird der sozialrehabilitative Zweck der Vergütung im Vordergrund gesehen.[212] Teilweise wird darauf hingewiesen, daß die eigene ökonomische Situation für geistig nicht oder nur leicht Behinderte, für Lernbehinderte und für psychisch Behinderte eine schwere Belastung darstelle.[213] Ferner ist man überwiegend der Ansicht, daß die Lohnsituation unbefriedigend sei und die Behinderten in Regel Vergütungen erhielten, die auch unter Berücksichtigung ihres niedrigeren Leistungsvermögens nicht mehr angemessen seien.[214]

In relativ großem Umfang wird in den WfB nach einer Umfrage aus dem Jahr 1990 Weihnachtsgeld (90 %), Urlaubsgeld (65 %), Entgeltfortzahlung im Krankheitsfall (76 %) sowie Mutterschaftsschutz (69 %) gewährt.[215] Teilweise ist die Gewährung vermögenswirksamer Leistungen anzutreffen.[216]

II. Berufsförderungswerke

Berufsförderungswerke sind gemeinnützige, außerbetriebliche Einrichtungen der beruflichen Rehabilitation, welche der Fort- und Umbildung behinderter Erwachsener, die bereits berufstätig waren, dienen.[217] Der überwiegende Teil der Rehabilitanden kommt aus den Bauhaupt- und Bauneben- sowie aus Metallberufen.[218] Berufsförderungswerke bieten ein mit einem allgemeinen Bildungsträger vergleichbares Bildungsangebot, haben sich allerdings zum Ziel gesetzt, auch diejenigen Behinderten zu rehabilitieren, die aufgrund der Art und Schwere der Behinderung nur

---

209 *Cramer*, 1997, S.23.
210 Rahmendaten, S.48.
211 OVG Berlin FEVS 31, 418, 422; *Gitter*, S.48; *Schlage*, S.127.
212 *Schulin*, Arbeitsentgelt, S.29 ff; zust. *Wendt*, AuR 1989, 128, 132.
213 *Baltzer/Jürgens*, SGb 1981, 241, 243; Bundesarbeitsgemeinschaft der Clubs Behinderter und ihrer Freunde e.V. (BAGC), BAG WfB, Informationen – Berichte – Meinungen, Nr.5/1979, S.1, 2.
214 *Lachwitz*, SGb 1986, 457, 556 m.w.N.; aus neuerer Zeit *Hüther*, BlWPfl 1989, 313 ff.; *Wendt*, RsDE 36 (1997), 41, 52 ff., wobei *Hüther* vor allem die teilweise Abhängigkeit der Entlohnung von überkommenen sozialen Kriterien, wie Pünktlichkeit, Sauberkeit oder Anpassungsfähigkeit kritisiert.
215 Rahmendaten, S.36 ff. Die Umfrage des Lebenshilfe e.V. umfaßte 111 WfB in den alten Bundesländern.
216 So z.B. in dem dem Urteil des OVG Berlin FEVS 31, 418 ff., zugrundeliegenden Sachverhalt.
217 Im Rahmen der von den gesetzlichen Rentenversicherern getragenen Maßnahmen der beruflichen Rehabilitation entfielen rund 48 % der überbetrieblichen Maßnahmen auf Berufsförderungswerke, vgl. Abschlußbericht Reha-Kommission, 1997, S.135.
218 *Schlage*, S.19.

mit Schwierigkeiten von einem „normalen" Bildungsträger ausgebildet bzw. umgeschult werden können. Hierzu dienen insbesondere begleitende Dienste (medizinischer, psychologischer, sozialer) und besondere bauliche Ausstattungen.[219] Meist schließt sich die berufliche Rehabilitationsmaßnahme in einem Berufsförderungswerk an eine Maßnahme der medizinischen Rehabilitation an.[220]

Derzeit bestehen bundesweit 28 Berufsförderungswerke mit rund 15.000 Ausbildungsplätzen. Die Rechtsformen dieser Berufsförderungswerke sind unterschiedlich (als e.V., GmbH, gemeinnützige Gesellschaft, Stiftung).[221] Finanziert werden die Berufsförderungswerke durch Leistungen der Sozialversicherungsträger in Form von Tagessätzen für die jeweils zugewiesenen Rehabilitanden.[222] Die Höhe der Tagessätze wird im Regelfall in öffentlich-rechtlichen[223] Vereinbarungen festgelegt, die entweder direkt zwischen der Rehabilitationseinrichtung und dem Rehabilitationsträger oder zwischen von den Beteiligten gebildeten Verbänden vereinbart werden (vgl. § 93 Abs.2 S.1 BSHG; §§ 23 a, 29 Abs.3 S.1 AO Reha).[224] In der Praxis erfolgt die Zahlung des Tagessatzes direkt an die Berufsförderungswerke[225] auf der Grundlage von Kostenübernahmeerklärungen gegenüber dem Rehabilitanden und der Rehabilitationseinrichtung.[226] Daneben besteht ebenfalls die Mög-

---

[219] *Kolb/Seidel*, Rn.483; vgl. auch BT-Drucks. VI/3654, S.11.

[220] Bei rund 10 % der Rehabilitanden ist im Anschluß an eine medizinische Rehabilitationsmaßnahmen eine berufliche Rehabilitationsmaßnahme erforderlich. Diese erfolgt im Regelfall in einem Berufsförderungswerk, vgl. *Lang*, DRV Schriften, S.69.

[221] Im Gegensatz zu Berufsbildungswerken und Werkstätten für Behinderte tragen allerdings überwiegend Körperschaften des öffentlichen Rechts mehrheitlich die Beteiligungsrechte, vgl. *Naendrup*, Rechtsfragen, S.28. Daneben gibt es noch eine kleine, aber wachsende Anzahl von privaten Einrichtungen, die sich zum Teil ebenfalls als Berufsförderungswerke bezeichnen. Sie zeichnen sich insbesondere durch flexiblere Anpassung an den konkreten Rehabilitationsbedarf aus, vgl. Abschlußbericht Reha-Kommission, 1997, S.143 f.

[222] Verteilung unter die einzelnen Sozialversicherungsträger am 30.9.1996: gesetzliche Rentenversicherung: 47 %, Bundesanstalt für Arbeit 42 %, gesetzl. Unfallversicherung 9 %, sonstige Träger 2 %; Abschlußbericht Reha-Kommission, 1997, S.240. Die Tagessatzpauschalen gelten in der Regel die Berufsausbildung, soziale und technische Hilfeleistungen sowie Unterbringung, Versorgung und Betreuung ab; vgl. *Schlage*, S.13f.

[223] Str. so vor allem Kopp/Fichtner-*Bräutigam*, BSHG, zu § 93 Rn.8.3; *Schmitt*, S.521 f.; *Schulin*, Neumann u.a., S.130 jeweils m.w.N.

[224] Ausf. *Schulin*, Neumann u.a., S.126 ff., mit vor allem kritischen Bemerkungen hinsichtlich der über die Kostenvereinbarung hinausgehenden Regelungen bezüglich der Durchführung der Rehabilitationsmaßnahme.

[225] Da der Tagessatz nichts anderes als die Geldleistung des Rehabilitationsträgers an den Rehabilitanden ist, sieht allerdings § 58 Abs.1 AO Reha vom 2.7.1970 (ANBA Nr.10/1970) zuletzt geändert durch die 19. Änderungsanordnung zu AO Reha vom 26.10.1995 (ANBA 1995, S.1789) eine Auszahlung an den Rehabilitanden vor.

[226] Vgl. *Schulin*, Neumann u.a., S.111 f. Der Anspruch steht freilich weiterhin dem Rehabilitanden zu, vgl. BSG RsDE 4 (1989), 86 = SozR 1500 zu § 75 Nr.68; *Lachwitz*, SGb 1986, 547, 548. Die Rechtsnatur dieser Kostenübernahmeerklärungen ist lebhaft umstritten, vgl. ausf. *Schmitt*, S.440 ff. m.w.N.

lichkeit der institutionellen Förderung des einzelnen Berufsförderungswerkes (insbes. Auf- und Umbaumaßnahmen).[227] Sämtliche Berufsförderungswerke verfügen neben den Lehrwerkstätten auch über ein Internat, um auch auswärtigen Behinderten eine berufliche Rehabilitation zu ermöglichen.

Die Angebotsstruktur der Berufsförderungswerke ist geprägt durch Umschulungsmaßnahmen, Rehabilitationsvorbereitungslehrgänge[228], Berufsfindungen und Arbeitserprobungen[229], die der Ermittlung des adäquaten Berufsziels dienen. Die Ausbildung selbst geschieht in kleinen Lerngruppen an praktisch orientierten Arbeitsplätzen innerhalb des Berufsförderungswerkes.[230] Allerdings wird neuerdings vorgeschlagen, die Ausbildung innerhalb der Berufsförderungswerke z.B. durch Betriebspraktika stärker in die betriebliche Praxis zu verlegen.[231] Dabei steht zum einen das Bestreben nach finanzieller Entlastung, zum anderen aber auch die Verbesserung der Wiedereingliederungschancen z.B. durch mögliche Übernahme in den Ausbildungsbetrieb im Vordergrund.

Die Umzuschulenden werden vertraglich regelmäßig verpflichtet, an den für sie vorgesehenen Ausbildungsmaßnahmen teilzunehmen, sich um die Erlangung der für den neuen Beruf notwendigen Kenntnisse und Fähigkeiten zu bemühen, Arbeitsschutz- und Unfallverhütungsvorschriften einzuhalten sowie Maschinen und Werkzeuge sorgsam zu behandeln.[232] Das Verhältnis des schulischen Anteils der Ausbildung zum praktischen Anteil, entspricht überwiegend dem im Rahmen einer betrieblichen Ausbildung Nichtbehinderter anzutreffenden.[233]

Das Qualifikationsniveau der von den Berufsförderungswerken angebotenen Berufsbilder bewegt sich fast ausschließlich auf der Ebene von Berufsabschlüssen mit

---

[227] Vgl. §§ 248 ff. SGB III für die Förderung durch die BA; *Naendrup*, Rechtsfragen, S.132; *Schlage*, S.12 f., der von einer Förderung zwischen 1970 und 1980 in Milliardenhöhe spricht, ohne allerdings genaue Zahlen anzugeben.

[228] Rehabilitationsvorbereitungslehrgänge sind vorbereitende Lehrgänge von i.d.R. drei Monaten, die es den erwachsenen Behinderten, bei denen Lernen in Schule und Ausbildung meist bereits Jahre zurückliegt, ermöglicht, durch Unterweisung in mathematisch, sprachlich und gesellschaftskundlich bezogenen Fächern, sich wieder ans Lernen zu gewöhnen, ausf. *Schlage*, S.26 f.; ferner *Dings*, S.38 ff.

[229] Berufsfindungs- und Arbeitserprobungen mit einer durchschnittlichen Dauer von zwei Wochen werden bei rund 10 – 15 % der Rehabilitanden durchgeführt, um eine geeignete Ausbildungsmaßnahme zu finden, ausf. dazu *Dings*, S.35 ff.; *Schlage*, S.24 f.

[230] *Schlage*, S.28; ausf. zur konkreten Ausbildungssituation in Berufsförderungswerken, *Dings*, S.47 ff.

[231] Abschlußbericht Reha-Kommission, 1997, S.135, 141, mit dem Hinweis, daß dann die Frage der Ausgestaltung der Rechts- und Anstellungsverhältnisse, konzeptionelle Überlegungen erforderlich mache.

[232] *Krause*, Gutachten zum 52. DJT, E 47; *Naendrup*, Rechtsfragen, S.68, weist darauf hin, daß diese Verträge in Berufsförderungswerken meist nicht schriftlich geschlossen werden.

[233] *Dings*, S.73 f., 76 f.

staatlicher Anerkennung nach § 25 BBiG.[234] Die Abschlüsse in über 80 Ausbildungsberufen werden in der Regel vor den zuständigen Industrie- und Handelskammern und Handwerkskammern abgelegt.[235] Die Ausbildungszeit beträgt in der Regel 24 Monate.[236] Die meisten Berufsförderungswerke schließen allerdings die Aufnahme bestimmter Behinderungsgruppen aus. Dies gilt insbesondere für Blinde, Gehörlose, Taubstumme, Rollstuhlbenutzer, Epileptiker und psychisch Behinderte. Diese Behinderten sind auf Spezialeinrichtungen oder das Berufsförderungswerk Heidelberg angewiesen, das praktisch alle Behinderungsarten aufnimmt.[237] Dementsprechend weisen die Rehabilitanden in Berufsförderungswerken überwiegend orthopädische Schäden (Wirbelsäulenerkrankungen, Erkrankungen der Extremitäten, Knochen und Gelenke) auf.[238]

Der Erfolg der Rehabilitationsmaßnahmen in Berufsförderungswerken, der sich an der Wiedereingliederung ins Berufsleben messen lassen muß, scheint relativ groß zu sein.[239]

III. Berufsbildungswerke

Die derzeit bestehenden 46 Berufsbildungswerke dienen der erstmaligen beruflichen Ausbildung junger Behinderter, die nur in einer auf ihre Behinderungsart eingestellten Ausbildungsorganisation zu einem Ausbildungsabschluß befähigt werden können.[240] Sie bieten ebenfalls die notwendige ausbildungsbegleitende Betreuung durch Ärzte, Psychologen, Sonderpädagogen und andere Fachkräfte der Rehabilitation.[241] In Berufsbildungswerken bestehen praktische Lernorte sowie eigene oder staatlich getragene Berufsschulen, in denen entsprechend dem dualen Ausbil-

---

[234] Abschlußbericht Reha-Kommission, 1997, S.139; *Dill/Gedon/Gemsjäger*, S.123; *Dings*, S.43 ff, sowie S.60 ff. zu den konkreten Lernanforderungen, die den typischen in der Praxis gestellten Anforderungen entsprechen.

[235] *Schlage*, S.16; ferner instruktives Beispiel anhand des Berufsförderungswerkes Heidelberg bei *Hoefer*, Rehabilitation 1969, 207 ff.

[236] *Lang*, DRV Schriften, 1995, 69, 70.

[237] *Dings*, S.20 f.; *Schlage*, S.18; weitergehend *Walger*, S.147 ff., der eine Selektion der besonders geeigneten Rehabilitanden („Rehabilitandenselektion") nicht ausschließt, allerdings auch darauf hinweist, daß empirisches Material diesbezüglich nicht vorliegt.

[238] Ausf. *Dings*, S.29 ff.

[239] *Lang*, DRV-Schriften, S.69, 70, nennt eine Wiedereingliederungsquote von 79–89 % der Absolventen. *Rindt*, AuA 1990, 1, 2, gibt für das Jahr 1989 ein Eingliederungsquote von 81,9 % an; ferner ausf. *Dings*, S.98 ff.

[240] *Kraus*, br 1998, 117, 120; im Schnitt haben die Berufsbildungswerke zwischen 280 und 320 Ausbildungswerke, *Dreisbach*, S.183.

[241] *Kolb/Seidel*, Rn.484; ausf. *Schlage*, S.55f. und aus neuerer Zeit *Vollmar*, RsDE 11 (1990), 41, 43; sowie aus erziehungswissenschaftlicher Sicht *Dreisbach*, S.45 ff., 87 ff.

dungsmodell ausgebildet wird.[242] Fast allen Berufsbildungswerken ist ein Internatsbetrieb angegliedert.[243] Die derzeit bestehenden Berufsbildungswerke sind sämtlichst privatrechtlich organisiert (e.V., GmbH, privatrechtliche Stiftung), wobei freie gemeinnützige Organisationen, die Kirchen und teilweise Gebietskörperschaften als Träger auftreten.[244]

In Berufsbildungswerken werden nur Behinderte aufgenommen, die zu einem Berufsabschluß nach § 48 BBiG bzw. § 42 b HandwerkO fähig sind. Dementsprechend gibt es oft über 100 unterschiedliche Ausbildungsangebote, wobei allerdings eine gewisse Konzentration auf Metallberufe, kaufmännische Berufe, Tischler- und Raumausstatterausbildungen sowie im Elektro-/Elektronik-Berufen feststellbar ist.[245] Schwer Lernbehinderte und schwer geistig behinderte Jugendliche werden in der Regel von vornherein nicht ausgebildet.[246]

Die Ausbildung in Berufsbildungswerken wird zu 90 % von den jeweils zuständigen Arbeitsämtern gefördert.[247] Im System der Rentenversicherung spielen Berufsbildungswerke wegen der besonderen Zugangserfordernisse nur eine untergeordnete Rolle.[248] Dies dürfte erst recht für die übrigen Sozialversicherungsträger gelten. Auch die Berufsbildungswerke finanzieren sich zum größten Teil über die individuelle Förderung der Rehabilitanden.[249] Daneben besteht ebenfalls die Möglichkeit der institutionellen Förderung des einzelnen Berufsbildungswerkes.[250] Bau, Ausbau und Einrichtung von Berufsbildungswerken erfolgt zu je 30 % vom Bund, vom Bundesland, in dem die Einrichtung errichtet wird, und von der Bundesanstalt für Arbeit. 10 % der Investitionskosten trägt die Einrichtung selbst.[251] Soweit Produktionserlöse erzielt werden, fließen diese den Rehabilitationsträgern zur Reduzierung des Kostenumfangs zu.[252]

---

[242] Auf die Diskussion, ob Berufsbildungswerke konzeptionell am Schulrecht oder dualen Berufsbildungsrecht ausgerichtet werden sollten, gehen *Grupp*, BArbBl 1975, 339, 343 f. und *Dreisbach*, S.13 ff., 25 ff., und insbes. 28 ff., ein. Die Berufsbildungswerke selbst verstehen sich zum Teil als eine Art betrieblicher Bildungseinrichtung, *Dreisbach*, S.196.

[243] Ausf. *Schlage*, S.56ff.

[244] Im Gegensatz zu Berufsförderungswerken werden Berufsbildungswerke zu 70 % von freien Trägern der Wohlfahrtspflege und den Kirchen getragen, *Naendrup*, Rechtsfragen, S.124; zum geschichtlichen Hintergrund instruktiv *Dreisbach*, S.27 ff.

[245] Ausf. *Dreisbach*, S.39 f.

[246] *Dreisbach*, S.184 f.; *Schlage*, S.62.

[247] *Naendrup*, Rechtsfragen, S. 127.

[248] Abschlußbericht Reha-Kommission, 1997, S.144.

[249] Die Handhabung entspricht dem in Berufsförderungswerken anzutreffenden Tagessatzverfahren s.o. unter II.

[250] *Naendrup*, Rechtsfragen, S.132.

[251] *Schlage*, S.50, allerdings mit Zahlenmaterial von vor 1980.

[252] *Vollmar*, RsDE 11 (1990), 41, 43.

Ebenso wie in Berufsförderungswerken werden auch in Berufsbildungswerken häufig vor der eigentlichen Ausbildung Berufsfindungs- und Arbeitserprobungsmaßnahmen von maximal 3-monatiger Dauer sowie berufsvorbereitende Maßnahmen von regelmäßig 12-monatiger Dauer durchgeführt.[253]

Im Rahmen der Berufsausbildung wird ein Ausbildungsvertrag abgeschlossen, der im wesentlichen den Ausbildungsverträgen nichtbehinderter Jugendlicher in „normalen" Ausbildungsverhältnissen entspricht und von den zuständigen Stellen in das Berufsausbildungsverzeichnis eingetragen wird.[254] Dieser beinhaltet in der Regel neben allgemeinen organisatorischen Regelungen zumeist als Anlage, die Besonderheiten des Rehabilitationsverhältnisses (Kostenübernahme; Förderungsabhängigkeit etc.).[255] Die Einrichtungsträger zahlen an die Rehabilitanden üblicherweise keine Ausbildungsvergütung. Vielmehr zahlt die Bundesanstalt für Arbeit im Rahmen der individuellen Förderung der Rehabilitanden ein Ausbildungsgeld nach den §§ 104 ff. SGB III, worauf die entsprechenden Ausbildungsverträge jeweils Bezug nehmen.

Die Berufsbildungswerke erbringen die praktische Ausbildung an Arbeitsplätzen, die möglichst die betrieblichen Gegebenheiten widerspiegeln sollen, allerdings immer die Züge eines „Schonraumes" tragen. Das bedeutet praktisch, daß insbesondere der in der betrieblichen Praxis oftmals vorzufindende Zeitdruck, die andersartigen sozialen Beziehungen zu Vorgesetzten sowie die Befürchtung rechtlicher Sanktionen erheblich abgemildert sind.[256] Trotzdem entspricht die Ausbildung grundsätzlich den in Betrieben üblichen Bedingungen und Anforderungen.[257] Allerdings werden nur wenige Produkte verkauft bzw. nur selten Dienstleistungen am Kunden erbracht. Ein weiterer Unterschied zur gewöhnlichen Ausbildung wird darin gesehen, daß die Ausbildung nicht nur zur späteren Tätigkeit in dem erlernten Beruf befähigen solle, sondern ferner die Aufgabe habe, die Gesamtpersönlichkeit des Behinderten zu entwickeln.[258]

Der Erfolg der Berufsbildungswerke im Hinblick auf die Eingliederung der Behinderten auf dem allgemeinen Arbeitsmarkt wird insgesamt positiv bewertet.[259]

---

[253] Zum Begriff vgl. oben Fn.228 und 229.

[254] *Schlage*, S.65f.; *Vollmar*, RsDE 11 (1990), 41, 51. Allerdings weist u.a. *Natzel* (AP Nr.1 zu § 56 AFG) darauf hin, daß der Abschluß eines eintragungsfähigen Berufsausbildungsvertrages Voraussetzung der Kostenübernahme durch die Bundesanstalt für Arbeit ist, so daß in der Praxis eine andere Handhabung wohl ausscheidet.

[255] Als Gründe gelten z.B. die Rücknahme der Bewilligung durch das Arbeitsamt und wiederholtes unentschuldigtes Fehlen bei der Ausbildung; ausf. *Schlage*, S.66 f., und *Vollmar*, RsDE 11 (1990), 41, 51.

[256] *Schlage*, S.70 f. Ein Befund, der wohl auch auf Berufsförderungswerke zutreffen dürfte.

[257] *Dill/Gedon/Gemsjäger*, S.123.

[258] Ausf. *Dreisbach*, S.41 ff.; *Vollmar*, RsDE 11 (1990), 41, 42 f.

[259] *Dreisbach*, S.188 f., nennt Eingliederungszahlen zwischen 80 und 95 % der Absolventen.

ZWEITER TEIL

Beurteilung von Rehabilitationsverhältnissen in Literatur und Rechtsprechung

§ 5 Beurteilung durch die Literatur

Wie bereits festgestellt, ist das Rechtsverhältnis zwischen Rehabilitand und Rehabilitationseinrichtung seit langem Gegenstand ausführlicher wissenschaftlicher Diskussion in der Literatur. Trotz der seit über 30 Jahren andauernden Erörterung ist bei weitem noch keine Einigkeit über das Ergebnis gefunden worden. Die Diskussion soll, sowohl entsprechend der vertretenen Rechtsauffassungen, wie auch der Argumentationsweise für die drei wesentlichen Rehabilitationseinrichtungen zusammengefaßt werden. Die Vorgehensweise bietet sich zum einen aus Gründen der Übersichtlichkeit an, aber auch, um dem jeweiligen methodischen Ansatz besonderes Augenmerk zukommen zu lassen. Verzichtet werden soll zunächst auf eine inhaltliche Auseinandersetzung mit den jeweiligen Argumenten. Ohne Klärung des eigenen, dem Gegenstand angemessenen methodischen Ansatzes, sähe sich eine Auseinandersetzung mit einzelnen Auffassungen notwendigerweise dem Vorwurf einer gewissen Beliebigkeit ausgesetzt.

A. Rechtsstellung der Rehabilitanden in WfB

Die ganz überwiegende Zahl der Stellungnahmen ist zur Rechtsstellung der Behinderten in WfB erfolgt. Von daher ist es angebracht, diese auch in den Mittelpunkt der Erörterung zu stellen.

I. Öffentlich-rechtliche Rechtsbeziehung bzw. keine unmittelbare Rechtsbeziehung

Die Rechtsnatur des Verhältnisses zwischen Rehabilitanden und Rehabilitationseinrichtung wird teilweise von der Trägerschaft der Einrichtung abhängig gemacht. Ferner gehen diejenigen Autoren, die eine privatrechtliche Rechtsbeziehung zwischen WfB und Behindertem ablehnen, davon aus, es bestehe eine öffentlich-rechtliche Beziehung bzw. überhaupt keine unmittelbare Rechtsbeziehung.

Methodisch stehen Argumente aus der Natur der Rechtsbeziehung selbst sowie Schutzzweckerwägungen im Vordergrund. Unter Argumenten aus der Natur des Rechtsverhältnisses selbst werden vorliegend Argumente verstanden, die sich nicht an einem konkreten, einer Subsumtion zugänglichen Rechtsbegriff orientieren, sondern einer Argumentation aus der Natur der Sache nahestehen.

1. Körperschaft des öffentlichen Rechts als Träger der Einrichtung

Teilweise wird vertreten, daß zumindest dann, wenn der Sozialleistungsträger unmittelbarer Träger der Werkstatt ist, nur eine öffentlich rechtliche Rechtsbeziehung in Betracht kommt. Die Tätigkeit des Behinderten in WfB stelle sich dann nur als Dienst- und Sachleistung (§ 11 SGB I) dar.[260]

2. Privater Rechtsträger

Auch bei einem privaten Rechtsträger wird teilweise angenommen, die Beziehung zwischen Rehabilitationseinrichtung und Behindertem sei öffentlich-rechtlicher Natur.[261] Denn der rehabilitative Charakter der Beschäftigung des Behinderten schließe ein beiderseitiges Pflichtenverhältnis im privatrechtlichen Sinne zwischen WfB und Behindertem aus. Der Staat werde im Rahmen der beruflichen Eingliederung Behinderter nicht fiskalisch, sondern hoheitlich tätig, was aus der besonderen sozialstaatlichen Verantwortung des Staates folge.[262] Der Unterstellung des Rehabilitationsverhältnisses unter das Privatrecht widerspreche ferner, daß die in den Werkstätten tätigen Behinderten „besonders schutzbedürftig“ wie auch „besonders abhängig“ seien, was dem privatautonomen Aushandeln der Vertragsbedingungen widerspreche.[263] Ferner wird argumentiert, daß das Rehabilitationsverhältnis deshalb bereits nicht dem Privatrecht unterstellt werden könne, weil der Rehabilitand aufgrund der sozialversicherungsrechtlichen Mitwirkungspflichten (§§ 64 ff. SGB I, sanktioniert durch den drohenden Verlust von Leistungsansprüchen gemäß § 66 Abs.1 SGB I) verpflichtet sei, im Rahmen der Rehabilitation tätig zu werden. Dies widerspreche der Idee der Privatautonomie.[264]
Dem wird unmittelbar entgegengehalten, daß der Gesetzgeber gerade vom Abschluß von Verträgen im Werkstattbereich aufgrund der besonderen Schutzbedürftigkeit des Behinderten ausgegangen sei (§ 13 SchwbWV; neuerdings auch § 54 b SchwbG).[265] Der Gesetzgeber sei demnach davon ausgegangen, das Schutz-

---

[260] *Schulin*, Arbeitsentgelt, S.14; *ders.*, Neumann u.a., S.116, allerdings vorsichtiger und nicht mehr auf das Vorliegen einer Sachleistung an sich abstellend. Ähnlich bereits *Naendrup*, Rechtsfragen, S.30 f.

[261] *Aretz* S.112; *Bauriedel*, DRV 1983, 557, 565 f.; *Naendrup*, SGb 1982, 265, 272 f.; *ders.*, Rechtsfragen, S.211; *Unger*, SGb 1982, 344, 346; *ders.*, ErsK 1983, 248, 249.

[262] *Bauriedel*, DRV 1983, 557, 565; *Naendrup*, Rechtsfragen, S.199 f.

[263] *Naendrup*, Rechtsfragen, S.205.

[264] *Naendrup*, Rechtsfragen, S.67.

[265] *Schmitt*, S.93 f., der sich auf den Mustervertrag der Bundesanstalt für Arbeit bezieht. Ein informelleres Verfahren in der Praxis könne außer Betracht bleiben, *Schmitt*, S.102 f. Zu diesen unterschiedlichen Verfahrensweisen *Naendrup*, Rechtsfragen, S.68.

bedürfnis der Behinderten lasse sich am ehesten durch privatrechtliche Verträge gewährleisten.[266]

Eine andere Frage ist, welchen konkreten Regelungen die öffentlich-rechtliche Beziehung unterworfen sein soll.

a. *Öffentlich-rechtlicher Vertrag zugunsten Dritter*

Eindeutig ist zunächst der Ansatz von *Aretz*: Die zwischen der WfB und dem Sozialversicherungsträger geschlossene Vereinbarung, im Rahmen eines Rehabilitationsverfahrens innerhalb einer WfB, der Eingliederung des Behinderten zu dienen und als Gegenleistung hierfür, Leistungen aus der Sozialversicherung zu erhalten, kann sich als öffentlich-rechtlicher Vertrag im Sinne der §§ 53 ff. SGB X (für eine Förderung nach §§ 56 ff. AFG, jetzt §§ 97 ff. SGB III) bzw. §§ 54 ff. VwVfG Bd. (für eine Förderung nach §§ 39 ff. BSHG) darstellen. Nach der modifizierten Subjektstheorie sei die Vereinbarung zwischen WfB und Sozialversicherungsträger öffentlich-rechtlich, denn sie beruhe auf öffentlich-rechtlichen Vorschriften (SchwbG, SchwbWV, BSHG, AO Reha usw.).[267] Zur weiteren Begründung wird darauf hingewiesen, daß die Durchführung der Rehabilitationsmaßnahme eine aus dem Sozialstaatsprinzip folgende staatliche Aufgabe ist, die an die WfB delegiert worden sei. Die Rehabilitationsträger decken keinen Eigenbedarf, sondern erfüllen eine öffentlich-rechtlich begründete Pflicht, wobei sie bei den Rehabilitationsbemühungen als „Sachwalter des Gemeinwohls" handeln.[268] Der Staat habe sich ferner eine Reihe von Überwachungs- und Weisungsrechten für den Fall vorbehalten, daß ein Sozialleistungsträger einen Dritten mit der Durchführung von Maßnahmen beauftragt (vgl. §§ 86 – 119 SGB X).[269] Da Nutznießer des Vertrages zwischen dem Leistungsträger und der WfB ausschließlich der Behinderte sei, komme ein Vertrag zugunsten Dritter analog § 328 BGB zustande. Die Vorschrift sei grundsätzlich gemäß § 61 SGB X auch auf öffentlich-rechtliche Verträge anwendbar.[270] Dagegen spreche allerdings, daß in der Praxis die Annahme eines öffentlich-rechtlichen Vertrages zugunsten des Behinderten, aus welchem der Behinderte seine Rechte unmittelbar herleiten könnte, daran scheitere, daß die erforderliche Schriftform (§§ 56 SGB X, 57 VwVfG Bd) nicht eingehalten werde. *Aretz* schlägt deswegen vor, in der Praxis durch Änderung der Verwaltungspraxis einen schriftlichen Vertrag zwischen Rehabilitationsträger und WfB abzuschließen.[271] Dieser regele die rechtliche Stellung des Behinderten.

---

[266] *Schmitt*, S.114, 336; i.E. ebenso *Dierks*, S.49.
[267] *Aretz*, S.113.
[268] *Aretz*, S.114.
[269] *Aretz*, S.115.
[270] *Aretz*, S.113.
[271] *Aretz*, S.116.

b. Keine direkte Rechtsbeziehung

Schließlich wird vertreten, daß soweit weder ein Privatrechtsverhältnis noch ein öffentlich-rechtlicher Vertrag zugunsten Dritter angenommen wird, zwischen Rehabilitand und WfB keine Rechtsbeziehung bestünde. Das Verhältnis wird teils als soziales Rehabilitationsverhältnis[272] oder als soziales Betreuungsverhältnis[273] bezeichnet und beschreibt dann wohl vornehmlich die rein tatsächliche Beziehung zwischen WfB und Behindertem. Die Beziehung zwischen der WfB und dem Behinderten stelle sich als Abwicklungsstufe eines einheitlichen öffentlich-rechtlichen Rehabilitationsverhältnisses dar, wobei die WfB Erfüllungsgehilfe des Rehabilitationsträgers sei.[274] Die Beziehung des Rehabilitanden zur Einrichtung sei weiterhin geprägt durch die Verantwortung des Rehabilitationsträgers für den Rehabilitationserfolg.[275] Beim öffentlich-rechtlichen Abwicklungsverhältnis treten die Behinderten in kein Rechtsverhältnis zur WfB, sondern es verbleibt bei der öffentlich-rechtlichen Beziehung zwischen Rehabilitationsträger und Behindertem einerseits und Rehabilitationsträger und WfB andererseits.[276] Das Abwicklungsverhältnis kann allerdings auch privatrechtlicher Natur sein, wenn der Behinderte sich wirksam rechtsgeschäftlich verpflichten konnte.[277] Liegt ein wirksamer Werkstattvertrag dem Rechtsverhältnis zwischen Behindertem und WfB zugrunde, so trete dieser neben das öffentlich-rechtliche Rechtsverhältnis.[278]

c. Sozialrechtliche Lösung

Schließlich schlägt *Naendrup* vor, das Rechtsverhältnis zwischen Rehabilitand und Rehabilitationseinrichtung dem Sozialrecht zu unterstellen. Zur Begründung verweist er auf die Sachnähe, der bei der Bestimmung des Rechtsverhältnisses erhebliche Bedeutung zukomme.[279] Die praktischen Konsequenzen werden allerdings

---

[272] *Aretz*, S.117; ähnlich *Scholler*, ZfSH 1981, 266, 270, der allerdings trotzdem von einem eigenständigen Vertragsverhältnis zwischen Behindertem und Werkstatt ausgeht (s.u. unter II.).
[273] *Scholler/Broß*, ZfSH 1978, 1, 8.
[274] *Aretz*, S.117; *Scholler*, ZfSH 1981, 266, 270; ähnlich *Unger*, SGb 1982, 344, 346.
[275] *Unger*, SGb 1982, 344, 346, der auf die §§ 1238 Abs.1 RVO, 15 Abs.1 AVG (jetzt: § 17 Abs.1 SGB I, § 97 Abs.1 SGB X) verweist.
[276] *Aretz*, S.117; ebenso *Unger*, SGb 1982, 344, 346.
[277] *Aretz*, S.117; ebenso *Scholler/Broß*, ZfSH 1978, 1, 8; *Scholler*, ZfSH 1981, 266, 270, die hiervon allerdings im Regelfall ausgehen.
[278] *Aretz*, S.118. De lege ferenda sollte nach Auffassung von *Aretz* auf das Erfordernis eines Vertrages zwischen Behindertem und WfB verzichtet werden, denn der Behinderte kann seine Ansprüche vollumfänglich gegenüber dem Leistungsträger geltend machen, da die WfB lediglich deren Erfüllungsgehilfe sei; dies verhindere darüber hinaus eine Rechtswegspaltung, denn für Ansprüche aus dem Werkstattvertrag seien die ordentlichen Gerichte zuständig, während für Ansprüche gegenüber dem Leistungsträger der Sozial- bzw. Verwaltungsrechtsweg eröffnet sei (S.119).
[279] *Naendrup*, SGb 1982, 265, 273.

lediglich hinsichtlich des Rechtswegs[280] sowie der Möglichkeit der Beendigung des Rehabilitationsverhältnisses aufgezeigt.[281] Wie Konflikte im Verhältnis zwischen Rehabilitand und Rehabilitationseinrichtung im übrigen zu lösen sind, bleibt offen. Diesem Ansatz folgt insbesondere *Rindt*, der ausschließlich dem öffentlich-rechtlichen Basisverhältnis zwischen Rehabilitanden und Rehabilitationsträger die maßgebenden sozialrechtliche Regelungen entnehmen möchte, die Schutz und Mitwirkung der Rehabilitanden sichern.[282]

II. Privatrechtliche Beziehung

Ganz überwiegend wird in der Literatur vertreten, daß das Rechtsverhältnis zwischen Behindertem und WfB dem Privatrecht zu unterstellen sei.[283] Im Rahmen dieser Auffassung haben sich bezüglich der Qualifizierung dieses privatrechtlichen Rechtsverhältnisses im wesentlichen drei Meinungen herausgebildet: es liege ein

---

[280] Insoweit meint *Naendrup*, aaO., daß für alle aus dem Beziehungsdreieck entstehenden Streitigkeiten einheitlich der Rechtsweg zu den Sozialgerichten eröffnet sei, zust. *Bauriedel*, DRV 1983, 557, 566. Dabei scheint allerdings die Eröffnung des Verwaltungsrechtsweges bei einer Förderung nach dem BSHG, die in jedem Fall zu einer Rechtswegspaltung führt, unberücksichtigt.

[281] Hervorzuheben ist an dieser Stelle die Argumentation *Naendrups* hinsichtlich der auf die Beendigung des Rechtsverhältnisses zwischen Rehabilitand und Rehabilitationseinrichtung anzuwendenden Rechtsvorschriften: der zivilrechtliche Kündigungsschutz bleibe weit hinter der rechtlichen Position zurück, die dem Rehabilitanden durch § 47 SGB X beim Widerruf gegen einen rechtmäßigen begünstigenden Verwaltungsakt eingeräumt würde. Methodologisch gesehen kommt er demnach über einen *konkreten Rechtsfolgenvergleich* zu seiner Lösung, worauf später noch einzugehen sein wird.

[282] *Rindt*, Präventive Rehabilitation 1991, 10, 21.

[283] *Cramer*, SchwbG, zu § 13 SchwbWV Rn.3 und zu § 54 b Rn.7 f.; *Dierks*, S.63 ff.; *Dörner*, SchwbG, zu § 54 b II.2.; *Fabricius/Gammelin*, S.182 ff.; *Igl*, VSSR 1978, 201, 223 f.; *Jakobi*, ZfS 1981, 293; *Jürgens*, RdA 1986, 349, 350; *Leisten*, S. 161 ff.; LPK-BSHG-*Münder*, zu § 93 Rn.35; Neumann/*Pahlen*, SchwbG, zu § 54 b Rn.18; *Schmitt*, S.115, 336, 374, 427; *Schulin*, Neumann u.a., S.114 f.; zumindest zum Teil auch *Scholler*, ZfSH 1981, 266, 270: verwaltungsprivatrechtlicher Vertrag im arbeitsrechtlichen Bereich.

Rechtsverhältnis eigener Art bzw. ein Vertrag sui generis[284], ein typengemischter Vertrag[285] oder ein Arbeitsverhältnis[286] vor.

---

[284] *Cramer*, BArbBl 1980, 11, 16; *Dahlinger*, NDV, 1979, 72, 76; *Dörrie*, NDV 1971, 58; *Schmitt*, aaO.; *Schulin*, Neumann u.a., S.126. Ferner *Lachwitz*, RsDE 1 (1988), 33, 45, hinsichtlich derjenigen Rechtsverhältnisse, bei denen die therapeutisch-betreuerischen Elemente überwiegen. Gröninger/*Thomas*, SchwbG, zu § 54 b Rn.8, geht für den Arbeitstrainingsbereich von einem „Rehabilitationsverhältnis", der einen Vertrag eigener Art darstellt aus; ähnlich neuerdings auch Neumann/*Pahlen*, SchwbG, zu § 54 b Rn.13, der im Anschluß an *Dörner*, SchwbG, zu § 54 b II.3.c, den Status des Rehabilitanden als besondere Kategorie neben der Annahme eines Arbeitnehmer- oder Arbeitnehmerähnlichenstatus' ansieht, wobei der Status des Rehabilitanden seinerseits vom Sozialleistungsverhältnis abhängen soll. Den Status eines Rehabilitanden scheinen demzufolge die im Arbeitsbereich der WfB Tätigen offenbar nicht mehr zu haben, vgl. hierzu unten unter § 11.

[285] Von einem typengemischten Vertrag, der sich auch aus einem Arbeitsvertrag zusammensetzt gehen aus: *Baltzer/Jürgens*, SGb 1981, 241, 248; *Dierks*, S.63 ff.; *Jacobi*, Der Geistigbehinderte, S.79 f.; *Jürgens*, RdA 1986, 349, 352 ff.; *Leisten*, S.161 f.; *Zwade*, S.143, wobei *Jacobi* die Elemente des gemischten Vertrages nicht näher angibt. Am ehesten in diesem Sinne ist wohl auch *Scholler*, ZfSH 1981, 266, 269 f., zu verstehen, der von einem Arbeitsverhältnis ausgeht, das neben einem öffentlich-rechtlichen rehabilitationsrechtlichen Rechtsverhältnis stehe, welches insbesondere den Anspruch des Behinderten auf die begleitenden Dienste der pädagogischen, sozialen und medizinischen Betreuung, auf Anpassung der baulichen Gestaltung und Ausstattung der Werkstatt, Maßnahmen des Arbeitsschutzes und der Unfallverhütung umfasse. Beide Rechtsverhältnisse seien privat- oder öffentlich-rechtliche Abwicklungsstufen eines einheitlich öffentlich-rechtlichen Rehabilitationsverhältnisses.

[286] *Leisten*, S.155 und *Neumann*, RdA 1981, 143, 146 hinsichtlich, der nur aus konjunkturellen Gründen beschäftigten Behinderten, die keine begleitenden bzw. betreuerisch-therapeutischen Dienste bedürfen; ebenso z.T. *Aretz*, S.80, 92 f., der darüber hinaus ein Arbeitsverhältnis bejaht, wenn es der WfB gerade auf die Arbeitsleistung des Behinderten ankommt sowie *v.Maydell/Eylert*, RdA 1981, 148, 156, die die Arbeitnehmereigenschaft zusätzlich von der Höhe des erzielten Einkommens abhängig machen; i.E. ähnlich *Mrozynski*, § 10 I.3., und *Stroebel*, Die Rehabilitation 1969, 1, 7 f. Vor allem *Cramer*, SchwbG, zu § 13 SchwbWV Rn.3; *Dörner*, SchwbG, zu § 54 b II 3.a; *Lachwitz*, RsDE 1 (1988), 33, 44; Neumann/*Pahlen*, SchwbG, zu § 54 b Rn.10 und Gröninger/*Thomas*, SchwbG, zu § 54 b Rn.3 ff., 8 f., machen das Vorliegen eines Arbeitsverhältnisses ferner davon abhängig, ob das Erbringen der Arbeitsleistung im Vordergrund steht. Kritisch hinsichtlich der Unterscheidung, die an ein mehr oder weniger überwiegenden therapeutischen Zweck anknüpft, insbesondere wegen nachteiliger Auswirkungen klassifikatorischer Einteilungen: *Igl*, VSSR 1978, 201, 224. Uneingeschränkte Bejahung zumindest für den Arbeitsbereich: BK-SchwbG, zu § 54 b Rn.5; GK-SchwbG-*Dopatka*, zu § 54 Rn.21; *Grossmann*, Festgabe für Grüner, S.181, 193 f.; ferner *Möller-Lücking*, SozSich 1980, 141, 145, der allerdings lediglich fordert, „die Arbeitnehmerstellung aller in Werkstätten für Behinderte Beschäftigten herauszuarbeiten"; noch vorsichtiger *Neseker*, ZfF 1970, 290, 292, der „eine Annäherung an das Recht des Arbeitnehmers" sieht, allerdings ebenso feststellt, daß das gegenwärtige Arbeitsrecht in einigen wesentlichen Bereichen nicht paßt. Uneingeschränkte Bejahung der Arbeitnehmereigenschaft findet sich ferner bei *Ihlefeld*, AuR 1978, 348, 352; *Volmer*, ZfS 1978, 298. Für die Einschlägigkeit der Vorschriften des Ausbildungs- und Arbeitsrechts einschließlich der Bestimmungen über Arbeitszeit, Entgeltfortzahlung im Krankheitsfall und an Feiertagen, Mutterschutz und (Erziehungs-) Urlaub im Rahmen einer nach § 41 BSHG geförderten Beschäftigung *Brühl,* in LPK-BSHG zu § 41 Rn.2.

Methodisch lassen sich im wesentlichen fünf durchaus unterschiedliche Vorgehensweisen herausarbeiten[287]: 1. Argumentation anhand der klassischen Arbeitnehmerdefinition[288], 2. Argumentation aus der Natur des Arbeitsverhältnisses[289], 3. Argumentation von den Rechtsfolgen aus[290], 4. teleologische Argumentation[291] sowie 5. eine verfassungsrechtliche Argumentation[292].

1. Argumentation anhand der klassischen Arbeitnehmerdefinition

Nach der klassischen Arbeitnehmerdefinition ist Arbeitnehmer, wer aufgrund eines privatrechtlichen Vertrages im Dienst eines anderen zu Leistungen von fremdbestimmter Arbeit in persönlicher Abhängigkeit verpflichtet ist.[293] Ein Teil der unterschiedlichen Auffassungen resultiert bereits aus der unterschiedlichen Subsumtion der Tätigkeit von Behinderten in WfB unter die Merkmale des Arbeitnehmerbegriffs.

---

[287] Freilich überschneiden sich diese Vorgehensweisen bei einzelnen Autoren, entscheidend für die vorliegende Untersuchung ist jedoch die methodische Vorgehensweise an sich.

[288] In diesem Sinne ausf. *Aretz*, S.71 ff.; *Baltzer/Jürgens*, SGb 1981, 241, 246; *Dierks*, S.36 ff.; *Jacobi*, Der Geistigbehinderte, S.79 ff.; *Leisten*, S.82 ff.; vom Ansatz her ebenfalls *Jürgens*, RdA 1986, 349, 351; *Lachwitz*, RsDE 1 (1988), 33, 41 ff.; *Neumann*, RdA 1981, 143, 146; Neumann/*Pahlen*, SchwbG, zu § 54 b Rn.9; *Pünnel*, AuR 1978, 44, 45; *Schulin*, Neumann u.a., S.118; Gröninger/*Thomas*, SchwbG, zu § 54 b Rn.3 f.; als ausdrücklich ungeeignet zur Abgrenzung bezeichnet *Dörner*, SchwbG, zu § 54 b II.3., die klassische Arbeitnehmerdefinition, denn diese diene der Abgrenzung zum Selbständigen, während in der WfB die Abgrenzung zum Rehabilitanden erforderlich sei.

[289] *Fabricius/Gammelin*, S.220; *Naendrup*, SGb 1982, 265, 273; *Neumann*, RdA 1981, 143, 146; *v.Maydell/Eylert*, RdA 1981, 148, 151 ff.; i.E. wohl auch *Igl*, VSSR 1978, 201, 223 f.

[290] So jeweils z.T. *Aretz*, S.87; *Naendrup*, SGb 1982, 265, 272; *Neseker*, ZfF 1970, 290 f.; *Neumann*, RdA 1981, 143, 147 f.; *Pünnel*, AuR 1978, 44, 46; *Schmitt*, S.114, 336; *Unger*, SGb 1981, 344, 345; *Volmer*, ZfS 1978, 298.

[291] *Dierks*, S.71 ff.

[292] GK-SchwbG-*Dopatka*, zu § 54 Rn.21; teilweise auch *Scholler*, ZfSH 1981, 266 f.

[293] Vgl. nur *Hueck/Nipperdey*, § 9. Fast alle bereits genannten Autoren orientieren sich an dieser klassischen Definition. Die im wesentlichen seit Mitte der 80er Jahre diskutierte Brauchbarkeit des so gebildeten Arbeitnehmerbegriffs, für die stellvertretend *Wank*, Arbeitnehmer, passim, genannt werden kann, spielt in diesem Zusammenhang eine untergeordnete Rolle. Auf frühere Ansätze in diese Richtung (*Lieb, Beuthin/Wehler*) geht lediglich *Leisten* in Ansätzen ein, ohne allerdings Konsequenzen hieraus zu ziehen.

a. Vertragsschluß

Zum Teil wird bereits die fehlende Geschäftsfähigkeit der vorwiegend geistig behinderten Rehabilitanden als Hindernis für eine vertragliche Beziehung überhaupt angesehen.[294]

Dem wird allerdings überwiegend entgegengehalten[295], daß die Geschäftsunfähigkeit des Behinderten ein Problem des Betreuungsrechts und der dementsprechenden wirksamen Vertretung des Behinderten darstellt. Folglich änderten auch Defizite in der Praxis nicht die Rechtslage nach ihrer gesetzgeberischen Konzeption. Der Gesetzgeber sei vom Abschluß schriftlicher Verträge ausgegangen, so daß eine etwaig fehlende Geschäftsfähigkeit, so wie auch sonst im Zivilrecht, ein Problem der wirksamen Stellvertretung darstelle.[296]

b. Privatrechtlich

Wie bereits gesehen, wird teilweise vertreten, daß die Rechtsbeziehung zwischen WfB und Rehabilitand nicht privatrechtlicher Natur sei und von daher ein Arbeitnehmerstatus von vornherein ausscheide.[297]

---

[294] *Cramer*, SchwbG, zu § 13 SchwbWV Rn.3; *Pünnel*, AuR 1978, 44, 45; *ders.*, AuR 1987, 104, 106; *ders.*, Festschrift für Gnade, S.323, 333 f.; *Pünnel/Vater*, AuR 1981, 230, 234; *Schulin*, Arbeitsentgelt, S.16, 24.

[295] *Aretz*, S.73 ff.; *Baltzer/Jürgens*, SGb 1981, 241, 247; *Fabricius/Gammelin*, S.223; *Ihlefeld*, AuR 1978, 348, 351; *Jürgens*, RdA 1986, 349, 352; *Leisten*, S.90 f.; *Naendrup*, Rechtsfragen, S.203, 209 Fn.4; *Neumann*, RdA 1981, 143, 146; *v.Maydell/Eylert*, RdA 1981, 148, 151; i.E. ebenso *Jakobi*, ZfS 1981, 293 sowie *Dierks*, S.42 f., mit einem instruktiven Beispiel der Handhabung einer Bremer Werkstatt, vgl. S.47 f.; ausf. aus neuerer Zeit *Schulin*, Neumann u.a., S.123 ff.

[296] Neue Möglichkeiten hat in diesem Zusammenhang das am 1.1.1992 in Kraft getretene neue Betreuungsrecht (§§ 1896 ff. BGB geändert durch das Gesetz für Reform des Rechts der Vormundschaft und Pflegschaft für Volljährige vom 12.9.1990 BGBl. I, S.2001 ff.) gebracht; vgl. hierzu ausf. *Pünnel*, Festschrift für Gnade, S.323, 333 ff. Das Problem der Geschäftsfähigkeit an sich, bleibt allerdings unverändert.

[297] *Aretz*, S.117; *Naendrup*, SGb 1982, 265, 272; *Rindt*, Präventive Rehabilitation 1991, 10, 21; *Scholler*, ZfSH 1981, 266, 270. Teilweise wohl auch *Pünnel*, AuR 1978, 44, 48, wenn er herausstellt, daß Verhältnis zwischen Rehabilitand und WfB trage weitgehend öffentlich-rechtliche Züge und könne nicht als Schuldverhältnis angesehen werden; anders allerdings *Pünnel/Vater*, AuR 1981, 230, 236, die de lege ferenda eine arbeitnehmerähnliche Rechtsstellung vorschlagen bzw. *Pünnel*, AuR 1987, 104, 106, wo de lege ferenda erst ein arbeitnehmerähnlicher Status, dann ein Arbeitnehmerstatus im Wege der gesetzlichen Fiktion vorgeschlagen wird. Ausführlicher zu den Argumenten der „öffentlich-rechtlichen Meinung" siehe oben unter I.; neuerdings spricht sich *Pünnel*, Festschrift für Gnade, S.323, 328, ausdrücklich für die privatrechtliche Einordnung des Rechtsverhältnisses aus.

c. *Arbeit*

Voraussetzung für die Anwendung arbeitsrechtlicher Regelungen ist die Leistung von menschlicher Arbeit. Daß die Rehabilitanden in der WfB Arbeit in diesem Sinne leisten, wird kaum bestritten.[298] Vereinzelt wird darauf hingewiesen, daß die von den Behinderten in der WfB geleistete Arbeit wirtschaftlich nicht mit der von Arbeitnehmern in der Privatwirtschaft bzw. dem öffentlichen Dienst vergleichbar sei.[299]

Dem wird entgegen gehalten, daß der Behinderte Arbeit leistet, die nach kaufmännischen Gesichtspunkten wirtschaftlich verwertet wird[300] und daß Qualität und Quantität sowie die wirtschaftliche Verwertbarkeit der Arbeit als Kriterium für den Arbeitnehmerbegriff nicht geeignet seien.[301]

d. *Fremdbestimmt*

Zur Definition des Arbeitnehmers gehört ferner die Leistung fremdbestimmter Arbeitsleistung. Diese wird angesichts der Eingliederung des Behinderten in die Arbeitsabläufe, die Arbeitsstätte und die Arbeitszeit soweit ersichtlich nicht in Frage gestellt.[302]

e. *Verpflichtung zur Arbeit*

Eine fehlende Verpflichtung zur Arbeitsleistung wird von den Gegnern der Arbeitnehmereigenschaft am häufigsten ins Feld geführt.[303] Demnach sei der Behinderte nicht verpflichtet, ihm übertragene Arbeit zu verrichten, denn er habe die Arbeit nur im Rahmen des physisch und psychisch Möglichen zu leisten, schaffe er sie

---

298 Ausdrücklich bejahend trotz des geringeren Leistungsvermögens *Baltzer/Jürgens*, SGb 1981, 241, 246; *Dörner*, SchwbG, zu § 54 b II 2; *Mrozynski*, § 10 I. 3.; anzweifelnd wohl *Stroebel*, Die Rehabilitation 1969, 1, 6, allerdings auf Grundlage einer Untersuchung, die nicht nur Einrichtungen im Sinne des § 54 SchwbG umfaßte, s.o. unter Fn.197. Eine Arbeitsleistung pauschal ablehnend, allerdings ohne weitere Begründung *v.Hoyningen-Huene*, NZA 1992, 49, 52. Differenzierend und für den Arbeitstrainingsbereich ablehnend *Wiegand*, SchwbG, zu § 54 b Rn.5.

299 *Jacobi*, Der Geistigbehinderte, S.80; *Pünnel*, AuR 1978, 44, 45, die allerdings nicht näher ausführen, welches Merkmal des Arbeitnehmerbegriffs damit entfallen soll.

300 *Baltzer/Jürgens*, SGb 1981, 241, 246; i.E. ebenso *Dierks*, S.54 f.; *Leisten*, S.98 ff.; *v.Maydell/Eylert*, RdA 1981, 148, 151.

301 *Grossmann*, Festgabe für Grüner, S.181, 194; *Ihlefeld*, AuR 1978, 348, 351.

302 Lediglich *Mrozynski*, § 10 I.3. bejaht ausdrücklich die Fremdbestimmtheit, bezeichnet ein Abstellen hierauf allerdings als „allzu formal".

303 *Aretz*, S.87; *Fabricius/Gammelin*, S.249; *Pünnel/Vater*, AuR 1981, 230, 235; *Pünnel*, AuR 1978, 44, 45; *ders.*, AuR 1987, 104, 106; *ders.*, AuR 1996, 483; *Schulin*, Soziale Sicherung, S.50; *v.Hoyningen-Huene*, NZA 1992, 49, 52; *Wiegand*, SchwbG, zu § 54 b Rn.6; ebenfalls zweifelnd *Naendrup*, Rechtsfragen, S.212; *v.Maydell/Eylert*, RdA 1981, 148, 155.

nicht, so könne er die Arbeit verweigern, ohne daß dies einen Einfluß auf seinen Verbleib in der Werkstatt habe.[304] Der Behinderte könne bei Minderleistung oder Einstellung der Arbeit weder abgemahnt noch entlassen werden.[305] Zwar könnten sich geschäftsfähige Behinderte zu einer bestimmten Arbeitsleistung verpflichten, sie „sind jedoch regelmäßig nicht in der Lage, sie zu erfüllen".[306]

Dem wird entgegengehalten, die Behinderten seien „zum pünktlichen Erscheinen, zur Einhaltung fester Beschäftigungszeiten und zur Arbeitsleistung nach Anweisung verpflichtet, wie sich im einzelnen aus den §§ 5 f. SchwbWerkstVO ergibt".[307] Ferner sei der Behinderte in der Werkstattwirklichkeit unter dem wirtschaftlichen Aspekt der pünktlichen Auftragserfüllung zur Leistung gewisser Arbeiten verpflichtet.[308] Teilweise wird auf das Aufnahmeerfordernis, dem Erfordernis, ein Mindestmaß an wirtschaftlich verwertbarer Arbeit zu erbringen, verwiesen (§ 54 SchwbG).[309]

f. Persönliche Abhängigkeit

Die persönliche Abhängigkeit zeigt sich insbesondere an einer Weisungsgebundenheit der Behinderten hinsichtlich der von ihnen zu erbringenden Arbeitsleistung. Diejenigen, die eine Verpflichtung zur Arbeitsleistung ablehnen, verneinen dementsprechend auch eine Weisungsgebundenheit der Behinderten.[310] Teilweise wird vertreten, daß die persönliche Abhängigkeit des Rehabilitanden erst dann gegeben sei, wenn sie der eines nicht behinderten hauptamtlichen Mitarbeiters entspreche.[311]

Demgegenüber wird darauf hingewiesen, daß die Behinderten selbst sich häufig „einem massiven Druck" ausgesetzt sähen und von daher eine Weisungsgebundenheit nicht abgelehnt werden könne.[312] Ferner könne der Behinderte, in entspre-

---

[304] *Pünnel*, Festschrift für Gnade, S.323, 330; *ders.*, AuR 1996, 483; *ders.*, AuR 1978, 44, 45.

[305] *Pünnel*, Festschrift für Gnade, S.323, 330; *ders.*, AuR 1996, 483, 484; *ders.*, AuR 1987, 104, 106.

[306] *Pünnel*, AuR 1978, 44, 46.

[307] *Grossmann*, Festgabe für Grüner, S.181, 193.

[308] *Baltzer/Jürgens*, SGb 1981, 241, 248; *Jürgens*, RdA 1986, 349, 353; *Leisten*, S.112 f., der auf die finanziellen Folgen einer Minderleistung beim Behinderten sowie auf die Kündigungsmöglichkeit seitens der Werkstatt verweist.

[309] *Dierks*, S.53 f.

[310] *Aretz*, S.87; *Pünnel*, AuR 1978, 44, 46; *Pünnel/Vater*, AuR 1981, 230, 233.

[311] *Pünnel/Vater*, AuR 1981, 230, 233.

[312] *Baltzer/Jürgens*, SGb 1981, 241, 248; unter Bezugnahme auf die tatsächlichen Verhältnisse ebenfalls, zumindest dem äußeren Erscheinungsbild nach, bejahend *v.Maydell/Eylert*, RdA 1981, 148, 151; *Ihlefeld*, AuR 1978, 348, 352. Gröninger/*Thomas*, SchwbG, zu § 54 b Rn.3: „Für die im Arbeitsbereich einer Werkstatt beschäftigten Behinderten ist die weisungsgebundene Abhängigkeit nicht in Zweifel zu ziehen."

chender Anlehnung an § 84 Abs.1 S.2 HGB, seine Tätigkeit im wesentlichen nicht frei bestimmen und seine Arbeitszeit auch nicht frei einteilen.[313]

g. *Fehlende Arbeitgeberstellung der WfB und fehlende Vergütung*

Teilweise wird darauf hingewiesen, der WfB fehle die typische Arbeitgeberstellung. Vielmehr sei sie im Schwerpunkt eine Sozialeinrichtung, erfülle eine soziale Aufgabe und werde hierzu vom Rehabilitationsträger alimentiert.[314] Schließlich wird zum Teil noch die fehlende Vergütung als Argument gegen das Vorliegen eines Arbeitsverhältnisses angeführt.[315]

2. *Argumentation aus der Natur des Arbeitsverhältnisses*

Die Argumentation aus der Natur des Arbeitsverhältnisses soll zur Abgrenzung der Argumentation anhand der üblichen Kriterien des Arbeitnehmerbegriffs dienen. Zusammengefaßt werden demnach Argumente, die sich verstärkt aus der Einordnung des Arbeitnehmerbegriffs in die Gesamtrechtsordnung ergeben und sich weniger am Arbeitnehmerbegriff selbst orientieren. Damit ist auch hier wieder eine Nähe zur bereits oben festgestellten Argumentation aus der Natur der Sache gegeben.[316]

Als häufigstes Argument aus der Natur des Arbeitsverhältnisses wird die Unvereinbarkeit des rehabilitativen bzw. therapeutischen *Zwecks* der Beschäftigung des Behinderten mit der Annahme eines Arbeitsverhältnisses angeführt.[317] Dieser spreche gegen die Annahme eines Arbeitsverhältnisses zwischen Behindertem und

---

313 *Jürgens*, RdA 1986, 349, 354.

314 *Pünnel*, Festschrift für Gnade, S.323, 329; *ders.*, AuR 1987, 104, 107.

315 *Fabricius/Gammelin*, S.191; *Jacobi*, Der Geistigbehinderte, S.79 f.; *Naendrup*, Rechtsfragen, S.213; *Pünnel*, AuR 1978, 44, 45; *Pünnel/Vater*, AuR 1981, 230, 233.

316 Vgl. oben unter I.

317 Besonders ausgeprägt ist dieses Argument bei *Dierks*, S.59 ff.; *v.Maydell/Eylert*, RdA 1981, 148, 151 f., die die Voraussetzungen des Arbeitnehmerbegriffs an sich bejahen, aber wegen des Zweckes der Rehabilitation („reiner Selbstzweck") zur Ablehnung eines Arbeitsvertrages kommen; so ebenfalls für den Arbeitstrainingsbereich Gröninger/*Thomas*, SchwbG, zu § 54 b Rn.8; ferner *Aretz*, S.86; *Naendrup*, SGb 1982, 265, 273; *Neumann*, RdA 1981, 143, 146; *Pünnel/Vater*, AuR 1981, 230, 233; *Unger*, SGb 1982, 344, 345 und *Igl*, VSSR 1978, 201, 223 f., der sich für ein „Arbeitsrecht für Behinderte" ausspricht, daß den Rehabilitationszweck berücksichtigt, im übrigen aber dem Arbeitsrecht weitgehend angeglichen ist; i.E. ebenso *Baltzer/Jürgens*, SGb 1981, 241, 246, die daraus allerdings den Schluß ziehen, es läge ein gemischter Vertrag vor, der sich aus einem Arbeitsvertrag und einem Betreuungsvertrag zusammensetze sowie *Mrozynski*, § 10 I.3., der als Inhalt des Rechtsverhältnisses die Betreuung des Behinderten ansieht. Ebenso *Pünnel*, AuR 1978, 44, 48; *ders.*, AuR 1987, 104, 106, der allerdings wegen des sozialpädagogisch-therapeutischen und fürsorgerischen Charakters des Rechtsverhältnisses ein privatrechtliches Schuldverhältnis ablehnt und ein „soziales Beschäftigungsverhältnis eigener Art" annimmt.

WfB, da es der Werkstatt nicht auf die Nutzbarmachung der Arbeitskraft des Behinderten zur Herstellung von Waren ankomme, sondern vielmehr umgekehrt die Nutzbarmachung der Arbeitskraft der „Produktion von Rehabilitation" diene.[318] Die Arbeit des Behinderten sei demnach nur ein Mittel zur Erreichung des allein in seinem Interesse liegenden Rehabilitationsziels.[319] Die Arbeit diene nicht den Belangen eines Arbeitgebers, sondern in erster Linie den Belangen des Behinderten selbst.[320] Auch der Verordnungs- und Gesetzgeber habe durch die Koppelung des Verdienstes an den Ertrag der WfB (vgl. §§ 12 Abs.3 und 5 Nr. 1 SchwbWV, 54 b SchwbG) deutlich gemacht, daß ein Arbeitsverhältnis nicht vorliege, denn eine solche Koppelung des Arbeitnehmerverdienstes an unternehmerische Risiken sei im Arbeitsrecht unüblich (vgl. § 615 BGB).[321] Daß es den Behinderten bzw. ihren Familien gerade auch auf die Geldleistung der WfB ankomme, ändere an dieser Einschätzung nichts, da nicht die Motivation für die Eingehung eines Rechtsverhältnisses entscheidend sei, sondern der objektive Funktionszusammenhang zwischen Arbeitsleistung und Arbeitsentgelt die Charakterisierung des Rechtsverhältnisses Arbeitsverhältnis bestimme.[322] Die Geringfügigkeit des Entgelts ließen dieses ferner eher als „Anerkennungsgebühr" bzw. „Taschengeld", denn als Lohn erscheinen.[323] Es fehle demnach der ein Arbeitsverhältnis prägende Interessengegensatz zwischen WfB und Behinderten.[324] Leistungsaustausch und Interessengegensatz seien allerdings die Grundlage für die Schutzbedürftigkeit des Arbeitnehmers und mithin Anknüpfungspunkt für die Schutzfunktion des Arbeitsrechts.[325] Ferner wird in diesem Zusammenhang angeführt, daß der Behinderte (bzw. für ihn der Kostenträger) einen bestimmten Pflegesatz an die WfB zahle und dafür in einem gewissen Umfang Betreuung und Pflege erhalte, was ebenfalls der Annahme eines Arbeitsverhältnisses entgegenstünde.[326]

Schließlich sei selbst bei Behinderten, die eine Leistungsfähigkeit von über 50 % der Leistung eines Arbeitnehmers erreichen, das Rechtsverhältnis vom Betreuungsgedanken determiniert. Kostendeckende Produktion oder Gewinnerzielung

---

[318] *Aretz*, S.86.
[319] *Aretz*, S.87; *v.Maydell/Eylert*, RdA 1981, 148, 155.
[320] *Aretz*, S.87; *Fabricius/Gammelin*, S.218 und S.250f.; *v.Maydell/Eylert*, RdA 1981, 148, 155; *Wiegand*, SchwbG, zu § 54 b Rn.6.
[321] *Aretz*, S.88; *Naendrup*, Rechtsfragen, S.219 allerdings mit dem Schluß: „Gegenüber einer solchen Vertragsgestaltung ist der Verdacht der Sittenwidrigkeit gem. § 138 BGB anzumelden.".
[322] *Aretz*, S.90; *Naendrup*, Rechtsfragen, S.72, 210.
[323] *Fabricius/Gammelin*, S.191; *Naendrup*, Rechtsfragen, S.213; *Pünnel*, AuR 1978, 44, 45 und *Pünnel/Vater*, AuR 1981, 230, 233, die ferner herausstellen, daß ein Teil der Vergütung aus laufenden staatlichen Subventionen finanziert werde und die Werkstatt nicht gewinnbringend arbeite.
[324] *Aretz*, S.87; *v.Maydell/Eylert*, RdA 1981, 148, 152.
[325] *v.Maydell/Eylert*, RdA 1981, 148, 152.
[326] *Baltzer/Jürgens*, SGb 1981, 241, 246; *Jürgens*, RdA 1986, 349, 355.

seien nicht zu erwarten, vielmehr seien dauernde Subventionen erforderlich.[327] Die soziale Funktion des Arbeitsvertrages sei allerdings die Produktion wirtschaftlicher Werte, die Mehrwertschaffung.[328] Die Behinderten seien arbeitsunfähig, da sie strukturell zur Erbringung von Arbeitsleistung zur Befriedigung fremder Bedürfnisse nicht in der Lage bzw. unfähig seien, „gemäß dem gesetzlichen Leitbild als Arbeitnehmer die typischerweise versprochene Arbeitspflicht zu erfüllen."[329]. Teilweise wird insoweit eine Abstufung für den Fall vorgenommen, daß der Behinderte ein wirtschaftliches Ergebnis hervorbringe, wozu indiziell ein über den Grundbetrag hinausgehender und dem Behinderten gewährter Steigerungsbetrag berücksichtigt werden könne.[330]

Dieser Auffassung wird entgegengehalten, daß der klassische Interessengegensatz zwischen Arbeitgeber und Arbeitnehmer auch in WfB anzutreffen sei, was sich insbesondere aus der Einbindung der WfB in wirtschaftliche Marktzusammenhänge und der daraus resultierenden Zwänge im Produktionsablauf ergebe.[331] Ferner würden die in WfB hergestellten Produkte überwiegend als Ware verkauft, so daß aus der Arbeitssituation auch der Interessengegensatz folge. Daß die Beschäftigung der Behinderten auch betreuerisch-therapeutische Elemente aufweise, schlösse die Annahme eines Arbeitsverhältnisses ebensowenig aus, wie der Ausbildungscharakter bei einem Berufsausbildungsverhältnis.[332]

Des weiteren wird die Bedeutung des Zwecks der Beschäftigung mit einer Parallele zu § 5 Abs.2 Nr. 4 BetrVG, § 4 Abs.5 Nr. 2 BPersVG und § 6 Abs.2 Nr.3 SchwbG begründet. Diese schlössen die Arbeitnehmereigenschaft aufgrund der dort genannten Motivation der Beschäftigung aus.[333]

Schließlich wird erörtert, ob die gesetzlichen Regelungen, die Teilbereiche des Werkstattverhältnisses regeln, zur Argumentation herangezogen werden können.[334]

---

327 *Fabricius/Gammelin*, S.189 f.

328 *Fabricius/Gammelin*, S.207 f., die deswegen darauf hinweisen, daß die aus karitativen oder religiösen Gründen geleistete Arbeit nach der h.M. nicht dem Arbeitsrecht unterfalle. Anders die wohl heute h.M., vgl. nur grundlegend *Mayer-Maly*, S.27 f.; MünchArbR/*Richardi*, Bd.2, § 192 Rn.34, 37 ff., § 193 Rn.4 ff. m.w.N.

329 *Fabricius/Gammelin*, S.217 f., ferner S.245 f.

330 Gröninger/*Thomas*, SchwbG, zu § 54 b Rn.4.

331 *Leisten*, S.145 f.

332 *Grossmann*, Festgabe für Grüner, S.181, 195.

333 So insbesondere *Neumann*, RdA 143, 146; *Pünnel*, Festschrift für Gnade, S.323, 329.

334 Dabei handelt es sich primär um das Gesetz über die Sozialversicherung Behinderter in geschützten Einrichtungen (SVBG) vom 7.5.1975 (BGBl. I, S.1061), das im Wege der gesetzlichen Fiktion, die in den Werkstätten eingegliederten Behinderten als Beschäftigte im Sinne der jeweiligen Sozialgesetze der Versicherungspflicht unterstellten, soweit diese einen Verdienst unterhalb von 20 % des durchschnittlichen Verdienstes aller Versicherten der Rentenversicherung bezogen. Insbesondere *Volmer*, ZfS 1978, 298, 299, schloß hiervon ausgehend,

Zusammenfassend kann festgestellt werden, daß teilweise bereits die leistungsunabhängige Motivation der WfB, d.h. der rehabilitative Zweck der Tätigkeit der Behinderten, als ausschlaggebend für die Ablehnung eines Arbeitsverhältnisses angesehen wird[335], während teilweise erst das tatsächliche Überwiegen der betreuerisch-therapeutischen Elemente dazu führt, ein Arbeitsverhältnis abzulehnen[336].

3. Argumentation anhand der Rechtsfolgen

Die Argumentation anhand der Rechtsfolgen wird überwiegend in dem Sinne verwandt, daß darauf hingewiesen wird, daß bei Bejahung des Arbeitnehmerstatus' den Behinderten die arbeitsrechtlichen Pflichten treffen bzw. die Werkstatt arbeitsrechtliche Rechte gewinnen würde, die jeweils nicht mit der Rechtsbeziehung in Einklang zu bringen wären bzw. die Rechtsstellung des Behinderten verschlechtern würden.[337]

Genau umgekehrt argumentiert *Volmer*, der gerade wegen der erhöhten Schutzbedürftigkeit der Behinderten, die Versagung arbeitsrechtlicher Schutzstandards als unvertretbar ansieht.[338]

Teilweise wird über die Rechtsfolgen die privatrechtliche Einordnung des Rechtsverhältnisses begründet[339], teilweise umgekehrt die öffentlich-rechtliche Einordnung[340].

---

auf die Anwendbarkeit arbeitsrechtlicher Vorschriften. Entgegengesetzt *Jacobi*, Der Geistigbehinderte, S.81 f., der die Sonderregelung als Beleg gegen die Arbeitnehmereigenschaft anführt. Das SVBG ist mittlerweile ersetzt worden durch spezielle Regelungen im Rahmen der einzelnen Sozialgesetzbücher, s.o. unter § 3. Ferner wurde die Verwendung arbeitsrechtlicher Begriffe in den §§ 54 ff. SchwbG und der SchwbWV diskutiert. Ganz überwiegend kam man allerdings zu dem Ergebnis, daß der Gesetzgeber gerade keine Entscheidung über die Rechtsnatur des Rechtsverhältnisses treffen wollte, so daß auch die gesetzlichen Regelungen nicht aussagekräftig seien, vgl. *v.Maydell/Eylert*, RdA 1981, 148, 154. Zusammenfassend *Leisten*, S.24 ff., 40 ff., 52 ff., der allerdings dem Sprachgebrauch eine gewisse Indizwirkung zugunsten der Arbeitnehmereigenschaft zuspricht, S.55; ebenso *Grossmann*, Festgabe für Grüner, S.181, 194, und *Jürgens*, RdA 1986, 349, 351.

335 So eindeutig *Fabricius/Gammelin*, S.219, die auch bei einer an die Industrienorm heranreichenden Arbeitsleistung des Behinderten, mangels einer „logischen und ökonomischen Verknüpfung" von Leistung und Entgelt, ein Arbeitsverhältnis ablehnen; in diesem Sinne wohl auch *Unger*, SGb 1982, 344, 345.

336 *Cramer*, SchwbG, zu § 13 SchwbWV Rn.3; *Dörner*, SchwbG, zu § 54 b Anm. II 3.a.; *Lachwitz*, RsDE 1 (1988), 33, 44; *Leisten*, S.155; *Neumann*, RdA 1981, 143; Neumann/*Pahlen*, SchwbG, zu § 54 b Rn.10; Gröninger/*Thomas*, SchwbG, zu § 54 b Rn.8; *v.Maydell/Eylert*, RdA 1981, 148, 153.

337 *Aretz*, S.87; *Naendrup*, SGb 1982, 265, 272; *Neumann*, RdA 1981, 143, 147 f; *Pünnel*, AuR 1978, 44, 46; *Pünnel/Vater*, AuR 1981, 230, 233; *Unger*, SGb 1982, 344, 345.

338 ZfS 1978, 298.

4. Teleologische Argumentation

Unter teleologischer Argumentation wird eine methodische Vorgehensweise verstanden, die die Anwendbarkeit arbeitsrechtlicher Regelungen vom Sinn und Zweck der Einzelregelung abhängig macht.[341] Aufgrund der Überprüfung der einzelnen Gesetze wird vertreten, daß das BUrlG, die Regelungen über die Entgeltfortzahlung im Krankheitsfall, das KSchG sowie besondere arbeitsrechtliche Haftungsprivilegierungen anwendbar seien.[342]

Mit Blick auf das methodische Interesse der Untersuchung ist herauszuheben, daß von den genannten Autoren eine „reine“ Arbeitnehmereigenschaft abgelehnt bzw. ein typengemischter Vertrag, der sich vor allem auch aus einem Arbeitsvertrag zusammensetzt, bejaht wird und im Anschluß daran, die analoge Anwendbarkeit einzelner arbeitsrechtlicher Regelungen erörtert wird.

5. Verfassungsrechtliche Argumentation

Einen methodologisch anderen Ansatz wählt *Dopatka*[343], wenn er den Begriff der Arbeit verfassungsrechtlich interpretiert und so zur Annahme eines Arbeitsverhältnisses im Arbeitsbereich der WfB kommt. Arbeit habe unter dem Grundgesetz eine spezifisch sozialstaatliche und demokratische Ausprägung gefunden, so daß, soweit sich die Behinderten privatrechtlich zur Leistung von Diensten in einer WfB

---

339 *Schmitt*, S.114, der, aus den in § 13 SchwbWV, § 4 HeimG geregelten Vertragserfordernissen, das Prinzip ableitet, der Gesetzgeber wolle aus Schutzgründen im Zweifel das Rechtsverhältnis zwischen Sozialleistungsempfänger und Sozialleistungseinrichtung dem privaten Recht zuordnen.

340 *Naendrup*, aao; vgl. dazu ausführlicher oben unter I.2.c.

341 Die teleologische Argumentation kann einhergehen mit einer Argumentation aus den Rechtsfolgen, was allerdings vorliegend unerheblich ist, denn es gilt die methodische Vorgehensweise an sich, d.h. als Typus, herauszustellen. Ferner ist bereits an dieser Stelle darauf hinzuweisen, daß der Begriff der teleologischen Argumentation, so wie er von den Autoren verwandt bzw. an dieser Stelle dargestellt wird, im Hinblick auf den Arbeitnehmerbegriff wohl zu kurz greift und deshalb nicht mit dem Verständnis des *Verfassers* übereinstimmt. Insoweit sei auf die im *Dritten Teil* erfolgende Entwicklung der methodologischen Vorgaben verwiesen.

342 So vor allem *Dierks*, S.71 ff., 73 ff., 75 ff., 87 ff., die darüber hinaus keine arbeitsrechtliche Regelung anführt, die nicht anwendbar sein soll und darauf hinweist, daß die „Abwicklung der Vertragselemente, die die betreuerisch-therapeutische Aufgabenstellung zum Gegenstand haben, ... durch die analoge Anwendung arbeitsrechtlicher Grundsätze sinnvoll mit abgewickelt werden“ können, S.98; ebenso *Leisten* S.168 f., 170 f., 172 f., 186 ff., der darüber hinaus noch die Anwendbarkeit des Tarifvertragsrechts sowie des BetrVG bejaht, S.174 ff., hinsichtlich des betreuerisch-therapeutischen Teil des gemischten Vertrages allerdings keine weiteren Ausführungen macht.

343 GK-SchwbG-*Dopatka*, zu § 54 Rn.21.

verpflichteten, unabhängig von betreuerischen Aufgaben der WfB, ein Arbeitsverhältnis zu bejahen sei. Eine andere Auffassung verstieße gegen Art.20, 28 GG.

B. Rechtsstellung der Rehabilitanden zu Berufsbildungs- und Berufsförderungswerken

Zur Rechtsstellung der Rehabilitanden in Berufsbildungs- und Berufsförderungswerken finden sich nur vereinzelte Stellungnahmen. Die Unsicherheiten scheinen hier noch größer zu sein und die rechtlichen Verhältnisse werden teilweise als „nahezu chaotisch" angesehen.[344]

I. Individualrechtsverhältnis

Ein Individualrechtsverhältnis zwischen Rehabilitand und Einrichtung wird zum Teil ganz abgelehnt und teilweise dem öffentlichen Recht unterstellt.[345] Zumeist wird allerdings auch hier vertreten, daß zwischen Berufsförderungs- und Berufsbildungswerk ein privatrechtlicher Vertrag zustande kommt.[346]

Die Annahme eine Ausbildungsverhältnisses nach dem BBiG ist streitig.[347] Im wesentlichen orientieren sich die Argumente entlang der bei WfB dargestellten Argumentationslinien.

1. Kein Rechtsverhältnis bzw. öffentlich-rechtliches Rechtsverhältnis

Teilweise wird das Bestehen einer Rechtsbeziehung zwischen der Rehabilitationseinrichtung und dem Rehabilitanden abgelehnt, wenn entsprechende von der Rehabilitationseinrichtung erlassene Ordnungen dieses so vorsähen. Es bestünde dann lediglich eine Rechtsbeziehung zum Rehabilitationsträger, wobei die Rehabilitationseinrichtung lediglich eine „instrumentale Rolle" spiele[348], teilweise unter An-

---

[344] *Fredebeul*, BB 1983, 968, 975.

[345] *Naendrup*, Rechtsfragen, S.30; *Scholler/Broß*, ZfSH 1978, 1, 8; teilweise *Gitter*, MittLVA Oberfranken und Mittelfranken 1982, 491, 497 f.; *Krause*, Gutachten zum 52.DJT, E 60; *Schmitt*, S.374 f., 524 f.

[346] *Fredebeul*, BB 1982, 1493, 1495; *Schmitt*, S.115, 336, 374, 427; *Schulin*, Neumann u.a., S.118; an sich auch *Vollmar*, RsDE 11 (1990), 41, 45, der allerdings als Begründungsakt wohl auch den Zuweisungsbescheid durch den Rehabilitationsträger ansieht.

[347] Bejahend *Benz*, in: Schulin HS-UV, § 43 Rn.22; *Fredebeul*, BB 1982, 1493 ff.; *ders.*, BB 1983, 968 ff.; *Gedon/Spiertz*, zu § 3 BBiG Rn.25, § 48 BBiG Rn.18; *Natzel*, AP Nr.1 zu § 56 AFG; *Pünnel/Vater*, AuR 1981, 230, 231.

[348] *Scholler/Broß*, ZfSH 1978, 1, 8, die allerdings bei Fehlen einer solchen Regelung ein privatrechtliches Rechtsverhältnis als Abwicklungsstufe eines öffentlich-rechtlich entstandenen Rehabilitationsanspruchs ansehen; zust. *Krause*, Gutachten zum 52. DJT, E 60.

nahme eines öffentlich-rechtlichen Vertrags zwischen Rehabilitationsträger und Rehabilitationseinrichtung zugunsten des Rehabilitanden.[349]

Insbesondere *Naendrup* differenziert ferner danach, ob die Einrichtung mehrheitlich von einem öffentlichen Träger beherrscht wird, was insbesondere bei Berufsförderungswerken gegeben ist. Diese seien dann als „rechtsfähige Verwaltungseinheit“ anzusehen, so daß in diesem Fall das Rechtsverhältnis zwischen Rehabilitand und Einrichtung insgesamt dem öffentlichen Recht zu unterstellen sei.[350] Im Gegensatz dazu seien die Rechtsverhältnisse in Berufsbildungswerken von vornherein aufgrund der fehlenden Beherrschung durch die öffentliche Hand dem Zivilrecht geöffnet.[351] Gegen die privatrechtliche Einordnung spreche, daß die Rechtsgeschäftslehre typischerweise Ausdruck freier Willensentschließungen ist. Insbesondere die sanktionierten Mitwirkungspflichten des Behinderten (§ 66 SGB I) sprächen gegen die Annahme privatautonomen Handelns auf Seiten des Rehabilitanden.[352] Andererseits spreche für die schuldrechtliche Einordnung des Vertragsverhältnisses der Umstand, daß sonst ein völliges rechtliches Vakuum entstehen würde.[353] In Berufsförderungswerken könne allerdings das BBiG nicht angewendet werden, denn es würden typischerweise keine Ausbildungs- bzw. Umschulungsverträge schriftlich abgeschlossen, was mit § 4 BBiG unvereinbar sei. Ferner entfalle die Vergütungspflicht und auch die hinter der Berufsausbildung stehenden branchen- und personalpolitischen Ziele würden nicht zutreffen.[354]

2. *Berufsausbildungsverhältnis nach dem BBiG*

Das Vorliegen eines echten Berufsausbildungsverhältnisses steht für *Pünnel/Vater*[355] „rechtlich außer Frage“, wobei der Umstand, daß die vertragliche Ausgestaltung des Ausbildungsverhältnisses auf den Behinderten zugeschnitten ist, unerheblich sei.[356] Ferner wird die Annahme eines Berufsausbildungsverhältnisses

[349] *Gitter*, MittLVA Oberfranken und Mittelfranken 1982, 491, 497 f.; zust. *Schmitt*, S.374 f., 524 f., in denjenigen Fällen, in denen keine Erklärungen auf einen Vertragsschluß zwischen Rehabilitand und Rehabilitationseinrichtung schließen lassen.

[350] *Naendrup*, Rechtsfragen, S.30.

[351] *Naendrup*, Rechtsfragen S.126. Damit macht *Naendrup* am deutlichsten die Anwendung privater oder öffentlich-rechtlicher Regelungen davon abhängig, welche Rechtssubjekte beteiligt sind.

[352] *Naendrup*, Rechtsfragen, S.67, 147.

[353] *Naendrup*, Rechtsfragen, S.144.

[354] *Naendrup*, Rechtsfragen, S.72 f., nur zu Berufsförderungswerken, S.161, zu Berufsbildungswerken, in denen die privatrechtliche Einordnung eine „systematische Notlösung“ darstelle.

[355] AuR 1981, 230, 231.

[356] Diese Auffassung verwundert, angesichts der Rechtsauffassung der Autoren zur Rechtsstellung von Rehabilitanden in WfB (s.o.): Dort wurde dem Umstand, daß die Beschäftigung in der WfB subventioniert werde, außerhalb des Marktgeschehens stattfände und als soziale Aufgabe erbracht werde, erhebliche Bedeutung beigemessen. Der Unterschied zu den

in Berufsförderungs- und Berufsbildungswerken damit begründet, daß § 1 Abs.5 BBiG gerade auch die außerbetriebliche Ausbildung erfasse und die Vermittlung von Kenntnissen und Fertigkeiten, die zum Erwerb beruflicher Erfahrungen beitragen, ebenfalls im Vordergrund stehe.[357] Vor allem *Fredebeul* weist auf das materiell-rechtliche Bedürfnis nach Anwendung der vertragsrechtlichen Regelungen des BBiG hin.[358] Methodologisch ist diese Auffassung ebenfalls der rechtsfolgenorientierten Argumentation zuzurechnen.[359]

Ferner stehe weder eine Zuweisung des Rehabilitanden in ein Berufsförderungswerk noch die fehlende Zahlung einer Ausbildungsvergütung (§ 10 BBiG) der Annahme eines Berufsausbildungsvertrages entsprechend der §§ 3 ff. BBiG entgegen. Hinsichtlich der Vergütungszahlung sei es unschädlich, daß diese nicht direkt vom Ausbilder (der Rehabilitationseinrichtung), sondern vom Arbeitsamt (Rehabilitationsträger) gezahlt werde. Ebensowenig ändere die staatliche Förderung der Berufsausbildung am Vorliegen eines Berufsausbildungsvertrages etwas.[360]

3. Privatrechtliches Verhältnis eigener Art

Dagegen scheint in der Literatur, das Vorliegen eines Berufsausbildungsvertrages überwiegend abgelehnt und ein Privatrechtsverhältnis eigener Art angenommen zu werden.[361] Zum Teil werden die gleichen Argumentationsstrukturen wie bei der Rechtsstellung der Behinderten in WfB verwendet. So wird wiederum auf den nicht unter privatautonomen Bedingungen zustande gekommenen Vertrag verwiesen. Ferner zahle der Rehabilitand entweder selbst oder mit Hilfe des Arbeitsamtes für seine Ausbildung (Widerspruch zu §§ 5 Abs.2 Nr.1, 6 Abs.1 Nr.3 BBiG) und erhalte seinerseits nicht die gesetzlich zwingend vorgesehen Ausbildungsvergütung nach § 10 BBiG.[362] Schließlich seien auch die Möglichkeiten der Beendigung des Rehabilitationsverhältnisses nicht mit denen eines Berufsausbildungsverhältnisses vergleichbar, denn das Rehabilitationsverhältnis ende grundsätzlich durch Bescheid des Rehabilitationsträgers.[363] Ferner wird aus der Natur des Berufausbil-

---

Rechtsverhältnissen in Berufsförderungswerken, bei denen diese Merkmale ebenfalls anzutreffen sein werden, ist nicht angegeben.

[357] *Fredebeul*, BB 1982, 1493, 1496.

[358] BB 1983, 968, 971.

[359] So auch insbesondere *Breitmeier/Frädrich*, DB 1982, 1929, 1931 f., die allerdings zum entgegengesetzten Ergebnis gelangen.

[360] *Gedon/Spiertz*, zu § 3 BBiG Rn.25; *Natzel*, AP Nr.1 zu § 56 AFG auf Bl.377 f.; hiervon scheinbar zumindest teilweise abweichend MünchArbR/*Natzel*, Bd.2, § 177 Rn.204.

[361] *Breitmeier/Frädrich*, BB 1982, 1736, 1739; *Haines/Macharski*, Berufliche Rehabilitation 1988, 32; *Jacobi*, Der Geistigbehinderte, S.90 f.; *Naendrup*, Rechtsfragen, S.73 f., 134 f.; *Vollmar*, RsDE 11 (1990), 41, 46 ff.

[362] *Gast*, SAE 1980, 280, 281, der die Ausbildungsvergütung als konstitutiv für die Annahme eines Ausbildungsverhältnisses ansieht.

[363] *Vollmar*, RsDE 11 (1990), 41, 46 f.

dungsverhältnisses i.S.d. BBiG geschlossen, daß das BBiG auf eine Ausbildung in einer außerbetriebliche Rehabilitationseinrichtung nicht anwendbar sei. Dem BBiG liege das Konzept der dualen Ausbildung zugrunde, das aufgrund der Eingliederung des Auszubildenden in den Ausbildungsbetrieb, dessen Stellung der eines Arbeitnehmers angleiche, woraus sich die Anwendbarkeit arbeitsrechtlicher Vorschriften rechtfertige. Sei der Auszubildende nicht in einen Betrieb eingegliedert und diene er nicht zumindest auch dessen arbeitstechnischen Zwecken, die sich gerade nicht in der bloßen Ausbildung erschöpften, so passe insbesondere die Vergütungspflicht des BBiG nicht.[364] Ferner bedürfe der Auszubildende in einer außerbetrieblichen Einrichtung prinzipiell nicht des arbeitsrechtlichen Schutzes, da er seine Ausbildung in einem „Schonraum" erfahre.[365]

Insbesondere *Breitmeier/Frädrich* sehen die außerbetriebliche Ausbildung von Rehabilitanden eingebettet in die sozialstaatliche Daseinsvorsorge und schließen hieraus, daß eine Einbettung in das Arbeitsrecht nicht möglich sei. Vielmehr bediene sich der Rehabilitationsträger der Einrichtung zur Erfüllung seiner sozialstaatlichen Aufgabe.[366] Der Rehabilitand sei allenfalls Begünstigter eines zwischen dem Rehabilitationsträger und der Rehabilitationseinrichtung abgeschlossenen Vertrages zugunsten Dritter, woraus ebenfalls die Zuständigkeit der Sozialgerichte folge.[367]

Teilweise wird damit argumentiert, daß der Gesetzgeber im Gesetzgebungsverfahren zum BBiG vom 2. Juni 1975 Sondervorschriften für die berufliche Bildung Behinderter in Betracht zog[368], dies allerdings dann nicht realisierte. Daraus sei zu schließen, daß er sich der Notwendigkeit einer Regelung bewußt gewesen und selbst nicht davon ausgegangen sei, Behinderte würden ohnehin unter den Geltungsbereich des BBiG fallen.[369]

II. Betriebsverfassungsrechtlicher Arbeitnehmerstatus

Häufiger wird das Rechtsverhältnis zwischen Rehabilitand und Berufsförderungs- bzw. Berufsbildungswerk im Zusammenhang mit den §§ 5 Abs.1 BetrVG, 2 Abs.1,

---

[364] *Breitmeier/Frädrich*, BB 1982, 1736, 1737; *dies.*, BB 1984, 1811, 1812; ebenso *Naendrup*, Rechtsfragen, S.152 ff.: „Modellunverträglichkeit".

[365] *Breitmeier/Frädrich*, DB 1982, 1929, 1930.

[366] *Breitmeier/Frädrich*, BB 1984, 1811, 1815, die bei einer vom Arbeitsamt geförderten Ausbildung in einem Berufsbildungswerk davon ausgehen, „Ausbilder im materiellen Sinne ist das Arbeitsamt".

[367] *Breitmeier/Frädrich*, BB 1982, 1736, 1739, wobei diese Aussage wohl in Widerspruch zur grundsätzlichen Annahme eines privatrechtlichen Vertragsverhältnisses steht; in diesem Sinne allerdings auch *Unger*, ZIS 1982, 169, 173.

[368] Vgl. Gesetzesentwurf BT-Drs. 7/3714, zur Begründung S.80.

[369] *Breitmeier/Frädrich*, BB 1984, 1811, 1815; *Naendrup*, Rechtsfragen, S.155 f.; *Vollmar*, RsDE 11 (1990), 41, 48 f.

5 Abs.1 ArbGG erörtert, d.h. mit der Frage, ob die Rehabilitanden Arbeitnehmer einschließlich der zu ihrer Berufsausbildung Beschäftigten *im Sinne dieser Vorschriften* sind.[370] Hinsichtlich der Zugehörigkeit zur Belegschaft im Rahmen der Betriebsverfassung wird dies bei außerbetrieblichen Bildungseinrichtungen überwiegend abgelehnt.[371] Die Einbeziehung der Rehabilitanden würde zu einer Majorisierung führen, bei der die den eigentlichen Zweck der Bildungseinrichtung fördernden Arbeitnehmer grundsätzlich eine verschwindend geringe Minderheit darstellten. Dies sei mit dem Zweck des BetrVG nicht vereinbar. Demgegenüber wurde das Vorliegen der Voraussetzungen des § 5 ArbGG überwiegend bejaht.[372]

§ 6 Beurteilung durch die Rechtsprechung

Das Rechtsverhältnis zwischen Rehabilitationseinrichtung und Rehabilitand war nur vereinzelt Gegenstand gerichtlicher Entscheidungen. Dies dürfte allerdings weniger auf das in diesem Rechtsverhältnis bestehende Konfliktpotential, als auf die erheblichen Schwierigkeiten und damit auch Unsicherheiten bei der Rechtsdurchsetzung zurückzuführen sein. Die bereits dargestellten Unsicherheiten bei der Einordnung des Rechtsverhältnisses spiegeln sich naturgemäß auch bei der Frage nach dem zu beschreitenden Rechtsweg wider. Es ist von daher nicht verwunderlich, daß sowohl ordentliche Gerichte, wie auch Arbeits- und Sozialgerichte sowie Verwaltungsgerichte mit Rechtsstreitigkeiten aus Rehabilitationsverhältnissen beschäftigt waren. Angesichts des unterschiedlichen rechtlichen Umfeldes der jeweiligen Gerichtszweige, scheint es sinnvoll, bereits bei der Darstellung dementsprechend zu differenzieren. Methodisch sind die Entscheidungen am ehesten einer Argumentation aus dem Rechtsbegriff (Arbeitnehmerbegriff bzw. Begriff des Auszubildenden nach dem BBiG) zuzuordnen, wobei allerdings eine vertiefte Auseinandersetzung jeweils unterbleibt. Dies ist freilich der andersartigen Aufgabenstellung der Rechtsprechung sowie der Bindung an die konkrete vom Lebenssachverhalt bzw. den Verfahrensbeteiligten vorgegebene Fragestellung geschuldet. Deshalb erschien es m.E. auch sinnvoll, die Entscheidungen der Rechtsprechung von den Untersuchungen bzw. Stellungnahmen der Literatur zu trennen, um so die

---

[370] Diese Fragestellung taucht in der Literatur zwar zum Teil auch bei den in WfB beschäftigten Rehabilitanden auf, deckt sich dort allerdings mit der Frage der Arbeitnehmereigenschaft an sich und wurde dementsprechend nicht weiter problematisiert.

[371] *Etzel*, BetrVG, S.52; *Gedon/Spiertz*, zu § 3 BBiG Rn.47 a, zu § 48 BBiG Rn.22 a; *Hanau*, DB 1987, 2356, 2357; *Knopp/Kraegeloh*, BBiG, zu § 48 Rn.4 a.; *Kraft*, SAE 1994, 260; *Maisel*, SAE 1994, 338; *Naendrup*, Rechtsfragen, S.74, zu Berufsförderungswerken, S.159 zu Berufsbildungswerken, der ferner die fehlende Erwerbsabsicht sowie eine Beschäftigung im Sinne des § 5 Abs.2 Nr.4 BetrVG anführt; *Rohlfing*, NZA 1997, 365, 367; *Schlachter*, AP Nr.10 zu § 5 BetrVG 1972 Ausbildung; *Schliemann*, ZTR 1994, 137; a.A. *Wohlgemuth*, BBiG, zu § 3 Rn.20.

[372] *Rohlfing*, NZA 1997, 365, 368, mit entsprechenden Nachweisen.

Möglichkeit zu haben, ein möglichst unvoreingenommenes Bild des Meinungsstandes zu bekommen.

A. WfB

I. Ordentliche Gerichtsbarkeit

In einem Verfahren, daß die Kündigung eines Rehabilitanden durch die Rehabilitationseinrichtung zum Gegenstand hatte, entschied das *LG Nürnberg-Fürth*, daß der Rehabilitand unmittelbar Rechte aus dem zwischen Rehabilitationsträger und Rehabilitationseinrichtung abgeschlossenen privatrechtlichen, echten Vertrag zugunsten Dritter gemäß § 328 BGB geltend machen könne.[373] Demgegenüber geht das *OLG Nürnberg*[374] davon aus, daß weder ein öffentlich-rechtliches noch ein privatrechtliches Rechtsverhältnis zwischen Rehabilitand und Rehabilitationseinrichtung besteht und sich ferner auch keine Rechte für den Rehabilitanden aus dem Verhältnis zwischen Rehabilitationseinrichtung und Rehabilitationsträger, das entweder ein öffentlich-rechtliches oder privatrechtliches Vertragsverhältnis darstelle, herleiten ließen, da es sich hierbei um ein unechtes Vertragsverhältnis zugunsten Dritter handele.

II. Arbeitsgerichtsbarkeit

Die Entscheidungen innerhalb der Arbeitsgerichtsbarkeit befassen sich im wesentlichen mit zwei Fragenkomplexen: Das Rechtsverhältnis zwischen Behindertem und WfB und die Tendenzeigenschaft der WfB. Letzteres ist von Interesse, da es Aufschluß gibt, über die Einschätzung des Charakters bzw. der Aufgabenstellung der WfB seitens der Rechtsprechung.

1. Arbeitnehmereigenschaft

Die Arbeitsgerichte gehen zunächst durchweg davon aus, daß das Rechtsverhältnis zwischen Rehabilitand und WfB dem Privatrecht zuzuordnen ist. Ferner kann davon ausgegangen werden, daß die Arbeitsgerichte überwiegend davon ausgehen, daß die in WfB tätigen Behinderten prinzipiell in einem Arbeitsverhältnis stehen *können*.

---

[373] Beschluß vom 17.3.1980 Az.: 10 o 1353/80 unveröff., allerdings ohne weitere Begründung. Dem hat sich das *LG Regensburg* vom 6.6.1980 – Az.: 6 o 862/80 – unveröff., ebenfalls ohne nähere Begründung angeschlossen.

[374] Vom 25.7.1980 – Az.: 5 U 1732/80 – unveröff.

Das *ArbG Braunschweig*[375] hat die Arbeitnehmereigenschaft eines im Arbeitsbereich einer Werkstatt beschäftigten Behinderten bejaht. Das Urteil wurde vom *LAG Niedersachsen*[376] aufgehoben, mit der Begründung, aus der Fiktion des § 3 Abs.3 SVBG lasse sich nicht die allgemeine Folgerung ziehen, Behinderte würden auch außerhalb des Regelungsbereichs des SVBG als Arbeitnehmer anzusehen seien. Vielmehr hinge die Arbeitnehmereigenschaft des Behinderten im Arbeitsbereich davon ab, ob er in einem weisungsgebundenen, persönlich abhängigen Vertragsverhältnis Arbeit leiste.[377] Das *ArbG Berlin*[378] und die 5.Kammer des *LAG Berlin*[379] haben die Arbeitnehmereigenschaft von Behinderten, die vom Landesarbeitsamt zugewiesen wurden und lediglich aus konjunkturellen Gründen auf dem allgemeinen Arbeitsmarkt nicht untergebracht werden könnten, bejaht. Beide Entscheidungen orientieren sich an der klassischen Arbeitnehmerdefinition. Ausdrücklich stellt das *LAG Berlin* fest, daß eine etwaig fehlende Geschäftsfähigkeit für die Arbeitnehmereigenschaft unerheblich ist. Ferner wird betont, daß die wirtschaftliche Verwertbarkeit der Arbeitsleistung ebenso unerheblich für die Bejahung der Arbeitnehmereigenschaft sei, wie die Gewinnerzielungsabsicht des Arbeitgebers. Allerdings lehnt das *ArbG Berlin* in der genannten Entscheidung den Arbeitnehmerstatus der im Rahmen einer Förderung durch die Sozialhilfeträger beschäftigten Behinderten ab, weil ausweislich § 40 Abs.2 BSHG (jetzt: § 41 BSHG) eine „echte Beschäftigungstherapie“ vorliege.[380] Dieser Auffassung ist die 6. Kammer des LAG Berlin gefolgt und hat den Rechtsstatus in Beziehung zum jeweiligen Rehabilitationsträger gesetzt.[381] Danach sei bei einer nicht vom Arbeitsamt geförderten Beschäftigung vom Fehlen der Vermittlungsfähigkeit für den allgemeinen Arbeitsmarkt auszugehen, was gegen die Annahme eines Arbeitsverhältnisses spre-

---

[375] Urteil v. 8.4.1976 – 1 Ca 375/76 – Die Leistungen 1976, 245.

[376] ZfS 1978, 296.

[377] Mangels entsprechenden Tatsachenvortrags hat das Gericht die Klage abgewiesen.

[378] AP Nr.9 zu § 118 BetrVG 1972; ebenso ArbG Berlin Urteil vom 18.8.1977 – 6 Ca 248/77 – unveröff., hinsichtlich der Kündigung eines als Kartoffelschäler in einer WfB beschäftigten Behinderten und ArbG Berlin Urteil vom 25.8.1977 – 8 Ca 235/77 – unveröff., ebenfalls hinsichtlich der Kündigung eines in einer WfB beschäftigten Behinderten.

[379] AuR 1978, 346 m.Anm. *Ihlefeld* (Berufungsbeschluß zum eben genannten Beschluß des *ArbG Berlin*, der hinsichtlich der Ausführungen zum Beschäftigungsstatus im wesentlichen bestätigend ist). Best. LAG Berlin Beschluß v. 16.4.1980 – 6 TaBV 2/79 – unveröff.

[380] AaO unter II. 2.1.1. der Gründe. Das *LAG Berlin* ist im Berufungsurteil hierauf nicht näher eingegangen. Es hat lediglich festgestellt, daß auch die nach § 40 Abs.2 BSHG beschäftigten Behinderten Dienste im arbeitsrechtlichen Sinne erbrachten. Ausdrücklich dagegen ArbG Berlin vom 21.12.1978 – 35 BV 3/78 – unveröff. unter 2.1.1. der Gründe.

[381] Demnach seien die nach § 102 AFG geförderten Behinderten Arbeitnehmer, denn diese seien noch vermittelbar, Beschluß vom 16.4.1980 – 6 TaBV 2/79 – unveröff. unter Aufhebung des Beschlusses vom ArbG Berlin vom 3.9.1979 – 36 BV 3/79 – unveröff., das die Arbeitnehmereigenschaft der sozialhilferechtlich geförderten Rehabilitanden noch ausdrücklich bejaht hat. Zuvor wurde bereits durch Beschluß des ArbG Berlin vom 21.12.1978 – 35 BV 3/78 – unveröff., mit ausführlicher Begründung die Arbeitnehmereigenschaft aller in einer WfB beschäftigten Behinderten bejaht.

che. Demgegenüber scheint die 9. Kammer des *LAG Berlin* die Arbeitnehmereigenschaft von Behinderten in WfB prinzipiell abzulehnen, der Behinderte „ist in der Regel nicht in der Lage, die Rechte und Pflichten eines Arbeitsverhältnisses auszuüben und zu erfüllen. Aber auch dort, wo er einen vollen Arbeitstag in der WfB ununterbrochen tätig ist, fehlt die Verpflichtung zur Arbeitsleistung. Er kann bei einer Minderleistung oder gar Einstellung seiner Tätigkeit nicht abgemahnt oder entlassen werden.“[382]

Das *ArbG München*[383] hat die Arbeitnehmereigenschaft im Sinne von § 5 Abs.1 BetrVG angenommen, bei Behinderten, die aufgrund eines Ausbildungsvertrages in einer WfB tätig waren. Dabei hat das Gericht im wesentlichen darauf abgestellt, daß eine Ausbildung in einem anerkannten Ausbildungsberuf erfolge und die Behinderten sich den gleichen Prüfungsbedingungen unterwerfen würden, wie nicht behinderte Auszubildende.

Eine grundsätzlich andere Auffassung vertritt das *LAG Frankfurt a.M.*[384], das davon ausgeht, Behinderte stünden grundsätzlich in einem Beschäftigungsverhältnis eigener Art. In dem dem Urteil zugrundeliegenden Sachverhalt bestand die Aufgabe des Behinderten darin, Lampenfassungen zusammenzusetzen. Die Arbeit verrichtete er bei sich zu Hause. Die Vergütung richtete sich nach der von ihm gelieferten Stückzahl. Als wesentlich wurde vom LAG herausgestellt, daß die Vergütung derart gering war, daß diese nicht als Arbeitsentgelt angesehen werden könne, sondern lediglich als „Anerkennung und Hilfe zur Selbstverwirklichung“.

Gegen das *LAG Frankfurt a.M.* entschied das *LAG Saarland*[385], daß es auf das konkrete Beschäftigungsverhältnis ankomme, wie die Rechtsbeziehung zwischen Behindertem und WfB zu qualifizieren sei. Vor allem unter Bezugnahme auf die Abhandlungen von *Neumann* und *v.Madell/Eylert*[386] wird herausgestellt, daß immer dann, wenn „der Zweck der Rehabilitation und Therapie der Beschäftigung des Behinderten in der Werkstätte nicht das Gepräge (gibt), ... nach allgemeinen arbeitsrechtlichen Kriterien ein Arbeitsverhältnis vorliegen“ kann[387]. In der konkreten Entscheidung war dementsprechend für die Annahme eines Arbeitnehmerstatus′ entscheidend, daß der Behinderte eine konkrete Arbeitszeit einzuhalten hatte, wirtschaftlich verwertbare Arbeit erbrachte, Urlaub gewährt bekam und persönlich abhängig war, was sich in seiner Weisungsgebundenheit und Eingliederung in eine fremdbestimmte Arbeitsorganisation geäußert habe. Insbesondere hätten bei

---

[382] br 1990, 139, 140.
[383] AuR 1982, 36.
[384] Urteil vom 19.4.1984 – 3 Sa 1117/83 – unveröff.
[385] RsDE 4 (1989), 92.
[386] RdA 1981, 143 ff. und RdA 1981, 148 ff. im einzelnen s.o. unter § 5 A.II.
[387] AaO., S.99.

der Beschäftigung des Behinderten keine therapeutischen Maßnahmen mit einem konkreten therapeutischen Ziel im Vordergrund gestanden.

2. Tendenzeigenschaft der WfB

Die Tendenzeigenschaft der WfB kann nach dem Wortlaut des § 118 Abs.1 BetrVG nur dann bejaht werden, wenn sie eine karitative Einrichtung darstellt. Dies wurde zunächst vom *LAG Berlin*[388] verneint, denn die WfB leiste keinen Dienst *am* körperlich oder seelisch leistenden Menschen, sondern diese ihrerseits erarbeiteten wirtschaftliche Werte. Ferner erfülle die WfB keine karitativen Aufgaben, sondern sozialpolitische Aufgaben des Staates bzw. soweit eine Vermittlung durch das Arbeitsamt vorläge, arbeitsmarktpolitische Aufgaben. Diese seien ebenso wie die Betriebsverfassung selbst durch Art. 20 GG geschützt, so daß eine wechselseitige Einschränkung nicht stattfinden könne. Zuvor hatte das *ArbG Berlin*[389] die Tätigkeit der WfB als sozial-karitativ eingeordnet und damit den Tendenzschutz in Analogie zu § 118 BetrVG begründet. Daran ändere auch die teilweise Erbringung von Akkordarbeit in der WfB nichts, denn diese diene auch dazu, auf das normale Arbeitsleben vorzubereiten. Demgegenüber hat das *BAG*[390] unter Aufhebung des Beschlusses des *LAG Berlin* sowie unter Abänderung des Beschlusses des *ArbG Berlin* entschieden, daß die in Rede stehende WfB unmittelbar und überwiegend karitativen Zwecken diene und demnach als Tendenzbetrieb anzusehen sei. Die berufliche Eingliederung oder Wiedereingliederung Behinderter in das Arbeitsleben sei darauf gerichtet, den Behinderten zu helfen, bei denen durch ihr leistungsbedingtes Unvermögen, durch eigene Arbeit zum eigenen Lebensunterhalt oder zu dem einer Familie beizutragen, Gefühle der Minderwertigkeit und des Ausgeschlossenseins aus der Gesellschaft gesunder und arbeitsfähiger Menschen bestünden und bei denen damit ein seelisches Leid vorliege. Einem solchen Leid anderer Menschen zu begegnen, sei Inhalt einer karitativen Betätigung. Daran ändere es nichts, daß die Hilfe für Behinderte gleichzeitig auch eine sozialpolitische Aufgabe des Staates sei. Ferner sei die Rechtsnatur des Beschäftigungsverhältnisses für die Frage der Tendenzeigenschaft unerheblich und wurde dementsprechend auch vom *BAG* offengelassen.

III. Sozialgerichtsbarkeit

Das *BSG*[391] geht davon aus, daß Behinderte in WfB entweder in einem *Verhältnis eigener Art*, das nicht ohne weiteres arbeits- oder sozialrechtlichen Vorschriften unterworfen werden kann, oder in einem *sozialen Betreuungsverhältnis* stünden. Zum Beschäftigungsstatus eines Behinderten in einer WfB, der im wesentlichen

[388] AuR 1978, 346 m.Anm. *Ihlefeld.*
[389] AP Nr.9 zu § 118 BetrVG 1972.
[390] Urteil vom 7.4.1981 – 1 ABR 83/78 – zusammengefaßt in ZfS 1981, 246 f.
[391] AP Nr.1 zu § 52 SchwbG.

Entgratungsarbeiten mit einer Leistungsfähigkeit von 35 % eines gesunden Arbeitnehmers verrichtete[392], hat es entschieden, daß persönliche Abhängigkeit, Weisungsgebundenheit und Eingliederung in die betriebliche Organisation vorlägen und der Behinderte demnach in einem versicherungspflichtigen Beschäftigungsverhältnis tätig sei. Der Umstand, daß die WfB nicht in erster Linie der Gewinnerzielung, sondern der Rehabilitation diene, ändere weder an der persönlichen Abhängigkeit des Behinderten noch daran etwas, daß die WfB arbeitstechnische Zwecke verfolge und demnach Arbeitgeberin sei. Ferner diene die Beschäftigung auch dem Gelderwerb, woran therapeutische und soziale Gründe nichts änderten. Die Höhe des Entgelts sei zunächst von keiner wesentlichen Bedeutung, allenfalls dürfe der Umstand, ob die geleistete Vergütung erheblich unter oder über dem Wert der Arbeitsleistung liege, gewürdigt werden. Ein unverhältnismäßig niedriges Entgelt könne Veranlassung geben, zu überprüfen, ob es sich bei dem in Frage stehenden Rechtsverhältnis nicht um ein *soziales Betreuungsverhältnis* handele. Die Rechtsfolgen des *Verhältnisses eigener Art* richten sich nach der Anwendbarkeit von arbeitsrechtlichen Vorschriften im Einzelfall.[393]

In der neueren Rechtsprechung hat das *BSG* allerdings die Rolle der Vergütung für die Beurteilung der Rechtsstellung des Behinderten erheblich eingeschränkt. Bei der Frage nach der rentenversicherungsrechtlichen Erwerbsfähigkeit eines in einer WfB beschäftigten Behinderten, soll es demnach nicht auf das tatsächlich ausgezahlte Arbeitsentgelt ankommen, sondern darauf, ob die Tätigkeit innerhalb der WfB auch auf dem allgemeinen Arbeitsmarkt ausreichen würde.[394]

Zumindest im Sozialversicherungsrecht erstreckt das BSG die Fiktion des damaligen SVBG auch auf den Krankengeldanspruch, so daß sich die Höhe des Anspruchs demnach nicht nach der speziellen Regelung für Nichtarbeitnehmer (früher § 182 Abs.6 RVO; heute § 47 Abs.4 S.2 SGB V) richtet, sondern nach dem früheren SVBG (heute dementsprechend § 47 Abs.1 SGB V).[395]

IV. Verwaltungsgerichtsbarkeit

Aus der Verwaltungsgerichtsbarkeit ist auf ein Urteil des *OVG Nordrhein-Westfalen*[396] sowie ein Urteil des *OVG Münster*[397] hinzuweisen, in denen jeweils in einer WfB beschäftigte Behinderte eine Verpflichtung des Sozialhilfeträgers be-

---

[392] Bemerkenswert ist, daß das *LSG Berlin* als Vorinstanz eine Vermittelbarkeit des Behinderten auf dem allgemeinen Arbeitsmarkt bejaht, was das *BSG* mangels substantiierten gegnerischen Vortrages auch so akzeptiert hat.

[393] BSG AP Nr.1 zu § 52 SchwbG. Ein Maßstab, wonach zu beurteilen ist, ob arbeitsrechtliche Normen anzuwenden sind, wird nicht genannt.

[394] BSG NZS 1997, 78, 80, unter ausdrücklicher Aufgabe der früheren Rechtsprechung.

[395] BSG vom 22.9.1981 – 1 RJ 12/80 – und vom 18.8.1982 – 3 RK 49/80 – unveröff.

[396] br 1991, 140.

[397] FEVS 42, 73 ff.

gehrten, auf die WfB hinsichtlich der Gewährung einer höheren Vergütung einzuwirken. In beiden abweisenden Urteilen wurde übereinstimmend darauf hingewiesen, daß das Entgelt durch einen zivilrechtlichen Vertrag geregelt sei, wobei sich am zivilrechtlichen Charakter des Vertrages durch das Zustimmungserfordernis gemäß § 13 Abs.1 S.2 SchwbWV nichts ändere.

In einem weiteren Urteil stellte das *OVG Nordrhein-Westfalen* fest, daß die Tätigkeit eines Behinderten im Arbeitsbereich einer WfB eine Erwerbstätigkeit i.S.d. § 23 Abs.4 Nr.1 BSHG darstelle, die zur Bestreitung des Lebensunterhalts diene. Bei der erlangten Vergütung handele es sich um Entgelt für die in der WfB geleistete Arbeit.[398]

V. Zusammenfassung

Es bleibt festzuhalten, daß eine deutliche Tendenz innerhalb der Rechtsprechung besteht, das Rechtsverhältnis zwischen Rehabilitand und Rehabilitationseinrichtung dem Privatrecht zu unterstellen. Eine zumindest überwiegend konsensfähige Begründung wurde hierfür allerdings nicht gefunden.

B. Berufsförderungs- und Berufsbildungswerke

I. Entscheidungen außerhalb der Arbeitsgerichtsbarkeit

Zunächst ist herauszustellen, daß sich zu Rechtsproblemen aus Rechtsverhältnissen von Rehabilitanden in Berufsbildungs- und Berufsförderungswerken keine Entscheidungen außerhalb der Arbeitsgerichtsbarkeit auffinden ließen. In dem vorliegend interessierenden Zusammenhang ist lediglich eine ältere Entscheidung des *BSG*[399] aus dem Jahr 1963 von Interesse, in der es, um in einem Fürsorgeheim zur Ausbildung beschäftigte Jugendliche ging. Diese wurden als Lehrlinge im Sinne des § 165 a RVO angesehen, da sie zu ihrer Ausbildung beschäftigt gewesen seien und die tatsächlichen Umstände, denen eines Lehrlingsverhältnisses entsprachen. Unerheblich sei, daß die Ausbildung außerbetrieblich erfolge und die Lehrlinge kein Entgelt erhielten.[400] Inwieweit die Jugendlichen produktive Arbeit leisteten, sei für den sozialversicherungsrechtlichen Lehrlingsbegriff unerheblich. Ferner wendet sich das *BSG* dagegen, daß aufgrund einer vormundschaftsgerichtlichen

---

[398] br 1996, 144 f.

[399] BSG AP Nr.1 zu § 165 a RVO.

[400] Unter Berufung auf die Rechtssprechung des *Reichsversicherungsamtes* (Grunds. Entsch. Nr.4455, AN 1932, 425) führt das *BSG* unter 4. der Gründe diesbezüglich aus: „nicht Arbeit gegen Entgelt, sondern der Ausbildungszweck geben dem Lehrverhältnis das Gepräge“. Angesichts der später folgenden Regelung des § 10 BBiG ist diese Rechtsprechung nur mit Vorsicht auf das Berufsausbildungsverhältnis übertragbar.

Einweisung die Ausbildung obrigkeitlichem Zwang unterliege und deshalb nicht dem Privatrecht unterstellt werden könne: Der Beschluß des Vormundschaftsgerichts biete nur die Grundlage für die Aufnahme in einer Erziehungsanstalt, besage allerdings noch nichts über den Rechtsstatus innerhalb der Anstalt. Letzterer beruhe auf einem privatrechtlichen Vertrag.

II. Entscheidungen der Arbeitsgerichtsbarkeit

Die arbeitsgerichtliche Rechtsprechung hat sich weitaus intensiver mit der Rechtsstellung von Rehabilitanden in Berufsförderungs- und Berufsbildungswerken beschäftigt, als in WfB. Dabei wird überwiegend vom Vorliegen eines Berufsausbildungsverhältnisses im Sinne des BBiG ausgegangen.[401]

1. Entscheidungen zum Individualrechtsverhältnis

Mit knapper Begründung verneinte das *BAG* in einer Entscheidung vom 6.9.1989 den Anspruch eines von der Bundesanstalt für Arbeit geförderten Rehabilitanden, der in einem gemeinnützigen Rehabilitationszentrum (hierbei handelte es sich wohl um ein Berufsförderungswerk) zum Informationselektroniker ausgebildet wurde, auf Zahlung von Urlaubs- und Weihnachtsgeld. Der Rehabilitand hatte sich auf den arbeitsrechtlichen Gleichbehandlungsgrundsatz berufen, denn die nicht geförderten Auszubildenden erhielten die jeweiligen Leistungen. Zur Begründung führte das *BAG* an, daß sich die Rechtslage beim Rehabilitanden, der im Rahmen einer mit öffentlichen Mitteln geförderten Rehabilitationsmaßnahme „zugewiesen" worden sei, grundlegend von der eines „Berufsausbildungsverhältnis der allgemeinen Art" unterscheide, so daß es an den Voraussetzungen für eine Gleichbehandlung fehle.[402] Erwähnenswert ist ferner, daß die Vorinstanz, das *LAG Frankfurt a.M.*, davon ausging, daß das Rehabilitationszentrum seine Vergütungsverpflichtung aus § 10 BBiG dadurch erfüllte, daß es sich des Arbeitsamtes zur Erfüllung dieser Verbindlichkeit bediente.[403]

In einer jüngst ergangenen Entscheidung hat das *LAG Rheinland-Pfalz* festgestellt, daß es sich bei einer auf Grundlage der AO Reha von der Bundesanstalt geförderten Rehabilitationsmaßnahme, bei der dem Rehabilitanden ein Ausbildungsgeld vom Arbeitsamt gezahlt werde, um ein Berufsausbildungsverhältnis i.S.d. BBiG

---

[401] BAG AP Nr.1 zu § 56 AFG; LAG Rheinland-Pfalz AuR 1999, 146; LAG Berlin RsDE 11 (1990), 107; LAG Hamburg RsDE 11 (1990), 112.

[402] BAG AP Nr.1 zu § 56 AFG.

[403] Damit wird letztlich die andere Skala der Bewertungsmöglichkeiten abgesteckt: der Rehabilitationsträger als bloßer *Erfüllungsgehilfe* der Rehabilitationseinrichtung. Oben wurde bereits die vielfach vertretene Position, daß die Rehabilitationseinrichtung bloßer *Verrichtungsgehilfe* des Rehabilitationsträgers sei, dargestellt.

handele.[404] Auf diesen Vertrag fänden die für den Arbeitsvertrag geltenden Rechtsvorschriften und Grundsätze Anwendung.

2. Entscheidungen zum betriebsverfassungsrechtlichen Arbeitnehmerstatus

Der überwiegende Teil der arbeitsgerichtlichen Entscheidungen ist zu der Frage ergangen, ob in außerbetrieblichen Einrichtungen ausgebildete Rehabilitanden Arbeitnehmer einschließlich der zu ihrer Berufsausbildung Beschäftigten im Sinne des § 5 Abs.1 BetrVG sind.

Dies wurde in einem rechtskräftigen Beschluß des *LAG Bremen*[405] hinsichtlich der in einem Berufsbildungswerk tätigen Rehabilitanden abgelehnt, denn diese dienten nicht dem betriebstechnischen Zweck, der ausschließlich in der Ausbildung der Rehabilitanden selbst liege. Demgegenüber wurde die betriebsverfassungsrechtliche Arbeitnehmereigenschaft vom *LAG Berlin*[406] hinsichtlich eines in einem Berufsbildungswerk beschäftigten Rehabilitanden bejaht, wobei die finanzielle Förderung durch die Bundesanstalt für Arbeit als ebenso unerheblich angesehen wurde, wie der Umstand, daß eine Zahlung von Ausbildungsvergütung nicht erfolgte. Ferner diene die soziale, pädagogische und ärztliche Hilfe lediglich der Verwirklichung der Berufsausbildung, so daß auch keine Beschäftigung zur Heilung, Wiedereingewöhnung sittlichen Besserung oder Erziehung (§ 5 Abs.2 Nr.4 BetrVG) vorliege. Im gleichen Sinne hat das *LAG Hamburg*[407] das Rechtsverhältnis eines Rehabilitanden, der im Rahmen einer durch die Bundesanstalt für Arbeit geförderten Ausbildung zum Kaufmann im Einzelhandel/Lebensmittel in einer außerbetrieblichen Rehabilitationseinrichtung ausgebildet werden sollte, als Berufsbildungsverhältnis i.S.d. BBiG sowie als Arbeitsverhältnis i.S.d. § 5 Abs.1 BetrVG angesehen.

In einer Entscheidung aus dem Jahr 1992 hat das *BAG*[408] das Rechtsverhältnis zwischen Rehabilitanden und einem Berufsbildungswerk als Ausbildungsverhältnis i.S.d. § 5 BetrVG angesehen. Der Annahme eines privatrechtlichen Rechtsverhältnisses stünden weder die Rechtsbeziehungen des Rehabilitanden zum Rehabilitationsträger noch diejenigen der Rehabilitationseinrichtung zum Rehabilitationsträger entgegen. Insbesondere liege keine Zuweisung seitens des Rehabilitationsträgers vor, denn das Berufsbildungswerk entscheide selbständig, welchen Rehabilitanden

---

[404] AuR 1999, 146.

[405] Vom 9.10.1980 – 3 TaBV 2/80 – unveröff.

[406] RsDE 11 (1990), 107 ff.

[407] RsDE 11 (1990), 112 ff. An dieser Stelle sei kurz angemerkt, daß es bei dem Rechtsstreit um eine außerordentliche Kündigung eines Rehabilitanden ging, die die Rehabilitationseinrichtung wegen unentschuldigter Fehlzeiten aussprach. Der Kündigung wurde mangels Betriebsratsanhörung die Wirksamkeit versagt.

[408] NZA 1993, 762 ff. = AP Nr.4 zu § 5 BetrVG 1972 Ausbildung.

es aufnehme. Ferner werde das Berufsbildungswerk nicht als öffentlich-rechtlich Beliehene für den Rehabilitationsträger tätig, denn hierzu fehle es an einer entsprechenden Rechtsgrundlage. Auch ein öffentlich-rechtlicher Vertrag zugunsten des Rehabilitanden scheide aus, denn der Rehabilitationsträger sei nicht befugt, einen entsprechenden Verwaltungsakt zu erlassen (vgl. § 53 Abs.2 SGB X).

Während es noch bis zum Jahr 1993 unerheblich war, ob die Auszubildenden den betriebstechnischen Zweck förderten sowie vergleichbar wie andere Arbeitnehmer in den Produktionsablauf eingegliedert sind[409], wandte sich das *BAG* in der sog. Krankengymnastikschulen-Entscheidung hiervon ab, da die Einbeziehung der Auszubildenden in die Betriebsbelegschaft außerbetrieblicher Einrichtungen zu „unausgewogenen, dem Sinn der Betriebsverfassung nicht entsprechenden Ergebnissen führt".[410] Zwar komme es nicht darauf an, daß der Auszubildende tatsächlich fremdnützig durch seine Mitarbeit im Betrieb den Betriebszweck fördere und sich dadurch dem Betrieb als nützlich erweise. Jedoch komme eine Arbeitnehmerstellung der Auszubildenden in reinen Ausbildungsbetrieben dann nicht mehr in Betracht, wenn die Auszubildenden den arbeitstechnischen Zweck des Betriebes nicht vergleichbar den sonstigen Arbeitnehmern des Betriebs förderten. Allein diese Vergleichbarkeit rechtfertige nämlich die Einbeziehung der Auszubildenden in die Betriebsbelegschaft im Sinne des § 5 Abs.1 BetrVG. Arbeitstechnischer Zweck einer außerbetrieblichen Ausbildungseinrichtung sei die Berufsausbildung bzw. die hierzu in Rehabilitationseinrichtungen bestehenden begleitenden Dienste selbst. Ferner würde die Einbeziehung der Auszubildenden in außerbetrieblichen Ausbildungsbetrieben zu einer dem Sinn der Betriebsverfassung widersprechenden Majorisierung der Auszubildenden gegenüber der den eigentlichen Betriebszweck fördernden Stammbelegschaft führen.[411] Diese Rechtsprechung hat das *BAG* in einer neueren Entscheidung bestätigt und in diesem Zusammenhang ausgeführt, daß es zwar ein wesentlicher Unterschied zu sonstigen Berufsausbildungsverhältnissen sei, daß der Rehabilitand keine Vergütung vom Ausbilder erhält, sondern Leistungen des Rehabilitationsträgers in Anspruch nimmt. Diese können sich nicht als Erfüllungsleistung für die Rehabilitationseinrichtung darstellen, denn Rechtsgrundla-

---

409 St. Rspr. des BAG: z.B. BAG AP Nr.25, 26, 40 zu § 5 BetrVG 1972, AP Nr.7 zu § 87 BetrVG 1972 Werkmietwohnung; BAG SAE 1982, 277 m.Anm. *Gast.*

410 NZA 1994, 914 = SAE 1994, 257, 259 m.zust.Anm. *Kraft* = AP Nr.8 zu § 5 BetrVG Ausbildung; für die betriebsverfassungsrechtliche Einbeziehung von Rehabilitanden in Berufsbildungswerken bestätigend BAG SAE 1994, 334, 336 ff. m.zust.Anm. *Meisel*; und BAG AP Nr.9, 10 zu § 5 BetrVG 1972 Ausbildung m.gem.zust.Anm. *Schlachter.*

411 Das Argument der Majorisierung wurde zuvor ebenfalls unter Hinweis auf den Zweck des BetrVG als nicht relevant zurückgewiesen vgl. BAG AP Nr.33, 36 zu § 5 BetrVG 1972. Das Beispiel verdeutlicht die Gefahr bei der teleologischen Interpretation (das BAG (in AP Nr.9, 10 zu § 5 BetrVG 1972 Ausbildung) spricht von einer *normzweckorientierten Auslegung* des Begriffs Berufsausbildung), daß der aus dem Gesetz ermittelte Sinn bzw. Regelungszweck oftmals zuerst in das Gesetz hineinlegt wird, bevor es als Argument wieder herangezogen wird. Darauf wird insbesondere im methodischen Teil der Arbeit noch einzugehen sein.

ge seien die entsprechenden sozialrechtlichen Rechtsvorschriften, aus denen sich im Einzelnen der direkte Anspruch des Rehabilitanden gegen den Rehabilitationsträger ergebe. Dies spreche allerdings nicht gegen das Vorliegen eines Berufsbildungsverhältnisses i.S.d. § 5 Abs.1 BetrVG.[412]

Die neuere Rechtsprechung des *BAG* führt lediglich dazu, daß Rehabilitanden in außerbetrieblichen Rehabilitationseinrichtungen nicht dem betriebsverfassungsrechtlichen Arbeitnehmerbegriff unterfallen. Dementsprechend hat das *BAG* entschieden, daß Rehabilitanden in außerbetrieblichen Einrichtungen trotzdem noch Arbeitnehmer im Sinne des § 5 Abs.1 S.1 ArbGG sein können.[413]

3. Zusammenfassung

Zusammenfassend ist festzustellen, daß die arbeitsgerichtliche Rechtsprechung überwiegend davon ausgeht, daß das Rechtsverhältnis zwischen Rehabilitanden und den Berufsbildungs- und Berufsförderungswerken ein privatrechtliches ist, das dem BBiG unterfällt. Einwände hiergegen, die auf die öffentliche Förderung, die in der Regel fehlende Vergütung durch den Ausbilder und den ebenfalls mit der Ausbildung verfolgten Rehabilitationszweck abstellen, werden, wenn überhaupt, lediglich knapp behandelt und zumeist als unerheblich für die Beurteilung der Rechtsnatur des Rechtsverhältnisses angesehen. Kontrovers wird lediglich beurteilt, inwieweit eine Einbeziehung in die Betriebsverfassung erfolgen kann.

Es fällt auf, daß die Einbeziehung von Rehabilitanden in Berufsförderungs- und Berufsbildungswerken in das Arbeits- bzw. Berufsbildungsrecht offenbar weitaus weniger Probleme bereitet, als dies bei den in WfB beschäftigten Behinderten der Fall zu sein scheint.

§ 7 Zusammenfassung der bisherigen Ergebnisse – Bestandsaufnahme

Für den weiteren Gang der Untersuchung ist es erforderlich, die Ergebnisse, die sich zum einen aus dem rechtstatsächlichen Material des *Ersten Teils* sowie zum anderen aus der rechtlichen Beurteilung desselben in Literatur und Rechtsprechung ergeben, zusammenzufassen und somit auf den Punkt zu bringen. Es zeigt sich, daß diese sich auf zwei wesentliche Problemkomplexe reduzieren lassen: die Varietät der tatsächlichen Verhältnisse sowie die Gewichtung der sich hieraus ergebenden Tatsachen.

---

[412] BAG NZA 1999, 557, 559.

[413] BAG NZA 1999, 557, 560; BAG NJW 1998, 402; sowie BAG NZA 1996, 698 = AP Nr.6 zu § 10 BBiG.

A. Problem der Varietät der tatsächlichen Verhältnisse

Zunächst fällt auf, daß bei den Rechtsbeziehungen der Rehabilitanden zu den Einrichtungen der beruflichen Rehabilitation die zu beurteilenden tatsächlichen Erscheinungen äußerst vielfältig sind. Dies mag seine Ursache in dem unterschiedlichen Erscheinungsbild der Rehabilitationseinrichtungen sowie in der Unterschiedlichkeit der Rehabilitanden selbst, insbesondere im Hinblick auf Grad und Art der Behinderung, haben. Jedenfalls hat eine rechtliche Beurteilung, die den Anspruch erhebt, gesellschaftlichen Gruppen normative Handlungsmaßstäbe zur Verfügung zu stellen, diesem Umstand Rechnung zu tragen. Dabei kann weder eine Nivellierung bestehender Unterschiede, noch die Vereinzelung aller Probleme, den Maßstab einer notwendigen rechtlichen Lösung darstellen. Vielmehr gilt es eine Methode zu entwickeln, die möglichst weitgehend eine generalisierende Lösung im Interesse der Vorhersehbarkeit normativer Handlungsanweisungen verwirklicht, wie auch die Berücksichtigung der Umstände des Einzelfalls bereits konzeptionell zuläßt und nicht erst im Wege eines „berichtigenden Eingriffs", sei es im Wege der Analogie oder Reduktion.

B. Problem der Gewichtung der tatsächlichen Verhältnisse

Als zweiter Problemkomplex, der sich insbesondere im Rahmen der Zusammenfassung der rechtlichen Erörterung des vorliegenden Untersuchungsgegenstandes durch Literatur und Rechtsprechung gezeigt hat, sei die unterschiedliche Gewichtung von Tatsachen hervorgehoben. Auch hierbei handelt es sich zwar um ein der juristischen Lösung immanentes Problem[414], das allerdings bei abnehmender normativer Regelungsdichte umso stärker in Erscheinung zu treten scheint. Die Argumente der unterschiedlichen Rechtsauffassungen stützen sich wohl zum ganz großen Teil auf zutreffende, wenn auch zum Teil unterschiedliche, tatsächliche Beobachtungen, so daß sich die Vielfältigkeit der rechtlichen Ergebnisse vor allem aus einer unterschiedlichen Gewichtung bzw. Wertung ergeben. Dadurch gewinnt die juristische Argumentation allerdings einen nicht unbedenklichen Grad an Beliebigkeit der Betonung des einen oder anderen tatsächlichen Aspekts. Nun soll es nicht das Anliegen der vorliegenden Untersuchung sein, die eine oder andere Wertung, d.h. das eine oder andere Argument, durch weitere Argumente bzw. die eigene Wertung zu widerlegen oder zu unterstützen. Vielmehr ist es erforderlich, einen methodologisch begründbaren Wertungsrahmen zu entwickeln, der hilft, die Zulässigkeit bzw. die Geeignetheit der jeweiligen Wertungen zu überprüfen. Ob demnach beispielsweise die therapeutische Zwecksetzung der Arbeitsleistung der Annahme eines Arbeitsverhältnisses entgegensteht, mag zwar bejaht oder verneint werden. Dieses Ergebnis ist jedoch solange nur bedingt brauchbar, wie die Entscheidungsgrundlage nicht rational nachvollziehbar und damit diskursfähig ist. Die

[414] Vgl. insb. *Esser*, Vorverständnis, S.8 ff.

Entwicklung methodologischer Vorgaben erweist sich demnach als unumgänglich, denn der Rechtswissenschaft ist bislang noch keine konsensfähige rechtliche Beurteilung der Auswirkung sozialrechtlicher Implikationen eines Beschäftigungsverhältnisses auf dessen Rechtsnatur gelungen.

DRITTER TEIL

Methodische Vorgaben

§ 8 Die teleologische Begriffsbildung

A. Allgemeiner Anspruch an die Methode der Rechtsgewinnung

Bevor auf die möglichen methodischen Vorgaben konkret einzugehen ist, erscheint es sinnvoll, den Anspruch an die zu gewinnende Methode festzulegen. Ob die methodischen Vorgaben diesem Anspruch Genüge tun, muß sich im *Vierten Teil* der Arbeit erweisen. Zu Recht wird davon ausgegangen, daß es keine Methode an sich gibt, die zur Lösung aller entstehenden Rechtsprobleme a priori in der Lage wäre. Es gehört mittlerweile zur gesicherten Erkenntnis der Wissenschaftstheorie, daß die Methode der Problemlösung bzw. dem Erkenntnisinteresse folgt und nicht etwa umgekehrt.[415] Die zur Lösung eines Problems anzuwendende Methode ist lediglich Mittel zum Zweck.[416]

Die zu entwickelnde Methode muß zum einen den Anforderungen an eine wissenschaftliche Methode an sich genügen, zum anderen den aus den Verfassungsprinzipien folgenden spezifisch juristischen methodologischen Vorgaben.[417] Ferner muß sie handhabbar und damit zweckmäßig sein, d.h. in der Praxis zu nachvollziehbaren und möglichst eindeutigen Ergebnissen führen.[418] Konkreter auf den vorliegenden Untersuchungsgegenstand bezogen bedeutet dies, daß die methodischen Vorgaben eine Zuordnung von Rechtsverhältnissen zwischen beruflicher Rehabilitationseinrichtung und Rehabilitand zum öffentlichen oder privaten Recht und, falls die Zuordnung zum Privatrecht erfolgt, zum allgemeinen Vertragsrecht oder zum Arbeitsrecht bzw. Berufsbildungsrecht ermöglichen müssen. Die im folgenden zu entwickelnden methodischen Vorgaben implizieren nicht, daß andere bzw. die im *Zweiten Teil* dargelegten methodischen Ansätze falsch bzw. richtig sind. Sie erheben lediglich den Anspruch, hinsichtlich des konkreten ~~Erkenntnisinteresses am~~ ehesten zu vorhersehbaren, rational nachvollziehbaren

[415] So bereits *Savigny*, System, S.215, 230; vgl. ferner *Engisch*, Festschrift für Larenz, S.125, 146; *Herschel*, Festgabe für Kunze, 225, 231; *Müller*, Rn.429; *Wolf*, Festschrift für Molitor, S.1 f.

[416] *Wank*, Begriffsbildung, S.3; *ders.* Rechtsfortbildung, S.78 f.; *Dreier*, Krawietz (Hrg.), S.89, 101, der belegt, daß die Methode bzw. Begriffsbildung „ohne Recht", d.h. ohne Ankopplung an die Rechtsordnung ohne Wert sei.

[417] Z.B. Rechtsstaatsprinzip und Gleichbehandlungspostulat. Pointiert *Esser*, Vorverständnis, S.12: „Dogmatik hat das Ziel, Gerechtigkeitsfragen operational zu machen"; vgl. ferner zur Berücksichtigung der fachspezifischen Besonderheiten innerhalb der Methodenlehre *Wank*, Begriffsbildung, S.79 ff.

[418] *Alexy*, Theorie, S.322 f.; *Esser*, AcP 172 (1972), S.97, 102 f.; *ders.*, Festschrift für Raiser, S.517, 530 ff., jeweils m.w.N.

am ehesten zu vorhersehbaren, rational nachvollziehbaren und gleichförmigen Ergebnissen zu gelangen.[419]

B. Ergiebigkeit der herkömmlichen Abgrenzung zwischen öffentlichem Recht und Privatrecht

Soweit vertreten wird, daß das Rechtsverhältnis zwischen Rehabilitationseinrichtung und Rehabilitand dem öffentlichen Recht zuzuordnen ist, ist zunächst die herkömmliche Methode der Abgrenzung zu betrachten. Nach der herrschenden Subjektstheorie ist ein Sachverhalt dem öffentlichen Recht zuzuordnen, wenn die Vorschrift, auf der das Rechtsverhältnis beruht, den Staat einseitig berechtigt oder verpflichtet.[420] Für einen Teil der vorliegenden Rehabilitationsverhältnisse, die in §§ 54 ff. SchwbG geregelten Werkstattverhältnisse, scheint diese Abgrenzung auf den ersten Blick bereits ausreichend zu sein. Denn wenn der Gesetzgeber bzw. der Verordnungsgeber in § 54 b Abs.1 SchwbG bzw. § 13 Abs.1 SchwbWV regelt, daß die Werkstatt im Arbeitsbereich verpflichtet sei, mit denjenigen Behinderten, die nach der Fiktion des § 54 b Abs.1 SchwbG Arbeitnehmerähnliche sind, einen schriftlichen Vertrag abzuschließen, bzw. den übrigen Behinderten einen solchen anzubieten, sollen sich offenbar die Rechtsfolgen für dieses Rechtsverhältnis aus den Verträgen ergeben. Dies spräche von vornherein für ein privatrechtliches Rechtsverhältnis.

Allerdings sind gegen die eindeutige Aussagekraft der Subjektstheorie auf die vorliegenden Problemfälle gleich zwei Bedenken geltend zu machen. Zum einen schränkt der Gesetzgeber seine Legaldefinition dahingehend ein, daß sich aus dem zugrundeliegenden Sozialleistungsverhältnis etwas anderes ergeben könnte. Dies läßt demnach offen, wann sich die Rechtsfolgen aus dem Vertrag ergeben sollen. Die Entscheidung, ob sich aus dem zwischen Werkstatt und Rehabilitand geschlossenen Vertrag die das Rechtsverhältnis bestimmenden Rechtsfolgen ergeben, ist demnach als Folge der vorgelagerten Entscheidung, welche Vorgaben das Sozialleistungsverhältnis macht, anzusehen. Dasselbe aber gilt, soweit ein öffentlichrechtlicher Vertrag vorliegend in Betracht gezogen wird, der nach überwiegender Meinung auch zwischen zwei Privatrechtssubjekten geschlossen werden kann, so-

---

[419] Aus dem Umstand, daß im Rahmen der im folgenden zu entwickelnden methodologischen Vorgaben ein neuer Lösungsweg vorgeschlagen wird, ergibt sich auch die Notwendigkeit einer über den üblichen Rahmen einer an einem Sachproblem orientierten Untersuchung hinausgehenden methodologischen Begründung. Vgl. zu diesem aus dem *Perelmanschen* „Prinzip der Trägheit" folgenden Erfordernis, nach dem überkommene Denkweisen zunächst eine gewisse Richtigkeit implizieren, d.h. träge gegenüber neuen Ansätzen sind, so daß letzteren auch die Argumentationslast obliegt *Alexy*, Theorie, S.216 ff., 327 f.

[420] Vgl. nur MünchKomm/*Säcker*, BGB, AT-Einleitung, Rn.3; Wolff/Bachof/*Stober*, VerwR I, § 22 Rn.25 ff., jeweils m.w.N., sowie zur Geltung der Subjektstheorie im Bereich des Sozialrechts BSGE 33, 209 (211); 35, 188 (191); *Thieme* in: Wannagat, SGB X/1, § 53 Rn.11.

fern der Vertragsgegenstand öffentlich-rechtlicher Natur ist.[421] Diesbezüglich wird von den Vertretern einer öffentlich-rechtlichen Sichtweise insbesondere geltend gemacht, das Rechtsverhältnis zwischen Werkstatt und Behindertem unterliege deshalb dem öffentlichen Recht, weil auf Grundlage der sozialstaatlichen Gesamtverantwortung der Rehabilitationsträger den Inhalt des Rehabilitationsverhältnisses bestimme. Ob demnach die Rechte der Rehabilitationseinrichtung aus dem Rechtsverhältnis zwischen ihr und dem Rehabilitanden folgen (dann private Rechtsgrundlage) oder vom Rehabilitationsträger abgeleitet sind (dann gegebenenfalls öffentlich-rechtliche Rechtsgrundlage), ist eine Frage, die *vor* Anwendung der Subjektstheorie und auch vor Annahme eines öffentlich-rechtlichen Vertragsgegenstandes, beantwortet werden muß.

Diese Ausführungen gelten für die Rechtsverhältnisse in Berufsförderungs- und Berufsbildungswerken erst recht, zumal hier gesetzliche Regelungen gänzlich fehlen.

Es kann demnach festgehalten werden, daß zur Beantwortung der vorliegenden Frage nach der Zuordnung der diskutierten Rechtsverhältnisse die Subjektstheorie nur bedingt brauchbar ist bzw. erst nach Beantwortung wichtiger Vorfragen, die vor allem auch die Stellung der Rehabilitationseinrichtung gegenüber den Rehabilitationsträgern klären muß, herangezogen werden kann. Dies bedeutet nicht, daß der Subjektstheorie im vorliegenden Zusammenhang überhaupt keine Bedeutung zukommen kann. Vielmehr scheint sie lediglich je nach Sicht- und Argumentationsweise unterschiedliche Ergebnisse zuzulassen, was im Interesse der Rechtssicherheit zunächst als unbefriedigend bezeichnet werden muß. Es scheint deshalb angebracht, von einer relativen Unergiebigkeit zu sprechen.

---

[421] Ausf. zu den Anforderungen an einen öffentlich-rechtlichen Vertrag zwischen Privatrechtssubjekten BVerwG NJW 1992, 2908; BVerwG NVwZ 1990, 665; Stelkens/*Bonk*/Sachs, VwVfG, zu § 54 Rn.65 ff.; *Kopp*, VwVfG, zu § 54 Rn.10 f., die allerdings zu recht darauf hinweisen, daß hierfür eine Ermächtigungsgrundlage erforderlich ist, in diesem Sinne ausdr. BVerwG RdL 1992, 167, 168, wobei diese nicht in § 54 VwVfG gesehen werden kann, da diese Regelung nur in Fällen der Beteiligung einer Behörde gilt (§ 1 Abs.1 S.1 VwVfG Bd.), was angesichts § 1 SGB X sinnentsprechend auch für § 53 SGB X gelten dürfte, d.h für öffentlich-rechtliche Verträge im Sozialleistungsbereich.

C. Ergiebigkeit der herkömmlichen Abgrenzung innerhalb des Privatrechts

Im Rahmen der privatrechtlichen Einordnung bei Erbringung einer zeitlich determinierten Arbeitsleistung[422] wird entscheidend darauf abgestellt, ob die Leistung als Arbeitnehmer erbracht wird.[423]

Ausgangspunkt der Bestimmung des Arbeitnehmerbegriffs ist nach der gesetzgeberischen Konzeption die Verpflichtung zur Leistung von Diensten bzw. von Arbeit gegen das Versprechen einer Vergütung.[424] Das BAG[425] geht in ständiger Rechtsprechung davon aus, daß sich der Arbeitnehmer durch den Grad der persönlichen Abhängigkeit[426] auszeichne, was sich aus dem in § 84 Abs.1 S.2 HGB niedergelegten Rechtsgedanken ergebe. Die persönliche Abhängigkeit soll sich aus der Weisungsgebundenheit des Arbeitnehmers hinsichtlich Zeit, Ort und konkreter Art und Weise der Leistungserbringung sowie anhand der Eingliederung in die betriebliche Organisation des Arbeitgebers ergeben. Im Rahmen einer typologischen Schwerpunktbetrachtung seien die gesamten Umstände des Einzelfalls unter den zuvor genannten Voraussetzungen zu würdigen. Diesen Grundsätzen folgt die ganz überwiegende Meinung in der Literatur[427] und der unterinstanzlichen Rechtsprechung[428].

Die eben dargestellte Ermittlung der Arbeitnehmereigenschaft ist methodisch als ontologisch bzw. phänomenologisch einzuordnen, d.h. ausgehend von dem typi-

---

422 Eine Abgrenzung der nach Erfolg determinierten Arbeitsleistung, d.h. zum Werkvertrag hin, spielt in den vorliegenden Problemkonstellationen ersichtlich keine Rolle und kann deshalb außer Betracht bleiben.

423 Im Folgenden wird bei der Entwicklung der methodologischen Vorgaben auf den Arbeitnehmerbegriff Bezug genommen und der Begriff des Auszubildenden vorläufig in den Hintergrund gestellt. Dies bietet sich zum einen aufgrund der Übertragbarkeit der methodologischen Ergebnisse sowie aus Gründen der Übersichtlichkeit an. Vor allem erscheint die Defintion des Arbeitnehmers erheblich schwieriger zu sein, als die des Auszubildenden im Sinne des BBiG, so daß sich die Schwerpunktsetzung auch aus diesem Grund rechtfertigt.

424 Vgl. § 611 Abs.1 BGB sowie Motive Bd.2, S.455; *Fabricius/Gammelin*, S.205: „vermögensrechtlicher Austauschvertrag".

425 Statt vieler BAG NZA 1999, 205 m.w.N.; sich dieser Rechtsprechung anschließend: BGH NZA 1999, 110, 111 sowie BGH NZA 1999, 53, 55; BVerfG AP Nr.82 zu § 611 BGB Abhängigkeit = NJW 1996, 2644 f.; BSG SozR 3-4100 § 4 Nr.1, S.4; BSG NJW 1998, 3141 f. m.w.N. zum *inhaltsgleichen* Beschäftigtenbegriff. Zur Inhaltsgleichheit zutreffend und umfassend *Gitter*, Festschrift für Wannagat, S.141 ff., 154.

426 Eine wirtschaftliche Abhängigkeit sei weder erforderlich noch ausreichend, BAG aaO.

427 Vgl. nur aus der letzten Zeit *Boemke*, ZfA 1998, 285 ff.; *Buchner*, NZA 1998, 1144 ff.; *Griebeling*, RdA 1998, 208, 210; *ders.*, NZA 1998, 1137; *Hromadka*, NZA 1997, 569 ff.; *Rieble*, ZfA 1998, 327 ff.; *Zöllner*/Loritz, § 4 III., jeweils m.w.N.

428 Die Entscheidungen, die dem BAG die Gefolgschaft verweigerten, blieben vereinzelt: LAG Köln AuR 1996, 413, 415; LAG Düsseldorf, NJW 1988, 725; LAG Hamm, ZIP 1990, 880; LAG Nürnberg, ZIP 1998, 617 (vom BAG aufgehoben).

schen Erscheinungsbild einer Tätigkeit in der Rechtswirklichkeit wird auf die Voraussetzungen des auf diese Rechtswirklichkeit bezugnehmenden Rechtsbegriffs geschlossen[429]. Das in der Wirklichkeit aufgefundene bzw. vermeintlich aufgefundene *Sein* bestimmt die Definitionsbildung. Deshalb ist es durchaus zutreffend, die Wurzeln dieser Arbeitnehmerdefinition im „Bild des Fabrikarbeiters des 19. Jahrhunderts" zu sehen.[430]

Um den Anforderungen moderner Erscheinungen gerecht zu werden, hat sich das BAG zunehmend darauf zurückgezogen, daß der Grad der persönlichen Abhängigkeit „von der Eigenart der jeweiligen Tätigkeit" abhänge und „abstrakte, für alle Arbeitsverhältnisse geltende Kriterien" sich nicht aufstellen ließen.[431] Deshalb hat das BAG abwechselnd auch andere Merkmale zur Bestimmung des Arbeitnehmerbegriffs herangezogen: So wurde in einer Entscheidung aus dem Jahr 1980 noch ausgeführt, daß „auch der sozialen Schutzbedürftigkeit des jeweiligen Mitarbeitertyps entscheidende Bedeutung" zukomme.[432] Teilweise wird ferner auf die Übernahme unternehmerischer Risiken bzw. die Möglichkeit der Wahrnehmung unternehmerischer Chancen Bezug genommen.[433] Als Begründung für die Erweiterung

---

[429] In diesem Sinne vor allem *Beuthien/Wehler*, RdA 1978, 2, 3; *Lieb*, Rn.18; *ders.*, RdA 1977, 210, 212; *Maus*, RdA 1968, 367, 373; *Richardi*, Festschrift Juristische Gesellschaft, S.607, 614; *Wank*, Arbeitnehmer, S.24, 35, 145 ff.; *ders.*, Begriffsbildung, S.144; LAG Hamm, ZIP 1990, 880, 884; dagegen *Hromadka*, NZA 1997, 569, 576: „Die Abqualifizierung als ontologischer Begriff ist ungerechtfertigt.". Inwieweit die Arbeitnehmerdefinition der h.M. tragfähig ist, entscheidet sich nicht danach, ob sie ontologisch ist oder nicht, sondern ob sie *darüberhinaus* methodisch begründet oder wenigstens begründbar ist. Insoweit ist *Hromadka* auch zuzustimmen, soweit mit dieser Feststellung bereits auf die Brauchbarkeit der Begriffsbildung geschlossen wird. Als vollends ontologisch wird der Ansatz von *Rancke* anzusehen sein, der die wirtschaftlich-sozialen Existenzbedingungen sowie das Selbstverständnis einer Gruppe als ausschlaggebend für die Arbeitnehmerbegriffsbildung ansieht, und nur schwerlich einen *normativen* Bezug erkennen läßt, vgl. AuR 1979, 9, 16 f.

[430] Das Reichsversicherungsamt judizierte bereits 1877, daß ein zu unregelmäßigen Zeiten angestellter Schermeister Arbeiter war, weil er „sich in einem wenn auch nicht dauernden, sondern nur vorübergehenden Abhängigkeits- oder Dienstverhältnisse zu dem Unternehmer der Maschinenfabrik befand, welcher ihm für die Dauer dieses Verhältnisses Anweisungen hinsichtlich der Haus- und Fabrikordnung zu ertheilen befugt war" (AN 1887 (3.Jg.), S.50 f. Nr.308); ausf. *Hromadka*, NZA 1997, 569, 572 f.; *Lieb*, RdA 1977, 210, 212 f.; *Reinecke*, ZIP 1998, 581, 587 ff.; Staudinger/*Richardi*, BGB, Vorbem. zu §§ 611 ff. Rn.137, und *Fabricius/Gammelin*, S.192 f., die daraus den, wie sich noch zeigen wird, teilweise zutreffenden Schluß ziehen, daß der so gewonnene Arbeitnehmerbegriff für die Beurteilung atypischer Beschäftigungsverhältnisse, wie z.B. eines Behinderten in einer WfB, nicht geeignet ist.

[431] Z.B. BAG AP Nr. 73, 74 zu § 611 BGB Abhängigkeit.

[432] BAG AP Nr. 34 zu § 611 BGB Abhängigkeit. Bei dieser Entscheidung stand das BAG wohl noch unter dem Eindruck des jüngst erschienenen Aufsatzes von *Beuthien/Wehler*, RdA 1978, 2 ff, auf das es auch ausdrücklich Bezug nimmt. In späteren Entscheidungen formuliert das BAG diesen Standpunkt nicht mehr derart deutlich. Demgegenüber stellt insbes. BSG NZA 1991, 907, 909, entscheidend auf die soziale Schutzbedürftigkeit ab.

[433] BAG AP Nr. 1 zu § 84 HGB; BAG AP Nr. 37 zu § 611 Abhängigkeit m.w.N. Insbesondere die Sozialgerichte stellen häufiger auf das Unternehmerrisiko ab: vgl. BSG vom 28.1.1999 –

bzw. der Einschränkung der Merkmale des Arbeitnehmerbegriffs werden lediglich aus dem konkreten Sachverhalt folgende Argumente angeführt, die sich einer Systematik entziehen.[434]

Die Bestimmung des Arbeitnehmerbegriffs ist allerdings zunehmend in die Kritik gekommen und hat eine kaum überschaubare Vielzahl von Stellungnahmen hervorgebracht.[435] Diese Diskussion braucht allerdings vorliegend inhaltlich nicht nachvollzogen zu werden. Während es in der aktuellen Diskussion insbesondere der letzten fünfzehn Jahre um die Abgrenzung des Arbeitnehmers vom Selbständigen ging, erstreckt sich das vorliegende Erkenntnisinteresse auf eine vollständig anders geartete Abgrenzung. Berücksichtigung muß lediglich der jeweilige methodische Ansatz der Begriffsbestimmung selbst finden.

Inwieweit bei der Bestimmung, ob Rechtsverhältnisse beruflicher Rehabilitanden zu Rehabilitationseinrichtungen, der überkommene Arbeitnehmerbegriff der h.M., insbesondere das Kriterium der persönlichen Abhängigkeit, fruchtbar gemacht werden kann bzw. inwieweit er entsprechend diesem spezifischen Problem modifiziert werden kann bzw. muß, hat sich erst noch zu erweisen. Die bereits im *Zweiten Teil* dargestellte Diskussion um die Rechtsnatur des Rechtsverhältnisses nimmt überwiegend unreflektiert den sich an ganz anderen Problemen entwickelten Arbeitnehmerbegriff zum Ausgang ihrer Untersuchung, um ihn dann teilweise durch Modifikation der Begriffsmerkmale, teilweise durch Ergänzung des Hauptbegriffs anzuwenden.[436] Um der Gefahr einer gewissen Beliebigkeit der Argumente bzw. der Beliebigkeit der Schwerpunktsetzung zu begegnen, ist es erforderlich, die Bil-

---

3 KR 2/98 – unter II.5. der Gründe noch unveröff.; BSG NZA 1991, 907, 908; BSG AP Nr. 27, 30 zu § 611 BGB Abhängigkeit; LSG Berlin NZA 1995, 139, 143.

[434] Letzteres wird vom Richter am BAG *Schliemann*, RdA 1997, 322, 326, offen zugestanden. Dies führt vor allem zu dem Vorwurf, daß die Ergebnisse nicht prognostizierbar seien und vor allem vom gewünschten Ergebnis abhängen, so *Bauschke*, RdA 1994, 209, 211, 214 f.

[435] Als Ausgangspunkt der neueren Diskussion ist die Habilitationsschrift von *Wank*, Arbeitnehmer und Selbständige, 1988, zu sehen, die zwar hinsichtlich des Ergebnisses, der Lösung vom Kriterium der persönlichen Abhängigkeit überwiegend Ablehnung erfahren hat, aber auch ausdrücklich Zustimmung: z.B. *Lieb*, Rn.18, ausf. Rn.1 ff.; bereits *ders.*, RdA 1977, 210, 215 ff., mit den entsprechenden Ansätzen; *Kreuder*, AuR 1995, 386; *Mohr*, insb. S.95 ff.; Staudinger/*Richardi*, BGB, Vorbem. zu §§ 611 ff. Rn.155 ff., 165 ff.; Brox/*Rüthers*, Rn.20; OLG Düsseldorf, NJW 1998, 2978, 2979 f.; LAG Köln AuR 1996, 413, 415; LAG Düsseldorf, NJW 1988, 725; LAG Hamm, ZIP 1990, 880; LAG Nürnberg, ZIP 1998, 617 (vom BAG aufgehoben), zwar ohne Bezug auf *Wank*, aber in der Sache ähnlich *Bauschke*, RdA 1994, 209, 214 f. Zur gleichen Problematik im österreichischen Arbeitsrecht ausf. *Grillberger*, Festschrift für Mayer-Maly, S.257, 259 ff., mit einer ausgeprägten, auf das deutsche Recht übertragbaren, verfassungsrechtlichen Argumentation.

[436] Vgl. oben *Zweiter Teil* und die dortige Aufschlüsselung der unterschiedlichen methodischen Vorgehensweisen, die, darauf sei nochmals hingewiesen, *methodologisch* nicht begründet werden.

dung des Arbeitnehmerbegriffs[437] im Hinblick auf die vorliegende Untersuchung methodologisch zu begründen.

D. Arbeitnehmerbegriff als Typusbegriff

Der Arbeitnehmerbegriff wird vielfach als Typusbegriff aufgefaßt. Es ist zu untersuchen, inwieweit aus diesem Umstand Konsequenzen für die vorliegende Begriffsbildung folgen. Entsprechend dem Erkenntnisinteresse der vorliegenden Arbeit wird der Diskussionstand um den Typusbegriff nur in Grundzügen dargestellt und eine eingehende methodologische Untersuchung unterlassen.[438]

I. Besonderheiten des Typusbegriff

Nach *Larenz*[439] handelt es sich beim Arbeitnehmer um einen rechtlichen Strukturtypus[440]. Nach der klassischen Typuslehre stellt der Typus keinen abstrakt-allgemeinen Begriff dar[441], denn im Gegensatz zu diesem sei er nicht definier-

[437] Hinsichtlich des Arbeitnehmerbegriffs scheint es angebrachter von Begriffsbildung, denn von Auslegung zu sprechen, da sich die Konturen des Arbeitnehmerbegriffs gerade nicht unmittelbar aus dem Gesetz erschließen. Umfassend *Müller*, Rn. 471 ff., der noch weitergehend im Rahmen der Normbereichslehre, davon ausgeht, daß sich grundsätzlich Rechtsnormen bzw. in der Terminologie *Müllers* Normtexte erst durch die Fallanwendung inhaltlich bilden, d.h. eine dem Problem vorgeschaltete Rechtsnorm, die nur noch richtig angewendet bzw. interpretiert werden muß, im Regelfall nicht vorliege.

[438] Diese findet sich bei *Larenz*, Methodenlehre, S.461 ff.; *Leenen*, Typus und Rechtsfindung; ferner allerdings kritisch *Kuhlen*, Typuskonzeptionen. Ebenfalls kritisch *Kokert*, Der Begriff des Typus bei Karl Larenz, mit ausführlicher Darstellung der historischen Entwicklung des Typusbegriffs.

[439] Den wesentlichen Impuls für die neuere Entwicklung des Typusbegriffs nach der Zeit des Nationalsozialismus' hat *Larenz* im Anschluß an *Hempel* und *Oppenheim* (Der Typusbegriff im Lichte der neuen Logik, 1936) und *Radbruch* (Internationale Zeitschrift für Theorie des Rechts, Bd.12, S.49) gegeben; zur historischen Entwicklung besonders instruktiv *Kokert*, S.84 ff.; *Kuhlen*, Typuskonzeptionen, S.43 ff. Der klassischen Typuslehre haben sich inhaltlich und im wesentlichen auch in der Begründung unter anderem angeschlossen: Larenz/*Canaris*, S.290 ff. (wobei *Canaris* im Vorwort zur Studienausgabe darauf hinweist, daß die Lehre vom Typus der Überarbeitung bedürfe); *Diederichsen*, MDR 1964, 889, 890 f.; *Engisch*, Konkretisierung, S.237 ff.; *ders.*, Einführung, S.137 Fn.6; *ders.*, Festschrift für Larenz, S.125, 129 ff.; *Herschel*, Festgabe für Kunze, S.225, 234; *Leenen*, S.34 ff. und passim; *Pawlowski*, Methodenlehre, Rn.78 f., 146 ff.; *Raisch*, JZ 1966, S.504; *Rode*, JR 1968, 401 ff.; *Strache*, S.63 ff. und passim; *v.Hülsen*, JZ 1967, S.629, 630 f.

[440] In Abgrenzung zu sonstigen Typen, wie z.B. Durchschnitts- oder Häufigkeitstypus des „typischen Geschehensablaufs" beim Anscheinsbeweis, *Larenz*, Methodenlehre, S.464.

[441] Diese Terminologie entstammt der *Hegelschen* Terminologie und wird vor allem von *Larenz* verwandt, der erst nach dem zweiten Weltkrieg begann, sich vom Neuhegelianismus zu entfernen, zur Entwicklung vgl. *Fikentscher*, Methoden, Bd.III, S.455 zum Rechtsdenken der Hegelianer allgemein und S.494 zu *Larenz*. Dem abstrakt-allgemeinen Begriff ist nach *Hegel* der konkret-allgemeine Begriff gegenüber zu stellen: Danach erfolgt die Bildung eines abs-

bar.[442] Während der abstrakt-allgemeine Begriff erfüllt sei, wenn alle Teile seiner Definition bejaht werden könnten, komme es beim Typus nicht auf das Vorliegen aller konstituierenden Voraussetzungen an. Vielmehr könnten die zur Kennzeichnung bzw. Definition angegebenen Merkmale in unterschiedlicher, nicht generell festzulegender Stärke zutreffen und es komme insgesamt weniger auf einzelne Merkmale als auf das gesamte Erscheinungsbild an.[443] Es handelt sich demnach beim Typus um ein „elastisches Merkmalsgefüge"[444], das entweder an einem gesetzgeberischen Ziel („normativer Idealtypus") oder an der Wirklichkeit („normativer Realtypus") orientiert sein kann. Entscheidend ist, daß weder die Intensität des Vorliegens der Merkmale (z.B. Weisungsgebundenheit), noch deren Kombination vorgegeben sind. Während die begriffliche Einteilung nur ein starres „entweder – oder" kenne, sei für die typologische Betrachtung ein „mehr oder weniger" charakteristisch.[445] Beim Typus handele es sich um eine in ähnlicher, nicht aber immer in der gleichen Weise anzutreffende Lebenserscheinung, die von der ihr adäquaten Regelung nicht zu trennen sei.[446] Der Normzweck und der hinter der Regelung stehende Rechtsgedanke bestimme die Tatbestandsbildung mit.[447] Besonderheit des rechtlichen Strukturtypus sei ferner der sinnhafte Zusammenhang einer Regelung im Zusammenwirken ihrer Elemente, weswegen ihm für die Auf-

---

trakt-allgemeinen Begriffs durch Verzicht auf die Besonderheiten der Einzelerscheinung, das Gemeinsame in seiner allgemeinen Form festhaltend, während der konkret-allgemeine Begriff die um einen Sinnzusammenhang (im Sinne eines „Universellen", *Engisch*, Festschrift für Larenz, S.125, 139) angereicherte Abstraktion darstellt; vgl. *Larenz*, Methodenlehre, S.457 f., sowie zur Verwandtschaft des Typus zu *Hegels* konkretem Begriff und zur Denkform der Natur der Sache *ders.*, Festschrift für Nikisch, S.275, 288; *Rode*, JR 1968, 401, 402; *Leenen* bezeichnet diese Abgrenzung als „Kernstück der Lehre vom Typus", S.19.

[442] *Larenz*, Methodenlehre, S.465; *Rode*, JR 1968, 401, 405, jeweils m.w.N. Als Definition eines Begriffs wird dabei die Aufzählung der zur Begriffsanwendung notwendigen und hinreichenden Bedingungen bezeichnet, vgl. *Leenen*, S.50; *Strache*, S.24.

[443] Vgl. *Larenz*, Methodenlehre, S.467 f., dargestellt an der Gesellschaft bürgerlichen Rechts (§§ 705ff. BGB); *Strache*, S.53 f., spricht von einer Zuordnung zu „Musterbildern".

[444] *Leenen*, S. 34, oder z.B. *Rode*, JR 1968, 401, 404: „einem geeinten Vielerlei von Eigenschaften".

[445] *Engisch*, Konkretisierung, S.242; *Larenz*, Methodenlehre, S.472. *Leenen*, S.133 ff., führt dies für das Vertragsrecht des BGB fort und kommt zu dem Schluß, daß das typologisch-abstufende Denken ermögliche, die Anwendung der jeweils passenden Rechtsfolgen zu prüfen, ohne unbedingt alle Rechtsfolgen, die einem Vertragstypus zugeordnet sind, anwenden zu müssen.

[446] Larenz/*Canaris*, S.42; *Diederichsen*, MDR 1964, 889, 891, bezeichnet den Typus als „Einbruchstelle für das tatsächliche Rechtsleben, an der die soziologische Betrachtungsweise auf die juristische Dogmatik nicht nur befruchtend einwirkt, sondern wo sie sich mit ihr zu lebensnahen Realitätsvorstellungen verbinden kann". Nicht nur an dieser Stelle fällt die für den juristischen Sprachgebrauch ungewöhnliche, nebulöse Ausdrucksweise auf, sobald es an die Beschreibung der Typuskonzeption geht. Die an diesen Satz anschließende Erörterung der Anwendbarkeit der GoA-Vorschriften (§§ 683, 677 BGB) auf Minderjährige steht jedenfalls in einem kaum sichtbaren Bezug zum Geschäftsbesorgungsvertrag als „Typus".

[447] *Larenz*, Methodenlehre, S.465.

deckung rechtlicher Sinnzusammenhänge und für das Verständnis bestimmter Teilregelungen ein besonderer Erkenntniswert zukomme.[448] Insbesondere gelte die für die logische Begriffsdefinition geltende Regel, daß je weniger Elemente die Definition enthalte, desto mehr Fälle erfaßt würden bzw. umgekehrt, nicht für den Typus.[449]

Demnach könne der Typus nur beschrieben werden, er entziehe sich von daher auch der Subsumtion, vielmehr komme lediglich die Zuordnung einer tatsächlichen Erscheinung zu dem jeweiligen Typus in Betracht. In dieser Aussage finden sich die beiden wesentlichen Merkmale und auch Stärken des Typus´ nach der *Larenzschen* Typuslehre wieder, nämlich die Flexibilität hinsichtlich der unterschiedlichen Lebenssachverhalte, was zu einer „großen Variabilität des Typus" führe[450], sowie die Möglichkeit, Übergangs- und Zwischenformen gesetzlicher Strukturtypen zu erfassen. Deshalb sei bei der Erfassung eines Realtypus auch entscheidend, daß es sich hierbei um einen normativen handele, der durchaus vom z.B. soziologischen Typus abweichen könne.[451]

Schließlich wird teilweise die enge Verbindung von Tatbestand und Rechtsfolge beim Typus herausgestellt, da der „für typologisches Denken charakteristische geringe Grad der Trennung von Tatbestand und Rechtsfolge ... auch bei der Typengewinnung zu berücksichtigen"[452] sei.

II. Tatsächliche Anwendung der Typuslehre zur Bestimmung des Arbeitnehmerbegriffs

Inwieweit das BAG den Arbeitnehmerbegriff als Typusbegriff im Sinne der eben dargestellten Lehre ansieht, ist umstritten.[453] Zwar ermittelt das BAG die Arbeitnehmereigenschaft im Rahmen einer sog. typologischen Schwerpunktbetrachtung.[454] M.E. bewegt sich das BAG allerdings bei seiner Prüfung auf dem Boden der klassischen Begriffslehre, denn der Arbeitnehmerbegriff wird durch das

---

[448] *Larenz*, Methodenlehre, S.466 f. An dieser Stelle zeigt sich die Verwandtschaft des *Larenzschen* Typusbegriffs zum konkret-allgemeinen Begriff im *Hegelschen* Sinne, vgl. Fn.441; ebenso *Leenen*, S.42, der von der Zusammenfassung der Elemente unter einen „konstituierenden Wertungsgesichtspunkt" spricht.

[449] *Rode*, JR 1968, 401, 402 ff.

[450] *Larenz*, Methodenlehre, S.467.

[451] *Larenz*, Methodenlehre, S.465 f.

[452] *Leenen*, S.181.

[453] Bejahend *Herschel*, Festgabe für Kunze, S.225, 238; *Reuter*, Die Stellung des Arbeitsrechts, S.3, 10; Staudinger/*Richardi*, BGB, Vorbem. zu §§ 611 ff. Rn.164; *Wank*, Arbeitnehmer, S.22 f.; *ders.*, NZA 1999, 225, 226; ferner *Papier/Möller*, VSSR 1996, 243, 264 zur Rechtsprechung des BSG; verneinend *Kokert*, S.271 f. mit ausführlicher Erörterung und neuerdings ebenso *Griebeling*, RdA 1998, 208, 212.

[454] Ob das BAG selbst eine bestimmte Begriffsbildung damit verbindet, ist unklar.

Merkmal des Grades der persönlichen Abhängigkeit definiert. Da es *die* persönliche Abhängigkeit nicht gibt, sondern es sich hierbei um einen vagen Klassenbegriff bzw. unbestimmten Rechtsbegriff handelt, liegt die Besonderheit der richterlichen Rechtsfindung im Begriff und nicht in der Methode.[455] Die Methode ist vergleichbar der Methode, die die Rechtsprechung beispielsweise zur Konkretisierung der Sittenwidrigkeit im Sinne des § 138 BGB anwendet. Ferner bezeichnet das BAG den Arbeitnehmerbegriff neuerdings selbst als unbestimmten Rechtsbegriff.[456] Ob die persönliche Abhängigkeit demnach im Einzelfall tatsächlich vorliegt, wird durch Indizien ermittelt, die typischerweise für eine persönliche Abhängigkeit sprechen und demnach je nach Sachverhalt mal vorliegen und mal fehlen können. Dieses dient dazu, den *Grad* der persönlichen Abhängigkeit zu ermitteln, der erforderlich zur Annahme des Rechtsbegriffs ist.

Allerdings geht das Bundesverfassungsgericht neuerdings von der klassischen Typuskonzeption aus und meint, daß es der Flexibilität der Rechtsfigur des Typus zu verdanken sei, daß sich der Arbeitnehmerbegriff den geänderten sozialen Verhältnissen habe anpassen können.[457]

In der arbeitsrechtlichen Literatur findet eine methodologische Auseinandersetzung mit dem Typusbegriff kaum statt, nur vereinzelt wird vertreten, daß der Arbeitnehmerbegriff ohne die typologische Methode im *Larenzschen* Sinne nicht in den Griff zu bekommen sei.[458]

III. Stellungnahme

Die Charakterisierung des Arbeitnehmers bzw. des Arbeitsvertrages als Typus kann für sich gesehen keine Bereicherung darstellen, denn die von der oben dargestellten Typuslehre herausgestellten Besonderheiten sind an sich nicht weiterführend oder finden sich auch bei sonstigen Rechtsbegriffen.[459]

---

[455] So führt das BAG AP Nr.11 zu § 5 BetrVG 1972 unter III 3 beispielsweise zum Begriff des leitenden Angestellten aus, daß er ein „allgemeiner Rechtsbegriff, allerdings mit einem hohen Maß an Unbestimmtheit" sei.

[456] Vgl. nur BAG NZA 1999, 374, 376 unter IV. der Gründe; BAG NZA 1998, 1275, 1276 unter III. der Gründe; BAG NZA 1998, 1165, 1166 unter III. der Gründe.

[457] AP Nr.82 zu § 611 Abhängigkeit = NJW 1996, 2644, zwar ohne direkte Bezugnahme auf *Larenz*, aber doch dessen Typusbeschreibung übernehmend.

[458] *Herschel*, Festgabe für Kunze, S.225, 237; *ders.*, DB 1977, 1185; *Hilger*, RdA 1989, 1, 2; MünchKomm/*Müller-Glöge*, BGB, zu § 611 Rn.134; *Ostheim*, S.199, 207 ff., der den Typus als bewegliches System im Sinne *Wilburgs* auffaßt (dazu ausf. weiter unten unter § 9 IV.7.b.); *Söllner*, § 3 I.2.; i.E. wohl ebenso Soergel/*Kraft*, BGB, Vor § 611 Rn.39.

[459] I.E. ebenso *Bydlinski*, Methodenlehre, S.546 ff.; *Esser*, AöR 96 (1971), 140, 141; *Koch/Rüßmann*, S.76 f.; *Kuhlen*, Typuskonzeptionen, insbes. S.163 ff.; *ders.*, Koch (Hrg.), S.53, 63 ff.; *Müller*, Rn.230; *Otte*, Bydlinski u.a., S.271, 282 ff; *ders.*, Jahrbuch, S.301, 303 f.; ErfK/*Preis*, zu § 611 BGB Rn.66; Staudinger/*Richardi*, BGB, Vorbem. zu §§ 611 ff. Rn.164; *Schilcher*, Bydlinski u.a., S.287, 318 ff.; *Wank*, Begriffsbildung, S.123 ff., 130; *ders.*,

Zunächst ist der Auffassung entgegenzutreten, der Typus könne nicht definiert werden. Denn für ein nachvollziehbares juristisches Ergebnis muß es ein objektives Verfahren geben, für gleiche Sachverhalte gleichförmige Ergebnisse zu erzielen. Von daher ist die Definierbarkeit juristischer Begriffe, d.h. die Angabe der notwendigen und hinreichenden Bedingungen, unverzichtbare Voraussetzung, um verfassungsrechtliche Anforderungen aufzustellen.[460] Vielmehr liegt es an der Eigenart des jeweiligen Begriffes selbst, inwieweit die Definition abschließend alle Fälle erfaßt oder die Definition insoweit offen ist, daß andere Bedingungen bei unterschiedlichen Sachverhalten hinzutreten können. Offenheit der Definition bedeutet aber nicht, daß auf die Definitionsarbeit verzichtet werden könnte. Entscheidend ist, daß die Definition zwar der Variabilität der Lebenserscheinungen anzupassen sein kann, nach dieser Anpassung allerdings eine Definition feststeht, die eine Anwendung gleichgelagerter Fälle ermöglicht. Ferner wird durch die Offenheit der Definition der Offenheit der Sprache selbst Rechnung getragen.[461] Dem Problem, daß Rechtsbegriffen in unterschiedlichen Zusammenhängen unterschiedliche Bedeutungen zukommen können, kann deshalb nicht durch gänzliche Auflösung des Tatbestandes, durch mehr oder weniger unbestimmte Zuordnung unter lediglich beschreibbare bzw. ähnliche Typen begegnet werden.[462] Bei der Hermeneutik des Typusverständnisses fehlt letztlich jede Kontrolle bzw. Kontrollierbarkeit der vorgeblichen Evidenz der Zuordnung.[463]

Vielmehr liegt der Schlüssel zur flexiblen, aber dennoch rechtsstaatlichen Anforderungen genügenden Anwendung von Gesetzen im richtigen Verständnis der Begriffsbildung an sich.[464] Denn die dem Typus zugeschriebenen Eigenschaften erfül-

---

Arbeitnehmer, S.24 f.; *Wolf*, BGB-AT, S.33 ff.; *Zeller*, § 8 Rn.241; *Zippelius*, Festschrift für Karl Engisch, S.224 ff.; ebenfalls kritisch *Zöllner*/Loritz, § 4 III. 5.f). und differenzierend *Sodan*, S.65 f. zum „freien Beruf" als Typusbegriff.

460 Ebenso *Kuhlen*, Koch (Hrg.), S.53, 69; *Papier/Möller*, VSSR 1996, 243, 263 ff.; *Schilcher*, Bydlinski u.a., S.287, 319; *Wank*, Begriffsbildung, S.131 f.

461 Zur Notwendigkeit einer Sprache, der offene Bedeutungen zugestanden werden vgl. ausführlich *Esser*, Vorverständnis, S.50 ff.

462 Insbesondere rechtsstaatliche Bedenken gegenüber einem zu weit verstandenen Typusbegriff äußert *Sodan*, S.65.

463 *Bickel*, Festschrift für Wolf, S.35, 39; *Esser*, AöR 96 (1971), 140, 142; *Wank*, NZA 1999, 225, 226; *Wolf*, BGB-AT, S.35. Vorsorglich sei darauf hingewiesen, daß die offene Definition, die oftmals der Vagheit der Sprache selbst geschuldet ist, die dem Typus fehlende aber unverzichtbare Kontrollierbarkeit freilich auch erst durch ein rationales Verfahren der Begriffsbildung erhalten muß. Dies wird später, durch die im Rahmen der teleologischen Begriffsbildung aufgestellten Anforderungen, versucht werden.

464 Die Verbreitung der Typuskonzeption wird auch darauf zurückgeführt, daß die Fortschritte der wissenschaftlichen (sprach- und kommunikationstheoretischen) Begriffsbildung vernachlässigt und so letztlich in den engen Begriffsvorstellungen der Begriffsjurisprudenz verharrt worden sei, vgl. *Koch/Rüßmann*, S.76. Nur so sei das Bedürfnis nach einer Typenbildung, die

len auch klassifikatorische Begriffe im Sinne der modernen Logik und Wissenschaftslehre.[465] So kennt bereits das Gesetz selbst disjunkte Definitionen, d.h. Definitionen bei denen einzelne Merkmale verzichtbar sind, wie z.B. § 3 Abs.3 BImSchG: „Emmissionen im Sinne dieses Gesetzes sind die von einer Anlage ausgehenden Luftverunreinigungen, Geräusche, Erschütterungen, Licht, Wärme, Strahlen und ähnliche Erscheinungen". Der Begriff Emmission ist erfüllt, wenn ein oder mehrere Merkmale gegeben sind, wobei kein Merkmal unverzichtbar ist.

Ferner ist die beim Typusbegriff als besondere Eigenschaft herausgestellte Abstufbarkeit der Merkmale eine Eigenschaft, die allen komparativen Begriffen bzw. weitergehend komparativen Sätzen eigen ist.[466] Dieser bedient sich die Gesetzgebung seit langem, ohne daß die Bezeichnung als Typus einen Erkenntnisfortschritt brachte. Als Beispiele mögen Normen des Schadensrechts gelten, die den Umfang des zu leistenden Ersatzes zum Grad des Verschuldens und der Mitverursachung durch den Geschädigten in Beziehung setzen.[467] Wenig hilfreich ist ferner die Feststellung, daß nur der Typusbegriff ein „mehr oder weniger" kenne und sich so vom starren „entweder - oder" der Klassenbegriffe abgrenze. Denn die Aussage trifft nur auf komparative Begriffe und nicht auf Klassenbegriffe, die zum Teil ebenfalls als Typusbegriffe bezeichnet werden, zu. Die Entscheidung, ob ein Rehabilitand Arbeitnehmer ist, kann nur eindeutig getroffen werden, denn die geltende Rechtsordnung läßt zunächst keinen abgestuften Status zu.[468] Die Abstufbarkeit der Merkmale beim Statusbegriff ist keine Eigenschaft des Typusbegriffs bzw. dessen, was als Typusbegriff bezeichnet wird, sondern seiner Merkmale bzw. Unterbegriffe. Nur diese sind abstufbar, d.h. nur bei den Untermerkmalen handelt es sich um komparative Begriffe (z.B. Grad der persönlichen Abhängigkeit).

Auch die Flexibilität durch eine wechselnde Merkmalskombination ist an sich nicht weiterführend, denn sie ist charakteristisch für alle unbestimmten Rechtsbe-

---

nur schwer kontrollierbare Ergebnisse zulasse, erklärlich. Diverse Beispiele auch zum Mißbrauch des Typusbegriffs bei *Kokert*, S.102 ff.

[465] *Bydlinski,* Methodenlehre, Rn.550 ff.; *Koch/Rüßmann*, S.75 ff. mit weiteren Beispielen; *Kuhlen*, Typuskonzeptionen, S.163 ff., 168 f.; *Müller*, Rn.230 f.; *Otte*, Bydlinski u.a., S.271, 282 ff; *ders.*, Jahrbuch, S.301, 303 f.; *Wank*, Begriffsbildung, S.123 ff.; *Zeller,* § 8 Rn.228 ff.; *Zippelius*, Festschrift für Engisch, S.224, 226 ff., 230. Vorliegend ist bereits ausreichend, daß keine Vorteile einer eigenständigen Typuskonzeption im Hinblick auf den Arbeitnehmerbegriff erkennbar sind, die nicht auch die moderne Begriffslehre, allerdings wohl nachvollziehbarer, leistet.

[466] *Kuhlen*, Koch (Hrg.), S.53, 65 f.; *Otte*, Bydlinski u.a., S.271, 281 ff.; *ders*., Jahrbuch, S.301, 305 ff.; *Schilcher*, Bydlinski u.a., S.287 ff.; *Wank*, Begriffsbildung, S.126 f.

[467] Weitere Beispiele bei *Otte*, aaO.

[468] Dieser wäre allenfalls bei einer Klassifizierung als arbeitnehmerähnlich Beschäftigter denkbar, wobei jedoch die Ablehnung des Arbeitnehmerstatus′ zuvor, eindeutig erfolgen muß. Eine andere Frage ist freilich, ob bzw. inwieweit Rechtsfolgen aus dem Bereich des Arbeitsrechts im Einzelfall anwendbar sein sollen. Dies ist allerdings keine Frage der Charakterisierung als Typus, sondern vielmehr der teleologischen Begriffsbildung (s.u.).

griffe, zu denen im Einzelfall eben auch Statusbegriffe zählen können[469]. Vielmehr zeigt sich hier besonders deutlich, daß die Typuslehre ein Reflex auf das Problem *vager* Begriffe ist, allerdings nicht vermag, dieses Problem einer konsistenten Lösung zuzuführen.[470]

Die Verknüpfung der Merkmale durch einen Wertungsgesichtspunkt ist ebenfalls keine Besonderheit der Charakterisierung als Typus, denn auch die Elemente von Klassenbegriffen müssen einen Zusammenhang aufweisen und können gerade nicht unzusammenhangslos, demnach willkürlich nebeneinander stehen.[471] Entscheidend ist dabei lediglich, wo der Wertungsgesichtspunkt seinen Ursprung hat und wie er in überprüfbarer Weise zu ermitteln ist.

Es verbleibt abschließend die Frage, nach der Bedeutung der Lehre vom Typus für den Arbeitnehmerbegriff, der nach hiesiger Auffassung einen Klassenbegriff darstellt. Die Lehre vom Typus trägt dem Umstand Rechnung, daß ein Rechtsbegriff auf eine in der Lebenswirklichkeit weithin ausdifferenzierte Erscheinungsform Bezug nimmt. Von daher ist es gerechtfertigt, im Rahmen der Begriffsbildung, d.h. bei der Erarbeitung von Untermerkmalen typisierende bzw. typische Merkmale zu entwickeln, die unabhängig von jeder Einzelerscheinung auf die Häufigkeit von bestimmten Erscheinungen im täglichen Leben abstellen und somit den übereinstimmend angenommenen Begriffskern abstecken.[472] Diese Merkmale dienen allerdings lediglich dazu, die Untermerkmale zu konkretisieren. Die Charakterisierung des Arbeitnehmer als Typus entbindet demnach nicht von einer überprüfbaren Begriffsbildung, die nicht lediglich unverbindlich beschreibender Natur sein kann. Insoweit ist auch der in diesem Sinne verstandenen typologischen Schwerpunktmethode des BAG zu folgen.

---

[469] Allerdings nicht müssen: so wird der Begriff des Beamten im Regelfall eindeutig über den Ernennungsakt gemäß § 6 Abs.1 und 2 BBG, § 5 BRRG und den entsprechenden Vorschriften der Beamtengesetze der Länder definiert sein.

[470] Es wird wohl insbesondere nicht berücksichtigt, daß auch klassifikatorische Begriffe vage sein können; vgl. z.B. BGH NJW 1967, 343 zu der Frage, ob Glasbausteine ein Fenster darstellen. Deshalb zutreffend *Esser*, Vorverständnis, S.54 Fn.13: „Vagheit ist bei jedem Begriff durch seine „Randunschärfe" denkbar."; ausf. hierzu *Podlech*, AöR 95 (1970), 185, 187 ff.; 210 ff.; ferner *Däubler*, ARSP 1977, 107 ff., mit weiteren Beispielen aus der arbeitsgerichtlichen Rechtsprechung.

[471] Vgl. hierzu *Hassold*, AcP 181 (1981), 131, 141 f.

[472] Insoweit spricht auch *Zippelius*, Festschrift für Engisch, S.224, 231 und speziell 236 ff., der Charakterisierung eines Rechtsbegriffs als Typusbegriff einen heuristischen Wert zu. Ebenso i.E. *Esser*, AöR 96 (1971), 140, 141; *Hassold*, AcP 181 (1981), 131, 134; *Sodan*, S.65 f.; ähnlich auch *Bydlinski*, Methodenlehre, S.550 f.; *ders.*, System, S.545 f., der das *Typische* eines Typus ermitteln möchte, um dieses mit dem *Typischen* des in Frage stehenden Abgrenzungsobjekts zu vergleichen; in diesem Sinne auch *Westerhoff*, S.26.

E. Die teleologische Begriffsbildung im Rahmen des klassischen Kanons der Auslegungsmethoden

Der auf *Savigny*[473] zurückgeführte klassische Kanon der Auslegungsmethoden umfaßt die Wortlautauslegung (grammatische Auslegung), systematische, historische und teleologische Auslegung. Hinsichtlich der im einzelnen inhaltlich umstrittenen Auslegungsmethoden[474] gilt das anfangs zur Methodenwahl in allgemeiner Form Gesagte entsprechend: Die in den Vordergrund gestellte und letztlich den Ausschlag gebende Auslegungsmethode richtet sich nach dem Untersuchungsgegenstand und dem Erkenntnisinteresse. Weder kann es darum gehen, beliebig irgendeine Auslegungsmethode (die vermeintlich dem angestrebten Ergebnis dient) anzuwenden, noch das Ergebnis umfänglich mit jeder Methode begründen zu wollen.[475] Insoweit gibt es keine im vorhinein, unabhängig vom Untersuchungsgegenstand feststehenden Regeln bei der Anwendung der einzelnen anerkannten Auslegungsmethoden.[476]

I. Wortlautauslegung

Die Wortlautauslegung ist der Anfang und im Regelfall auch Ende aller Auslegungs- bzw. Definitionsbemühungen[477], führt allerdings hinsichtlich der vorliegen-

---

[473] *Savigny*, System, S.213 ff., wobei die teleologische Auslegung noch nicht als eigenständige Auslegungsmethode entwickelt ist, von *Savigny* als selbstverständlich vorausgesetzt wurde: „... nur so ist daher der Zweck des Gesetzes zu erreichen", in diesem Sinne ebenfalls *Wank*, NZA 1999, 225, 226 mit weiteren Beispielen; vgl. Darstellung der Entwicklung bei *Fikentscher*, Methoden, Bd.III, S.668 ff.; sowie zur Methodenlehre *Savignys* und deren Rezeption *Kriele*, S.67 ff.

[474] Vgl. nur die klassische Darstellung bei *Larenz*, Methodenlehre, S.320 ff. m.w.N. sowie aus diskurstheoretischer Sicht *Alexy*, Theorie, S.288 ff. m.w.N.

[475] *Bydlinski*, Methodenlehre, S.559 f.; *Esser*, Vorverständnis, S.124 f.; *ders.*, Festschrift für Raiser, S.517, 530 ff.; *Müller*, Rn.429. Allerdings bedeutet dies nicht, daß soweit mit einer Methode ein Ergebnis erzielt wird, das dem mittels einer anderen Methode erzielten widerspricht, eine Diskussion entbehrlich wäre. Es geht lediglich darum, die Methode, die den größten Erkenntnisgewinn für die Problemstellung verspricht, zu ermitteln, wozu alle in Betracht kommenden, anerkannten Methoden auch Beachtung finden müssen. Lediglich die Diskussionstiefe bzw. das „Erfordernis der Sättigung" (*Alexy*, Theorie, S.302) unterscheidet sich.

[476] Ebenso *Esser*, Vorverständnis, S.124 f.; *Otte*, Bydlinski u.a., S.272, 276 f.

[477] Ausf. *Bydlinski*, Methodenlehre, S.437 ff.; *ders.*, Symposion für Canaris, S.27 ff., 63 f.; *Engisch*, Einführung, S.100. Was im einzelnen der Wortlautauslegung noch unterfällt und ab wann die Rechtsfindung contra legem erfolgt, ist genauso umstritten, wie die weitergehende Frage nach der Zulässigkeit einer Rechtsfindung contra legem. So meint *Simits*, AcP 172 (1972), 131, 151, die Unterscheidung einer Rechtsfindung de lege lata und de lege ferenda sei aufzugeben, denn jede Rechtsanwendung beinhalte stets auch zugleich eine Rechtsfortbildung. Umfassend *Neuner*, Die Rechtsfindung contra legem, 1992. Zum Streitstand *Fikentscher*, Methoden, Bd.III, S.670 ff. und aus neuerer Zeit Larenz/*Canaris*, S.251 f.; *Müller*, Rn.304 ff.

den Problematik ersichtlich nicht weiter.[478] Der Arbeitnehmerbegriff ist sowohl Rechtsbegriff wie auch ein umgangssprachlich gebräuchlicher Begriff. Allerdings ist die umgangssprachliche Verwendung des Begriffs ebenso unsicher wie die rechtliche, so daß zwar durchaus Einigkeit über klassische Arbeitnehmergruppen besteht, in den Randbereichen jedoch umgangssprachlich wohl die gleiche Unsicherheit herrscht wie in der Wissenschaft. Aus dem Wortlaut läßt sich wohl lediglich entnehmen, daß ein Arbeitnehmer menschliche Arbeit im weitesten Sinne leisten muß, worunter jede planmäßige Tätigkeit zu verstehen ist.[479]

II. Systematisch-logische Auslegung[480]

Die systematische Auslegung im herkömmlichen Sinne, die sich an der Stellung einer Vorschrift im Gesetz und am Zusammenhang mit anderen Bestimmungen orientiert[481], führt bei der Definition des Arbeitnehmerbegriffs kaum weiter. Die normativen Zusammenhänge, in denen es auf den Arbeitnehmerbegriff ankommt, sind derart vielfältig und unterschiedlich, daß aus ihnen allein wohl kaum weitere Schlüsse gezogen werden können. Ferner scheint die systematische Auslegung auch hinsichtlich der vorliegend untersuchten Rechtsverhältnisse der Rehabilitanden unergiebig, denn diese sind entweder nicht geregelt, oder es finden sich Regelungen im SchwbG, das formal-systematisch kaum zuzuordnen ist und sowohl eindeutig arbeitsrechtliche Regelungen enthält wie auch sozialrechtliche[482].

---

[478] Zweifel grundsätzlicher Art äußert *Baden*, S.88 ff., demzufolge der Wortlaut kein Auslegungsmittel darstellen könne, sondern vielmehr lediglich Objekt der Auslegung sei.

[479] BSG NZS 1998, 38, 39. Diese Feststellung ist allerdings wenig hilfreich, sind doch nur schwerlich Tätigkeiten denkbar, die rechtlich gesehen *nicht* Gegenstand einer Arbeitsleistung sein können (vgl. nur Singen, Tanzen, Ballspielen, das Springen von Häusern etc.), vgl. *Schaub*, § 8 II. 1.; ausf. *Wlotzke*, RdA 1965, 180, 182 ff. Damit entfällt an sich schon die Brauchbarkeit einer Berufung auf den Wortlaut des Arbeitnehmers (in diesem Sinne ebenfalls *Zöllner*/Loritz, § 4 III.3).

[480] Der Begriff stammt von *Bydlinski*, Methodenlehre, S.442; *ders.*, System, S.51 f., und dient der Abgrenzung zur Argumentation aus dem System (systematisch-teleologische Auslegung, dazu unten unter § 9); ähnlich *Fikentscher*, Methoden, Bd.III, S.672: „Auslegung nach Logik und System" sowie *Alexy*, Theorie, S.295 f. Dagegen verwendet *Engisch*, Einführung, S.94 f., den Begriff der systematischen Auslegung in einem umfassenden Sinne, der auch die systematisch-teleologische Auslegung umfaßt.

[481] Ausf. *Bydlinski*, Methodenlehre, S.442 ff.; *Engisch*, Einführung, S.90.

[482] Vgl. §§ 16, 21, 47 SchwbG einerseits und §§ 33, 34, 35 SchwbG andererseits, oder auch die Vorschriften zum Widerspruchsverfahren §§ 40 ff. SchwbG; zur Zuordnung zu den unterschiedlichen Rechtsgebieten vgl. *Neumann*/Pahlen, SchwbG, Einleitung Rn.44 ff.

III. Historische Auslegung

Die historische Auslegung zieht zur Ermittlung des gesetzgeberischen Willens vor allem sämtliche Gesetzesmaterialien heran.[483] Zum Teil wird auch bei der Bestimmung des Arbeitnehmerbegriffs historisch argumentiert.[484] Die Erforschung der historischen Herkunft des Arbeitnehmerbegriffs ist allerdings nur wenig erkenntnisfördernd. Denn der Arbeitnehmerbegriff hat erhebliche Bedeutungswandlungen durchlaufen, so daß sich hieraus für die heutige Begriffsbildung ebensowenig herleiten läßt, wie aus der Überlegung, was der Gesetzgeber *ursprünglich* gewollt hat.

In der Zeit vor dem ersten Weltkrieg erfaßte der Begriff des Arbeitsvertrags als Gattungsbegriff sowohl den Werkvertrag wie auch den Dienstvertrag. Die Funktion des heutigen Arbeitnehmerbegriffs übernahm sozialversicherungsrechtlich der Begriff des Arbeiters. Erst als auch Betriebsbeamte und ihnen gleichgestellte Personen in die Arbeits- und Sozialgesetzgebung einbezogen wurden, erhielt der Begriff des Arbeitnehmers die Funktion, als Gattungsbegriff Arbeiter und Angestellte zu bezeichnen.[485]

Ferner ist zu berücksichtigen, daß der technologische Fortschritt, insbesondere die Computerisierung der Kernindustrien (Automobil- und Stahlindustrie) zu einer grundlegenden Veränderung der Arbeitsmarkt- und vor allem der individuellen Arbeitssituation selbst geführt hat.[486] Gefahren und Risiken, die das Arbeitsrecht

---

483 Zur historischen Auslegung vgl. ausf. *Bydlinski*, Methodenlehre, S.449 ff.; kritischer *ders.*, Symposion für Canaris, S.27, 58 ff.; Larenz/*Canaris*, 149 ff. Subjektiven Auslegungsmethoden kommt zu recht wohl nur noch eine Hilfsfunktion für die objektiven Auslegungsmethoden zu (Wortlaut, Systematik, insbes. teleologische Auslegung), was angesichts der immer komplexer werdenden Gesetzgebungsverfahren auch unumgänglich ist, zutreffend in diesem Sinne *Fikentscher*, Methoden, Bd. III, S.675.

484 Vgl. z.B. *Griebeling*, RdA 1998, 208, 211, 215; *Hromadka*, NZA 1997, 569, 572 ff.; *Reinecke*, ZIP 1998, 581, 586 ff., aber scheinbar auch *Rancke*, AuR 1979, 9, 16, der den Arbeitnehmerbegriff „durch den historisch dimensionierten Vergleichsmaßstab der wirtschaftlich-sozialen Existenzbedingungen der Arbeitnehmer“ bilden möchte. Aus der älteren Literatur vgl. ausf. *Spielbüchler*, ZAS 1969, 1 ff.

485 Ausf. Staudinger/*Richardi*, BGB, Vorbem. zu § 611 Rn.259; *Wiese*, ZfA 1996, 439, 441 ff. m.w.N.

486 Vgl. *Rifkin*, insbes. S.81 ff., vorwiegend mit Beispielen aus den USA, die allerdings im wesentlichen auch auf die Bundesrepublik Deutschland zutreffen dürften, wie sich aus dem Forschungsbericht der Akademie der Wissenschaften zu Berlin zu Automatisierung und Wandel der betrieblichen Arbeitswelt ergibt, vgl. *Spur u.a.*, insb. S.82 ff. Eine Abwendung vom sog. Normalarbeitsverhältnis wird in der Bundesrepublik derzeit im wesentlichen unter dem Aspekt der Flexibilisierung bzw. Ökonomisierung im Umgang mit Arbeitszeit diskutiert; vgl. zur Entstehung und Erosion des Normalarbeitsverhältnisses: *Warsewa/Osterland/Wahsner*, „Zwischen Sparzwang und sozialer Verantwortung“, 1996; *Keller/Seifert*, „Atypische Beschäftigung“, 1995.

abzusichern hat, haben sich grundlegend verändert.[487] Ferner ist nur an die Varietät der Tätigkeiten aus dem Dienstleistungsbereich zu denken, die sich schlechthin einer generalisierenden Betrachtungsweise und vor allem einem historischen Vergleich entziehen.

Bereits aus diesem Funktionswandel läßt sich die methodologische Ambivalenz der historischen Argumentation zur Bestimmung des Arbeitnehmerbegriffs ersehen, die dazu führt, daß historische Argumente in den Hintergrund treten.[488]

IV. Der Arbeitnehmerbegriff als teleologischer Rechtsbegriff

Für die Begriffsbildung ist nicht entscheidend, daß es sich bei dem Arbeitnehmerbegriff um einen Typusbegriff handelt. Insbesondere im Hinblick auf die relative Unergiebigkeit der bislang erörterten Auslegungsmethoden, kommt der teleologischen Begriffsbildung besondere Bedeutung zu, wobei sich allerdings Besonderheiten aus der Eigenschaft des Arbeitnehmerbegriffs als Statusbegriff ergeben.

1. Besonderheiten der teleologischen Begriffsbildung

Die teleologische Auslegung im Kanon der Auslegungsmittel, ist eine Selbstverständlichkeit für jeden Juristen, wobei allerdings inhaltliche Bedeutung und methodologischer Rang durchaus umstritten sind.[489] Einigkeit besteht darüber, daß es

---

[487] Eine Diskussion über „Mobbing", den Schutz vor sexueller Belästigung am Arbeitsplatz (vgl. das BeschSchG vom 24.6.1994 BGBl. I, S.1406) oder den Nichtraucherschutz (vgl. hierzu BAG NZA 1999, 546; BAG NZA 1998, 1231) sind Beispiele für eine Verlagerung der Gefahrensituation.

[488] *Wank*, NZA 1999, 225, 229; ferner zur Auswirkung des Funktionswandels für die Begriffsbildung allgemein vgl. *Bydlinski*, Symposion für Canaris, S.27, 61 ff. Bezüglich der Rechtsstellung der Rehabilitanden an sich wurde bereits dargelegt, daß die Gesetzgebungsmaterialien lediglich ergeben, daß der Gesetzgeber dieses Rechtsverhältnis nicht eigenständig regeln wollte. Lediglich als Auffangregelung kommt nunmehr die arbeitnehmerähnliche Rechtsposition der Behinderten im Arbeitsbereich der WfB in Betracht (ausf. s.o. § 3).

[489] Ausführliche Darstellung bei *Alexy*, Theorie, S.19, 295 ff., 303 f.; *Bydlinski*, Methodenlehre, S.543 ff; *Larenz*, Methodenlehre, S.328 ff. jeweils m.w.N. Für eine Vorrangigkeit der teleologischen Auslegung im Rahmen eines nicht eindeutigen Wortsinns: bereits *Savigny*, System, S.230 f.; ferner *Canaris*, Systemdenken, S.91; *Engisch*, Einführung, S.102, S.104 Fn.51; *Fikentscher*, Methoden, Bd. IV, S.364; *ders.*, Methoden, Bd.III, S.684; *Larenz*, Methodenlehre, S.345; *Leenen*, S.44; MünchKomm/*Säcker*, BGB, AT-Einführung, Rn.130; noch weitergehend BVerfGE 35, 263 (278): der Richter brauche „am Wortlaut der Norm ... nicht haltzumachen". Durch seine Bindung an das Gesetz – Art.20 Abs.3, 97 Abs.1 GG – sei er nicht „an dessen Buchstaben mit dem Zwang zur wörtlichen Auslegung", sondern „an Sinn und Zweck des Gesetzes" gebunden. Kritisch hierzu *Müller*, Rn.311 Fn.486; für eine Gleichwertigkeit von Gesetzeswortlaut und -zweck: *Koch/Rüßmann*, S.182; *Bydlinski*, Symposion für Canaris, S.27, 46 f. Für eine Vorrangigkeit derjenigen Argumente, die eine stärkere Bindung am Gesetzeswortlaut bzw. dem Willen des Gesetzgebers aufweisen, soweit sich für andere Argumente im diskursiven Rahmen keine besseren Begründungen aufweisen lassen *Alexy*, Theo-

im Rahmen der teleologischen Betrachtungsweise um die Ermittlung von Sinn und Zweck einer gesetzlichen Regelung geht.[490] Es fällt allerdings auf, daß die Frage, *wie* Sinn und Zweck einer gesetzlichen Regelung zu ermitteln sind, überwiegend äußerst abstrakt dargestellt wird[491], was zu erheblichen Anwendungsschwierigkeiten führt. Dies läßt die Gefahr wachsen, daß mit der Berufung auf Sinn und Zweck einer Regelung mehr die Präferenzen des Autors denn der Telos des Gesetzes deutlich werden.[492] Damit die teleologische Auslegung im Interesse der Rechtssicherheit sowie Gleichförmigkeit der Ergebnisse anwendungsgeeignet und überprüfbar ist, gilt es, so präzise es die Methode selbst zuläßt, anzugeben, wie sie anzuwenden ist bzw. angewendet wird.

Bei der Ermittlung von Sinn und Zweck einer gesetzlichen Regelung ist es notwendig, die gesetzliche Regelung selbst, in viel stärkerem Maße als dies oftmals anzutreffen ist, als Ausgangspunkt der Untersuchung zu nehmen. Es stellt sich die Frage nach der Aufgabe des gesetzlichen Tatbestandes, wobei der juristische Begriff als Teil des Tatbestandes sodann als Teil bzw. Mittel zum Zweck der Aufgabenerfüllung des Tatbestandes anzusehen ist.

a. Das Kommunikationsmodell

Über den Tatbestand versucht der Gesetzgeber, eine angestrebte Rechtsfolge zu erreichen. Über die Normierung von Rechtsfolgen wirkt der Gesetzgeber auf die Rechtswirklichkeit in seinem Sinne ein und versucht, politische Ziele zu verwirklichen. Der Tatbestand ist insoweit das Mittel, um die Rechtsfolge für eine Vielzahl von Fällen durchzusetzen („Codierung"). Der Tatbestand muß demnach notwendi-

---

rie, S.305. Letztere Auffassung, die sich als besondere Variante der allgemeinen Diskurstheorie *(Karl-Otto Apel; Jürgen Habermas)* versteht, geht davon aus, daß sich auch juristische Erkenntnisse im Rahmen eines Diskurses ergeben, bei dem zuvor festgelegte, spezifisch für den Gegenstand des Diskurses vorgegebene Regeln, eingehalten werden, die die Richtigkeit des Ergebnisses gewährleisten.

490 Larenz/*Canaris*, S.153 ff.; *Engisch*, Einführung, S.68 ff.; *Larenz*, Methodenlehre, S.307 ff., jeweils m.w.N.; aus der Rechtsprechung z.B. BGH NJW 1967, 343, 346; BVerfGE 11, 126 (130).

491 Larenz/*Canaris*, S.154, verweist auf die tatsächlichen Gegebenheiten und auf „die rechtsethischen Prinzipien, die hinter einer Regelung stehen, in denen sich ein Sinnbezug einer solchen auf die Rechtsidee faßbar, aussprechbar wird."; *Bydlinski*, Methodenlehre, S.454 ff., meint, es müsse versucht werden, „die „ratio legis" aufgrund allgemeiner Erfahrung zu ermitteln", was im folgenden dahingehend konkretisiert wird, daß versucht werden müsse, eine Übertragbarkeit der Rechtsprinzipien derselben Rechtsordnung zu untersuchen und neben der verfassungskonformen Auslegung und dem argumentum ad absurdum letztlich auf die Natur der Sache abzustellen. *Alexy*, Theorie, S.296, sieht als Zwecke diejenigen an, „die die im Rahmen der geltenden Rechtsordnung auf Grund vernünftiger Argumentation Entscheidenden setzen würden".

492 *Müller*, Rn.96; *Wank*, Begriffsbildung, S.78.

gerweise möglichst abstrakt sein, um seine Aufgabe, die Durchsetzung der Rechtsfolge in einer Vielzahl von Fällen durchzusetzen, zu erfüllen.
Für die Begriffsbildung ist dieser Zusammenhang von Tatbestand und Rechtsfolge entscheidend. Der Tatbestand und damit die einzelnen ihn konstituierenden Rechtsbegriffe sind im Hinblick auf die Rechtsfolge quasi zurückzuübersetzen („Decodierung"). Diesen Sinnzusammenhang bei der juristischen Begriffsbildung nicht zu verlieren, ist vorrangige Aufgabe der teleologischen Begriffsbildung und läßt sich anschaulich am Kommunikationsmodell verdeutlichen.[493]

Grafisch dargestellt[494]:

		Zweckprogramm	
gesetzgeberisches Modell	Wirklichkeit (typische Fälle)	———————	Folgen in der Wirklichkeit
		Konditionalprogramm	
Codierung (Gesetzgebung)	Norm-Tatbestand	———————	Norm-Rechtsfolge
Decodierung (Rechtsanwendung)	Sachverhalt	———————	konkrete Rechtsfolge

Die grafische Darstellung des Kommunikationsmodells soll die Notwendigkeit der Berücksichtigung der konkreten Rechtsfolgenanordnung für die Tatbestandsbildung veranschaulichen, denn der Zweck des Gesetzes ist, wie bereits gesagt, aus diesem selbst zu ermitteln.[495] Ferner kann verdeutlicht werden, wo im Rahmen der Rechtssetzung und Rechtsanwendung Fehler auftreten können, wodurch Rechtsanwendungsprobleme konkreter benannt und systematisch zutreffend angesiedelt werden können. Daraus folgt unter anderem auch, daß Rechtsbegriffe in Tatbeständen mit unterschiedlicher Rechtsfolgenanordnung auch durchaus eine unterschiedliche Bedeutung haben können, die letztlich von der unmittelbaren Ord-

---

[493] Die folgende Differenzierung nach Zweck- und Konditionalprogramm geht im wesentlichen auf *Luhmann*, Rechtssoziologie, S.80 ff., 88 f., 227 ff.; *ders.*, Zweckbegriff, S.87 f., 93 ff., 114 ff.; *ders.*, AöR 94 (1969), 1, 3 ff., zurück. Zum Kommunikationsmodell instruktiv *Baden*, Gesetzgebung, S.137 ff.; *Koch/Rüßmann*, S.21; *Simitis*, AcP 172 (1972), 131, 140 ff.; *Wank*, Begriffsbildung, S.87 ff.; ähnlich *Esser*, Vorverständnis, S.68 ff., 86 f.; *Haverkate*, S.118 ff.; *Pawlowski*, AcP 175 (1975), 189, 213; *Schilcher*, Bydlinski u.a., S.287, 315 ff., 320 ff.
[494] Nach *Wank*, Begriffsbildung, S.83.
[495] I.E. ähnlich konsequent *Ecker*, SGb 1970, 401, 402; *Esser*, Vorverständnis, S.62 ff., 68 f. und passim; *ders.*, Grundsatz und Norm, S.323 ff.; *Haverkate*, S.118; *Westerhoff*, S.88 f.

nungsaufgabe abhängig ist.[496] Dies wird neuerdings vom *BSG* als „funktionsdifferente Auslegung" bezeichnet.[497] Mit jeder Änderung der Gesamtordnung oder von Teilen derselben, die zu einer Änderung der Aufgabenzuweisung gesellschaftlicher Einrichtungen im weitesten Sinne führt, „erhält auch der hergebrachte dogmatische Begriff eine neue Note".[498]

Entscheidend für die teleologische Begriffsbildung ist demnach die Verwirklichung des gesetzgeberischen Willens, wie er sich aus der Rechtsfolge im Zusammenhang mit dem Tatbestand ergibt. Insoweit ist die häufig anzutreffende Gegenüberstellung von objektiver Methode (teleologische Auslegung) und subjektiver Methode (historische Auslegung) eine Verkürzung beider Sichtweisen. Beide Auslegungsarten ergänzen sich vielmehr und auch in der teleologischen Auslegung sollte im Idealfall nichts anderes ermittelt werden als der Wille des Gesetzgebers, allerdings orientiert am objektiven Recht selbst.[499] Das objektive Recht ist insoweit in seiner konkretesten Ausformung, einer bestimmten Rechtsfolge, heranzuziehen, bevor dann gegebenenfalls auf übergeordnete Zwecke eines Regelungsbereichs bzw. auf Prinzipien[500] abgestellt wird.

b. Kommensurabilität mit der Rechtsprechung des Bundesverfassungsgerichts

Die teleologische Auslegung im eben dargestellten Sinne steht im Einklang mit der Rechtsprechung des Bundesverfassungsgerichts, das davon ausgeht, daß für die Auslegung maßgeblich „der objektivierte Wille des Gesetzgebers, so wie er sich

[496] *Esser*, Vorverständnis, S.102; *Maus*, RdA 1968, 367, 371, sowie *Ecker*, SGb 1970, 401, 402 f., und *Rauscher*, NJW 1983, 2474 ff., mit instruktiven Beispielen aus dem Bereich des Sozialrechts; ferner *Rother*, RdA 1966, 301, 303. Vgl. z.B. zur unterschiedlichen Bedeutung des Begriffs der sozialrechtlichen Arbeitsunfähigkeit bei Arbeitslosen und bei Arbeitnehmern BSGE GS 53, 22 (31); als praktisches arbeitsrechtliches Beispiel sei auf die Abhängigkeit des Begriffs Ausbildungsverhältnisses zur jeweiligen Rechtsfrage und dem Zweck des Gesetzes hingewiesen, vgl. BAG AP Nr.11 zu § 18 SchwbG unter III.1. der Gründe m.Anm. *Natzel*, sowie jüngst BAG NZA 1999, 557, 559; BAG NJW 1998, 402, 403, zur unterschiedlichen Bedeutung des Begriffs „zu ihrer Berufsausbildung Beschäftigten" in § 5 Abs.1 BetrVG und § 5 Abs.1 S.1 ArbGG. Das BSG beispielsweise weist darauf hin, daß der Begriff des Arbeitnehmers im Steuerrecht einen anderen Begriffsinhalt haben kann, als im Sozial- oder Arbeitsrecht, vgl. NZA 1991, 907, 909; ebenso *Reinecke*, ZIP 1998, 581, der ferner davon ausgeht, daß unterschiedliche arbeitsrechtliche Gesetze unterschiedliche Arbeitnehmerbegriffe verwenden (S.582).

[497] BSGE 82, 118 (120), zur unterschiedlichen Bedeutung des Beschäftigtenbegriffs in beitragsrechtlicher (§ 7 SGB IV) und leistungsrechtlicher (§ 101 AFG) Hinsicht, in diesem Sinne ferner BSGE 73, 90 (94).

[498] *Esser*, Grundsatz und Norm, S.324.

[499] Darauf weist zu recht *Bydlinski*, Symposion für Canaris, S.27, 60 f. hin.

[500] Zum Erfordernis der teleologischen Ermittlung auch der Prinzipien vgl. unten unter § 9 unter IV. 4.b.

aus dem Wortlaut der Gesetzesbestimmung und dem Sinnzusammenhang ergibt, in diesen hineingestellt ist“[501] sei. Allerdings wird der „objektivierte Wille des Gesetzgebers“ bzw. „Wille des Gesetzes“[502] zumeist relativ abstrakt aus den Gesetzesmaterialien, dem Zweck des Gesetzes sowie der systematischen Stellung der Norm gewonnen. Der konkrete Bezug zur angestrebten Rechtsfolge kann so leicht verloren gehen. Dabei sollte die Rechtsfolge erster Ansatzpunkt zur Ermittlung des gesetzgeberischen Willens sein und erst, soweit die konkrete Rechtsfolge indifferent ist[503], sollten weitere Auslegungshilfen herangezogen werden, um den gesetzgeberischen Willen zu ermitteln. Die juristische Auslegung entfernt sich sonst allzu schnell vom eigentlichen Anliegen, nämlich den gesetzgeberischen Zweck zu verwirklichen.[504]

c. Die Funktion der Unterbegriffe

Die Funktion des gesetzlichen Tatbestands wurde im Rahmen des Kommunikationsmodells verdeutlicht. Die gesetzlichen Tatbestandsmerkmale dienen unmittelbar dieser Funktion. Häufig weisen allerdings gesetzlichen Tatbestandsmerkmale eine Generalität bzw. Unschärfe auf, die es erforderlich macht, Unterbegriffe zu bilden. Der Sinnzusammenhang zwischen Tatbestand und Rechtsfolge darf sich nicht nur darin erschöpfen, die Tatbestandsbegriffe entsprechend zu definieren. Auch die zur Definition herangezogenen Unterbegriffe müssen einen unmittelbaren Bezug zur Rechtsfolge aufweisen.[505] Dieses Erfordernis gewinnt bei der Begriffsbildung des Arbeitnehmers besondere Bedeutung, lebt doch die Arbeitnehmerdefinition von der Bildung von Unterbegriffen.[506]

Die Bedeutung der teleologischen Ableitung der Unterbegriffe zeigt sich besonders an der in ständiger Rechtsprechung des BAG aufgestellten Aussage, die persönliche Abhängigkeit sei unter Würdigung der gesamten Umstände des Einzelfalls vorzunehmen. Diese Aussage ist im besten Fall wohl nichtssagend, im schlimms-

---

501 Grundlegend BVerfGE 1, 299 (312); st.Rspr. aus neuerer Zeit BVerfGE 33, 265 (294); ausf. *Müller*, Rn.362, 493 m.w.N.

502 Beide fallen nach Auffassung des Bundesverfassungsgerichts zusammen vgl. BVerfGE 11, 130.

503 So erscheint die Rechtsfolge Schadensersatzpflicht des Schädigers in vielfältigen Vorschriften, ohne daß jeweils konkrete Schlüsse hieraus gezogen werden können.

504 Vgl. auch die wohl zutreffende Beobachtung von *Wank*, Begriffsbildung, S.78, daß die teleologische Auslegung zwar allseitig anerkannt ist, jedoch häufig durch formal-logische oder semantische Erwägungen in den Hintergrund tritt. Ferner instruktiv hierzu *Rüthers*, AfP 1974, 542 ff.

505 Eingehend *Esser*, Vorverständnis, S.38 f.; *Wank*, Begriffsbildung, S.133 ff.

506 Die gesamte Kontroverse um den Arbeitnehmerbegriff entzündet sich gerade an dem Erfordernis oder dem Verzicht des einen oder anderen Merkmals. Und auch gerade hier wird sich zeigen, daß ohne Beachtung der Rechtsfolgen die Bildung von Unterbegriffen schnell dem Vorwurf der Willkürlichkeit ausgesetzt ist.

ten Fall falsch.[507] Denn es kann keinem Zweifel unterliegen, daß es eine Vielzahl von Umständen gibt, die schlicht unerheblich sind (Größe, Haarfarbe, Geschlecht). Die Aussage des BAG muß demnach dahingehend präzisiert werden, daß die gesamten Umstände des Einzelfalls zu würdigen sind, soweit ihnen teleologisch Bedeutung zukommt, d.h. ein Umstand kann nur dann von Bedeutung sein, wenn sich arbeitsrechtliche Rechtsfolgen hierauf beziehen.

Die Definition von Tatbestandsbegriffen und Unterbegriffen unter direkter Berücksichtigung der Rechtsfolgen, d.h. die teleologische Begriffsbildung, darf nicht verwechselt werden, mit der methodologisch nicht mehr vertretbaren Vorgehensweise, zur Erreichung einer Rechtsfolge den Tatbestand „zurechtzubiegen".[508] Der entscheidende Unterschied ist, daß zur Ermittlung konkreter Tatbestandsmerkmale die Rechtsfolgenanordnung der Norm heranzuziehen ist und nicht lediglich eine isolierte Betrachtung der Rechtsfolge erfolgt.[509] Auch bei der teleologischen Rechtsfindung bleibt der gesetzliche Tatbestand Ausgangspunkt der Argumentation.

d. Kritik am Kommunikationsmodell

Die soeben dargestellte Methode der teleologischen Rechtsgewinnung stellt zweifelsohne einen Idealzustand der Rechtsgewinnung aus dem geltenden Recht dar. Dabei ist nicht zu verkennen, daß es eine Vielzahl von gesetzlichen Tatbeständen gibt, die ein klares Konditionalprogramm nicht enthalten bzw. derart weit und vage sind, daß die Tatbestandsbildung nur schwerlich als vorgezeichnet gelten kann (vgl. z.B. §§ 138, 242, 315 BGB oder aus dem Bereich des Arbeitsrechts § 1 Abs.2 Satz 1 KSchG).[510] Dem wird zum Teil dadurch abgeholfen werden kön-

---

507 Als Indiz für die wenig geeignete Handhabbarkeit derartiger Vorgaben für die unterinstanzliche Rechtsprechung, kann der erhebliche Umfang der Revisionsverfahren in Statusprozessen angesehen werden, vgl. hierzu *Reinecke*, NZA 1999, 729 f. Auch unter Berücksichtigung der Rechtsprechung kommen deshalb *Papier/Möller*, VSSR 1996, 243, 269, in einem Gutachten zu dem Ergebnis, daß der Beschäftigtenbegriff des § 7 SGB IV gegen das grundgesetzliche Bestimmtheitsgebot verstoße. Dem ist das Bundesverfassungsgericht bekanntlich nicht gefolgt, BVerfG NJW 1996, 2644.

508 *Achternberg*, Krawietz (Hrg.), S.43, 47 f., bezeichnet dies als „Argumentationsinversion". Diesem unzutreffenden Verständnis ist *Rommé*, ZfA 1997, 251, 253 ff., erlegen, der die teleologischen Begriffsbildung mit einem Zirkelschluß verwechselt.

509 Eingehend zu diesem Unterschied mit instruktiven Beispielen *Esser*, Vorverständnis, S.69 ff., der allerdings ferner darauf hinweist, daß die „finale Subsumtion im Sinne eines Manipulierens oft nur mit einer mikroskopischen Analyse von einer sinngemäßen Neufassung, Interpretation oder Neubildung von Tatbestandskriterien und Tatbestandselementen zu unterscheiden" sei (S.72), was weiter nur die Notwendigkeit einer vorrangigen, konkreten Rechtsfolgenbetrachtung belegt. Ferner bereits *Nipperdey*, RdA 1964, 361, der ausführt, daß das „Wissen davon, worauf „die Dinge aus sind", gehört zum Phänomen selber und ist nicht etwa eine nachträglich hinzugefügte Interpretation". I.E. ebenso *Westerhoff*, S.28 ff.

510 *Alexy*, Theorie, S.298 f.; *Engisch*, Einführung, S.96; *Simitis*, AcP 172 (1972), 131, 140 ff.

nen, daß versucht wird, das Konditionalprogramm einer Norm in übergeordnete Zusammenhänge zu stellen, um so allgemeinere Konditionalprogramme, in Form von Prinzipien, zu erhalten.[511] Insbesondere wird es sich anbieten, durch einen Vergleich der Realfolgen, diejenige Tatbestandskonkretisierung und demnach auch Rechtsfolgenkonkretisierung vorzunehmen, die dem allgemeineren Konditionalprogrammen am ehesten entspricht.[512] Ferner kann eine Norm bzw. eine Gruppe von Normen durchaus mehr als einen Zweck verfolgen. Diese können sich ergänzen, ausschließen oder auch nur in gegenseitiger Einschränkung verwirklichen lassen.[513]

Erst wenn letzteres nicht möglich sein sollte, wird das Konditionalprogramm durch richterliche Rechtssetzung, die die Rechtsanwendung verdrängt, ersetzt.[514] Um die Flexibilität des Rechts zu sichern, scheint diese Doppelrolle der Judikatur, durch Anwendung des Rechts neues Recht zu formen, unumgänglich.[515]

Diese Unzulänglichkeit des Rechts führt allerdings nicht dazu, die teleologische Auslegung bzw. Begriffsbildung durch eine konkrete Tatbestands-Rechtsfolgenbetrachtung an sich zu verwerfen. Denn das Kommunikationsmodell fordert, mehr oder weniger vage vor allem oftmals auch ambivalente gesetzgeberische Ziele bzw. rechtspolitische Vorstellungen daraufhin zu überprüfen, ob sie ihren Niederschlag in der konkreten Rechtsfolgenanordnung gefunden haben.[516] In Bezug auf das vorliegende Erkenntnisinteresse, die Arbeitnehmerbegriffsbildung,

---

[511] *Alexy*, Theorie, S.299, der dies „Argumentation aus Prinzipien" nennt, was m.E. allerdings nur einen Teilaspekt offenlegt. Vielmehr führt die Herstellung übergeordneter Zusammenhänge zur Notwendigkeit der Auseinandersetzung mit der systemorientierten Argumentation; vgl. unten § 9.

[512] Besonders instruktiv hierzu *Canaris*, Festschrift für Larenz, S.799, 814 ff., 857 ff. Unter Anwendung der dem Bereicherungsrecht zugrundeliegenden Prinzipien, Vertrauensschutz, Risikozurechnung und Abstraktionsprinzip, ermittelt *Canaris* den *Leistungsbegriff* und den *Begriff des Leistenden* beim Bereicherungsausgleich im Dreipersonenverhältnis. Ob demnach in den sog. Anweisungsfällen der Anweisende oder der Angewiesene eine Leistung erbringt, was seinerseits entscheidend für die bereicherungsrechtliche Rückabwicklung ist, bestimmt sich nach einer Rechtsfolgenbetrachtung, die möglichst diejenige Rechtsfolge, die am besten mit den genannten Prinzipien in Einklang zu bringen ist, eintreten läßt.

[513] *Alexy*, Theorie, S.298; *Esser*, Vorverständnis, S.102, und ferner wiederum das bereicherungsrechtliche Beispiel von *Canaris*, Festschrift für Larenz, S.799, 814 ff., zusf. 860 ff., zur wechselseitigen Beschränkung von Vertrauensschutz, Riskozurechnung und Abstraktionsprinzip.

[514] Als Beispiel mag nur die Rechtsprechung des BAG im Bereich des Arbeitskampfrechts dienen.

[515] Ausführend *Simitis*, aaO; ferner *Däubler*, ARSP 1977, 107 ff.; *Haverkate*, S.134 ff.; *Kriele*, S.60 ff.; *Larenz*, Festschrift für Nikisch, S.275, 278 ff.

[516] Insbesondere *Koch/Rüßmann*, S.169, 176, folgern aus dem Demokratieprinzip, daß der Berücksichtigung des *konkreten* gesetzgeberischen Zwecks sowie der *konkreten* Wertsetzung des Gesetzgebers vorrangige Bedeutung auch bei der Tatbestandsbildung zukommt, ähnlich *Haverkate*, S.119 f.

ist von einer Vielzahl konkreter Rechtsfolgen auszugehen, die bei Bejahung des Arbeitnehmerstatus' eintreten. Die allgemeine Kritik an der über das Kommunikationsmodell veranschaulichten teleologischen Begriffsbildung im Wege einer konsequenten Rechtsfolgenbetrachtung vermag demnach noch nicht, die Tauglichkeit hinsichtlich des vorliegenden Untersuchungsgegenstandes zu widerlegen.

2. *Besonderheiten des Statusbegriffs im Rahmen der teleologischen Begriffsbildung*

Während die teleologische Begriffsbildung im dargestellten Sinne die Beachtung des Sinnzusammenhangs von einem Tatbestand und einer Rechtsfolge verlangt, weist der Statusbegriff des Arbeitnehmers die Besonderheit auf, daß an ihn eine Vielzahl von Rechtsfolgen geknüpft ist. Diese Rechtsfolgen ergeben sich aus einer kaum überschaubaren Vielzahl von arbeits- und arbeitsschutzrechtlichen Gesetzen und diese konkretisierenden Rechtsverordnungen, die Aufschluß über den vom Gesetzgeber verfolgten allgemeinen Zweck geben bzw. für die Verwirklichung des allgemeinen gesetzgeberischen Willens repräsentativ sind.[517] Nun ist unmittelbar einleuchtend, daß die hier angestrebte Definition nicht die Zwecksetzung all jener Rechtsnormen unmittelbar berücksichtigen kann. Die Definition muß vielmehr operational, d.h. durch eine konkrete Zahl von Tatbestandsmerkmalen anwendungsgeeignet sein. Dazu erscheint die Einteilung in Rechtsfolgengruppen geeignet.[518] Hieraus sind die maßgeblichen gesetzgeberischen Zwecke zu explizieren, um sodann die Merkmale des Arbeitnehmerbegriffs hiermit abzustimmen bzw. in Beziehung zu setzen. Dabei sollen im Interesse der Anwendbarkeit diejenigen

[517] Fraglich ist allerdings, ob nicht auch der durch Betriebsvereinbarungen und Tarifverträge gewährte Schutz beachtet werden müßte, denn vielfach wird der Gesetzgeber sich gerade angesichts dieses Schutzes durch Kollektivvereinbarungen mit einer Regelung zurückgehalten haben. Dies kann allerdings für die vorliegende Untersuchung außer Betracht bleiben, denn eine Definition scheint auch anhand der aus den Rechtsfolgengruppen der arbeitsrechtlichen Gesetze zu ermittelnden Definition möglich.

[518] So auch Staudinger/*Richardi*, BGB, Vorbem. zu §§ 611 ff., Rn.161 ff.; *Wank*, Arbeitnehmer, S.38 ff., 42: „Rechtsfolgenbündel", wobei *Wank* die von ihm selbst aufgestellten Postulate m.E. selbst nicht konsequent einhält. Die allgemeinste Arbeitnehmerdefinition beinhaltet nach *Wank* (Arbeitnehmer, S.38) z.B. eine Beschäftigung von mehr als 6 Monaten. Die Beschäftigungsdauer ist allerdings bereits eine besondere Voraussetzung zur Anwendbarkeit des KSchG und kann demnach nicht Bestandteil der allgemeinsten Definition sein. *Wank*, Arbeitnehmer, S.179 f., verzichtet später ganz auf eine allgemeine Definition und meint, für jedes arbeitsrechtliche Gesetz gebe es einen eigenen Arbeitnehmerbegriff, in diesem Sinne bereits *Maus*, RdA 1968, 367, 371. Dies ist allerdings weder methodologisch zwingend noch praktikabel. Insbesondere entspricht dies nicht der Regelungstechnik des Gesetzes, das im Rahmen von nicht allgemein anwendbaren Gesetzen, unter Anwendung eines allgemeinen Arbeitnehmerbegriffs lediglich zusätzliche Voraussetzungen aufstellt. Insoweit konsequenter Staudinger/*Richardi*, aaO. Rn.175 und 178, der von einem einheitlichen Arbeitnehmerbegriff ausgeht, der relativ bzw. offen ist und demnach dazu führen kann, daß einzelne Rechtsfolgen aus teleologischen (oder verfassungsrechtlichen Gründen) nicht anwendbar sind.

Rechtsfolgen bzw. Rechtsfolgengruppen außer Acht gelassen werden, die eher selten Anwendung finden und zudem qualifizierte Anforderungen stellen, die wesentlich über die Erfüllung des Grundtatbestandes hinausgehen.

Die Eigenschaft des Arbeitnehmerbegriffs als Statusbegriff über die Anwendbarkeit eines gesamten Rechtsgebietes zu entscheiden, hat eine für die Begriffsbildung entscheidende methodologische Bedeutung, die allerdings von der Begriffsanwendung zu unterscheiden ist. Wird der Begriff möglichst durch Berücksichtigung eines überwiegenden Teils der arbeitsrechtlichen Rechtsfolgen gebildet, so werden die arbeitsrechtlichen Rechtsfolgen auch im Regelfall anwendbar sein. Dem steht jedoch nicht entgegen, daß aus teleologischen Gründen einzelne Rechtsfolgen im konkreten Rechtsfall nicht angewendet werden können.[519] Ein starres Alles-oder-Nichts-Prinzip läßt sich methodologisch nicht begründen.

Dieser Besonderheit des Arbeitnehmerbegriffs kommt nicht nur im Rahmen der teleologischen Begriffsbildung Bedeutung zu. Da die Entscheidung über das Vorliegen der Arbeitnehmereigenschaft dazu führt, daß ein gesamter Regelungsbereich prinzipiell Anwendung finden kann, liegt es nahe, die teleologische Begriffsbildung um Bezüge aus dem Rechtssystem zu erweitern. Wie sich noch zeigen wird, kommt im Rahmen der systemorientierten Begriffsbildung der Bildung von Rechtsfolgengruppen eine Bedeutung zu, die allerdings noch über die eben geschilderte hinaus geht. Von daher ist es aus Gründen der Übersichtlichkeit angebracht, erst in diesem Zusammenhang die konkret erforderliche Ermittlung der relevanten Rechtsfolgengruppen vorzunehmen. Vorab sollen jedoch noch kurz weitere Anforderungen, soweit es auf diese in der späteren konkreten Rechtsfindung ankommt, dargestellt werden.

V. Funktion des Bezugs- bzw. Abgrenzungsbereichs

Bei der Begriffsbildung ist zu berücksichtigen, daß die Definition nicht nur von den angestrebten Rechtsfolgen abhängig ist, sondern darüber hinaus vom Abgrenzungsobjekt.[520] Eine Definition bzw. die Begriffsbildung findet nicht bezugslos, sondern vielmehr relativ statt.[521] Stets geht es um die Begründung der einen *oder* der anderen Rechtsfolge. Nur aus dem Vergleich der Rechtsfolgen läßt sich der Sachverhalt so zuordnen, daß dem gesetzlich verfolgten Zweck, der aus dem Zweckprogramm folgt, entsprochen wird bzw. eine möglichst weitgehende Annä-

---

519 In diesem Sinne bereits *Hilger*, RdA 1989, 1, 6; *Zeuner*, RdA 1975, 84, 87 f.; *Zöllner*, RdA 1969, 65, 67 ff.; Ansätze ebenfalls bei *Hueck*, RdA 1969, 216, 219.

520 Ebenso *Wank*, Begriffsbildung, S.3, 151 f.; *ders.*, Arbeitnehmer, S.1 f.; *ders.*, NZA 1999, 225, 228; *Zippelius*, Festschrift für Engisch, S.224, 226, 230.

521 In diesem Sinne bereits *Denck*, ZfA 1981, 205 ff. mit instruktiven Beispielen.

herung erfolgt.[522] Demnach ist für die Begriffsbildung die konkret verfolgte Fragestellung entscheidend.

Deshalb kann bei der Abgrenzung des Arbeitnehmers vom Selbständigen oder des Arbeitnehmers vom reinen Gesellschafter[523] oder schließlich bei der insbesondere im Rahmen der vorliegenden Arbeit interessierenden Abgrenzung des Arbeitnehmers vom „anders beschäftigten" Rehabilitanden jeweils besonderen Rechtsfolgengruppen vorrangige Bedeutung zukommen.[524] Das ändert nichts daran, daß das Gesetz zunächst von einem einheitlichen Arbeitnehmerbegriff ausgeht. Vielmehr geht es darum, den Arbeitnehmerbegriff in problematischen Fällen, den sog. Randbereichen, denen allerdings häufig typische Konstellationen zugrunde liegen, speziell hinsichtlich dieser Abgrenzung zu erweitern bzw. zu konkretisieren. Insbesondere ist hinsichtlich der vorhandenen Definitionen in Rechtsprechung und Literatur zu beachten, daß diese sich im wesentlichen mit der Abgrenzung des Arbeitnehmers vom Selbständigen befassen. Daß die Rehabilitationsverhältnisse, die bereits dargestellt wurden, allerdings nicht dem klassischen Selbständigenrecht zuzuordnen sind, ist offensichtlich. Deshalb hilft auch beispielsweise die Fragestellung, ob gegebenenfalls ein Unternehmerrisiko freiwillig übernommen wurde[525], nicht weiter.

Der Bezugspunkt muß im Rahmen der vorliegenden Arbeit der sozialrechtlich geförderte Rehabilitand sein. Daß die Initiative zur Beschäftigung eines Rehabilitanden sozialrechtlich motiviert ist, ergibt sich aus der oben dargestellten Bestandsaufnahme. Ferner ist bereits jetzt eine enge rechtliche Beziehung zum Sozialrecht, nicht nur bei der Begründung des Rechtsverhältnisses, sondern auch währenddessen feststellbar. Die Abgrenzung des Arbeitnehmerbegriffs zum sozialrechtlich beschäftigten Rehabilitanden weist nun allerdings die Besonderheit auf, daß die Abgrenzung sich nicht auf eine Begriffsabgrenzung reduzieren läßt, denn der Begriff des sozialrechtlich beschäftigten Rehabilitanden weist, im vorliegend interessierenden Zusammenhang, normativ keine Konturen auf. Im Gegensatz zum Selbständigenbegriff, der bei seinem Vorliegen bestimmte privatrechtliche Rechtsfolgen nach sich zieht, ist der Begriff des Rehabilitanden unter dem Gesichtspunkt des Rechtsverhältnisses zur Rehabilitationseinrichtung bislang inhaltsleer.[526] Des-

[522] Als vorrangigen Prüfungspunkt sieht beispielsweise Staudinger/*Peters*, BGB, Vorbem. zu §§ 631 Rn.24, einen konkreten Rechtsfolgenvergleich zur Abgrenzung des Dienst- vom Werkvertrag als erforderlich an.

[523] Dazu *Wank*, Arbeitnehmer, 363 ff., 388.

[524] In der im *Zweiten Teil* dargestellten Literatur, die sich um die vorliegend interessierende Fragestellung bemüht, findet dieses Erfordernis lediglich bei *Dörner*, SchwbG, zu § 54 b Anm. 3. a., Berücksichtigung.

[525] So insbesondere der Ansatz von *Wank*, Arbeitnehmer, passim; *ders.*, DB 1992, 90, 91 ff.

[526] Vgl. hierzu die in § 5 und § 6 dargestellte Beurteilung des Rechtsverhältnisses zwischen Rehabilitand und Rehabilitationseinrichtung. Der Inhalt des wohl überwiegend vertretenen pri-

halb kann über die bloße Begriffsbildung, mangels eines hinreichend konturierten Abgrenzungsobjekts, kein befriedigendes Ergebnis erwartet werden. Vielmehr wird es erforderlich sein, von der unteren Ebene der Begriffsbildung auf die höhere Ebene der Systembildung zu gehen, um so den Inhalt des zum Arbeitsverhältnis alternativen Rechtsverhältnisses ermitteln zu können.

VI. Zusammenfassung

Daß es sich bei dem Arbeitnehmerbegriff um einen Typusbegriff handelt, ist nur insoweit von Bedeutung, als aus der Natur der Sache ein stärkerer Bezug zur Rechtswirklichkeit hergestellt werden kann. Daraus folgt, daß unter Umständen tatsächliche Erscheinungsformen zur Begriffsbildung herangezogen werden können, soweit sie typischerweise bei Anwendung arbeitsrechtlicher Vorschriften vorliegen und im Rahmen des Zweckprogramms vom Gesetzgeber vorausgesetzt wurden.

Der Begriff des Arbeitnehmers als Rechtsbegriff ist ferner teleologisch in dem Sinne zu bilden, daß in Abgrenzung zum sozialrechtlich abgesicherten, ggf. privatrechtlich beschäftigten Rehabilitanden, die Begriffsmerkmale des arbeitsrechtlich beschäftigten Rehabilitanden herauszuarbeiten sind. Da der Begriff des nicht als Arbeitnehmer beschäftigten Rehabilitanden selbst noch keinen hinreichend deutlichen Begriffsinhalt aufweist, ist der Erkenntniswert einer ausschließlich am Begriff orientierten Rechtsfindung vorliegend begrenzt. Es wird deshalb im folgenden im Rahmen einer systemorientierten Betrachtung der Status des Arbeitnehmers gegenüber dem Status des anders beschäftigten Rehabilitanden herausgearbeitet.

§ 9 Die Argumentation aus dem System

A. Methodologische Einordnung der systemorientierten Argumentation

Das Auffinden eines Systems im Recht ist *die* Aufgabe der juristischen Dogmatik bzw. noch allgemeiner: Rechtswissenschaft ist Systembildung.[527] Neben dieser allgemeinsten Begründung ergibt sich die Notwendigkeit einer Auseinandersetzung mit der systemorientierten Argumentation daraus, die aus der Vielfältigkeit sozialer Gegebenheiten folgende Zergliederung und Zersplitterung des Rechts methodologisch zu erfassen und das Rechtssystem handhabbar zu machen.[528] Dies erfolgt

---

vatrechtlichen Rechtsverhältnisses eigener Art wird nur selten angegeben, scheint sich jedoch aus einer Mischung von Arbeits-, allgemeinem Privat- und Sozialrecht zusammenzusetzen.

527 Statt vieler *Esser*, Vorverständnis, S.90 ff., 97 ff.; *Pawlowski*, ZfA 1974, 405, 429 ff.; *Peine*, S.11.

528 Der Absage an den Versuch, das Recht in seinen Zusammenhängen zu erfassen, kann auch angesichts einer insbesondere in den letzten Jahrzehnten feststellbaren Normenflut (rund 400

durch eine Rahmenerweiterung, d.h. durch das Abstellen auf übergeordnete Zusammenhänge, was teilweise als *Makrodogmatik* bezeichnet wird.[529] Diese Rahmenerweiterung ermöglicht es, sich quasi wieder von oben nach unten zu arbeiten, um so die Verbindung zwischen Zweck- und Konditionalprogramm zutreffend zu erfassen.[530] Im Rahmen der vorliegenden Untersuchung ist diese Rahmenerweiterung vor allem deshalb erforderlich, um den Begriff des nicht arbeits- oder ausbildungsrechtlich beschäftigten Rehabilitanden überhaupt einordnen zu können.

Dabei besteht die Aufgabe der Systembildung nicht darin, die Rechtswissenschaft auf einem bestimmten Stand zu fixieren, sondern, den Gesamtzusammenhang aller derzeitigen Erkenntnisse offenzulegen, ihre Abstimmung aufeinander zu gewährleisten und so insbesondere die Feststellung zu erleichtern, welche Rückwirkungen eine Veränderung (der Erkenntnis oder des Gegenstandes) in einem bestimmten Punkt auf Grund des Gebots der inneren Konsequenz an anderen Stellen hat.[531]

Im Hinblick auf das vorliegende Erkenntnisinteresse scheint die Auseinandersetzung mit Systembezügen angebracht, weil die zu beurteilenden Rechtsverhältnisse, wie bereits festgestellt, an einer Schnittstelle zwischen Privatrecht, ggf. Arbeitsrecht, und öffentlichem Recht, insbesondere dem Sozialrecht liegen. Es geht insgesamt nicht darum, die eine oder andere Rechtsnorm anzuwenden, sondern vielmehr darum, die Rechtsverhältnisse der Rehabilitanden einem ganzen Rechtsbereich zu unterstellen.[532] Deshalb scheint der Versuch vielversprechend zu sein, systemorientierte Bezüge herzustellen, um so letztlich auch die relative Unergiebigkeit vorherrschender Abgrenzungsmethoden, insbesondere der Begriffsbildung, auszugleichen.

Eine Begründung aus dem System kann nicht nur methodologisch einen hohen Wert haben, sondern darüber hinaus erhebliche praktische Konsequenzen aufweisen. Denn das Rechtssystem bindet nicht nur Rechtsprechung und Wissenschaft, sondern in gewissem Umfang über Art.3 Abs.1 GG auch den Gesetzgeber.[533]

Erst- und Änderungsgesetze innerhalb eines Vierteljahresturnus, vgl. *Schneider*, ZRP 1998, 323, 324) nicht gefolgt werden. Vielmehr ergibt sich hieraus, wie sich noch zeigen wird, eine gesteigerte Notwendigkeit zum Versuch einer Systembildung.

[529] In diesem Sinne ausf. *Bydlinski*, JBl 1996, 683 ff., 686 ff.

[530] Methodologisch handelt es sich demnach um den entgegengesetzten Weg, der im Rahmen der in § 8 E.IV. dargestellten teleologischen Begriffsbildung eingeschlagen wurde.

[531] *Canaris*, Systemdenken, S.62; *Larenz*, Methodenlehre, S.437; nach *Fikentscher* besteht die Aufgabe des Systems noch allgemeiner darin, „Begründungen zu liefern", Methoden, Bd. IV, S.104; ausf. v.Mangoldt/Klein/*Starck*, GG, Art.3 Rn.44 ff.; ferner *Wank*, Arbeiter und Angestellte, S.24.

[532] Das besagt nicht, daß jede Rechtsfolge aus dem Systembereich auch auf das Rechtsverhältnis anwendbar ist. Vielmehr obliegt diese konkrete Aufgabe dann der teleologische Rechtsfindung im Einzelfall.

[533] St. Rspr. des Bundesverfassungsgerichts, vgl. aus neuerer Zeit z.B. E 61, 138; 68, 237; 76, 130 und ausführlicher unten unter B. Aus der Literatur *Bydlinski*, System, S.33; *Canaris*,

Dogmatisch gesehen weist *Esser* deshalb zutreffend darauf hin, daß das System nicht Ursprung, sondern Rahmen und Kontrolle von Gerechtigkeitsvorstellungen und Abwägung positivrechtlich möglicher und sinnvoller Regelungen ist.[534] Dies kann freilich, wie sich noch zeigen wird, nicht nur für die Einordnung von Einzelregelungen und der dazugehörigen Lebenssachverhalte *innerhalb* eines Regelungskomplexes gelten, sondern muß darüber hinaus auch für die Zuordnung einzelner Lebenssachverhalte *zu* einem Regelungskomplex gelten. Zunächst sind allerdings die methodologische Bedeutung einerseits und die verfassungsrechtliche Bedeutung der Argumentation aus dem System andererseits strikt zu trennen.[535]

Eine Argumentation aus dem System ist vielfach anzutreffen, ohne daß allerdings zumeist offengelegt wird, was unter einem juristischen System verstanden wird, vielmehr äußerst unterschiedliche Systemverständnisse zugrunde gelegt werden.[536] Es ist festzustellen, daß die Argumentation mit bzw. aus dem System eher topischen Charakter hat und ein übergeordnetes methodologisches Konzept nur schwer erkennen läßt.[537] Bereits die verfassungsrechtlich möglichen Folgen systemwidriger Regelungen erfordern eine möglichst exakte Bestimmung des maßgeblichen Systembegriffs, d.h. woran letztlich die streitigen Regelungen zu messen sind. Die verfassungsrechtlichen Folgen einer Systemwidrigkeit sollen deshalb zunächst kurz dargestellt werden, denn auch das methodologische Konzept einer systemorientierten Argumentation, das zwar zunächst eigenständig ist, muß aber insbesondere im Hinblick auf seine praktische Relevanz verfassungsrechtliche Konsequenzen berücksichtigen.

RdA 1997, 267, 271; *ders.*, Systemdenken, S.121 ff.; *Kirchhof*, in HdbStR, Bd.V, § 124 Rn.223; *Korinek*, Festschrift für Melichar, S.49; v.Mangoldt/Klein/*Starck*, GG, Art.3 Rn.45 f. jeweils m.w.N.

[534] *Esser*, Vorverständnis, S.101.

[535] In diesem Sinne auch *Zippelius*, VVDStRL 47 (1989), 7, 30.

[536] So auch der Befund von *Bachof*, VVDStRL 30 (1972), 193, 224; *Bydlinski*, System, S.60; *Fikentscher*, Methoden, Bd.IV, S.85; *Pawlowski*, Methodenlehre, Rn.160.

[537] Wohl zutreffend *Bieback*, SGb 1989, 46, 50, der feststellt, daß es zum Systembegriff „kein auch nur halbwegs stimmiges generelles Konzept" gebe. Vgl. die Verwendung von systemorientierten Argumenten im Hinblick auf den Untersuchungsgegenstand bei *Naendrup*, Rechtsfragen, S. 54 ff.; und ferner *Fabricius/Gammelin*, die eine Beurteilung der Rehabilitationsverhältnisse als Arbeitsverhältnisse aus systemimmanenten Gründen ablehnen und auch eine solche Zuordnung de lege ferenda als nicht systemgerechte Lösung ablehnen, vgl. z.B. S. 245, 251, 257, 260, 291. Weitere Ansätze zu einer systemorientierten Argumentation finden sich auch bei *Schulin*, Neumann u.a., S.143 f.

B. Verfassungsrechtliche Folgen einer Systemwidrigkeit

Das Bundesverfassungsgericht ging zunächst ausdrücklich davon aus, daß eine systemwidrige Regelung einen Verstoß gegen Art.3 GG darstellen könne.[538] Eine gesetzliche Regelung müsse sich dem ursprünglichen System des Gesetzes, seinem Sinn und Zweck harmonisch einfügen und dürfe nicht wesensfremd sein. Systemwidrig sei eine Regelung, die von der vom Gesetz selbst statuierten Sachgesetzlichkeit abweiche.[539] Eine systemwidrige Regelung stelle ein Indiz für die Willkürlichkeit einer Regelung dar, wobei allerdings ein Verstoß gegen das Willkürverbot nur dann anzunehmen sei, wenn sich weder aus der Natur der Sache, noch sonst durch einen einleuchtenden Grund die Regelung rechtfertigen ließe. Letzteres folge daraus, daß der Gesetzgeber neuartige Regelungen schaffen dürfe.[540] Auch die Gerichte sollten das System des Gesetzes nicht verlassen, können aber mit systemimmanenten Mitteln das Recht weiterentwickeln.[541] In neueren Entscheidungen wird allerdings betont, daß die Systemwidrigkeit an sich nicht zur Verfassungswidrigkeit einer Regelung führen müsse, sich vielmehr aus der Verfassung selbst, d.h. Art.3 GG, die Vereinbarkeit einer gesetzlichen Regelung mit dem Verfassungsrecht ergebe.[542] Dem prinzipiellen Ansatz des Bundesverfassungsgerichts, daß eine systemwidrige, widersprüchliche Regelung einen Verstoß gegen Art.3 GG darstellen kann, wird in der Rechtsprechung vor allem vom BSG gefolgt[543] sowie in der Literatur überwiegend zugestimmt.[544]

---

[538] BVerfGE 7, 129 (152); 9, 20 (28); 9, 237 (243); 9, 338 (349); 11, 283 (293); 13, 31 (38); 13, 331 (339 f.); 18, 264 (273); 18, 315 (333); 18, 366 (374); 22, 163 (169); 34, 103 (115); 27, 220 (227); 34, 118 (129); 34, 269 (292); 36, 383 (394); 43, 13 (23 f.); 56, 192 (215); 59, 36 (49); 59, 231 (260).

[539] Z.B. BVerfGE 34, 103 (115).

[540] BVerfGE 18, 264 (273); 18, 315 (333).

[541] BVerfGE 34, 269 (292).

[542] Seit BVerfG 60, 16 (42 f.); 61, 138 (148 f.); 68, 237 (250); 75, 78 (107); 76, 130 (140); 81, 156 (207). Inhaltlich scheint das Bundesverfassungsgericht an der bisherigen Rechtsprechung festzuhalten, allerdings verstärkt im Zusammenhang mit dem Rechtsstaatsprinzip und unter dem Gedanken der Widerspruchslosigkeit und Folgerichtigkeit: vgl. aus jüngerer Zeit: BVerfG NJW 1996, 2086 (Versteuerung von Einkünften aus einem Bordell); BVerfG EuGRZ 1991, 121, 131 (Enteignungsentschädigungen auf dem Gebiet der ehemaligen DDR); jüngst BVerfG NJW 1998, 2341 und NJW 1998, 2346 (kommunale Verpackungssteuer); dagegen *Sendler*, NJW 1998, 2875 ff. Angesichts der Tatsache, daß der Maßstab des Bundesverfassungsgerichts zur Feststellung einer Systemwidrigkeit ohnehin ungeklärt blieb bzw. wechselnde Bezugspunkte verwendet wurden, kann die Vorsicht des Bundesverfassungsgerichts bzw. das Zurückziehen auf konkrete Vorschriften des Verfassungsrechts zur Begründung eines Verfassungsverstoßes nicht überraschen. Ob eine Systemwidrigkeit einen Verstoß gegen Art.3 GG darstellt, hätte eine Klärung des Systemverständnisses vorausgesetzt. Dies ist noch nicht einmal in der rechtswissenschaftlichen Forschung bislang annähernd konsensfähig gelungen, wie sich sogleich zeigen wird.

[543] Vgl. nur BSGE 25, 165 (168); 38, 149 (159); 40, 292 (293 f.); 41, 157 (159 f.).

[544] *Battis*, Festschrift für Ipsen, S.15 ff., 26 ff.; *Bieback*, SGb 1989, 46, 49 f.; *Bydlinski*, System, S.33; *Canaris*, RdA 1997, 267, 271; *ders.*, JZ 1987, 993, 996; *ders.*, Systemdenken, S.125 ff.;

C. Systembegriff in der Rechtswissenschaft

Entsprechend den oben bereits dargestellten methodologischen Grundsätzen muß auch bei der Systembildung das Erkenntnisinteresse die Methode bestimmen, d.h. sie muß anwendungsadäquat sein.[545] Die demnach hier vorzunehmende Systembildung ist auszurichten und insoweit auch begrenzt auf den zu erwartenden Nutzen für die Abgrenzung bzw. Einordnung der im *Ersten Teil* dargestellten Rechtsverhältnisse der Rehabilitanden zu Rehabilitationseinrichtungen.

Da Gegenstand der Arbeit keine umfassende methodologische Untersuchung der bisher entwickelten Systembegriffe sein kann[546], werden die wesentlichen Strömungen untersucht und auch diese nur insoweit als sie für die vorliegende Arbeit Erkenntnisse hervor bringen können. Allerdings erscheint es zum Verständnis der hiesigen Auffassung notwendig, insbesondere auch zur terminologischen Klärung, in der Wissenschaft diskutierte Systemverständnisse anzusprechen.

I. Das „logisch-axiomatische" System

Unter einem logisch-axiomatischen System versteht man in der Mathematik ein System, das ausgehend von nicht weiter ableitbaren, logisch verträglichen Grundvoraussetzungen bzw. Begriffen umfassend alle Probleme, die sich in einem be-

---

Strick/*Colneric*, RdA 1998, 228, 230; *Degenhardt*, Systemgerechtigkeit, S.49 ff., 79 ff., 87 ff.; *Dürig* in Maunz-Dürig zu Art.3 GG Rn.313 a; *Hesse*, Rn.439; *ders.*, AöR 109 (1984), 174, 188; *Hoppe*, DVBl 1971, 473, 477; *Hsu*, S.53, 65 ff.; Schmidt-Bleibtreu/Klein-*Kannengießer*, GG, Art.3 GG Rn.16 a; *Katzenstein*, VSSR 1982, 167, 178 ff.; *Kirchhof*, HdbStR, Bd.V, § 124 Rn.231 ff.; *ders.*, NJW 1987, 2345, 2356; *Lerche*, Festschrift für Zeidler, S.557, 560 f.; *ders.*, DÖV 1961, 486 ff.; *Meessen*, DÖV 1970, 314, 316; *Merten* in: Schulin HS-KV, § 5 Rn.104 ff.; *Ossenbühl*, VVDStRL 29 (1971), 137, 183 f., 207 f.; *Osterloh* in: Sachs, GG, zu Art.3 Rn.98 f.; *Rupp*, Festschrift BVerfG, S.364, 380 f.; *Schoch*, DVBl 1988, 863, 878 f.; *Scholz/Pitschas*, Festschrift Bundessozialgericht, S.627, 640, 664 f., 666; *Selmer*, AöR 101 (1976), 399, 453 ff.; v.Mangoldt/Klein/*Starck*, GG, Art.3 Rn.44 ff.; *Tipke*, BB 1973, 157, 158; *ders.*, Festschrift für Wacke, S.211, 213 ff.; *Wank*, Arbeitnehmer, S.383; *ders.*, NZA 1999, 225, 228; *Zippelius*, VVDStRL 47 (1989), 7, 24, 27, 30 f.; ähnlich *Görg*, DVBl 1969, 772, 773 ohne Bezug auf Art.3 GG; stärker differenzierend *Ebsen,* in: Schulin HS-RV, § 5 Rn.1; Dreier/*Heun*, GG, zu Art.3 Rn.34; *Peine*, S.23 ff. und S.125 f.; BK-*Rüfner*, GG, zu Art.3 Rn.38 f.; *Schuppert*, Festschrift für Zeidler, S.691, 713 f.; *Wendt*, NVwZ 1988, 778, 783, die i.E. von einer möglichen allerdings nicht generellen verfassungsrechtlichen Relevanz einer systemwidrigen Regelung ausgehen; kritisch Wolff/Bachof/*Stober*, VerwR I, § 22 Rn.72; gänzlich ablehnend: *Gusy*, NJW 1988, 2505, 2508; *Haverkate*, S.123 ff.; *Kriele*, S.97 ff.

[545] *Bydlinski*, System, S.35; *Engisch*, Festschrift für Larenz, S.146 m.w.N.

[546] Diese findet sich ausf. bei *Fikentscher*, Methoden, Bd.IV, S.84 ff., 97 ff., dessen anthropologischen und kulturvergleichenden Ausführungen m.E. allerdings häufig zu stark verallgemeinern. Ferner ausführlich *Bydlinski*, System, S.2 ff. mit umfangreichen Nachweisen sowie aus der älteren Literatur *Coing*, Geschichte und Bedeutung des Systemgedankens, S.26 ff.

stimmten Zusammenhang stellen, mit Mitteln der Logik lösen kann. Jede Problemlösung läßt sich unmittelbar aus dem durch die Axiome gebildeten System deduzieren.[547]

Diese Systembildung ist für die Rechtswissenschaft von vornherein weder erstrebenswert noch praktikabel.[548] Zum einen ist dieses System bereits nicht erstrebenswert, denn Axiombildung erzeugt ein starres und vor allem beliebiges System, das sich nur schwerlich den sich ändernden gesellschaftlichen Anforderungen anpassen kann. Praktikabel ist ein logisch-axiomatisches System deswegen nicht, weil die Vielfalt der Rechtsprobleme mit der entsprechenden Vielfalt der korrespondierenden Rechtsvorschriften und vor allem der innerhalb der Probleme zu Tage tretenden Interessengegensätze sich nicht in von außen festgelegte Axiome pressen lassen. Ferner wird die Aufgabe des Gesetzgebers verkannt, beständig Wertentscheidungen zu treffen, die dem Rechtsbegriff erst seinen konkreten Inhalt geben.

Dies bedeutet nicht, daß systemorientierte Arbeit sich nicht an den Regeln der Logik messen lassen muß, es handelt sich hierbei allerdings nicht um eine formale Logik, sondern um eine normgebundene Sachlogik, die das Wesen der spezifisch juristischen Logik ausmacht.[549] Dieser Unterschied soll besonders hervorgehoben werden, um von vornherein Mißverständnisse zu vermeiden.[550]

---

[547] Das Rechtssystem als logisches System geht auf die Begriffsjurisprudenz zurück, die in ihrem pandektisch-dogmatischen bzw. positivistischen Denken aus einem geschlossenen System formaler Rationalität die (vermeintlich) richtige Lösung zu deduzieren suchten, so insbes. *Stammler*, Theorie der Rechtswissenschaft, 1923, S.222 f, und Lehrbuch der Rechtsphilosophie, 1928, S.278 ff. m.w.N. sowie *Windscheid*, Lehrbuch des Pandektenrechts, 9.Aufl., 1906, S.111: „Die Entscheidung ist Resultat einer Rechnung bei welcher die Rechtsbegriffe die Faktoren sind"; aber auch aus neuerer Zeit *Klug*, S.172 ff.; ausf. bereits *Heck*, S.163 ff.; aus neuerer Zeit *Borowski*, S.23 f.; *Esser*, Vorverständnis, S.87 f., 94 f.; *Pawlowski*, JuS 1976, 351, 352 f.; *Peine* S.69 f., jeweils m.w.N.; ferner *Coing*, Geschichte und Bedeutung des Systemgedankens, S.26 f., der diesen Systembegriff als *engeren* bzw. *strengen* bezeichnet.

[548] In diesem Sinne *Alexy*, Theorie, S.329; *Arndt*, NJW 1963, 1273, 1277; *Bachof*, VVDStRL 30 (1972), 193, 198; *Borowski*, S.23; *Bydlinski*, Methodenlehre, S.142; *ders.*, System, S.27 ff.; *Canaris*, Systemdenken, S.21: „von vornherein zum Scheitern verurteilt" m.w.N.; *Diederichsen*, NJW 1966, 697, 699 f.; *ders.*, Festschrift für Flume, S.283, 299; *Engisch*, Festschrift für Larenz, S.125, 148 ff. m.w.N.; *Larenz*, Methodenlehre, S.166: „nicht möglich", sowie S.489; *Müller*, Rn.81 ff.; *Peine*, S.31, 67 Fn.14; *Stern*, in HdbStR V, § 109 Rn.28, zum Grundrechtssystem.

[549] *Diederichsen*, Festschrift für Flume, S.283, 285 ff.; *Esser*, Vorverständnis, S.73, 106 ff. m.w.N.; *Müller*, Rn.396 m.w.N.; ähnlich *Bydlinski*, System, S.29, ferner S.39 ff. Lediglich in kleinen Teilbereichen wird darüber hinaus eine axiomatisch-deduktive Rechtsgewinnung möglich sein, wie *Koch/Rüßmann*, S.14 ff., vor allem an Beispielen aus dem Bereich des Strafrechts zeigen. Im Rahmen größerer Zusammenhänge wird dieser Ansatz der Rechtsgewinnung allerdings nicht genügen.

[550] In diesem Sinne zu eng *Viehweg*, der in starrer Abgrenzung das topische und das systematische Denken gegenüberstellt: Die Stärke des topischen Denkens sei ein am konkreten Prob-

II. Das System der Lebensverhältnisse

Vorstellbar ist auch eine Systembildung anhand von Lebensverhältnissen.[551] So könnte dem Lebenssachverhalt des Arbeitnehmers das Arbeitsrecht zugeordnet werden. Allerdings würde diese Sichtweise vernachlässigen, daß die zu regelnden Lebenssachverhalte zunächst lediglich Objekt der Rechtsordnung sind. Ob beispielsweise das Arbeiten eines Menschen dem Arbeitsrecht zuzuordnen ist oder dem Beamtenrecht, ist eine Frage, die die Rechtsordnung beantwortet. Erst die Zuordnung bestimmter Lebenssachverhalte zu bestimmten Regelungsvorschriften gibt dem Lebenssachverhalt seine spezifische rechtliche Relevanz. Somit stellte eine Systembildung anhand von Lebensverhältnissen mit den dazu gehörigen Normen ein ergebnisorientiertes Vorgehen dar, das die vorgelagerte rechtliche Wertentscheidung bzw. gesetzgeberische Zwecksetzung ausklammert.[552]

Zu berücksichtigen ist allerdings, daß die Lebensverhältnisse ihren Niederschlag vielfach im sogleich zu besprechenden äußeren System gefunden haben und der rechtlichen Regelungsstruktur eine gewisse Ordnung bereits vorgeben, weitergehende Erkenntnisse über innere Zusammenhänge der Rechtsordnung allein allerdings nicht vermitteln können.[553]

---

lem orientiertes Denken, das unter Herausbildung von Topoikatalogen zu einer flexiblen Problemlösung gelangen möchte und sich deshalb primär als Argumentationssystem versteht (S.31 f., 41 ff., 115 f. und passim; *ders.*, in Diemer (Hrg.), S.96, 98 f., 104). Demgegenüber sei die Problemlösung bei der systemorientierten Rechtsfindung bereits durch das logisch-axiomatische Rechtssystem vorgegeben und demnach nicht mehr am Problem orientiert (S.43 f., 82 f. und passim; *ders.*, in Diemer (Hrg.), S.96, 102 f.; ebenso *Arndt*, NJW 1963, 1273, 1277). Dieses unzutreffende Systemverständnis, daß als Legitimation für topisches Denken dient, wurde vielfach ebenso wie der vermeintliche Gegensatz von System und Topik widerlegt. Der Topik als Methode kommt eine eher untergeordnete, vor allem in der Rechtspraxis anzutreffende Bedeutung zu, weshalb auf eine vertiefte Auseinandersetzung mit der topischen Methode verzichtet wird, vgl. hierzu nur *Böckenförde*, NJW 1976, 2089, 2091 ff.; *Bydlinski*, System, S.58 ff.; *ders.*, Rechtsfindung, S.18 f. m.w.N.; *Canaris*, Systemdenken, S.132 ff.; *Diederichsen*, NJW 1966, 967 ff.

551 Ansätze in diese Richtung finden sich bei *Heck*, S.149 f., 158, die im folgenden allerdings hinter ein System der Konfliktentscheidungen zurücktreten. Vgl. auch *Canaris*, Systemdenken, S.34.

552 In diesem Sinne *Bydlinski*, JBl 1996, 683, 688 f.

553 Zu diesem Zusammenhang *Canaris*, Systemdenken, S.35; *Coing*, Geschichte und Bedeutung des Systemgedankens, S.26, 27 f.; *Degenhart*, Systemgerechtigkeit, S.3 Fn.10; *Dürig* in Maunz-Dürig, GG, zu Art.3 Rn.312 f.; *Kirchhof*, in HdbStR, Bd.V, § 124 Rn.213 ff.; *Peine*, S.63; insbesondere *Wank*, Begriffsbildung, S.143 f. weist in diesem Zusammenhang zu recht darauf hin, daß insbesondere bei der ontologischen Methode die Gefahr bestehe, bei Feststellung bzw. Beschreibung der Wirklichkeit die juristische Wertung hinsichtlich des spezifischen Regelungsinteresses zu vernachlässigen.

III. Das „äußere System“

Soweit die juristische Praxis bzw. gerade auch juristische Laien das systematische Denken von Juristen herausstellen oder das Rechtssystem wegen seiner Strukturiertheit und vermeintlichen Logik hervorheben, wird häufig das sogenannte formale bzw. „äußere“[554] System in den Vordergrund gerückt.[555] Dieses besteht im wesentlichen aus der formalen Organisation bzw. der äußeren Anordnung der Gesetze und der zahlreichen begrifflichen Einteilungen, insbesondere in Form klassifikatorischer Begriffe.[556] Es dient zunächst der Orientierung und ist insoweit auch unverzichtbar für die Rechtsanwendung. So sind Fragen hinsichtlich des sozialrechtlichen Verwaltungsverfahrens entweder im jeweiligen fachspezifischen Gesetz geregelt, z.B. die Datenerhebung des Arbeitsamtes in § 42 SGB III und ergänzend im allgemeinen Verwaltungsverfahrensgesetz für das sozialrechtliche Verwaltungsverfahren (§§ 67 a ff. SGB X). Innerhalb eines Rechtsgebietes, besonders anschaulich im öffentlichen Recht, sind die allgemeinen Sachregelungen häufig in quasi vor die Klammer gezogenen allgemeinen Gesetzen und die speziellen Regelungen in Spezialgesetzen zu finden, wie auch die meisten Gesetze in einen vorangestellten allgemeinen Teil und einen oder mehrere daran anschließende besondere Teile gegliedert sind.

Bei der Frage, ob dem Recht ein bestimmtes System zugrundeliegt, wird allgemein bei diesem äußeren System nicht verharrt, denn von ihm werden meist nur wenige Erkenntnisse erwartet, wenngleich die systematische Auslegung in Ausbildung[557], Literatur[558] und Rechtsprechung im oben dargestellten Sinne häufig gerade an dieses System anknüpft.[559] Dies liegt allerdings mehr am didaktischen Wert des äußeren Systems und weniger am Wert für die Erkenntnisgewinnung.[560]

---

[554] Der Begriff des äußeren Systems stammt von *Heck*, S.142 f. Er wird in diesem Sinne in der Literatur überwiegend verwandt, vgl. z.B. *Bachof*, VVDStRL 30 (1972), 193, 225 ff.; *Canaris*, Systemdenken, S.19; *Diederichsen*, MDR 1964, 889, 890; *Fikentscher*, Methoden, Bd.IV, S.102 f.; *Larenz*, Methodenlehre, S.437. Die vorliegende Arbeit hält sich an diesen Sprachgebrauch.

[555] So auch der Befund von *Fikentscher*, Methoden, Bd.III, S.648, mit Nachweisen und Beispielen; ferner *Larenz*, Methodenlehre, S.439 f.

[556] Vgl. nur *Canaris*, Systemdenken, S.19; *Bydlinski*, Rechtsfindung, S.20 ff.; *Larenz*, Methodenlehre, S.165, 437 ff.

[557] Vgl. z.B. *Engisch*, Einführung, S.86; *Koch/Rüßmann*, S. 122.

[558] Vgl. auch *Naendrup*, Rechtsfragen, S.56: *Naendrup* unterscheidet zwischen der systematischen Lösung, die ihm hinsichtlich der Beurteilung der Rechtsverhältnisse der außerbetrieblichen Rehabilitation nicht möglich erscheint und einer Lösung jener Konfliktfälle anhand von Wertungen. *Ders.* auf S.337: „... systematisch, d.h. an der stofflichen Anordnung und der Komposition der einzelnen Regelungsvorschläge ausgerichtete Frage.“ *Ders.* allerdings auch auf S.339: „Das System gewinnt .... mehr Kraft, als die humane Idee, zu deren gedanklicher Darstellung das System ein Hilfsmittel bildet.“ Dazu unten mehr.

[559] *Canaris*, Systemdenken, S.91; *Larenz*, Methodenlehre, S.165f.; im Ergebnis ebenso *Degenhart*, Systemgerechtigkeit, S.3 Fn.10; *Engisch*, Festschrift für Larenz, S.152; *Esser*, Vorver-

IV. Das „innere System“

Da der Erkenntnisgewinn des äußeren Systems für sich alleine gesehen begrenzt ist, ergibt sich die Notwendigkeit, nach rechtlichen Zusammenhängen zu suchen, die über die formale Ordnung der Gesetze hinausgeht und den Blick auf innere Zusammenhänge eröffnet. Dazu dient das innere System. Die Frage, wie sich dieses innere System des Rechts konstituiert, d.h. welche formale und inhaltliche Form es annimmt, ist bislang wenig einheitlich geklärt. Im Vordergrund der Überlegung inwieweit das geltende Recht ein System bzw. zum Teil ein System darstellt, muß wiederum die Frage nach dem Erkenntnisgewinn und der Operationalität bzw. Praktibilität stehen. Ferner sollte die rechtswissenschaftliche Systembildung den allgemeinen Anforderungen an ein wissenschaftliches System genügen.[561] Andererseits muß sich jede Systembildung in die vom Gesetzgeber konstituierte Gesamtrechtsordnung einfügen. Einer Systembildung, die ein akademisches Eigenleben führt bzw. inkommensurabel mit verfassungsrechtlichen oder einfachgesetzlichen Vorgaben ist, wird nur eine geringe praktische Bedeutung zukommen.

1. Wissenschaftstheoretische Systemanforderungen

In der Wissenschaftstheorie wird ein System als eine Ordnungsform bezeichnet, die ein Elementengesamt in einen Strukturzusammenhang bringt. Ein System stellt sich danach als erkenntnisfördernd dar, wenn einem neuartigen Element in einem Gesamt definierter Elemente („Systemat“) ein Platz („Elementenstelle“) dadurch zugewiesen werden kann („systemieren“), daß zuvor entwickelte Systemprinzipien („Systematifikatoren“) angewendet werden. Die Gesamttätigkeit wird dann als Systematifizieren bezeichnet. [562] Der Systematifikator ist demnach die objektive Bedingung der Möglichkeit des Systemierens, des Einordnens des definierten Elemente in die Systemstruktur, den Elementenstellenplan.

---

ständnis, S.87 f., 94 f. m.w.N.; *Peine*, S.13 Fn.13, S.31. A.A. insoweit *Bydlinski*, Methodenlehre, S.443 ff., der auch das äußere System zu recht für erkenntnisreicher hält, als dies überwiegend angenommen wird.

[560] Diesen stellt insbesondere *Alexy*, Theorie, S.331 heraus. *Kriele* spricht der Systembildung über die didaktischen Vorteile des äußeren Systems hinaus keinen Wert zu, da es der inhaltlichen Interpretation gerade nicht diene, S.98.

[561] Dazu, daß sich die Rechtswissenschaft in die allgemeine Wissenschaftsforschung einreiht und deshalb stets darauf bedacht sein sollte, die fachspezifischen Erkenntnisse mit den allgemeinen Erkenntnissen abzustimmen, ausführlich *Alexy*, Theorie, S.32 ff. m.w.N., insbesondere zur Eingliederung des juristischen Diskurses in die allgemeine Diskurstheorie; ferner *Wank*, Begriffsbildung, S.3 f.

[562] So der Versuch einer terminologischen und thematischen Klärung des Begriffsfeldes „System“ von den Mitgliedern des Philosophischen Instituts der Universität Düsseldorf (Düsseldorfer Gruppe) in Diemer (Hrg.), S.150, 151 f. Zust. *Peine*, S.38.

Diese wohl allgemeinste Begriffsfestlegung findet sich wieder, wenn als Systemvoraussetzungen O r d n u n g, worunter die innere aus der Sache her begründete, demnach wertungsmäßige Folgerichtigkeit verstanden wird, und E i n h e i t festgelegt werden.[563] Dieser Ansatz wird allgemein auf *Kant* zurückgeführt[564], der das System als „die Einheit der mannigfaltigen Erkenntnisse unter einer Idee"[565] bezeichnet hat, wobei die Idee zu ihrer Ausführung „ein Schema, d.i. eine a priori aus dem Prinzip des Zwecks bestimmte wesentliche Mannigfaltigkeit und Ordnung der Teile"[566] bedarf. Bereits zuvor hat allerdings *Lambert*[567] den Begriff der Ordnung dahingehend konkretisiert, daß es sich hierbei um eine doppelte Ordnung handen müsse: Auswahl und Verknüpfung der Elemente erfolgen nach einem Prinzip, das eine Aussage darüber ermöglicht, welche Art von Elementen zum System gehört, und darüber, wie die zum System gehörenden Elemente sich untereinander verhalten.[568] Ferner sei für ein System erforderlich, daß „verbindende Kräfte(n), die entweder Theile mit Theilen, oder Theile mit dem Ganzen, oder sämtliche Theile zugleich verbinden" sowie ein „gemeinsames Band, welches aus den Theilen ein Ganzes macht, und gewöhnlich in einer verbindenden Kraft ... besteht" vorhanden sind. Die verbindenden Kräfte und das gemeinsame Band führen zur Einheit.[569] Der *Lambertsche* Systembegriff stimmt im wesentlichen, wobei die Abweichungen vorliegend außer Betracht bleiben können, mit dem allgemeinen für die Wissenschaftstheorie entwickelten Systembegriff der Düsseldorfer Gruppe überein.[570]

---

[563] *Bachof*, VVDStRL 30 (1972), 193, 224 f.; *Bydlinski*, System, S.37; *Canaris*, Systemdenken, S.12 f., 47; kritisch, ob allen Systembegriffen Ordnung und Einheit gemein sind *Peine* S.20 ff.; allerdings findet sich diese Aussage bestätigt in *Peines* kurzer geschichtlicher Darstellung der bisherigen Systemdefinitionen S.32 ff. Ferner *Coing*, Geschichte und Bedeutung des Systemgedankens, S.26, wonach System „die Ordnung von Erkenntnissen nach einem einheitlichen Gesichtspunkt" darstellt.

[564] In diesem Sinne vor allem *Canaris*, Systemdenken, S.11. Ausführlich setzt sich *Kant* in der Kritik der reinen Vernunft mit dem Systemgedanken auseinander, der sich für ihn letztlich als gesellschaftliche und wissenschaftliche Ordnungsform nach den Regeln der Vernunft bzw. „die Architektonik der reinen Vernunft" selbst darstellt, vgl. S.839 ff.

[565] *Kant*, Kritik der reinen Vernunft, Drittes Hauptstück (Der transzendentalen Methodenlehre), S.839.

[566] *Kant*, aaO., S.840.

[567] Johann Heinrich *Lambert*, geboren 26.8.1728 in Mühlhausen, Elsaß, gestorben 25.9.1877 in Berlin, findet in der Diskussion um die Anforderungen an ein wissenschaftliches System kaum Beachtung, was wohl darin begründet liegt, daß er vom Ruhm *Kants* historisch überstrahlt wird. Trotzdem ist *Peine*, S.34, zuzustimmen, daß die Ausführungen *Lamberts* zu den allgemeinen Anforderungen an die Systembildung in ihrer Prägnanz kaum übertroffen wurden und wesentlich neue Erkenntnisse seither nicht ersichtlich sind. Vielmehr handelt es sich zumeist nur um terminologische Änderungen. Ebenso *v.d.Stein*, Diemer (Hrg.), S.1, 11.

[568] *Lambert*, Logische und philosophische Abhandlungen, Bd.1, Berlin 1782, Drei Abhandlungen zum Systembegriff, S.386 ff. abgedruckt und zitiert nach Diemer (Hrg.), S.161, 166 ff.

[569] *Lambert*, aaO, S.388 abgedruckt und zitiert nach Diemer (Hrg.), S.166.

[570] So auch *König*, Diemer (Hrg.), S.178, 180 f., der auch die Unterschiede darstellt.

2. *Die Rechtsordnung als System*

a. *Wissenschaftstheoretische Begründung*

Werden die allgemeinen wissenschaftstheoretischen Anforderungen auf die geltende Rechtsordnung übertragen, so zeigt sich, daß diese als System dargestellt werden kann. Die Elemente der Rechtsordnung sind Rechtsnormen (Tatbestände und Rechtsfolgenanordnungen sowie diese begleitende Legaldefinitionen) sowie die sich hieraus ergebenden und z.B. von der Rechtsprechung entwickelten Regeln und Prinzipien.[571] Diese können in einem horizontalen Verhältnis zueinander sowie in einem vertikalen Verhältnis zu höher- oder niederrangigen Rechtsnormen stehen. Das Verhältnis der Rechtsnormen zueinander muß, zumindest dem Anspruch nach, damit die Rechtsordnung rechtsstaatlichen Anforderungen genügt und berechenbar ist, nach einem Systematifikator bestimmt werden, der das gemeinsame Band bzw. die verbindende Kraft darstellt. Dies kann dazu führen, daß der höherrangigen Rechtsnorm oder einer Verbindung höherrangiger Rechtsnormen die Bedeutung eines allgemeinen Prinzips zukommt.[572] Ein solches System kann als zweibezügliches[573] oder perspektivisches System[574] bezeichnet werden.

<u>Grafisch dargestellt:</u>

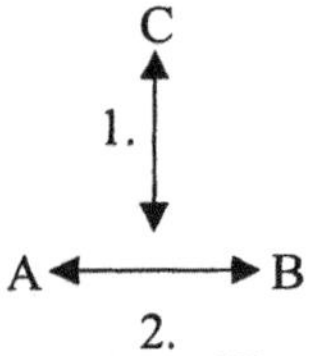

Peine[575]

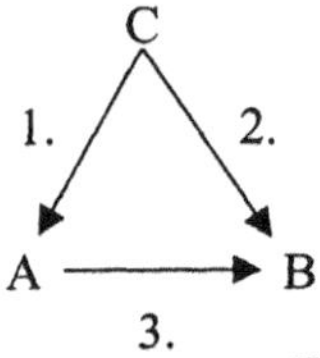

Fikentscher[576]

---

[571] So zutreffend *Bydlinski*, System, S.6 f.; *Zeller*, § 6 Rn.44. Die zu systematisierenden Elemente auf Zwecke, so *Peine*, S.108 ff, oder Prinzipien, so *Canaris*, Systemdenken, passim, zu reduzieren, greift zu kurz. Denn erkenntnistheoretisch geht es, worauf bereits hingewiesen wurde, primär um die Stellung der Rechtsnorm selbst im Gesamtgefüge der Rechtsordnung.

[572] Ausführlich zum Systematifikator und der Bedeutung allgemeiner Rechtsprinzipien unten unter 4.

[573] *Peine*, S.41 f.

[574] *Fikentscher*, Methoden, Bd.IV, S.98 ff., der das perspektivische System auch drei- oder mehrbezüglich bzw. diskursiv nennt.

[575] Zwar sieht *Peine* zunächst die zwei Beziehungen zum einen im Verhältnis eines Teils (A) zu einem anderen (B), zum anderen im Verhältnis zum Ordnungsgesichtspunkt (C), da er jedoch jeden Ordnungsgesichtspunkt im jeweiligen Zweck einer Rechtsnorm verkörpert sieht, entspricht seine Auffassung im Ergebnis der eben erfolgten Festlegung. Indem C das Verhältnis von A zu B bestimmt, wird gleichzeitig eine Beziehung A – C und B – C aufgebaut.

[576] Im Ergebnis entspricht auch der von *Fikentscher* entwickelte Systembegriff dem bislang entwickelten: „Man kann also vereinfacht sagen, daß ein System die Anordnung von Begriffen in mindestens drei logischen Beziehungen darstellt, von denen eine ein verallgemeinertes

Demnach ist es möglich, die Rechtsnormen zu systemieren, was für sich gesehen bereits Erkenntnisse hervorbringen kann. Die Zuordnung einer Vorschrift zum einfachen Gesetzesrecht besagt für sich bereits, daß dieses ranghöher als Rechtsverordnungen ist und rangniedriger als das Grundgesetz. Dies ist freilich eine Selbstverständlichkeit, ändert aber nichts daran, daß diese Selbstverständlichkeit ihre Legitimation in einem Systematifikator hat. Ansonsten wären eine Vielzahl von Kollisionsregeln notwendig, die sich lediglich vereinzelt finden (z.B. Art.31 GG). Bereits die Rechtsquellenlehre im Bereich des Arbeitsrechts zeigt, daß das systemieren auch ungleich schwieriger sein kann und die Herausarbeitung der Systematifikatoren durchaus Probleme bereiten kann.[577] Dies soll an dieser Stelle nicht weiter vertieft werden, denn es geht zunächst nur darum festzustellen, ob die Rechtsordnung sich nach den allgemeinen Anforderungen, die an ein wissenschaftliches System zu stellen sind, systematifizieren läßt.[578] Das ist entsprechend der bisherigen Ausführungen zu bejahen.

b. Verfassungsrechtliche Begründung

Die wissenschaftstheoretisch mögliche juristische Systembildung läßt sich ferner verfassungsrechtlich als notwendig begründen, wenn Ordnung und Einheit für eine Rechtsordnung unabläßlich sind.[579] Beide Voraussetzungen finden sich in der speziell im Gleichheitssatz konkretisierten Gerechtigkeitsidee wieder: „So ergibt sich

---

Prinzip und zwei andere inhaltlich gleiche Besonderheiten wiedergeben: Zwei Begriffe liegen gleich im Bezug auf ein Prinzip.“ (Methoden, Bd.IV, S.104) *Fikentscher* nennt den von ihm entwickelten Systembegriff als an die Zeit gebunden (perspektivisch), da er darauf ausgerichtet ist, neu auftretende Elemente einzuordnen. Der Systembegriff stimmt zumindest als rechtsmethodologischer Systembegriff mit dem *Peines* überein, in diesem Sinne auch *Peine*, S.52, eine ausführliche Auseinandersetzung mit *Fikentscher* findet sich auf den S.41 ff.

577 Vgl. nur die Bedeutung des Günstigkeitsprinzips für die Rangordnung der arbeitsrechtlichen Rechtsquellen.

578 Eine Ordnungsform, die sich z.B. nicht als erkenntnisförderndes System eignet, stellt das Alphabet dar, denn dieses ist lediglich eine Reihung, wobei zwar jedes Element seinen zugewiesenen Platz hat, was nicht nach einem Systematifikator, sondern durch reine Festlegung erfolgt. Von daher gibt es ebensowenig eine Rangordnung innerhalb des Alphabets, wie sich neue Elemente einfügen bzw. systemieren ließen.

579 Hierbei handelt es sich nicht um einen Zirkelschluß, sondern um die Festlegung normativer Erfordernisse, denen dann gegebenenfalls auch die Gesetzgebung Rechnung tragen muß. Der Zusammenhang von normativem Anspruch und gesetzgeberischer Wirklichkeit hat dazu verleitet, die innere Einheit der Rechtsordnung gänzlich zu leugnen und rechtliche Zusammenhänge eher als historisch-zufällig anzusehen; so z.B. *Wieacker*, S.543 ff., der dem inneren System folglich eine lediglich auf die juristische Ausbildung bezogene Relevanz attestiert (S.555). Zu recht konnte sich diese Auffassung nicht durchsetzen, öffnet sie doch allzu schnell bloßer richterlicher Dezision zur Verwirklichung vermeintlicher Einzelfallgerechtigkeit Tür und Tor und fördert, insbesondere infolge fortschreitender Spezialisierung, den Verlust des zur Rechtsgewinnung erforderlichen Überblicks; vgl. hierzu auch *Battis*, Festschrift für Ipsen, S.11, 29 f.; *Ecker*, SGb 1970, 401, 407 f.; *Rittner*, Festschrift für Oppenhoff, S.315, 331 ff.

das Erfordernis der „Ordnung" ohne weiteres aus dem anerkannten Gerechtigkeitspostulat, Gleiches gleich und Ungleiches nach dem Maß seiner Verschiedenheit ungleich zu behandeln: der Gesetzgeber wie der Richter sind gehalten, einmal getroffene Wertungen „konsequent" wieder aufzunehmen, sie bis in alle Einzelfolgerungen „zu Ende zu denken" und sie nur sinnvoll, d.h. aus sachlichem Anlaß zu durchbrechen, - mit anderen Worten: *folgerichtig zu verfahren*".[580] Und auch die Einheit stellt „nichts anderes dar als die Verwirklichung der „generalisierenden Tendenz" der Gerechtigkeit, die den Aufstieg von der Fülle der im konkreten Fall möglicherweise relevanten Aspekte zu wenigen abstrakten und generellen Prinzipien fordert."[581] Das Merkmal der Einheit gewährleistet, daß die Ordnung des Rechts nicht in eine Vielzahl unzusammenhängender Einzelwertungen zerfällt, sondern auf wenige allgemeine Kriterien zurückführbar ist.[582] Neben dem Gleichheitssatz erfordert daneben auch das Gebot der Rechtssicherheit die Ausbildung eines Systems.[583]

Die Rechtsordnung, die auf dem Grundgesetz basiert, stellt sich demnach notwendig als System dar, denn Rechtsnormen im weitesten Sinne müssen in einem geordneten Verhältnis zueinander stehen, um Rechtssicherheit und Gleichbehandlung zu garantieren. Dabei muß die Ordnung durch Systematifikatoren hergestellt wer-

---

580 *Canaris*, Systemdenken, S.16; *ders.*, RdA 1966, 41; in diesem Sinne auch *Battis*, Festschrift für Ipsen, S.11, 29; *Dütz/Schulin*, ZfA 1975, 103, 105 ff.; *Fabricius*/Naendrup/Schwerdtner, S.12, 19; *Hoppe*, DVBl 1971, 473, 474; *Hsu*, S.65 ff., der im Anschluß an *Rupp* weiter zwischen *systeminterner* und *systemexterner* Gerechtigkeit differenziert; *Merten* in: Schulin HS-KV, § 5 Rn.103; *Osterloh* in: Sachs, GG, Art.3 Rn.98, 100 f.; *Pawlowski*, ZfA 1975, 405, 429, allerdings auf die Möglichkeit der Bildung von Teilsystemen beschränkend; *Rupp*, Festschrift BVerfG, S.364, 380 f.; *Schoch*, DVBl 1988, 863, 878 f.; *Scholz/Pitschas*, Festschrift Bundessozialgericht, S.627, 640, 664 f.; v.Mangoldt/Klein/*Starck*, GG, Art.3 Rn.44 f.; *Tipke*, Festschrift für Wacke, 211, 213 f.; *ders.*, BB 1973, 157, 158. Bereits an dieser Stelle sei darauf hingewiesen, daß das Gebot des folgerichtigen, widerspruchsfreien Handelns mit einer starren Bindung des Gesetzgebers an früheres Recht wenig zu tun hat (so aber *Gusy*, NJW 1988, 2505, 2508), denn nichts hindert den Gesetzgeber, das frühere Rechtssystem bzw. Teile hieraus, im Rahmen der allgemeinen verfassungsrechtlichen Bindungen, durch neues Recht zu ersetzen.

581 *Canaris*, Systemdenken, S.17; i.E. ebenso *Battis*, Festschrift für Ipsen, S.11, 28 f.; *Bydlinski*, System, S.72 f.; *Esser*, Vorverständnis, S.101; *Kirchhof*, in HdbStR, Bd.V, § 124 Rn.205 ff., 231 ff.; *Rittner*, Festschrift für Oppenhoff, S.317, 331 ff.; *Selmer*, AöR 101 (1976), 399, 454.

582 *Canaris*, Systemdenken, S.17. Von der Einheit der Rechtsordnung in diesem Sinne zu unterscheiden ist die vielfach anzutreffende Auffassung, daß Rechtsbegriffe innerhalb der Rechtsordnung einheitlich zu verstehen seien. Die vorliegend gemeinte Einheit der auf Prinzipien zurückführbaren Wertungen schließt letztere Auffassung geradezu aus. Vgl. hierzu z.B. *Schleusener*, NZA 1999, 408 ff., zur unterschiedlichen Verwendung des Gewerkschaftsbegriffs in § 2 TVG und § 11 ArbGG.

583 *Bydlinski*, System, S.3, der daneben dem Postulat der Zweckmäßigkeit als Vermeidung unnötigen Aufwands einen eigenständigen Rang einräumt; *Canaris*, Systemdenken, S.17, und ähnlich *Hoppe*, DVBl 1971, 473, 477; *Isensee*, VVDStRL 32 (1974), 49, 97; *Rittner*, Festschrift für Oppenhoff, S.317, 334, der auf die Rechtsökonomie abstellt.

den. Dies gilt letztlich wohl für alle komplexen Rechtsordnungen, die die komplexen Lebenszusammenhänge einer modernen Gesellschaft regeln.

3. Die Rechtsordnung als teleologisches System

Wenn sich als nächstes die Frage stellt, wie das System der Rechtsordnung beschaffen ist, müssen die spezifischen Besonderheiten des Rechts als Ordnungsform berücksichtigt werden. Auch insoweit ist die Rechtswissenschaft an den Sinn und Zweck der Rechtsordnung und demnach an den Willen des Gesetzgebers, der durch die Rechtsordnung selbst ausgedrückt wird, gebunden.[584]

Das Rechtssystem ist deshalb teleologisch herauszuarbeiten[585], wobei unter teleologisch nicht nur die „bloße Mittel-Zweckverknüpfung" gemeint ist, sondern im weitesten Sinne jede Zweck- und Wertverwirklichung.[586] Ausgangspunkt der Systembildung ist demnach die Erkenntnis, daß das innere System eine axiologische[587] bzw. teleologische Ordnung leitender Wertungsgesichtspunkte des Gesetzgebers ist. Innerhalb des teleologischen Systems geht es darum, rational und methodisch geleitet, die Folgerichtigkeit rechtlicher Wertungszusammenhänge zu erfassen. Das teleologische System grenzt sich gegen eine rein an der Logik orientierte Jurisprudenz ab, versucht aber, rational nachvollziehbare Ergebnisse herauszuarbeiten. Die Rationalität des teleologischen Systems besteht darin, „eine einmal gesetzte Wertung in all ihren Konsequenzen zu Ende zu denken, sie auf vergleichbare Fälle zu übertragen, Widersprüche mit anderen schon gesetzten Wertungen zu beseitigen und Widersprüche bei der Setzung neuer Wertungen zu verhüten."[588]

Im übrigen finden die bereits zur teleologischen Begriffsbildung gemachten Ausführungen auch auf das teleologische System Anwendung.[589] Das bedeutet insbe-

---

[584] Insbes. *Hesse*, AöR 109 (1984), 174, 193 ff., auch zur entsprechenden Rolle der Verfassungsrechtsprechung.

[585] *Bachof*, VVDStRL 30 (1972), 193, 198; *Bydlinski*, System, S.38; *Canaris*, Systemdenken, S.41; *Diederichsen*, NJW 1966, 697, 700 f.; *Dütz/Schulin*, ZfA 1975, 103, 108; *Engisch*, Einführung, S.95 f.; *Esser*, Vorverständnis, S.100; *Larenz*, Methodenlehre, S.475; *Tipke*, Festschrift für Wacke, S.211, 229; *v.Hülsen*, JZ 1967, 629, 630; ähnlich *Zippelius*, VVDStRL 47 (1989), 7, 30; *Larenz* und *Engisch* behandeln die systemorientierte Rechtsfindung als Unterfall der teleologischen Rechtsfindung, wofür viel spricht, was allerdings vorliegend dahingestellt bleiben kann. *Canaris*, aaO, S.91, bezeichnet die Argumentation aus dem inneren System als höhere Stufe bzw. Fortsetzung der teleologischen Auslegung.

[586] *Canaris*, Systemdenken, S.41.

[587] Teilweise wird zwischen axiologisch und teleologisch dahingehend differenziert, daß teleologisch die bloße Mittel-Zweckverknüpfung meint, während axiologisch weitergehend die Verbindung von Mittel und Wertverwirklichung meine, vgl. z.B. *Engisch*, Einführung, S.188. Entsprechend der bereits gemachten Ausführungen zur teleologischen Begriffsbildung besteht, wie *Canaris* zu recht meint, zwischen beidem jedoch kein Unterschied.

[588] *Canaris*, Systemdenken, S.46.

[589] Vgl. oben unter § 8 E. IV.

sondere, daß auch im teleologischen System bei der Ermittlung der Wertungen das Bestreben im Vordergrund stehen muß, möglichst weitgehend die vom Gesetzgeber gesetzten Wertungen zu verwirklichen.[590] Nur die Beachtung der bereits aufgestellten Anforderungen an die teleologische Rechtsfindung, insbesondere eine konsequente Rechtsfolgenbetrachtung, vermag auch bei der Systembildung nachvollziehbare Ergebnisse zu erzeugen.[591]

4. Rechtsprinzipien als Systematifikatoren bzw. Explikation von Wertungen

Wird die Rechtsordnung als System gesehen, wobei das Recht im weitesten Sinne als das zu ordnende Elementengesamt anzusehen ist, so stellt sich im folgenden die Frage nach dem Systematifikator. Wie soeben ausgeführt, ist dieser teleologisch zu ermitteln, um der Norm- und Zwecksetzungsprärogative des Gesetzgebers gerecht zu werden. Damit entspricht die Methode der Systembildung bereits selbst der Sachgesetzlichkeit bzw. den Struktureigenschaften des zu systematisierenden Stoffes.[592]

a. Das Verhältnis von Wert und Prinzip

Die Einheit der Rechtsordnung wird im juristischen Schrifttum ganz überwiegend dadurch hergestellt, indem das Element der Ordnung dahingehend konkretisiert wird, daß das System sich auf wenige tragende Grundprinzipien zurückführen lassen muß[593] bzw. sich die Systembildung anhand der dem Recht innewohnenden Prinzipien zu orientieren habe.[594] Prinzipien stellen eine Explikation allgemeiner

---

590 *Engisch*, Einführung, S.162, bezeichnet diese als objektive Wertungen.

591 Als Beispiel mag die Darstellung bei *Canaris*, Systemdenken, S.88 f., zum Verlöbnisbruch dienen: Ob der Verlöbnisbruch ein Delikt, einen Vertragsbruch oder einen Vertrauensbruch darstelle, hänge davon ab, ob das Verlöbnis einen Vertrag, ein rein tatsächliches Verhältnis oder eine gesetzliche Sonderbeziehung aufgrund der Inanspruchnahme tatsächlichen Vertrauens ist. Als Entscheidungshilfe für diese Frage wird sodann der Weg der „wertungsmäßigen Zuordnung“ aufgezeigt. Diese wird dahingehend konkretisiert, daß „eine Wechselwirkung zwischen Erkenntnis des fraglichen Gegenstandes und systematischer Qualifikation“ bestehe. Wie allerdings die wertungsmäßige Zuordnung tatsächlich zu erfolgen hat, bleibt offen. Eine konsequente Rechtsfolgenbetrachtung demgegenüber betrachtet die Gesamtheit der durch die jeweilige Qualifikation ausgelösten Rechtsfolgen und prüft, welches Rechtsfolgensystem besser auf das Verlöbnis „paßt“. Das auch hierbei am Ende eine wertungsmäßige Zuordnung erfolgen kann, soll nicht bestritten werden, diese orientiert sich jedoch erheblich stärker am Gesetz.

592 *Bydlinski*, System, S.15 f.; *Stern*, in HdbStR, Bd.V, § 109 Rn.32, zum Grundrechtssystem: „Grundlage des juristischen Systems müssen die Verfassungsrechtsnormen sein und bleiben“. Zu dieser „Methode der Reflexivität“ vgl. allgemein *Wank*, Begriffsbildung, S.3 f. Zusammengefaßt: Der Weg zur Entwicklung methodischer Vorgaben muß jeweils abgestimmt werden mit den bereits erarbeiteten methodischen Vorgaben selbst.

593 *Canaris*, Systemdenken, S.12 f., 47.

594 *Bachof*, VVDStRL 30 (1972), 193, 197 f., 224 ff.; *Battis*, Festschrift für Ipsen, S.11, 15f., 29; *Bydlinski*, Festschrift für Mayer-Maly, S.107, 118 ff.; *Coing*, Festschrift für Dölle, S.25, 40;

Wertungsgesichtspunkte dar und stehen demnach bereits auf einer höheren Konkretisierungsstufe. Das Prinzip ist demnach nicht bloßer Wert[595], sondern bereits insoweit konkretisiert als es die für einen Rechtssatz charakteristische Zweiteilung in Tatbestand und Rechtsfolge aufweist.[596] Allerdings unterscheidet sich das Prinzip vom Rechtsbegriff dadurch, daß das Prinzip noch nicht derart konkretisiert ist, um unmittelbar subsumtionsfähig zu sein.[597] Vielmehr ergibt sich aus dem Prinzip noch keine unmittelbare Handlungsanweisung, sondern es handelt sich vielmehr um den Grund, das Kriterium, oder die Bezugnahme auf eine in Rechtsnormen angelegte Weisung bzw. Rechtsfolge.[598]

Keinen Unterschied macht es m.E. wenn verlangt wird, statt auf Prinzipien, auf die jeder einzelnen Rechtsnorm innewohnenden Zwecke abzustellen.[599] Denn diese Vorgehensweise entbindet nicht von der Aufgabe des Systems, zur Feststellung des Verhältnisses gleichrangiger Vorschriften zueinander, übergeordnete Vorschriften heranzuziehen. Wird nun anhand des Zweckes der übergeordneten Rege-

---

ders., Geschichte und Bedeutung des Systemgedankens, S.26, 41; *Degenhart*, Systemgerechtigkeit, S.3; *Diederichsen*, NJW 1966, 697, 703; *Ebsen,* in: Schulin HS-RV, § 5 Rn.1; *Esser*, Vorverständnis, S.92, 97 ff.; *ders.*, Grundsatz und Norm, S. 44, 239; *Hoppe*, DVBl 1971, 473, 478; *Larenz*, Methodenlehre, S.474; *ders.*, Festschrift für Nikisch, S.275, 300 f.; *Meessen*, DÖV 1970, 314, 316; *Merten* in: Schulin HS-KV, § 5 Rn.103 f.; *Pawlowski*, AcP 175 (1975), 189, 213 ff.; *Scholz/Pitschas*, Festschrift Bundessozialgericht, S.627, 640; *Stern,* in HdbStR V, § 109 Rn.28 ff., 34 zum Grundrechtssystem; *Tipke*, Festschrift für Wacke, S.211, 214; *ders.*, BB 1973, 157, 158. Daß Rechtsprinzipien damit gleichzeitig Elemente des Systems und Systematifikatoren darstellen können, ist als eine Besonderheit des Rechtssystems anzusehen, die darin besteht, daß Prinzipien nicht nur zur Ordnung des Rechtsstoffes verwandt werden, sondern auch zur Konkretisierung von Rechtsnormen. Damit kommt ihnen sowohl in der Rechtsanwendung wie auch in der Rechtserzeugung eine unmittelbare Bedeutung zu.

595 *Coing* versteht demgegenüber das System als Ordnung von Werten, JZ 1951, 481, 484 f.; *ders.*, Geschichte und Bedeutung des Systemgedankens, S.9 f.; *ders.*, Festschrift für Dölle, S.25 ff.; ebenso stellt *Starck* im wesentlichen auf Werte ab, wobei die konkrete Bedeutung offen bleibt, vgl. v.Mangoldt/Klein/*Starck*, GG, Art.3 Rn.52 ff.; in diesem Sinne bereits *Pawlowski*, AcP 175 (1975), 189, 213 ff.; *ders.*, JuS 1976, 351, 354 ff.; demgegenüber geht *Bydlinski*, System, S.37 Fn.48, von einer generellen Umformulierbarkeit von Werten und Prinzipien aus und verwendet deshalb den Terminus Wertprinzip, *ders.*, Rechtsfindung, S.35 f.; differenzierend *ders.*, JBl 1996, 683, 691.

596 *Bydlinski*, Fundamentale Rechtsgrundsätze, S.122 f.; *Canaris*, Systemdenken, S.51; teilweise anders *Larenz*, Methodenlehre, S.474, der auf der höchsten Prinzipienebene (z.B. Rechtsstaatsprinzip, Sozialstaatsprinzip) eine solche rechtssatzförmige Zweiteilung noch nicht als gegeben ansieht, wobei die Übergänge allerdings fließend seien. Ferner zum Unterschied zwischen Regel und Prinzip *Alexy*, Krawietz (Hrg.), S.59, 63 ff.; sowie umfassend aus neuerer Zeit *Borowski*, S.61 ff., 98, der sich i.E. im wesentlichen *Alexy* anschließt.

597 *Canaris*, Systemdenken, S.51; umgekehrt gibt es aber auch durchaus Rechtsbegriffe, die an sich bereits ein Prinzip darstellen, wie zum Beispiel die „Gleichbehandlung“, vgl. ausf. hierzu *Bydlinski*, Festschrift für Mayer-Maly, S.107, 130 ff.

598 *Esser*, Grundsatz und Norm, S.51 f.; zustimmend *Larenz*, Richtiges Recht, S.24 f.; *ders.*, Methodenlehre, S.458.

599 So aber *Peine*, S.95.

lung der Zweck deduziert und hieraus auf das Verhältnis der umstrittenen Vorschriften geschlossen, gewinnt der Zweck der übergeordneten Vorschrift letztlich den Rang eines Prinzips.[600]

b. Gewinnung von Rechtsprinzipien

Als Geltungsgrund allgemeiner Rechtsprinzipien ist das gesetzte Recht heranzuziehen, aus dem sich die Rechtsprinzipien im Wege der Induktion und Deduktion gewinnen lassen.[601] Entsprechend dem Verständnis eines teleologisch orientierten Systembegriffs lassen sich Prinzipien demnach aus einzelnen Rechtsnormen, aber auch aus mehreren Tatbeständen mit den dazugehörigen Rechtsfolgenbündeln gewinnen, die innerhalb eines mehr oder weniger abgegrenzten normativen Lebens-

---

600 Hinsichtlich des horizontalen Verhältnisses der Rechtsnormen oder auch nur der Zwecke finden sich bei *Peine* keine Angaben.

601 *Bydlinski*, JBl 1996, 683, 698 ff.; *Canaris*, Systemdenken, S.68; *Esser*, Vorverständnis, S.95; i.E. ebenso *Pawlowski*, AcP 175 (1975), 189, 213 ff., der allerdings nicht zwischen Prinzip und Wert differenziert; instruktiv zur Vereinbarkeit dieser Methode mit den Regeln der normativen Logik insbes. *Hassold*, AcP 181 (1981), 131, 136 f. Ferner in diesem Sinne zu den Prinzipien des Krankenversicherungsrechts *Schulin* in: Schulin HS-KV, § 6 Rn.4 ff., 12 ff. Ob daneben noch Raum für eine Prinzipienbildung außerhalb der Rechtsordnung besteht, braucht vorliegend nicht vertieft zu werden, denn die aus dem positiven Recht sich ergebenden Prinzipienschichten reichen für das Erkenntnisinteresse der vorliegenden Untersuchung aus (vgl. unten unter D.). Die Möglichkeit, Prinzipien aus der „Rechtsidee“ oder der im metaphysischen Sinne verstandenen „Natur der Sache“ abzuleiten, bejahen *Canaris*, Systemdenken, S.69 unter Bezugnahme auf *Wieackers* „außergesetzliche Rechtsordnung“; Larenz/*Canaris*, S.252 ff. und *Larenz*, Methodenlehre, S.333, 474; *ders.*, Richtiges Recht, S.25 ff.; *ders.*, Festschrift für Nikisch, S.275, 281 f. Diese Auffassung dürfte in der Tradition des deutschen Idealismus` stehen, der den Zusammenhalt aller gesellschaftlichen Einzelteile bzw. vereinzelten Rechtsregeln durch „das Wahre und Ganze“, die Idee bzw. die Rechtsidee gewährleistet sieht. Es ist fraglich, ob sie geeignet ist, zu nachvollziehbaren, überprüfbaren und vor allem verfassungsrechtlich relevanten Ergebnissen zu führen; vgl. die kritischen Ausführungen von *Alexy*, Theorie, S.30; *Fabricius*/Naendrup/Schwerdtner, S.34, 52; *Peine*, S.81, 83; *Rüthers*, Auslegung, S.433 ff., 437 ff.; *Westermann*, Streitentscheidung, S.16 ff., 25, 27 ff. *Bydlinski*, Symposion für Canaris, S.27, 42 ff.; *ders.*, Rechtsfindung, S.10 f.; *ders.*, Privatrecht, S.22 ff, zur Rechtsidee S.45 ff.; *ders.*, Fundamentale Rechtsgrundsätze, S.31 ff., stellt zwar ebenfalls auf die Rechtsidee ab, legt hierbei jedoch kein metaphysisches Verständnis zugrunde, sondern vielmehr ein „metastaatliches“, aus dem folge, daß Gerechtigkeit, Rechtssicherheit und Zweckmäßigkeit als Elemente der Rechtsidee rechtsethische Grundmaximen der Gesellschaften sind. Zu recht geht er ferner davon aus, daß diese aus der Rechtsidee folgenden Rechtsgrundsätze ohnehin bereits eine Positivierung erfahren haben. Zutreffend stellt *Bydlinski*, Privatrecht, S.23, einen „selbstverständlichen Vorrang der verweisenden (und dadurch „positivrechtlich“ konstitutiven) staatlichen Rechtsvorschriften für zureichende Systemeinheit“ fest. Insoweit deckt sich die hier an der positiven Rechtsordnung orientierte Auffassung i.E. mit der von *Bydlinski*.

sachbereichs[602] gleichartige Wertungen beinhalten (Deduktion).[603] Teilweise ist es erforderlich, aus übergeordneten Rechtsnormen Prinzipien für untergeordnete Rechtsbereiche zu gewinnen (Induktion). Die konkrete Rechtsfolgenbetrachtung ist wiederum notwendig, um nicht die zu ermittelnde objektive Wertung durch eine subjektive zu ersetzen.[604] Der Unterschied des Prinzips zur Rechtsnorm ist demnach nur ein gradueller bzw. eine Frage des Grades der Abstraktheit.

c. *Die Einteilung der Prinzipien*

Die Prinzipien selbst lassen sich bereits in eine Rangordnung bringen. Die allgemeinen Rechtsprinzipien repräsentieren die „hinter lex und ratio legis ... übergreifende ratio iuris"[605], d.h. die durch die Ermittlung der Vielzahl der hinter den einzelnen gesetzlichen Regelungen und Einzelwertungen stehenden, tiefer liegenden Grundwertungen. Im folgenden läßt sich nach allgemeinen Prinzipien, die für das „weitere System" systemtragend sein können[606] und nach allgemeinen Prinzipien (z.T. als „Unterprinzipien"[607] bezeichnet), die lediglich für einen Teilbereich, sog. „Untersysteme" bzw. das „engere System" systemtragend sein können, differenzieren.[608] Die auf einer Ebene liegenden Prinzipien lassen sich als Prinzipienschicht

---

602 Zur Bedeutung des äußeren Systems zur Ermittlung des normativen Lebenssachverhaltes, d.h. eines Lebenssachverhaltes, der durch einen rechtlichen Rahmen zu einer Wertungseinheit verbunden wurde, sogleich unter 5.

603 Kritisch zur Leistungsfähigkeit einer *ausschließlichen* Rechtsnormenbetrachtung zur Ermittlung der Prinzipienschichten *Bydlinski*, JBl 1996, 683, 690. Zumindest für das vorliegende Erkenntnisinteresse scheint diese Methode, wie sich noch zeigen wird, ausreichend zu sein, so daß im vorliegenden Kontext hieran festgehalten werden kann, ohne daß die Grenzen der Methode diskutiert werden müßten.

604 An diesem Umstand vermag auch die Ermittlung der gesetzgeberischen Wertung mit den Mitteln der Logik bzw. der funktionalen Theorie (hierzu insbes. *Podlech*, AöR 95 (1970), 185, 195 ff. m.w.N.) nichts zu ändern, denn diese vernachlässigt, daß der Gesetzgeber Wertungen bereits vorgegeben hat. Insoweit kommt dieser Auffassung ein hoher Erklärungswert zum Verständnis des Gesetzgebungsprozesses zu, wohl jedoch nicht zur unmittelbaren Rechtsgewinnung.

605 *Canaris*, Systemdenken, S.46; *Larenz*, Festschrift für Nikisch, S.275, 300 f.

606 Als Beispiele nennt *Canaris*, Systemdenken: Gedanke des Arbeitnehmerschutzes (S.53), das Pflichteilsrecht (S.56), Risiko-, Vertrauens- und Aufopferungsprinzip im Schadensrecht, Vertrauenshaftung und Privatautonomie (S.54), Kontrahierungszwang und Kündigungsschutz (S.56), Treu und Glauben (S.62), Familienschutz und Testierfreiheit (S.115), Schutz mangelnder Geschäftsfähigkeit (S.114). *Tipke*, BB 1973, 157, 159, bezeichnet das Leistungsfähigkeitsprinzip im Steuerrecht als systemtragend.

607 *Canaris*, Systemdenken, S.57; *Hönn*, Bydlinski u.a., S.87, 93 f.; *Larenz*, Methodenlehre, S.474.

608 *Canaris*, Systemdenken, S.48. Insoweit scheint die Kritik die von *Peine*, S.49 f, sowie die Befürchtung *Fikentschers*, Methoden, Bd.III, S.646, der Systembegriff *Canaris'* sei lediglich einbezüglich, da er das Verhältnis der Prinzipien zueinander, worauf dann das Verhältnis der Rechtsnormen zueinander basiert, nicht anzugeben vermag, nicht gerechtfertigt.

zusammenfassen.[609] Dabei wird der auf der Ebene des Grundgesetzes liegenden Prinzipienschicht der höchste Rang zukommen.[610]

Die inhaltliche Rangordnung der Prinzipien richtet sich innerhalb einer Prinzipienschicht entweder nach der Rangordnung der den Prinzipien zugrundeliegenden Rechtsfolgenanordnungen (z.B. regeln die §§ 119, 122 BGB bereits, wann die Privatautonomie dem Verkehrs- bzw. Vertrauensschutz vorgeht und umgekehrt) oder nach den Wertungen der übergeordneten Prinzipienschicht. Soweit zwischen den Prinzipienschichten Kollisionen auftreten, ist entsprechend der vorgegebenen Rechtsnormenhierarchie, die übergeordnete Prinzipienschicht maßgeblich.[611]

Diese Einteilung der Prinzipien vermag insbesondere bei der Diskussion um widerstreitende Prinzipien zu helfen. Sie sollte allerdings nicht dazu verleiten, die Prinzipien selbst ausschließlich als System anzusehen.[612] Das würde zu kurz greifen, denn die Prinzipienschichten sind einerseits Teil der Rechtsordnung, die es zu systemieren gilt, andererseits stellen sie gleichzeitig Systematifikatoren dar, die der Ordnung des Rechtsstoffes dienen.

d. Weitere Eigenschaften der Prinzipien

Als Charakteristika der allgemeinen Rechtsprinzipien können herausgestellt werden: Die Prinzipien gelten nicht ohne Ausnahmen[613] und können zueinander in

[609] Hierzu ausf. *Bydlinski*, System, S.43 ff., 46 f.; *ders.*, JBl 1996, 683, 685 f. Die Annahme von Prinzipienschichten verhilft ferner dazu, dem Problem der Unmöglichkeit der Erfassung aller inhaltlichen Begründungszusammenhänge innerhalb eines Teilsystems, gerecht zu werden. Denn zur Erarbeitung der Prinzipienschicht reicht es aus, die charakteristischen bzw. bestimmenden Prinzipien für diese Schicht zu ermitteln. Nur so kann darüber hinaus auch dem Anspruch an ein anwendungsgeeignetes und übersichtliches System entsprochen werden. Andererseits verhilft das Denken in Prinzipienschichten auch vor allzu schneller Heranziehung singulärer Prinzipien zur Begründung des vermeintlich richtigen Ergebnisses, ohne Berücksichtigung anderer Prinzipien derselben Prinzipienschicht, in diesem Sinne *Lerche*, Festschrift für Zeidler, S.557, 566 f. Vergleichbar zur Prinzipienschicht ist die von *Alexy*, Krawietz (Hrg.), S.59, 85, vorgeschlagene Entwicklung von Prinzipienrelationen. Dieser Ansatz findet sich ferner in dem Gedanken der *Werteordnung* bei *Pawlowski*, AcP 175 (1975), 189, 216, wieder.

[610] Sämtliche Grundrechte selbst als Prinzipien einordnend: *Alexy*, Krawietz (Hrg.), S.59, 76 ff.; *Böckenförde*, NJW 1976, 2089, 2091; *Koch/Rüßmann*, S.98. Zweifel können zumindest hinsichtlich der Grundrechte auftreten, die schon den charakteristischen Konkretisierungsgrad einer Rechtsnorm aufweisen und dementsprechend unmittelbar anwendbar sind (vgl. z.B. Art. 9 Abs.3 S.2 GG).

[611] Ausf. zum Problem der Prinzipienkollision *Alexy*, Krawietz (Hrg.) S.59 ff.; *Bydlinski*, Rechtsfindung, S.11 ff.; *Koch/Rüßmann*, S.97 ff.; *Larenz*, Richtiges Recht, S.174 ff.

[612] So aber *Canaris*, Systemdenken, insbes. S.40 ff.; *Larenz*, Methodenlehre, S.474 ff.

[613] Dazu insbes. *Schulte*, Festschrift für Westermann, S.525, 532, mit instruktiven Beispielen aus der zum Teil abweichenden Rechtsprechung des BGH zu gesellschaftsrechtlichen Problemen.

Gegensatz oder Widerspruch treten[614]; sie stellen komparative Begriffe dar, die einer Quantifizierung zugänglich sind[615]; sie erheben nicht den Anspruch der Ausschließlichkeit[616]; sie entfalten ihren eigentlichen Sinngehalt erst in einem Zusammenspiel wechselseitiger Ergänzung und Beschränkung[617] und sie bedürfen zu ihrer Verwirklichung der ständigen Konkretisierung durch Unterprinzipien und Einzelwertungen mit selbständigem Sachverhalt[618]. Diese Eigenschaften ergeben sich letztlich aus der Dynamik des Rechts selbst, das durch ständige Rechtsänderung neue Prinzipien einführt bzw. das Gewicht einzelner Prinzipien im Verhältnis zu anderen verändert.[619]

5. *Die Bedeutung des äußeren Systems für das innere System*

Hinsichtlich des Rechtssystems ist noch ein weiterer Umstand von erheblicher Bedeutung. Bereits *Lambert* hat herausgestellt, daß das System „eine äussere Form, Gestalt, Zierrathen, Symetrie, locale Ordnung, etc." aufweisen könne.[620] Die Rechtsordnung hat durch das äußere System bereits eine Form erhalten, die auch das innere System nicht unberücksichtigt lassen kann. Vielmehr stellt das äußere System den Bezugsrahmen für das innere System dar. Umgekehrt drückt sich das innere System vielfach im äußeren System aus.[621] Dieser Wechselwirkung zwi-

---

[614] Ausführlich *Alexy*, Krawietz (Hrg.), S.59, 75 ff.; *Canaris*, Systemdenken, S.53; *Larenz*, Festschrift für Nikisch, S.275, 301 ff.

[615] Darauf weist insbesondere *Bydlinski*, Fundamentale Rechtsgrundsätze, S.122; *ders.*, Rechtsfindung, S.12, hin.

[616] *Canaris*, Systemdenken, S.53 f. Hierunter versteht *Canaris*, daß dieselbe Rechtsfolge, die für ein bestimmtes Prinzip charakteristisch ist, auch an ein anderes Prinzip geknüpft sein kann.

[617] *Canaris*, Systemdenken, S.55; ausf. *Bydlinski*, Fundamentale Rechtsgrundsätze, S.121 ff.; *ders.*, JBl 1996, 683, 684 ff.

[618] *Alexy*, Theorie, S.319; *ders.*, Krawietz (Hrg.), S.59, 76 nennt dies „Optimierungsgebot"; zust. *Bydlinski*, Fundamentale Rechtsgrundsätze, S.130; *ders.*, JBl 1996, 683, 684; *Canaris*, Systemdenken, S.57.

[619] Als Beispiel mag hierfür aus dem Rehabilitationsrecht die Entwicklung von einer rein fürsorgerischen Betrachtungsweise hin zu einem wesentlich stärker ausgeprägten rehabilitativen Ansatz dienen, der sich in einer Vielzahl von Vorschriften zur Rehabilitation widerspiegelt.

[620] *Lambert*, aaO., S.389, abgedruckt und zitiert nach Diemer (Hrg.), S.166.

[621] Zutreffend *Bachof*, VVDStRL 30 (1972), 193, 226; ausf. *Bydlinski*, System, S.17 ff., 31 ff. und passim; *ders.*, Rechtsfindung, S.30 ff.; *Engisch*, Festschrift für Larenz, S.125, 152 f.; *Zeller*, § 6 Rn.45 ff. In diesem Sinne ebenfalls *Kirchhof*, in HdbStR, Bd.V, § 124 Rn.204 ff., 223 ff., der zwischen Sachgerechtigkeit, die Berücksichtigung der auf den Lebenssachverhalt zurückgehenden Ordnungsstrukturen, und Folgerichtigkeit, als der widerspruchsfreien Verwirklichung der durch die Rechtsordnung vorgegebenen Rechtsgedanken, differenziert. Die „materielle Abgrenzbarkeit von Lebens- und Ordnungsbereich" zur Annahme der Eigenständigkeit einer Teil-ordnung verlangen auch *Scholz/Pitschas*, Festschrift Bundessozialgericht, S.627, 640. In diesem Sinne könnte auch *Esser*, Vorverständnis, S.97, verstanden werden, soweit er ausführt: „Die Durchdringung jeder Rechtsmaterie mit Ordnungsvorstellungen überlieferter oder neu konzipierter Formen schafft jeweils erst den Bezugsrahmen für begriff-

schen äußerem und inneren System wird nur selten hinreichend Rechnung getragen.

Das äußere System gibt demnach die Elemente in einer gewissen Ordnung vor. Vor allem ordnet das äußere System das Recht nach Lebenszusammenhängen, wobei bereits bestimmte Wertungen impliziert werden.[622] Das innere System muß entwickelt werden, um zum einen das Verhältnis der Elemente innerhalb der Grenzen des äußeren Systems sowie das Verhältnis der Elemente innerhalb von Teilbereichen, die es noch abzustecken gilt, zu Elementen von anderen ggf. übergeordneten Teilbereichen zu bestimmen. Die dem inneren System zugerechneten Prinzipien von dem durch das äußere System abgesteckten Rahmen zu trennen, kann allzu schnell zu einer Lösung von vorgegebenen gesetzgeberischen Sachgesetzlichkeiten führen.[623] Ein sinnvoller Einsatz von bezugslosen Prinzipien und gesetzgeberischen Wertungen an sich wird nur selten möglich sein. So gewinnt das Prinzip der Schutzbedürftigkeit erst durch einen Lebenszusammenhang an Bedeutung: die Schutzbedürftigkeit eines Arbeitnehmers unterscheidet sich von derjenigen eines Minderjährigen sowie wiederum von der Schutzbedürftigkeit eines Pflegebedürftigen. Erst durch den konkreten Bezug zur regelungsbedürftigen Realität gewinnt das Prinzip an Bedeutung.[624] Nur durch Einordnung in das äußere System, das an die Lebenswirklichkeit anknüpft läßt sich dieser Zusammenhang wahren.

Ferner ist das innere System ohne Anknüpfung an das äußere System kaum sinnvoll darstellbar. Die bloße Auflistung von Prinzipien fördert für sich gesehen noch keinerlei Erkenntnis.[625] Vielmehr fördert eine „abstrakte Typologie" von Einzel-

---

lich fixierte Wertungsgesichtspunkte."; allerdings wird dieser Ansatz in der weiteren Untersuchung von *Esser* nicht weiter aufgegriffen.

[622] Zutreffend führt bereits *Engisch*, Festschrift für Larenz, S.125, 152 f., aus: „So scheint durch die formale Logik, zu welcher man die Methode der Division zu schlagen pflegt, allenthalben die Teleologik durch."

[623] Das zeigt sich, soweit das innere System auf eine Ordnung von allgemeinen Rechtsprinzipien reduziert wird, wobei dem äußeren System keine Bedeutung beigemessen wird; vgl. *Esser*, Vorverständnis, S.100; *Zeller*, § 6 Rn.45. So z.B. *Canaris*, S.46 ff., der wohl am pointiertesten von einer strikten Trennung des äußeren und inneren Systems ausgeht; ferner *Degenhart*, Systemgerechtigkeit, S.3; *Larenz*, Methodenlehre, S.165. Der geäußerten Kritik schließt sich auch *Pawlowski*, Methodenlehre, Rn.162, an, der allerdings hieraus den Schluß zieht, daß lediglich die Bildung von Teilsystemen möglich sei, wobei diese sich am konkreten Problem zu orientieren habe („Systematisierung als Prozeß" Rn.168 ff.; vgl. auch *ders.*, ZfA 1975, 405, 429 f.; *ders.*, BGB-AT, Rn.38).

[624] *Bydlinski*, JBl 1996, 683, 688 ff.; *ders.*, Rechtsfindung, S.33 ff. Noch weitergehend, bereits bei der Begriffsbildung ansetzend, *Müller*, Rn.481 ff.: Die Norm setzt sich demnach aus dem Normtext, dem nur geringe Bedeutung zukommt, Rn.178, und dem Normbereich als Ausschnitt der sozialen Wirklichkeit, der im Rahmen einer Normbereichsanalyse (dazu Rn.397 ff.) zu ermitteln sei, zusammen.

[625] Deshalb ist auch charakteristisch, daß *Canaris* bei der Darstellung seiner Prinzipien immer auch an das äußere System anknüpft, um den Geltungsbereich festzulegen, vgl. insbesondere Systemdenken, S.47 ff., dies allerdings methodologisch nicht begründet.

prinzipien[626] die Gefahr der Argumentationsbeliebigkeit, die einen inhaltlichen Konsens verhindert. Erst die Möglichkeit innerhalb eines vorgegebenen Regelungsbereiches, d.h. in einem abgrenzbaren Teilbereich des äußeren Systems, auf eine Prinzipienschicht zurückgreifen zu können, kann einen Erkenntnisgewinn im Rahmen der Rechtsgewinnung darstellen.[627]

Die Bedeutung des äußeren Systems für das innere System ist aus einem weiteren Umstand ableitbar, der mit den Anforderungen an eine teleologische Systembildung in Zusammenhang steht. Es wurde bereits dargelegt, daß Prinzipien aus Rechtsfolgen oder Rechtsfolgenbündeln abgeleitet werden müssen, um eine Anbindung an das Gesetz bzw. den Gesetzgeber zu gewährleisten.[628] Demnach bestimmen aber auch die über das äußere System im wesentlichen nach Lebenszusammenhängen strukturierten Rechtsfolgen bzw. Rechtsfolgenbündel den Anwendungsbereich der Prinzipien. Die Prinzipienbildung ist demnach nicht durchführbar, ohne parallel hierzu den relevanten Normbereich festzulegen.

6. *Der Zusammenhang vom Gesamtsystem und Teilsystemen*

Aus der Struktur des Rechtssystems selbst sowie aus der bereits dargestellten Eigenschaft der Prinzipien, als Systematifikatoren in ein bestimmtes vertikales bzw. horizontales Verhältnis zueinander treten zu können, wird die Frage aufgeworfen, inwieweit das Rechtssystem in Teil- und Untersysteme eingeteilt werden kann bzw. einzuteilen ist. Es wurde bereits dargelegt, daß das äußere System das Recht zumindest teilweise nach bestimmten Lebenssachverhalten bzw. Realitätsausschnitten gliedert.[629] Dies kann allerdings nur dann von Bedeutung sein, wenn

---

[626] Vgl. ausf. zu diesen Ansätzen *Bydlinski*, Festschrift für Mayer-Maly, S.107, 133 ff.

[627] Der zumeist vernachlässigte Zusammenhang zwischen äußerem und innerem System führt ferner dazu, daß oftmals die Grenzen, im Rahmen derer, die systematischen Erwägungen anzustellen sind, nicht gezogen werden können bzw. lediglich mehr oder weniger vage angedeutet werden, vgl. z.B. *Hsu*, S.67 f.; v.Manglodt/ Klein/*Starck*, GG, Art.3 Rn.49 f.

[628] Vgl. oben unter 4.b.

[629] Zu recht wird darauf hingewiesen, daß ansonsten eine Rechtsfindung kaum möglich wäre, *Bydlinski*, System, S.10 ff.; *Pawlowski*, Methodenlehre, Rn.169 f. Daß allerdings das äußere System auch vielfach unterschiedliche Lebenssachverhalte „unsystematisch" regelt, läßt sich nur allzu leicht feststellen und liegt vor allem darin begründet, daß der Gesetzgebungsprozeß nicht immer juristischen Gesetzmäßigkeiten folgt. Dies spricht allerdings nicht gegen die Entwicklung methodologischer Arbeitshypothesen, soweit diese sich der Anlage nach im Recht wiederfinden und zweckmäßig sind. Ähnlich *Bydlinski*, System, S.19 f. Anders Fabricius/*Naendrup*/Schwerdtner, S.76: „Gleichwohl noch gesetzes- und wertungssystematisch zu argumentieren, beschwört die Gefahr, Einzelgesetze in einer Gediegenheit zu beanspruchen, die ihnen nicht zukommt." Die Orientierung von Teilsystemen an dem konkret zu lösenden Rechtsstreit, wie dies *Pawlowski*, Methodenlehre, Rn.170, 175 ff., 234 f. vorschlägt, mag den tatsächlichen Entscheidungsprozeß eines Richters widerspiegeln, scheint allerdings nicht daran vorbeizukommen, zu erklären, woran sich der den Rechtsstreit lösende Richter bei der Bildung der Teilsysteme orientieren soll.

hiermit das innere System korrespondiert. Demnach kann ein Teil der Rechtsordnung dann als Teilsystem (der im Regelfall gleichzeitig einen Systemteil des übergeordneten Systems bzw. Systemteils darstellt) aufgefaßt werden, wenn ein abgrenzbarer normativer Realbereich auf einer eigenständigen Ebene auf für Begründungszusammenhänge grundlegende Normen bzw. bereits explizierte Prinzipien zurückzuführen ist, d.h. eine normative Spezifität aufweist.[630] Bei der Bildung von Teilsystemen ist es erforderlich, sich darauf zu beschränken, eine spezifische Prinzipienkombination (Prinzipienschicht) für einen Realitätsbereich zu erkennen. Die Aufdeckung aller inhaltlichen Zusammenhänge kann nicht die Aufgabe der Systembildung sein, sondern ist erst das Ergebnis der Gesamtheit der rechtsdogmatischen Bemühungen um das betreffende Rechtsgebiet.[631] Hierbei kommt der Systembildung lediglich eine, wenn auch nicht zu unterschätzende Erkenntnisfunktion zu.

Wonach letztlich die Grenzen eines Teilsystems festgelegt werden, richtet sich ferner nach den Sachgesetzlichkeiten des äußeren Systems, d.h. inwieweit einem Realitätsbereich ein gemeinsamer Normbereich zugewiesen ist, sowie nach Grundsätzen der methodischen Zweckmäßigkeit. Dabei kann es je nach Erkenntnisinteresse ausreichen, an umfassendere Teilsysteme anzuknüpfen, wie z.B. das Privatrecht mit der entsprechenden Prinzipienschicht, oder aber auch erforderlich sein, in weitere Teilsysteme bzw. Systemteile vorzudringen, die sich im äußersten Fall sogar auf eine Vorschrift konzentrieren können (z.B. § 847 BGB als Teilsystem des Privatrechts, dem wohl bereits die Bildung einer eigenständigen Prinzipienschicht zugestanden werden kann).

Der Erkenntniswert einer solchen Einteilung kann an dieser Stelle lediglich einer vorläufigen notwendigerweise oberflächlichen Analyse unterzogen werden, denn erst die Entwicklung der Teilsysteme selbst sowie deren Bewährung zur Lösung praktischer Probleme, vermag letztlich, über den methodologischen Wert Aufschluß zu geben. Allerdings ist bereits an dieser Stelle ein sichtbarer Vorteil der Bildung von Teilsystemen, die im Zusammenhang bestimmter Realitätsausschnitte stehen, herauszuheben: Förderung der Übersichtlichkeit der Rechtsmaterien sowie der Argumentationstransparanz. Die Übersichtlichkeit der Rechtsmaterien geht bei der Bildung eines Teilsystems durch das gleichzeitige Abstellen auf inhaltliche Zusammenhänge über die bereits durch das äußere System gewährte Ordnung hinaus.[632] Andererseits wird die Argumentationstransparenz dadurch gefördert, daß

---

[630] So auch *Bydlinski*, System, S.16, 23 ff.: „Einerseits wird auf grundlegende und spezifische Wertungsgedanken abgestellt, die sich in den Regeln der Normordnung auswirken, andererseits auf normbetroffene Realbereiche."; ebenso *Kirchhof*, in HdbStR, Bd.V, § 124 Rn.223 f., mit anderer Terminologie.

[631] *Bydlinski*, System, S.25, ausf. S.46 ff., ferner S.68 ff.; *ders.*, JBl 1996, 683, 689.

[632] *Bydlinski*, System, S.20 f., sieht im Aufbau der juristischen Lehrbücher eine gewisse Indizwirkung für die Zweckmäßigkeit der Bildung von Teilsystemen; vgl. ferner S.49 ff. Als weitere Vorteile können die Bereitstellung von Argumentationsgrundlagen sowie die Zurverfü-

zunächst nur teilsystemimmanente Argumente verwandt werden dürfen und die Heranziehung von Wertungen anderer Teilsysteme einer besonderen Begründung bedarf.[633] Stellt sich ein Teilsystem als Untersystem dar, so können Wertungen des übergeordneten Systems methodologisch begründbar Bedeutung gewinnen.[634] Dies allerdings erst dann, wenn die Lösung aus dem Teilsystem an ihre Grenzen stößt. Aus diesem Grund vermag beispielsweise die verfassungsrechtliche Argumentation zur Begründung eines Arbeitnehmerstatus' der Rehabilitanden in WfB[635] nicht zu überzeugen, denn die *isolierte* Heranziehung von Prinzipien einer formal-stufentheoretisch höheren Prinzipienschicht scheint kaum begründbar.[636]

7. *Offenheit und Beweglichkeit als Eigenschaften des Rechtssystems*

Im folgenden seien noch zwei als wesentlich erachtete Eigenschaften des bislang entwickelten Systemverständnisses herausgestellt, um vor allem Unklarheiten bzw. Mißverständnisse im Rahmen der Anwendung der Vorgaben im *Vierten Teil* zu vermeiden.

---

gungstellung wirksamer Kontrollinstrumente für alle künftigen Rechtsgewinnungs- und Rechtssetzungsprobleme angesehen werden. Auf die allgemeinen Vorteile der Erkenntnisgewinnung aus einer Systembildung braucht indes abstrakt nicht weiter eingegangen zu werden, denn die Systembildung muß sich hinsichtlich des konkret verfolgten Untersuchungszieles bewähren (dazu im *Vierten Teil*).

633 In diesem Sinne zutreffend *Kirchhof*, NJW 1987, 2354, 2356; v.Mangoldt/ Klein/*Starck*, GG, Art.3 Rn.51.

634 Die fehlende Berücksichtigung des äußeren Systems sowie des dadurch bedingten Vorhandenseins von Teilsystemen kann zu inhaltlichen Verkürzungen führen. So scheint beispielsweise die Auffassung von *Canaris*, Systemdenken, S.107 f., ausf. bereits *ders.*, RdA 1966, 41 ff., zu kurz zu greifen, wenn er feststellt, daß die Berücksichtigung von persönlichen Verhältnissen des Arbeitnehmers im Rahmen der Haftungsprivilegierung „nun aber eindeutig dem System des Bürgerlichen Rechts" widerspreche. Weist das Arbeitsrecht nämlich als Teilsystem eine eigene Prinzipienschicht auf (dazu unten ausf. D. II.), die sich durchaus zu weiten Teilen aus dem allgemeinen Privatrecht ergeben kann, aber auch eigenständige Prinzipien aufweisen wird, so ist die Frage der Systemwidrigkeit zunächst im Rahmen der arbeitsrechtlichen Prinzipienschicht zu überprüfen und die Heranziehung ggf. übergeordneter Prinzipien aus anderen Teilsystemen besonders zu begründen. In diesem Sinne auch BVerfGE 24, 174 (180) zur Übertragung zivilrechtlicher Grundsätze bei der Kapitalverkehrssteuer. Der sich hier offenbarende Nachteil des Fehlens von Regeln, die die Heranziehung unterschiedlicher Prinzipien begründen, zeigt sich auch bei den weiteren Beispielen *Canaris'*, Systemdenken, S.91 f., 95, 98, die jeweils sehr punktuell einzelne Rechtsfragen mit wohl eher topisch ausgewählten Prinzipien zum Gegenstand haben.

635 Vgl. oben unter § 5 A. II.5.

636 Vgl. in diesem Sinne *Bydlinski*, Rechtsfindung, S.17 ff. Wohl zu recht kritisiert *Bydlinski* aus denselben Gründen die Heranziehung verfassungsrechtlicher Argumente zur Begründung einer Arbeitnehmerhaftungsprivilegierung.

a. Offenheit des Rechtssystems

Ein Grund für die zum Teil ablehnende Haltung gegenüber einer systemorientierten Betrachtung, die vor allem nicht nur methodologische Beachtung verlangt, sondern auch verfassungsrechtliche Konsequenzen haben kann, ist die Meinung, systemorientiertes Denken könne zu einem Hindernis einer flexiblen Rechtsentwicklung werden.[637] Das teleologische System ist allerdings durch Offenheit geprägt, d.h. es sieht die Rechtsordnung als unabgeschlossen, entwicklungsfähig und modifizierbar an.[638] Dem entspricht die konsequente Anwendung der Grundsätze der teleologischen Rechtsfindung, die der Entscheidungsprärogative des Gesetzgebers nicht nur als hehren methodologischen Grundsatz, sondern auch in der tatsächlichen Rechtsanwendung Geltung verschafft.

Aus den Grundsätzen der Systembildung selbst ergibt sich bereits, daß Prinzipien sich grundsätzlich wandeln bzw. durch neue ersetzt werden können, was insbesondere durch die gesellschaftliche Entwicklung insgesamt bedingt ist.[639] Diese Art der Offenheit ist allerdings nicht mit der Geschlossenheit der Rechtsordnung in dem Sinne zu verwechseln, daß der Rahmen der Rechtsordnung im wesentlichen durch die geltende Kodifikation vorgegeben ist.[640] Ferner nimmt die Offenheit des Systems mit steigender Bedeutung einzelner Systemteile erheblich ab. Offenheit besteht demnach zunächst einmal nur innerhalb von Systemteilen, während Teilsysteme selbst durch eine weitaus größere Bestandsfestigkeit geprägt sind. Das bedeutet nicht, daß diese keiner Änderung unterzogen werden könnten, es bedarf hierzu allerdings einer umfassenden gesetzlichen Neuregelung mit einer gleichzeitigen Festsetzung neuer Wertungen. Erfolgt dies nicht, so sind neue gesellschaftli-

---

[637] So z.B. *Arndt*, NJW 1963, 1273, 1277 f., allerdings einschränkender auf S.1282; Dreier/*Heun*, GG, zu Art.3 Rn.34; BK-*Rüfner*, GG, zu Art.3 Rn.39; Ansätze aber auch in BVerfGE 60, 16 (42). Hierin ist wohl auch eine Ursache zu sehen, warum *Pawlowski* allenfalls Teilsysteme, die sich anhand konkreter Probleme konstituieren, zulassen möchte, AcP 175 (1975), 189, 220; *ders.*, allerdings weniger deutlich Methodenlehre, Rn.170, 175 ff.

[638] *Battis*, Festschrift für Ipsen, S.11, 29; *Bydlinski*, System, S.21 f.; *Canaris*, Systemdenken, S.61; *ders.*, Bydlinski u.a., S.103, 104; *Larenz*, Methodenlehre, S.467; *Pawlowski*, Methodenlehre, Rn.228 ff.; *Zeller*, § 6 Rn.44. Das übersieht *Gusy*, NJW 1988, 2505, 2508, soweit er eine Bindung an systematische Vorgaben als eine starre Bindung des Gesetzgebers an früheres Recht (miß-)versteht.

[639] *Canaris* nennt dies „Struktur der Geschichtlichkeit", Systemdenken, S.63, ferner 64 f.; in diesem Sinne *Bydlinski*, Rechtsfindung, S.14 inbes. Fn.24; ausf. *Esser*, Grundsatz und Norm, S.40 ff.; vgl. auch die Ausführungen von *Junker*, NZA 1999, 2 ff., zu Systemänderungen durch Einwirkung europäischen Rechts auf das nationale Arbeitsrecht, wobei zwar von einem eher untechnischen Systembegriff ausgegangen wird, der Prozeß der Prinzipienwandlung allerdings zutreffend auch unter Zugrundelegung des hiesigen Systemverständnisses beschrieben wird.

[640] Im Gegensatz hierzu ist das kasuistische auf Richterrecht aufbauende Rechtssystem dem Grunde nach von vornherein offen.

che Erscheinungen oder neue gesetzliche Einzelregelungen in das bestehende System einzuordnen.[641]

b. Beweglichkeit des Rechtssystems

Neben der Offenheit des Systems, wird das teleologische System auch als beweglich anzusehen sein.[642] Das bewegliche System zeichnet sich durch grundsätzliche Ranggleichheit (innerhalb einer Prinzipienschicht) und wechselseitige Austauschbarkeit der im vorhinein in ihrer Kombination nicht festlegbaren, allerdings auf einige wenige Grundgedanken zurückführbaren Prinzipien aus.[643] Der Umgang im beweglichen System mit den ggf. widerstreitenden Prinzipien richtet sich nach dem „Abwägungsgesetz“ und dem „Gedanken der Basiswertung“.[644] Die Beweglichkeit des Systems sowie der Teilsysteme folgt letztlich bereits aus der Pluralität der Prinzipienschichten und den allgemeinen Eigenschaften der Prinzipien.[645] Dabei vermag die Entwicklung von Prinzipienschichten den Gedanken des beweglichen Systems *Wilburgs* am ehesten zu verwirklichen, denn *Wilburg* betonte, daß nur die gesetzlich determinierten Wertungen („Basiswertung“) in die Abwägung einbezogen werden könnten und nicht etwa beliebige Wertungen.[646]

8. Eingrenzung der systemorientierten Betrachtungsweise für die vorliegende Untersuchung

Zum Schluß der Entwicklung eines allgemeinen Systembegriffs sollten die Grenzen der systemorientierten Betrachtungsweise, die sich zum Teil bereits aus dem bisher Gesagten ergeben, nochmals kurz zusammengefaßt werden und unter dem Blickwinkel des vorliegenden Untersuchungsgegenstandes gewürdigt werden.

---

[641] Instruktiv *Bydlinski*, System, S.22 f., der diese gewisse Bestandsfestigkeit zutreffend aus Gerechtigkeitsgleichmaß und Rechtssicherheit ableitet.

[642] *Bydlinski*, Symposion für Canaris, S.27, 62 f.; *ders.*, Bydlinski u.a., S.21, 27 ff.; *Canaris*, Systemdenken, S.78; *ders.*, Bydlinski u.a., S.103 ff.; *Zeller*, § 6 Rn.44 m.w.N., jeweils bezugnehmend auf den von *Walter Wilburg* entwickelten Gedanken des beweglichen Systems.

[643] *Wilburg*, passim, insbes. S.13 f.; instruktiv *Bydlinski*, Bydlinski u.a., S.21, 28 ff.; *ders.*, Rechtsfindung, S.12 f.; *Steininger*, Bydlinski u.a., 1 ff.; *Westerhoff*, S.15 ff. Demgegenüber sehen *Canaris*, Systemdenken, S.79 f., 83 f., und *Larenz*, Methodenlehre, S.479, die Beweglichkeit des Systems wohl zu unrecht lediglich innerhalb enger Grenzen für gegeben an, nämlich als Zwischenform zwischen festem Tatbestand und Generalklausel.

[644] Zu beidem ausf. *Bydlinski*, Fundamentale Rechtsgrundsätze, S.127 ff.; *Schilcher*, Bydlinski u.a., S.287 ff.

[645] Vgl. hierzu oben unter 4.c. und d.

[646] *Wilburg*, S.22 f.; ferner ausf. *Bydlinski*, Methodenlehre, S.532; *ders.*, Rechtsfindung, S.12 f.; *Schilcher*, Bydlinski u.a., S.287, 291 ff.

Jede Rechtsfindung aus dem System muß zunächst die Rechtssetzungs- und damit auch Systembestimmungsprärogative des Gesetzgebers beachten.[647] Aus diesem Vorrang folgt nicht nur die Aufgabe der Gesetzgebung, das System selbst zu bestimmen, sondern auch die Berufung zur beständigen Anpassung des Systems an geänderte Verhältnisse. Daraus folgt methodologisch, daß innersystematisch ein Systembruch erst dann festgestellt werden kann, wenn eine Regelung unter keinem Gesichtspunkt mit den Wertungen des jeweiligen Teilbereichs in Einklang gebracht werden kann und gleichzeitig nicht isoliert stehen bleiben kann, sondern zwangsläufig in Kollision mit anderen Regelungen bzw. Prinzipien tritt.[648] Im Regelfall wird allerdings lediglich eine Prinzipien- oder Wertungskollision vorliegen, die ein „bloßes" Optimierungsproblem darstellt.[649] Auf diese innersystematisch begründete Begrenztheit der systemorientierten Argumentation konzentriert sich auch der größte Teil derjenigen, die der systemorientierten Betrachtung, insbesondere unter dem Blickwinkel des Art.3 GG, keinen bzw. nur einen geringen Wert zubilligen.[650] Inwieweit dies berechtigt ist, soll im Rahmen der vorliegenden Untersuchung ausdrücklich unbehandelt bleiben, handelt es sich hierbei doch um eine ganz anders gelagerte Problematik als die vorliegend interessierende. Etwas anderes gilt nämlich, wenn der Gesetzgeber oder die Rechtsprechung versucht, einen Sachverhalt ohne Schaffung neuer System- bzw. Teilsystemgrenzen, bisherigen

---

[647] Dies vernachlässigt die Kritik von *Wendt*, NVwZ 1988, 778 ff., an der Rechtsprechung des Bundesverfassungsgerichts zum Gleichheitssatz deutlich, zutreffend in diesem Sinne *Bieback*, SGb 1989, 46, 47, 49. Ferner kann die Feststellung von *Wank*, JuS 1980, 545, 553, zum Vorrang gesetzgeberischer Entscheidungsprärogative zu Systementscheidungen vor richterlicher Rechtsfortbildung nur nachhaltig unterstützt werden; dazu auch *Zippelius*, VVDStRL 47 (1989), 7, 26 und 31.

[648] Noch weitergehend *Canaris*, Systemdenken, S.235; *Larenz*, Methodenlehre, S.489, die bereits dann einen Systembruch annehmen, soweit eine Regelung innerhalb der Rechtsordnung wertungsmäßig isoliert bleibt. Allerdings könnte in diesem Fall auch die Begründung eines neuen Systemteils vorliegen. Wiederum ist die Frage nach einem Verstoß gegen Art.3 GG hiervon zu trennen, obwohl ein innersystematischer Systembruch ein stärkeres Indiz für eine kaum zu rechtfertigende Gleichheitswidrigkeit darstellt, als dies bei systemübergreifenden bzw. transsystematischen Systembrüchen der Fall sein wird.

[649] Vgl. vor allem *Bydlinski*, Festschrift für Mayer-Maly, S.107, 120 ff. In diesem Sinne haben sich auch der ganz überwiegende Teil der Entscheidungen des Bundesverfassungsgerichts, die oben unter C. angesprochen wurden, dargestellt, so daß es dementsprechend nur in einer älteren Entscheidung (E 13, 31, 38) zur Bejahung einer Systemwidrigkeit gekommen ist. Ob das Bundesverfassungsgericht seit dieser Entscheidung von seinem prinzipiellen Standpunkt abgewichen ist, so *Robbers*, S.124, im Anschluß an *Degenhart*, Systemgerechtigkeit, S.9, mag dahinstehen, erscheint allerdings angesichts der Entscheidung vom 23.1.1990 E 81, 156 (207), mehr als zweifelhaft. Jedenfalls vermochte das Bundesverfassungsgericht die folgenden Fälle durch Akzeptierung der jeweils vom Gesetzgeber vorgegebenen Prinzipienoptimierung im Anschluß an den Gesetzgeber zu entscheiden.

[650] So z.B. *Peine*, S.23 f.; BK-*Rüfner*, GG, zu Art. 3 Rn.38, 42; *Wendt*, NVwZ 1988, 778, 783; i.E. auch Wolff/Bachof/*Stober*, VerwR I, § 22 Rn.72, der den Gedanken der Systemgerechtigkeit mangels „konfliktfreier Lösungen" ablehnt. In diesem Sinne ebenfalls kritisch Fabricius/*Naendrup*/Schwerdtner, S.76.

Teilsystemen zuzuordnen. Insoweit kommt der systemorientierten Betrachtungsweise durchaus erhebliche Bedeutung zu: Einen Lebenssachverhalt einem Teilsystem unterzuordnen, das nicht „paßt", führt dazu, daß Rechtsfolgen und Prinzipien bzw. die jeweilige Prinzipienschicht auf Probleme übertragen werden, die hierfür wertungsmäßig nicht geeignet sind. Den Konfliktstrukturen eines Lebenssachverhaltes eine hierfür zur Verfügung stehende Prinzipienschicht, die gegebenenfalls „besser paßt", zu entziehen, muß dann jedoch zu Ergebnissen führen, die methodologisch nach dem bisher Gesagten nicht mehr vertretbar erscheinen.[651] Denn konkrete Rechtsprobleme sind möglichst in das vorliegende Rechtssystem, sowenig perfekt dieses sein mag, einzuordnen.[652] Da dieser Aspekt der für die vorliegende Untersuchung entscheidende ist, geht es doch um die systematische Zuordnung des Rechtsverhältnisses zwischen Rehabilitand und Rehabilitationseinrichtung an sich und nicht um die Einordnung spezieller Einzelregelungen, kann eine weitere Auseinandersetzung mit den soeben erwähnten innersystematischen Grenzen unterbleiben.

9. Zusammenfassung

Der hier vertretene Systembegriff geht davon aus, daß das Rechtssystem aus einem Elementengesamt des Rechts im weitesten Sinne besteht, das überwiegend durch Gesetze bereits in eine äußere Form gebracht wurde, die sich an den zu regelnden Lebenszusammenhängen orientiert. Die Rechtsnormen sind durch Prinzipien, als konkretisierte Wertentscheidungen des Gesetzgebers, untereinander verbunden.[653] Die materielle Stellung der Rechtsnormen hängt vom äußeren System und vom inneren System ab. Das an Prinzipien orientierte System geht von der inneren Folgerichtigkeit und Einheit der Rechtsordnung aus, die durch ein an Prinzipien, als explizierte Wertentscheidungen, orientiertes Rechtsverständnis besteht, bewahrt und hergestellt bzw. fortentwickelt wird. Diese sind je nach Erkenntnisinteresse in Über- und Unterprinzipien oder Prinzipienschichten einteilbar. Ferner geben ranghöhere Prinzipien Auskunft über das Verhältnis von rangniedrigeren Prinzipien zueinander. Die Prinzipien sind, aus dem geltenden Verfassungsrecht und dem dieses konkretisierenden einfachen Recht teleologisch zu deduzieren. Soweit die Prinzipienschicht des einfachen Rechts nicht hinreichend ergiebig ist, können aus höherrangigem Recht deduzierte Prinzipien induziert werden. Dadurch wird das Prinzip der Gewaltenteilung und des daraus folgenden Vorrangs des demokratisch legitimierten Gesetzgebers gewahrt.

Die Aufdeckung systemrelevanter Zusammenhänge hilft, das Recht bzw. Teilbereiche entsprechend seiner inhaltlichen Begründungszusammenhänge darzustel-

---

[651] Ob dies auch zur Verfassungswidrigkeit im Hinblick auf Art.3 GG führt, ist eine andere Frage, die von der methodologischen streng zu trennen ist, dazu im *Vierten Teil* mehr.

[652] In diesem Sinne *Bydlinski*, Rechtsfindung, S.15.

[653] Insoweit wird dem Systemverständnis von *Canaris* und *Larenz* gefolgt.

len.[654] Dies *kann* eine Lösung sowohl von einer durch ein Einzelproblem wie auch von einer auf die Begriffsbildung verengten Sichtweise bedeuten. Die Argumentation aus dem System stellt sich somit als eine methodologisch begründbare Möglichkeit der Erkenntnisgewinnung dar, wobei der konkrete Wert vom Untersuchungsgegenstand abhängig ist.[655]

D. Systematische Grobeinteilung der Rechtsordnung

Im folgenden soll eine erste systematische Grobeinteilung entsprechend der entwickelten systematischen Vorgaben erfolgen.[656] Diese dient als erster Ansatz für die im *Vierten Teil* folgende Diskussion um die Zuordnung der bereits aufgezeigten Rechtsverhältnisse zwischen beruflichen Rehabilitationseinrichtungen und den Rehabilitanden.

Wie bereits dargestellt, führen ein abgrenzbarer Normbereich, der durch einheitliche Lebenszusammenhänge geprägt ist, eine in diesem Bereich entfaltbare Prinzipienschicht sowie Erwägungen der Zweckmäßigkeit zur Bildung von Teil- und Untersystemen, wobei ein Teilsystem immer auch Untersystem ist, d.h. eingeordnet in einen übergeordneten Systemzusammenhang. Anders ausgedrückt, die Bildung von Teilsystemen orientiert sich an der Prinzipienschicht (Systematifikator) und geht einher mit gesetzestechnischen Einteilungen (äußeres System als bereits vorgegebenes Elementengefüge)[657], die wiederum auf einheitliche Lebenszusammenhänge rückführbar sind.[658]

---

[654] Der Versuch einer solchen Darstellung findet sich für das Privatrecht lediglich bei *Bydlinski*, System. Durch die Entwicklung der für einzelne Teilbereiche maßgeblichen Prinzipienschichten versucht er, die Lösung problematischer Fälle in übergeordnete Zusammenhänge zu stellen.

[655] Ebenso *Alexy*, Theorie, S.21 f.; *Zippelius*, VVDStRL 47 (1989), 7, 30, bezeichnet den Systemgedanken als „heuristisches Prinzip".

[656] Selbst diese Grobeinteilung kann nur in ihren Grundzügen vorgenommen werden und dient vor allem dem Nachweis der Umsetzungsfähigkeit und Anwendungsgeeignetheit des entwickelten Konzepts. Darüber hinaus kann lediglich auf die umfangreiche Untersuchung von *Bydlinski*, System, verwiesen werden, der die einzelnen Normbereiche, vor allem des Privatrechts, sowie die dazugehörigen Prinzipienschichten auf weit über 700 Seiten entfaltet hat.

[657] In diese Richtung geht wohl auch *Naendrup*, Rechtsfragen, S.252 f, wenn er fordert, die außerbetriebliche Rehabilitation müsse nach Ordnungsform und Ordnungsinhalt systematisiert, an den Gesamtbezügen ausgerichtet und lückenlos ableitbar sein. Die Wertungen, die den Ordnungsinhalt ausmachen, hängen nach *Naendrup*, aaO., S.250, allerdings von politischen Wertsetzungen ab, wobei entsprechend der hiesigen Auffassung der Gesetzgeber die Wertungen, freilich in Form von politischen Entscheidungen, bereits vorgegeben hat.

[658] Entscheidend ist jedoch, daß nicht die Lebenszusammenhänge die Systembildung bestimmen, sondern die rechtlichen Regelungen der Lebenszusammenhänge systembestimmend sind; vgl. in diesem Sinne besonders anschaulich *Dürig* in Maunz-Dürig, GG, zu Art.3 Rn.315.

Entsprechend den bei der teleologischen Begriffsbildung gemachten Ausführungen, ist auch bei der Systembildung der konkrete Bezug zu den Rechtsfolgen entscheidend. Ein abgrenzbarer Normbereich bildet demnach dann ein Teilsystem, wenn sich aus den Rechtsfolgen ergibt, daß durch Prinzipien explizierte Wertentscheidungen horizontal und vertikal eine Einheit in dem Sinne ergeben, daß sie charakteristisch für den Normbereich sind.

I. Öffentliches Recht und Privatrecht als Teilsysteme der Gesamtrechtsordnung

Als höhere Teilsysteme der Rechtsordnung sind zunächst das öffentliche und das private Recht zu betrachten. Die Einteilung ist im Hinblick auf den vorliegenden Untersuchungsgegenstand, dessen rechtliche Erfassung erhebliche Unsicherheiten bezüglich einer öffentlich-rechtlichen oder privatrechtlichen Zuordnung gezeigt hat, erforderlich.

1. Normbereich

Voraussetzung für die systematische Einteilung ist zunächst ein auf spezifische Lebenszusammenhänge rückführbarer Normbereich. Der Kernbereich des Privatrechts läßt sich charakterisieren als die Ordnung der (relativ staatsfernen) gesellschaftlichen Verhältnisse zwischen Privatpersonen sowie freiwilligen Zusammenschlüssen von solchen. In diesem Bereich werden vom Staat im Regelfall Ordnungsrahmen lediglich abstrakt-allgemein geregelt, um dann auf eine weitere staatliche Intervention zu verzichten. Demgegenüber setzt das öffentliche Recht typischerweise die Beteiligung des Staates am normbetroffenen Lebensverhältnis voraus. Diese Beteiligung erschöpft sich nicht in dem Erlaß genereller Regelungen, sondern der Staat tritt darüber hinaus noch als Handlungssubjekt selbst auf (Verwaltung in Form von allgemeinen Behörden und Ordnungsbehörden, Justiz).[659] Diese Realitätsbereiche werden durch eigenständige zumeist bereits gut abgegrenzte bzw. abgrenzbare Normbereiche geregelt. Der wohl überwiegende Teil aller Gesetze läßt sich unproblematisch dem öffentlichen Recht bzw. Privatrecht zuordnen.

Der Umstand, daß es daneben auch vielfältige Durchbrechungen dieser Ordnung gibt (vgl. z.B. die vormundschaftlichen Befugnisse im Familienrecht §§ 1680, 1693, 1773 ff. BGB), ist zumeist der Sachnähe bzw. Übersichtlichkeit der Kodifikation geschuldet, ändert aber nicht den Gesamtcharakter des Normbereichs.[660]

---

[659] Beide Voraussetzungen spiegeln sich konsequenterweise auch in der Abgrenzung von öffentlichem Recht und Privatrecht nach der herrschenden Subjektstheorie, noch stärker nach der Subordinationstheorie wider.

[660] So i.E. ebenfalls *Bydlinski*, System, S.78 f.

2. *Normative Spezifität*

Die normative Spezifität beider Teilsysteme läßt sich zum einen aus der übergeordneten Prinzipienschicht des Grundgesetzes[661] deduzieren sowie im Wege der Induktion aus den Normbereichen selbst ableiten.

Eingriffe des Staates in den Bereich des Privatrechts müssen sich an den privatrechtsschützenden Grundrechten messen lassen. Als Beispiele mögen das in Art. 2 Abs.1 GG verankerten Recht auf freie Entfaltung der Persönlichkeit, woraus sich Privatautonomie und Vertragsfreiheit ableiten lassen[662], sowie die spezielleren Grundrechte der Berufsfreiheit (Art.12 GG), der Eigentumsfreiheit (Art.14 GG) oder der Kooperationsfreiheit (Art.9 GG) dienen. Hieraus können wesentliche für das Privatrecht geltende Rechtsfolgen begründet werden, woraus sich wiederum generalisierend Prinzipien formulieren lassen, die das Privatrecht prägen. Als Beispiel sei das Vereinsrecht des BGB genannt, das sich *auf* dem Prinzip der Vereinigungsfreiheit gründet und *aus* dem sich das Prinzip der körperschaftlichen Organisation und der Verbandshoheit ableiten läßt. Das öffentlich-rechtliche Handeln des Staates muß sich demgegenüber an den aus Rechtsstaats- und Demokratieprinzip folgenden Anforderungen an staatliches Handeln messen lassen (z.B. Wesentlichkeitstheorie[663]).

Aus den Rechtsfolgen beider Teilsysteme lassen sich ferner eigene Prinzipienschichten herausarbeiten, die sich grundsätzlich unterscheiden. Während die Prinzipienschicht des Privatrechts von der grundsätzlichen Gleichrangigkeit und Gleichberechtigung der Handlungssubjekte ausgeht, trägt die das öffentliche Recht prägende Prinzipienschicht dem Umstand Rechnung, daß der Staat dem einzelnen Bürger rechtlich und tatsächlich übergeordnet ist, um so letztlich in der Lage zu sein, die gesamtgesellschaftlichen Interessen auch ggf. gegen die Interessen des Einzelnen durchsetzen zu können.

Als Prinzipien des öffentlichen Rechts, die sich an die normsetzenden, verwaltenden und rechtsprechenden Staatsorgane richten, lassen sich das Prinzip des Gesetzesvorrangs[664] sowie des Gesetzesvorbehaltes[665], das Verhältnismäßigkeitsprinzip (vgl. z.B. ausdrücklich in § 11 ASOG Bln.) oder das eng mit dem Verhältnismä-

---

[661] Zu dieser „Basisschicht" ausf. *Bydlinski*, Fundamentale Rechtsgrundsätze, S.291 ff.; zusammenfassend *ders.*, System, S.87 f.; zust. *Fikentscher*, RdA 1991, 122 f.; *Neumann*, JuS 1989, 335, 336; *Neumann-Duesberg*, BB 1990, Heft 20, XVIII;

[662] Allg. M. vgl. nur BVerfGE 70, 115 (123); 74, 129 (151 f.); 81, 242 (254 f.); *Kunig* in v.Münch/Kunig, GG, Art.2 Rn.16 und 29 m.w.N. Ausf. ferner *Dieterich*, RdA 1995, 129 ff.

[663] Vgl. nur BVerfGE 34, 165 (192 f.); 40, 237 (249); 47, 46 (78 ff.); 48, 210 (221); 49, 89 (126); 58, 257 (268), jeweils m.w.N.

[664] Ausf. *Loeser*, § 7 Rn.29 ff. m.w.N.

[665] Ausf. *Loeser*, § 7 Rn.32 ff. m.w.N.

ßigkeitsprinzip zusammenhängende Prinzip der Ermessensbindung der Verwaltung (z.B. § 40 VwVfG) als Beispiele nennen.

Demgegenüber ist die Prinzipienschicht des Privatrechts beispielsweise durch Vertragsfreiheit (z.B. § 305 BGB), Selbstbestimmung[666], Selbstverantwortung und Vertrauensschutz (z.B. § 242 BGB) geprägt[667], denen gemein ist, daß sie sich an jeden Menschen in seinem rechtsgeschäftlichen Verhalten und Verhältnis zu jedem anderen Menschen richten.[668] Ferner kann angesichts neuerer Entwicklungen auch das Prinzip der Vertragsparität als ein Prinzip des allgemeinen Zivilrechts aufgefaßt werden.[669] Die Prinzipienschicht des Privatrechts gibt demnach den Rahmen vor, innerhalb dessen die Beteiligten ihre Verhältnisse selbst ordnen.[670]

Diese Beispiele mögen ausreichen, um an dieser Stelle die normative Spezifität zu bejahen, ohne freilich die Prinzipienschicht auch nur annähernd erschöpfend behandelt zu haben.[671] Zu recht wird ferner von einer prinzipiellen Gleichrangigkeit

---

666 Insbes. BVerfGE 72, 155 (170 f.).

667 *Bydlinski*, System, S.90; *Canaris*, Systemdenken, S.39, 52, 55, 114 mit weiteren Beispielen; *Hönn*, Bydlinski u.a., S.87, 89 ff.; *Larenz*, Richtiges Recht, S.102 ff.; Wolff/Bachof/*Stober*, VerwR I, § 18 Rn.28; *Zöllner*, JuS 1988, 329, 336; Vgl. auch die bereits oben Fn.606 herausgestellten „systemtragenden" Prinzipien, die ebenfalls überwiegend dem Privatrecht zuzuordnen sein werden.

668 *Bydlinski*, System, S.92 ff., 97 ff., 773, nennt ferner als für das gesamte Privatrecht geltende Prinzipien, die relative zweiseitige Rechtfertigung sowie das Subsidiaritätsprinzip. Unter ersterem versteht er, daß im Privatrecht jede Norm im Zwei- bzw. Mehrpersonenverhältnis zu denken ist, so daß deren Anwendung mit einem Vorteil für die eine Partei immer einen Nachteil für die andere Partei verbindet. Beide Elemente des Anspruchs gelte es im Privatrecht „*noch zureichend* aus den fundamentalen Rechtsprinzipien" zu rechtfertigen (S.95 Hervorhebung im Original). Demgegenüber bräuchte man im öffentlichen Recht, nur für Ansprüche und Verpflichtungen bestimmter Subjekte zu argumentieren, ohne auf andere Rücksicht zu nehmen. Das Subsidiaritätsprinzip als spezifisch privatrechtliches Prinzip fordere, das „*Verbleiben* von Aufgaben und Vermögen (in jedem Sinn des Wortes!) zu ihrer Erfüllung bei den kleineren gesellschaftlichen Einheiten, primär dem Einzelmenschen als kleinster Einheit" (S.97 Hervorhebung und Klammerzusatz im Original; ferner *ders.*, Privatrecht, S.67 ff.; in diesem Sinne ebenfalls *Sodan*, S.306 ff.; ähnlich auch *Canaris*, JZ 1987, 993, 994 f.). Diese notwendig allgemeinsten Prinzipien resultieren aus dem Versuch, für das gesamte Privatrecht geltende Prinzipien zur Abgrenzung der öffentlich-rechtlichen Prinzipienschicht aus fundamentalen Rechtsprinzipien zu entwickeln. Das ist m.E. nicht notwendig, denn auch teleologisch aus Rechtsfolgen gewonnene Prinzipien, die in wesentlichen Teilen des Privatrechts anzutreffen sind, vermögen die Abgrenzung zum öffentlichen Recht zu gewährleisten, gehören sie doch in jedem Fall zum Privatrecht, wenn auch nicht auf aller höchster Stufe.

669 In diesem Sinne *Dieterich*, RdA 1995, 129, 131 f.; vgl. ferner hierzu BVerfG NJW 1994, 36, 38 f.; BVerfG NJW 1994, 2749, 2750; BVerfG NJW 1996, 2021; BGH NJW 1997, 52, 53 f.; BGHZ 125, 206 (210), (Bürgschaftsfälle).

670 Vgl. bereits *Coing*, Festschrift für Dölle, S.25, 38.

671 Dabei erscheint es nicht nur im Rahmen der vorliegenden Arbeit entbehrlich, die Prinzipienschicht auf der allgemeinsten Ebene des privaten und öffentlichen Rechts zu entwickeln, sondern darüber hinaus werden kaum praktische Probleme denkbar sein, die nicht bereits mehr

der beiden großen Rechtsbereiche ausgegangen, die sich aus der Einbettung in die übergeordnete Prinzipienschicht des Grundgesetzes ergibt.[672] Wann öffentliche-rechtliche oder privatrechtliche Erwägungen im Kollisionsfall vorgehen, stellt sich dann als Einzelfallfrage dar, die unter Zuhilfenahme der übergeordneten Prinzipienschicht, d.h. des Grundgesetzes, zu beantworten ist.

3. Zweckmäßigkeit

Die Einteilung der Rechtsordnung entspricht nicht nur den gesetzlichen Gegebenheiten, sondern hat sich darüber hinaus auch bereits als zweckmäßig erwiesen. Dies braucht nicht näher ausgeführt zu werden, denn der entsprechende, in der Praxis gehandhabte Dualismus von öffentlichem Recht und Privatrecht bestätigt die hier systematisch entwickelten bzw. nachvollzogenen Teilsysteme.

4. Ergebnis

Privatrecht und öffentliches Rechts stellen zwei Teilsysteme der Gesamtrechtsordnung dar. Beide Teilsysteme verfügen über einen im wesentlichen abgrenzbaren Normbereich, der auf charakteristische Lebenszusammenhänge rückführbar ist, und weisen eine eigenständige normative Spezifität auf.[673]

II. Arbeitsrecht als Teilsystem des Privatrechts und des allgemeinen Zivilrechts

Im *Zweiten Teil* der vorliegenden Untersuchung wurde bereits deutlich, daß die Diskussionslinie nicht nur zwischen der Zuordnung des Rechtsverhältnisses zwischen Rehabilitationseinrichtung und Rehabilitand zum öffentlichen Recht oder Privatrecht verläuft, sondern weitergehend, soweit eine privatrechtliche Einordnung befürwortet wurde, zwischen allgemeinem Zivilrecht und dem Arbeitsrecht. Daß das Arbeitsrecht einen eigenständigen Bereich der Rechtsordnung, der sogar

---

oder weniger ausdifferenzierten Teilsystemen unterfallen. In diesem Fall ist jedoch zunächst die Prinzipienschicht des Teilsystems maßgebend und erst soweit diese unergiebig, vage oder gar widersprüchlich ist, sollte die nächst höhere Prinzipienschicht herangezogen werden.

[672] Ausführliche Begründung bei *Bydlinski*, Privatrecht, S.60 ff. m.w.N., der unter dem Stichwort „Privatrechtsgesellschaft" geführten Diskussion, ferner *Zöllner*, JuS 1988, 329 ff.

[673] Dieses Ergebnis scheint für sich gesehen banal bzw. unstreitig. Entscheidend ist jedoch, daß die Klassifizierung als Teilsystem auf eine innere Einheit bzw. Wertungskonsistenz, zumindest dem methodologischen Anspruch nach, hinweist, die letztlich erst methodologisch wertvoll ist. Die herkömmlich begründete Abgrenzung von Privatrecht und öffentlichem Recht löst im Regelfall lediglich Einzelprobleme (z.B. Rechtswegfragen oder die Anwendbarkeit der einen oder anderen Rechtsnorm), kann eine systemorientierte Argumentation jedoch methodologisch nicht begründen. In diesem Sinne ähnlich *Bachof*, VVDStRL 30 (1972), 193, 229, zum Verwaltungsrecht als Teilsystem ausf. S.228 ff.

über einen eigenen Rechtsweg verfügt, darstellt, dürfte keiner weiteren Erwähnung wert sein.[674] Daraus folgt für sich gesehen allerdings noch nicht, daß eine systemorientierte Argumentation sich auch zur Abgrenzung des Anwendungsbereichs des Arbeitsrechts eignet. Hierzu ist zunächst erforderlich, daß dem Arbeitsrecht eine eigenständige Bedeutung im Privatrechtssystem zukommt, es selbst Teilsystem des Privatrechts ist. Ob sich die systemorientierte Abgrenzung dann auch im Hinblick auf den konkreten Untersuchungsgegenstand eignet, bleibt noch festzustellen.

1. Normbereich

Der Normbereich des Arbeitsrechts, der in Vollzug einer bereits vorgegebenen Gesetzesordnung eine Vielzahl von Normen abgrenzbar nach einem Realitätsausschnitt macht, ist relativ gut abzustecken. In erheblichem Umfang wird der Normbereich des Arbeitsrechts durch Richterrecht ergänzt. Der das Gebiet des Arbeitsrechts zusammenhaltende Lebenszusammenhang findet sich nahezu umfassend im Arbeitnehmerbegriff wieder: Das Leben eines Menschen *als* Arbeitnehmer im weitesten Sinne (alleine oder im Zusammenschluß mit anderen) in seinem Verhältnis zum Arbeitgeber (ebenfalls alleine oder im Zusammenschluß mit anderen) unterfällt dem Arbeitsrecht.[675] Dieser Lebenssachverhalt ist zwar nicht durch eine einheitliche Kodifikation geregelt, jedoch lassen sich eine Vielzahl von Gesetzen konkretisiert bzw. ergänzt durch die arbeitsgerichtliche Rechtsprechung unzweifelhaft dem Arbeitsrecht zuordnen, stellen sie doch jeweils auf das Vorliegen eines Arbeitsverhältnisses ab (z.B. § 1 BUrlG, §§ 1, 3 EFZG; § 1 KSchG). Demnach eignet sich das Arbeitsrecht zur Systematisierung, da ein abgegrenzter bzw. abgrenzbarer Normbereich einen einheitlichen Lebenssachverhalt regelt.

2. Normative Spezifität

Dieser Normbereich muß ferner eine normative Spezifität aufweisen, daß heißt eine eigenständige, insbesondere vom allgemeinen Privatrecht abgrenzbare Prinzipienschicht entwickelt haben. Entsprechend dem teleologischen Systemverständnis, ist die Prinzipienschicht aus den Rechtsfolgen des Normbereichs zu entwickeln. Nur so kann gewährleistet werden, daß sich die gesetzgeberischen Entscheidungen auch in der Systembildung widerspiegeln.[676] Im Arbeitsrecht besteht ferner

---

674 Insoweit ist die Bezeichnung Sonderprivatrecht oder Sonderrecht der Arbeitnehmer häufig anzutreffen, vgl. bereits *Hueck/Nipperdey*, § 1 I.; *Nikisch*, § 1 I.1., aus neuerer Zeit noch Hanau/*Adomeit*, A. I.; *Bauschke*, RdA 1994, 209; ErfK/*Preis*, Einl. BGB Rn.3; Palandt/*Putzo*, BGB, vor § 611 Rn.3; KR-*Rost*, Arbeitnehmerähnliche Personen, Rn.1; wohl zu recht kritisch MünchArbR/*Richardi*, Bd.1, § 1 Rn.1, und *Zöllner*/Loritz, § 4 I. 2., aufgrund der dadurch erfolgenden Ausklammerung der dem Arbeitnehmerschutz korrelierenden Arbeitgeberposition.

675 Noch prägnanter MünchArbR/*Richardi*, Bd.1, § 1 Rn.7: „Tatbestand der abhängigen Arbeit".

676 Methodologisch anders geht insoweit *Bydlinski*, System, S.539 ff., vor, der folgende zehn Prinzipien ontologisch ermittelt: Koalitionsfreiheit (S.542 f.), Weisungsrecht des Arbeitgebers (S.556 f.), Günstigkeitsprinzip (S.558), Fürsorgepflicht des Arbeitgebers (S.563 ff.),

die Besonderheit, daß vermehrt gesetzesvertretendes Richterrecht an die Stelle von Rechtsnormen getreten ist. Dieses kann zum Zwecke der vorliegenden Untersuchung dem Gesetzesrecht gleichgestellt werden.

a. *Rechtsfolgengruppen*

Angesichts der kaum überschaubaren Regelungen innerhalb des Arbeitsrechts ist der Versuch, sämtliche Rechtsfolgen des Arbeitsrechts zu erfassen, bereits praktisch kaum möglich, vor allem jedoch ungeeignet, eine noch halbwegs operationale Prinzipienschicht zu erarbeiten. Es kann bei der Frage, welche Charakteristika das Arbeitsrecht als Teilsystem aufweist nicht darum gehen, sämtliche Prinzipien und Unterprinzipien zu ermitteln. Vielmehr reicht es aus, die systemtragenden Prinzipien[677] zu ermitteln, zumal sich die Unterprinzipien aus diesen bzw. aus einer Wechselwirkung zwischen diesen ableiten. Insoweit ist es sinnvoll Rechtsfolgengruppen zu bilden, um aus ihnen die wesentlichen Grundgedanken in Form von Prinzipien abzuleiten.[678]

Als Besonderheit des Arbeitsrechts hat sich neben den das einzelne Arbeitsverhältnis unmittelbar regelnden staatlichen Normen die Rechtssetzungskompetenz der arbeitsrechtlichen Kollektive herausgebildet, die den Inhalt des Einzelarbeitsverhältnisses entscheidend mitbestimmen können.

aa. *Individualrechtliche Rechtsfolgengruppen*

Die arbeitsrechtlichen Rechtsfolgengruppen[679] lassen sich in Anlehnung an *Wank*[680] wie folgt grafisch darstellen:

Gleichbehandlung der Arbeitnehmer (S.565 f.), Kündigungsschutz (S.567), betriebliche und personelle Mitbestimmung (S.570), Lohnschutz (S.573 f.), Kollektivertragsprinzip (S.574 f.), Arbeitskampffreiheit (S.586) und Kampfparität (S.588). Der fehlende Bezug zu den Rechtsfolgen führt dazu, daß die Auswahl dieser Prinzipien nicht recht nachvollziehbar ist bzw. mit gleicher Berechtigung z.B. Arbeitnehmerhaftungsprivilegierung, Erholungsurlaub, Persönlichkeitsschutz oder Treuepflicht des Arbeitnehmers genannt werden könnten.

677 Dazu *Canaris*, Systemdenken, S.46 ff. und oben unter C. IV. 4.

678 Den ersten Versuch, den wesentlichen Inhalt des Arbeitsrechts über Rechtsfolgengruppen zu ermitteln, hat *Wank*, Arbeitnehmer, S.56 ff., unternommen. Zwar erfolgte dies nicht mit dem Ziel der Ermittlung der normativen Spezifität des Arbeitsrechts, sondern zur teleologischen Begriffsbildung des Arbeitnehmerbegriffs. Auf die Ergebnisse kann jedoch trotzdem zurückgegriffen werden, sind doch die teleologische Begriffsbildung und die teleologische Teilsystembildung im Hinblick auf das Arbeitsrecht zumindest wesensverwandt, da in beiden Fällen dem Arbeitnehmerbegriff eine zentrale Rolle zukommt.

679 Es wird aus Raumgründen darauf verzichtet, die jeweiligen Rechtsfolgengruppen unter Angabe von Rechtsprechung und Literatur näher zu schildern. Insoweit kann nur auf die einschlägige Literatur verwiesen werden.

680 *Wank*, Arbeitnehmer, S.58; *ders.*, NZA 1999, 225, 226; die gleichen Rechtsfolgengruppen legt *Mohr*, S.100 ff., zugrunde; ähnlich *Breves*, S.182 f.; *Löwisch*, RdA 1999, 69, 71.

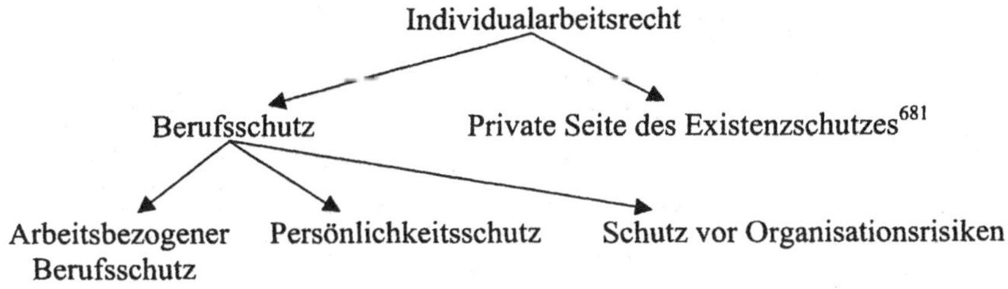

1. Dem arbeitsbezogenen Berufsschutz[682] unterfallen:

   a) allg. Schutzpflichten als Nebenpflichten (vgl. z.B. § 618 BGB)
   b) privatrechtlichen Auswirkungen des Arbeitsschutzrechts (vgl. z.B. ArbZG)

2. Dem Persönlichkeitsschutz unterfallen im wesentlichen:

   a) Einschränkung der Informationsbeschaffung und –verwertung bei der Einstellung (vgl. z.B. Fragerecht des Arbeitgebers oder § 611 a BGB)
   b) Grenzen des Weisungsrechts
   c) Gleichbehandlungsgebote bzw. Maßregelungsverbot (§§ 611 a, 612 Abs.3, 612 a BGB)
   d) Datenschutz (vgl. z.B. §§ 1 ff. BDSG)
   e) Beschäftigungsanspruch und Weiterbeschäftigungsanspruch
   f) Schutz vor sexueller Belästigung (vgl. §§ 1 ff. BeschSchG)
   g) ggf. Schutz vor „Mobbing"[683]

---

681 In Abgrenzung zur öffentlich-rechtlichen, der Sozialversicherung unterfallenden Seite der Existenzsicherung, die zwar ebenfalls an den im wesentlichen mit dem Arbeitnehmerbegriff deckungsgleichen Beschäftigtenbegriff anknüpft, jedoch anderen Grundsätzen folgt und vor allem auch weitere Personengruppen erfaßt. Andererseits unterfällt nicht jeder Arbeitnehmer der Sozialversicherung. Da es vorliegend um die Entwicklung der privatrechtlichen Prinzipienschicht des Arbeitsrechts geht, muß die sozialversicherungsrechtliche Seite des Arbeitsverhältnisses zunächst außer Betracht bleiben.

682 Der Berufsschutz sowie Teile der privaten Seite des Existenzschutzes sind am ehesten mit dem Schutz, der aus dem „personalen Gehalt des Arbeitsverhältnisses" abgeleitet wird, vergleichbar, vgl. hierzu vor allem *Wiese*, ZfA 1996, 439, 457 ff. m.w.N. Die vorliegend gewählte Terminologie scheint allerdings aussagekräftiger zu sein.

683 Es mag angesichts des hiesigen Erkenntnisinteresses dahinstehen, ob diesem Phänomen bereits eine eigenständige Bedeutung zukommt, jedenfalls verdeutlicht die Diskussion hierüber, wie weitreichend die insbesondere in den letzten Jahren erheblich ausgedehnten Fürsorgepflichten die Arbeitgeber zum Persönlichkeitsschutz der Arbeitnehmer verpflichten; vgl. zur

3. Dem Schutz vor Organisationsrisiken unterfallen im wesentlichen:

a) Haftungsprivilegierung des Arbeitnehmers
b) Grundsätze der Betriebsrisikolehre (bzw. § 615 BGB)

4. Der privaten Seite des Existenzschutzes unterfallen im wesentlichen:

a) allgemeiner Bestandsschutz (z.B. § 613 a BGB) und Kündigungsschutz[684]
b) besonderer Kündigungsschutz (z.B. § 9 MuSchG; §§ 15, 21 SchwbG; § 15 KSchG)
c) Lohnschutz (vgl. nur die allgemeinsten: Entgeltfortzahlung im Krankheitsfall; Feiertagsvergütung; Urlaubsentgeltanspruch)

bb. Kollektivrechtliche Rechtsfolgengruppen

Als kollektivrechtliche Rechtsfolgengruppen lassen sich ferner die Befugnisse der Tarifvertragsparteien (§§ 1 ff. TVG) sowie der Betriebsparteien (Regelungen des BetrVG bzw. BPersVG sowie der einzelnen LPersVG) zusammenfassen. Diese könnten weiter in unterschiedliche Regelungsbereiche aufgegliedert werden, wovon an dieser Stelle aus Gründen der Übersichtlichkeit abgesehen wird.[685]

b. Ableitbare Prinzipienschicht

aa. Höchste Prinzipienschicht im Arbeitsrecht

Aus dem bisher Gesagten läßt sich deduktiv als oberstes Prinzip die Schutzbedürftigkeit des Arbeitnehmers ableiten.[686] Damit die Schutzbedürftigkeit ihren Bezug

---

Diskussion *Däubler*, BB 1995, 1347 ff.; *Gralka*, BB 1995, 2651 ff.; *Haller/Koch*, NZA 1995, 356 jeweils m.w.N.

684 Letzteren rechnet *Bydlinski*, System, S.567, auch noch zum Persönlichkeitsschutz.

685 Zum Versuch einer systemorientierten Erfassung des Betriebsverfassungsrechts instruktiv *Dütz/Schulin*, ZfA 1975, 103, 108 ff.

686 Dies ist letztlich allgemein anerkannt, wobei freilich zumeist über diese allgemeinste Prinzipienschicht nicht hinausgegangen wird und im einzelnen umstritten ist, worauf sich die Schutzbedürftigkeit des Arbeitnehmers überhaupt gründet: vgl. *Breves*, S.182 (fehlende berufliche Mobilität); *Konzen*, ZfA 1982, 259, 309 (Dispositionsverlust beim Arbeitnehmer); *Lieb*, Rn.11; *ders.*, RdA 1977, 210, 218 f. (Fremdbestimmheit und Fremdnützigkeit der Arbeitsleistung); *Westermann*, AcP 178 (1978), 150, 159 ff. (nicht aus der Weisungsgebundenheit, sondern aus der existenziellen Notwendigkeit zur Arbeitsleistung); *Wlotzke*, RdA 1965, 180, 189 (Souveränitätsverlust); *Zöllner*/Loritz, § 1 I. (Funktionsdefizite des Arbeitsvertrages); ferner ausf. *Bydlinski*, System, S.548 ff., und MünchArbR/*Richardi*, Bd.1, § 6 Rn.16 ff.

zum Arbeitsrecht behält[687], ist sie dahingehend zu konkretisieren, daß sie aus der spezifisch arbeitsrechtlichen Stellung des Arbeitnehmers folgen muß. Diese Stellung des Arbeitnehmers ist wiederum eine normative, d.h. relevant ist nur diejenige Schutzbedürftigkeit, der das Arbeitsrecht als Ganzes dienen soll.[688] Daraus folgt, daß die Schutzbedürftigkeit des Arbeitnehmers anzunehmen ist, wenn er sich in einer Situation befindet, die wertungsmäßig von den arbeitsrechtlichen Regelungen erfaßt wird.[689] Hierbei kommt es auf eine typisierende Betrachtungsweise an.[690] Ferner ist freilich nicht erforderlich, daß alle arbeitsrechtlichen Regelungen Anwendung finden, sieht doch ein nicht unerheblicher Teil der Vorschriften ohnehin qualifizierte Anforderungen vor (vgl. §§ 1, 23 Abs.1 S.2 KSchG; § 3 Abs.3 EFZG).

Die Schutzbedürftigkeit alleine kann allerdings noch nicht die oberste Prinzipienschicht ausmachen, denn dies würde dazu führen, daß sich die Interessen des Arbeitnehmers pauschal durchsetzen. Vielmehr ist den einzelnen arbeitsrechtlichen Gesetzen zu entnehmen, daß sie die Schutzbedürftigkeit von sich aus beschränken. So ist der Kündigungsschutz des Arbeitnehmers freilich ebenso beschränkt wie sein Urlaubsanspruch. Das Prinzip der Schutzbedürftigkeit des Arbeitnehmers wird eingeschränkt durch das Prinzip der Privatautonomie, das dem Arbeitgeber das Recht gewährt, die einmal vereinbarten Vertragsbedingungen durchzusetzen sowie mit seinem Unternehmen wirtschaftlich und weitestgehend ungebunden beruflich tätig zu werden.[691] Aus historischer Sicht, aber auch aus systematischen Gründen, soweit das Arbeitsrecht als Teilsystem des Privatrechts aufgefaßt wird, ist es vorzugswürdiger davon auszugehen, daß das Prinzip der Privatautonomie durch das

---

687 Schutzbedürftigkeit ist in vielen Rechtsbereichen als Regelungsintention anzutreffen, ohne daß damit die Anwendung des Arbeitsrechts begründet werden kann.

688 Zutreffend *Dieterich*, RdA 1995, 129, 134: „Das ganze Arbeitsrecht dient ja dem Ziel der Kompensation von Ungleichgewichtslagen“; ferner *Grillberger*, Festschrift für Mayer-Maly, S.257, 258, 274, der unter anderem die Ausformung des Arbeitsrechts als ein Gebot der Gerechtigkeit zum Schutz vor Ausnutzung wirtschaftlicher Übermacht ansieht. Ähnlich auch *Löwisch*, RdA 1999, 69, 71 ff.

689 Hierbei handelt es sich nicht um einen Zirkelschluß, nach dem Motto, wer Arbeitnehmer ist, wird von den Rechtsfolgen erfaßt und wer von den Rechtsfolgen erfaßt wird, ist Arbeitnehmer. Vielmehr geht es bei der Rechtsfolgenbetrachtung darum, zu überprüfen, ob ein bestimmter Rechtsfolgenkomplex wertungsmäßig paßt, um dies im *Rahmen der Tatbestandsbildung* mit zu berücksichtigen. Das ist, wie bereits am Kommunikationsmodell veranschaulicht, erforderlich, um den Regelungszweck des Gesetzgebers zu erfüllen, der ebenfalls einem tatsächlichen Problem einen Regelungskomplex zuordnet.

690 Deutlich *Zöllner*/Loritz, § 4 III. 5.g).

691 *Bydlinski*, System, S.557, wobei sich wohl die Auffassung durchgesetzt hat, daß Eingriffe in die Vertragsfreiheit des Arbeitgebers vorrangig am Maßstab von Art.12 Abs.1 Satz 2 GG zu messen sind, vgl. BVerfGE 85, 226 (233); 77, 308 (332); *Canaris*, RdA 1997, 267, 272 m.w.N.; *ders.*, Bydlinski u.a., S.103, 115; *Gamillscheg*, AcP 164 (1964), 385, 395 ff., 426 ff.; *Scholz*, ZfA 1981, 265, 271, 275 ff.; die Vertragsfreiheit noch ausschließlich auf Art.2 Abs.1 GG stützend z.B. BAG AP Nr.2 zu § 134 BGB unter II. 1.a) der Gründe, neuerdings aber auch auf „insb. Art.12 GG“ abstellend BAG NZA 1999, 258, 260.

Arbeitsrechtssystem eingeschränkt wird.[692] Ferner ist das aus dem allgemeinen Privatrecht folgende Prinzip der Selbstverantwortung auch im Arbeitsrecht maßgebend.[693] Im Konflikt zwischen Privatautonomie, Selbstverantwortung und Arbeitnehmerschutzprinzip kann die wiederum übergeordnete Prinzipienschicht herangezogen werden (induktives Element der Prinzipiengewinnung[694]). Diese Prinzipien sind verfassungsrechtlich geschützt[695] und es obliegt Gesetzgebung und Rechtsprechung, einen entsprechenden Ausgleich herzustellen.[696] Entsprechend dem Verständnis eines beweglichen Systems ist von vornherein keine fest vorgegebene Rangfolge bzw. kein festzuschreibendes Gewicht der einzelnen Prinzipien angebbar, sondern stets der Einzelfall entscheidend.[697]

Der Durchsetzung des Prinzips der Schutzbedürftigkeit werden demnach durch die Berufs-, Vertrags- und Eigentumsfreiheit des Arbeitgebers Grenzen gesetzt. In diesem Spannungsfeld bewegen sich alle arbeitsrechtlichen Vorschriften. Aus diesen Wertentscheidungen heraus, sind die Streitentscheidungen zu ermitteln. Hieraus ist die innere Einheit des Teilsystems, d.h. die Folgerichtigkeit und Widerspruchslosigkeit, zu entwickeln.

---

692 So zutreffend *Lieb*, RdA 1975, 49, 51 f.; *Rüthers*, DB 1982, 1869, 1870; *Zöllner*, AcP 176 (1976), 221, 227 f. Dies ist vor allem für die Argumentationslast von Bedeutung, worauf insbesondere *Lieb* hinweist, d.h. die Einschränkung der Privatautonomie durch arbeitsrechtliche Regelungen muß begründet werden und nicht umgekehrt.

693 Als Beispiele im Arbeitsrecht können z.B. der Ausschluß der Entgeltfortzahlung im Krankheitsfall bei verschuldeter Verursachung der krankheitsbedingten Arbeitsunfähigkeit (freilich nach Maßgabe des hier geltenden strengen Verschuldensmaßstabs) oder die Haftung des Arbeitnehmers bei grob fahrlässiger Verursachung von Schäden am Eigentum des Arbeitgebers gelten.

694 Vgl. oben unter C.IV. 4.b.

695 Die Privatautonomie wird auf Arbeitgeberseite durch dessen Schutz aus Art.14 GG (Recht am eingerichteten und ausgeübten Gewerbebetrieb) erweitert. Die Schutzbedürftigkeit des Arbeitnehmers kann sich neben der Privatautonomie, die auch das Recht beinhaltet, von seiner Vertragsfreiheit tatsächlich Gebrauch machen zu können, ferner aus der Berufsfreiheit (vgl. jüngst BVerfG NZA 1998, 470, 471) sowie dem Sozialstaatsprinzip ergeben. Aus dieser auf der Ebene des Grundgesetzes liegenden Prinzipienschicht, ist das Verhältnis der Prinzipien auf der obersten Schicht des Arbeitsrechts näher zu bestimmen. Methodisch kann dies durch das im Verfassungsrecht allgemein anerkannte Verfahren der Herstellung praktischer Konkordanz geschehen, ausf. *Dieterich*, RdA 1995, 129, 133 ff.; *Scholz*, ZfA 1981, 265, 271 ff.; aus der älteren Literatur *Gamillscheg*, AcP 164 (1964), 385, 390 ff.

696 Ausf. *Scholz*, ZfA 1981, 265, 274 ff.; ferner zum Optimierungsgebot oben unter § 9 IV. c. und d.

697 In diesem Sinne versteht auch MünchArbR/*Richardi*, Bd.1, § 7 Rn.7 ff. mit Beispielen, das Arbeitsrecht als bewegliches System.

bb. Untere Prinzipienschicht

Die genannten Rechtsfolgengruppen stehen für eine Vielzahl von einzelnen Rechtsfolgen, die den spezifischen Arbeitnehmerschutz jeweils verwirklichen wollen. Die Prinzipien, die die normative Spezifität des Arbeitsrechts unterhalb der höchsten Prinzipienschicht ausmachen, lassen sich unmittelbar aus den genannten Rechtsfolgengruppen ableiten bzw. entsprechen diesen. Wird beispielsweise der Vergütungsschutz durch eine Vielzahl einzelner Rechtsnormen gewährleistet, so läßt sich hieraus unmittelbar die Wertsetzung des Gesetzgebers bzw. bereits konkreter das Prinzip ableiten, Vergütungsschutz zu gewähren. Werden die Rechtsfolgenbündel weiter aufgeschlüsselt, so ergeben sich weitere Unterprinzipien bzw. die nächst tiefere Prinzipienschicht. Als Unterprinzipen des Vergütungsschutzes können beispielsweise Vergütungsschutz im Krankheitsfall und Vergütungsschutz im Erholungsurlaub ermittelt werden.

Demnach lassen sich die Rechtsfolgengruppen 1. – 4. unmittelbar als Prinzipien übernehmen. Konkretisiert werden diese Prinzipien durch die Unterprinzipien, die den Rechtsfolgengruppen als jeweilige Hauptfälle zugeordnet wurden. Diese Hauptfälle ließen sich je nach Erkenntnisinteresse noch weiter aufschlüsseln.

Aus dem kollektiven Bereich des Arbeitsrechts lassen sich ferner Koalitionsfreiheit, Tarifautonomie, Betriebsautonomie sowie Unternehmensmitbestimmung als Prinzipien unmittelbar deduzieren. Als vor allem richterrechtlich ausgeformte Unterprinzipien können beispielsweise die Arbeitskampffreiheit, Verhandlungsgleichgewicht oder Kampfparität angesehen werden.[698] Ferner ergibt sich aus § 4 Abs.3 TVG sowie dem Umstand, daß gesetzliche Regelungen typischerweise lediglich Mindestarbeitsbedingungen festlegen das Günstigkeitsprinzip. Aber auch das kollektive Arbeitsrecht zeichnet sich weitgehend durch seine privatrechtliche Einordnung bzw. durch die Modifikation privatrechtlicher Gestaltungsmittel aus. Auch im Bereich des kollektiven Arbeitsrechts ist das Denken in zivilrechtlichen Kategorien oftmals Ausgangspunkt der arbeitsrechtlichen Diskussion, besteht doch die Hauptaufgabe der arbeitsrechtlichen Kollektive im Abschluß von Verträgen (Tarifverträge, Betriebs- und Dienstvereinbarungen).[699]

Diesen Prinzipien des Individual- und Kollektivarbeitsrechts sind auf der jeweiligen Schicht als begrenzende Prinzipien, die jeweilig für den Arbeitgeber sprechenden Prinzipien, zuzuordnen. Aus der Regelung des § 620 Abs.1 BGB verstärkt

---

698 Inwieweit die richterrechtlich ausgeformten Prinzipien induziert oder deduziert sind, läßt sich nur schwer generell festlegen, soll allerdings im vorliegenden Kontext dahingestellt bleiben.

699 Zum Arbeitskampf-, Koalitions- und Tarifvertragsrecht vgl. ausf. *Picker*, ZfA 1986, 199, insb. 257 ff. und 263 ff., der das kollektive Arbeitsrecht zu recht als systemkonforme Überwindung der zwischen Arbeitnehmer und Arbeitgeber auf einzelvertraglicher Ebene bestehenden Imparität ansieht.

durch § 1 BeschFG mit der Rechtsfolge grundsätzlicher Befristungsmöglichkeit aller Arbeitsverhältnisse läßt sich die gesetzgeberische Wertentscheidung ableiten, daß der Arbeitgeber die Dauer des Vertrages frei mit dem Arbeitnehmer vereinbaren bzw., bei Berücksichtigung der in der Rechtsprechung des BAG angenommenen strukturellen Unterlegenheit des Arbeitnehmers bei Vertragsschluß[700], sogar frei bestimmen kann.[701]

Die genannten Prinzipienschichten sind somit in groben Grundzügen dargestellt und verdeutlichen hinreichend die normative Spezifität des Arbeitsrechts, was für den Zweck der Prüfung an dieser Stelle auch ausreichen mag.[702]

3. *Zweckmäßigkeit*

Die Teilsystemgrenzen am Normbereich arbeitsrechtlicher Vorschriften und demnach am Lebenssachverhalt der privatrechtlichen Arbeitserbringung zu orientieren, ist zweckmäßig.[703] Wie beim Dualismus des Öffentlichen Recht/Privatrecht han-

---

[700] St.Rspr. des BAG, vgl. nur BAG NZA 1994, 937 m.w.N.; kritisch hierzu *Zöllner*, AcP 176 (1976), 221, 236 ff., 243 ff.; allerdings wohl zutreffend dagegen *Picker*, ZfA 1986, 199, 251 f.

[701] Daß die Befristungsmöglichkeit in Einklang mit dem Prinzip des Bestandsschutzes, d.h. im wesentlichen mit dem KSchG gebracht werden muß, ist an sich unproblematisch. Es kann hierbei methodologisch gesehen zu einen Prinzipiengegensatz oder –widerspruch (dazu *Canaris*, Systemdenken, S.53 f.) kommen, der dann im Einzelfall aufgelöst werden muß. Schlechthin widersprechen tun sich die Regelungen nicht, denn auch das Bestandsschutzinteresse des Arbeitnehmers gilt nicht uneingeschränkt, beispielsweise erst nach einer Beschäftigungsdauer von sechs Monaten.

[702] I.E. ebenso *Bydlinski*, System, S.595. In der arbeitsrechtlichen Literatur und Rechtsprechung finden sich noch eine Vielzahl weiterer Prinzipien, wobei allerdings angemerkt werden muß, daß diese mangels methodischen Konzepts zum Teil nur schwerlich de lege lata nachzuvollziehen sind. Als Beispiel sei die jüngst ergangene Entscheidung des Bundesverfassungsgerichts (BVerfG NZA 1998, 470, 471) genannt, die als Schutzinteressen des Arbeitnehmers, neben der finanziellen Existenzgrundlage für ihn und seine Familie, folgende angibt: „Lebenszuschnitt", „Wohnumfeld", „gesellschaftliche Stellung", „Selbstwertgefühl", „ökonomisches und soziales Beziehungsgeflecht", „Lebensstandard und Verlust von Nachbarschaftsbeziehungen". Insoweit werden allgemeine Schutzinteressen mit den normativen Schutzinteressen des Arbeitnehmers, die sich eben erst im Zusammenspiel mit den Arbeitgeberinteressen herausarbeiten lassen, vermengt, und das Prinzip des Arbeitnehmerschutzes wird zu einem Sammelbecken für alle möglichen im Einzelfall mehr oder weniger nützlichen Topoi, die einer Grundlage im Gesetz entbehren.

[703] Gerade auch die Zweckmäßigkeit der Klassifizierung als Teilsystem kann bei einer Vielzahl von zivilrechtlichen Nebengesetzen entfallen. So scheint es beispielsweise nicht zweckmäßig zu sein, das Recht der Allgemeinen Geschäftsbedingungen kodifiziert im AGBG, zu einem selbständigen Teilsystem zu erheben. Die geregelten Realitätsbereiche sind zu eng mit den einzelnen Vertragstypen des BGB verknüpft. Ferner sind auch die Prinzipien des AGBG (z.B. Verbraucherschutz) zu eng verknüpft mit der allgemeinen Vertragsfreiheit, als daß sie bereits eine normative Spezifität entwickelt hätten. Das AGBG stellt demnach wohl allenfalls einen

delt es sich hierbei um eine Differenzierung, die historisch vorgegebenen ist und sich praktisch bewährt hat.

4. Ergebnis

Das Arbeitsrecht stellt demnach ein Teilsystem des Privatrechts dar.[704] Inwieweit das Arbeitsrecht ein Teilsystem des allgemeinen Zivilrechts darstellt oder bereits eine Eigenständigkeit aufweist, die es neben das allgemeine Zivilrecht stellt, braucht in dieser Allgemeinheit vorliegend nicht weiter geprüft zu werden.[705] Entscheidend ist meines Erachtens, daß das allgemeine Privatrecht mit dem allgemeinen Zivilrecht, d.h. im wesentlichen mit dem Allgemeinen Teil des BGB sowie in Bezug auf das Vertragsrecht mit dem allgemeinen Schuldrecht inhaltlich weitgehend deckungsgleich sein dürfte.[706] Insoweit scheint ein Antagonismus zwischen Arbeitsrecht als Teil des allgemeinem Zivilrecht oder als Teil des allgemeinen Privatrechts nicht vorzuliegen. Ob sich das Arbeitsrecht demnach verselbständigt hat, ist keine Frage der formalen Zuordnung, sondern eine Frage, inwieweit die normative Spezifität des Arbeitsrechts zu einer Lösung von der übergeordneten Prinzipienschicht des allgemeinen Zivil- oder Privatrechts geführt hat.

Schließlich sei angemerkt, daß das Verständnis des Arbeitsrechts als Teilsystem des allgemeinen Zivilrechts und das damit einhergehende Denken in Prinzipienschichten, an sich bereits einen nicht zu unterschätzenden Erkenntniswert hat, der die Diskussion einzelner arbeitsrechtlicher Probleme erheblich konsistenter und

---

Systemteil des allgemeinen Zivilrechts dar, vgl. in diesem Sinne ausf. *Lieb*, AcP 178 (1978), 196 ff. Zum Unterschied Teilsystem und Systemteil vgl. oben unter C. IV. 6.

704 Meist ohne nähere Begründung des Systembegriffs gehen hiervon aus: MünchArbR/*Richardi*, Bd.1, § 7 Rn.1 ff.; *Scholz*, ZfA 1981, 265, 270 f., 286 f.; *Wank*, Arbeitnehmer, S. 387; *Wlotzke*, RdA 1965, 180; *Zacher* SGb 1982, 229, 331 f. Außer Betracht bleibt dabei das Arbeitsschutzrecht, soweit es nicht die auf arbeitsvertraglicher Ebene bestehende Fürsorgepflicht des Arbeitgebers konkretisiert. Dieses ist aufgrund der weitreichenden Eingriffsbefugnisse der Verwaltungsbehörden dem öffentlichen Recht zuzuordnen.

705 Nicht ganz eindeutig *Bydlinski*, System, S.418 und 432. Für die Eigenständigkeit des Arbeitsrechts vor allem *Gamillscheg*, AcP 176 (1976), 197, 205 und 220 und auch BVerfGE 7, 342 (348), das das Arbeitsrecht neben das bürgerliche Recht gestellt sieht und meint, daß es deshalb auch nicht dem Kodifikationsprinzip des EGBGB unterfalle. Demgegenüber wird zumeist für eine stärkere Eingliederung des Arbeitsrechts in das allgemeine Zivilrecht plädiert: vgl. nur *Dieterich*, RdA 1995, 129, 135, der insbes. hinsichtlich der neueren Rechtsprechung des Bundesverfassungsgerichts zu Ungleichgewichtslagen (Bürgschaftsfälle; Handelsvertreter), eine stärkere Einordnungstendenz ausmacht; ferner *Canaris*, RdA 1966, 41; *Lieb*, RdA 1975, 49, 51; ErfK/*Preis*, Einl. BGB Rn.3; *Reuter*, Festschrift für Hilger/Stumpf, S.573, insbes. 580 ff.; *ders.*, Stellung des Arbeitsrechts in der Privatrechtsordnung, S.3, 30 ff.; Staudinger/*Richardi*, Vorbem.zu §§ 611 ff. Rn.110 sowie 122 ff.; *Söllner*, § 1 III 2.; *Westermann*, AcP 178 (1978), S.150, 159 ff., 195; *Wiedemann*, Festschrift für Herschel, S.463, 464 f.; *Wiese*, ZfA 1996, 439, 455; *Zöllner*, AcP 176 (1976), 221, 246.

706 In diesem Sinne *Brox*, AT, Rn.12 f.

damit auch rationaler macht.[707] Insbesondere vermag das Denken in Prinzipienschichten und demnach die Verortung von Rechtsfragen in übergeordneten und unteren Prinzipienschichten eine Diskussion über diese Rechtsfragen erheblich fruchtbarer zu machen und insbesondere vor voreiligen Verabsolutierungen bestimmter Prinzipien zu schützen.

III. Das Berufsbildungsrecht als Teilsystem des Arbeits- bzw. allgemeinen Zivilrechts

Bezüglich der Zuordnung der Rechtsverhältnisse in Berufsbildungs- und Berufsförderungswerken zum Berufsbildungsrecht, ist es erforderlich, das Berufsbildungsrecht systematisch zu erfassen. Das im Kern im BBiG geregelte Berufsbildungsrecht zeichnet sich dadurch aus, daß durch den Verweis des § 3 Abs.2 BBiG das allgemeine Arbeitsrecht Anwendung findet, soweit sich aus dem BBiG oder dem Wesen des Berufsbildungsvertrages nicht anderes ergibt. Dies liegt darin begründet, daß der Berufsbildungsvertrag im Rahmen des dualen Systems der Berufsausbildung zum einen auf die Erbringung von Arbeitsleistungen angelegt ist (§ 1 Abs.2 S.2 BBiG), zum anderen aber der Erwerb von fachlichen Fähigkeiten und Kenntnissen im Vordergrund steht (§ 1 Abs.2 S.1 BBiG).

Ob der Berufsbildungsvertrag einen Arbeitsvertrag darstellt oder, ob es sich hierbei um einen eigenständigen Privatrechtsvertrag handelt, der dem allgemeinen Zivilrecht unterfällt, ist umstritten.[708] Die Beantwortung dieser Frage wird im wesentlichen davon abhängen, wie die Hauptleistungspflicht, kurz Lernen oder Arbeiten, der Auszubildenden bestimmt wird. Die Beantwortung dieser Frage entscheidet auch darüber, ob das Berufsbildungsrecht ein eigenständiges Teilsystem des Pri-

---

[707] Die insbesondere bei arbeitsrechtlichen Diskussionen häufig anzutreffenden scheinbar grundverschiedenen Wertungen können durch die Zuordnung zu einer Prinzipienschicht und durch das teleologische Postulat, daß die Prinzipien sich aus den Rechtsfolgen arbeitsrechtlicher bzw. zivilrechtlicher Normen ergeben müssen, optimiert und so zwar nicht verhindert, aber doch hinausgeschoben werden. Freilich kommt auch die an Systemzusammenhängen orientierte Argumentation nicht an mehr oder weniger dezisionistischen Wertungen vorbei. Der Anspruch ist allerdings, diese soweit es geht entbehrlich zu machen.

[708] Als Arbeitsverhältnis, wenn auch mit Besonderheiten: Hanau/*Adomeit*, E.3.; *Fabricius/Gammelin*, S.234 f.; Soergel/*Kraft*, BGB, Vor § 611 Rn.85; *Leisten*, S.107; Zöllner/*Loritz* § 5 IV 2; MünchArbR/*Richardi*, Bd.1, § 28 Rn.23, 24; *Schaub*, § 174 II 1, § 16 II 2, sowie *Gedon/Spiertz*, zu § 3 BBiG Rn.1 f., die diese Meinung als h.M. ansehen; ferner BVerwG AP Nr.32 zu § 9 MuSchG. Demgegenüber von einem reinen Ausbildungs- bzw. Erziehungsverhältnis ausgehend: *Bickel*, Festschrift für Wolf, S.35 ff., 46; *Götz*, Rn.32; MünchArbR/*Natzel*, Bd.2, § 177 Rn.132; *ders.*, Teil B Kap.2 II. Eine Zwischenstellung nehmen *Knopp/Kraegeloh*, BBiG, zu § 3 Rn.3, ein, die ein *reines* Arbeitsverhältnis ablehnen, da das Berufsbildungsverhältnis auch Elemente eines Erziehungsverhältnisses enthalte. Die Rechtsprechung des BAG ist nicht eindeutig: in AP Nr.1 und 2 zu § 611 Ausbildungsverhältnis, offengelassen, in AP Nr.3 zu § 3 BAT m.Anm. *Weber*, wurde ein Arbeitsverhältnis vorausgesetzt und in AP Nr.26 zu § 611 Lehrlingsverhältnis, ein Arbeitsverhältnis ausdrücklich bejaht.

vat- bzw. des allgemeinen Zivilrechts darstellt, das neben dem Arbeitsrechtssystem steht, oder es sich nicht vielmehr um ein Teil- bzw. Untersystem des Arbeitsrechts handelt.

In jedem Fall weist das Berufsbildungsrecht vom gesetzlichen Ansatz her Besonderheiten auf, die es vom „normalen" Arbeitsverhältnis abheben.[709] Daraus resultieren auch eigenständige Prinzipien, die das Berufsbildungsrecht vom Arbeitsrecht deutlich unterscheiden, wie z.B. die Pflicht des Ausbilders den Auszubildenden charakterlich zu fördern (§ 6 Abs.1 Nr.5 BBiG).[710] Anderseits gelten die arbeitsrechtlichen Vorschriften ohnehin, unerheblich ob dies dogmatisch mit der Rechtsnatur des Ausbildungsverhältnisses erklärt wird, oder ob man sich hierbei lediglich auf § 3 Abs.2 BBiG stützt. Deshalb kann es dahingestellt bleiben, wie das Berufsbildungsrecht systematisch zuzuordnen ist, denn jedenfalls weist es eine eigenständige, aus dem Ausbildungscharakter ableitbare normative Spezifität auf und partizipiert gleichzeitig am Arbeitsrechtssystem.

Demnach stellt das Berufsbildungsrecht ein eigenständiges Teilsystem dar, wobei angesichts des hiesigen Erkenntnisinteresses offen bleiben kann, ob es ein Subsystem des Arbeitsrechts oder ein Teilsystem des Privat- bzw. allgemeinen Zivilrechts, das neben dem Arbeitsrecht steht, darstellt .

IV. Sozialrecht als Teilsystem des öffentlichen Rechts

Das Sozialrecht stellt dann ein Teilsystem des öffentlichen Rechts dar[711], wenn sozialrechtliche Wertentscheidungen sich im wesentlichen in Prinzipien wiederfinden und so dem auf einen einheitlichen Lebenssachverhalt bezogenen, abgrenzbaren sozialrechtlichen Normbereich eine Einheit vermitteln.

1. Normbereich

Als konzeptioneller Ausgangspunkt kann das SGB I angesehen werden, das in den §§ 3 ff. SGB I die Materien des Sozialrechts festlegt.[712] Danach läßt sich der

---

[709] Vgl. § 1 Abs.2 BBiG sowie vor allem die in § 6 BBiG niedergelegten Pflichten des Ausbilders.

[710] Vgl. ausf. *Götz*, Rn.32 ff.

[711] Ohne nähere Begründung gehen hiervon aus: *Wank*, Arbeitnehmer, S.337; *Zacher*, SGb 1982, 229, 331 f.

[712] Sog. formeller Sozialrechtsbegriff, vgl. hierzu *Eichenhofer*, Rn.5 f.; *Erlenkämper*/Fichte, unter I.1.; *Gitter*, Sozialrecht, § 1; KassKomm-*Seewald*, Vor § 1 SGB I Rn.2 ff.; *Wertenbruch*, Sozialverfassung-Sozialverwaltung, S.2; kritisch *Zacher*, Festschrift für Schieckel, S.370 ff.; *ders.*, VSSR 1976, 1, 6 ff., der allerdings selbst konstatiert, daß sein *positiver Sozialrechtsbegriff* sich von der Grenzziehung des Gesetzes löst. Neuerdings differenziert *Zacher* zwischen Sozialrecht im engeren und weiteren Sinne, wobei sich ersteres mit dem formellen Sozialrechtsbegriff deckt, vgl. Festschrift für Zeidler, S.571, 579. Aus systematischen Gründen

Normbereich des Sozialrechts bzw. die Normbereiche der wesentlichen, vor allem vorliegend interessierenden Teilbereiche Sozialhilferecht und Sozialversicherungsrecht zunächst relativ gut bestimmen.[713] Das Sozialhilferecht konzentriert sich im wesentlichen im BSHG, dem als Realitätsausschnitt die Lebenssituation bedürftiger Menschen, die mangels vorrangiger Leistungsansprüche auf Leistungen der Sozialhilfeträger angewiesen sind, zugeordnet werden kann. Das Sozialversicherungsrecht deckt in seinen wesentlichen fünf Teilbereichen das Schutzbedürfnis von Menschen in den jeweiligen Lebenssituationen ab, wobei der zumeist anzutreffende Vorsorgecharakter bzw. die Abhängigkeit von vorheriger Leistungserbringung den wesentlichen Unterschied zum Sozialhilferecht markiert.[714] Mit dieser Abgrenzung korrespondiert die jeweilige Zuständigkeit unterschiedlicher staatlicher Verwaltungseinheiten.

Regelungsgegenstand des Sozialrechts ist zusammengefaßt und aus Sicht des Bürgers die Gewährung von Sozialleistungen.[715] Dieser ist dem übergeordneten Bereich der staatlichen Leistungsgewährung zuzuordnen, woraus folgt, daß es sich jeweils um öffentlich-rechtliche Ansprüche gegenüber dem Staat handelt. Die Erfüllung dieser Aufgabe durch den Staat wird deshalb dem öffentlichen Recht bzw. dem besonderen Verwaltungsrecht zugeordnet.[716]

---

kann dem Versuch, das Sozialrecht als eigenes Rechtsgebiet neben dem Öffentlichen Recht und Privatrecht zu etablieren, das dann auch Materien wie das Arbeits-, Miet- und Eherecht umfaßt, nicht gefolgt werden, zu diesen Versuchen vgl. *Pawlowski*, BGB-AT, Rn.19 f. und 35; *J.M. Van der Ven*, Festschrift für Nipperdey, 681ff.; *ders.*, Festschrift für Reinhardt, S.167, 175 ff. Ebenso GK-SGB I-*v.Maydell*, Einleitung Rn.3 f., der darüber hinaus darauf hinweist, der formelle Sozialrechtsbegriff sei zu einer wissenschaftlichen Systembildung ungeeignet, was allerdings wohl mehr der bereits erwähnten häufigen, unberechtigten Geringschätzung des äußeren Systems geschuldet ist. Im Ergebnis läßt sich weder aus dem äußeren System noch aus den Prinzipienschichten der Materien eine derartige Eigenständigkeit des Sozialrechts begründen, in diesem Sinne auch *Eichenhofer*, Rn.2 f.; *Zacher*, Festschrift für Schickel, S.370, 373; *ders.*, SGb 1982, 329, 332; *Zöllner*, JuS 1988, 329, 334.

713 Wie bereits im rechtstatsächlichen Teil der Untersuchung bleibt auch im methodischen der Bereich der Sozialversorgung oder sozialen Entschädigung außer Betracht, zum einen wegen der geringeren Bedeutung im Bereich der beruflichen Rehabilitation, zum anderen aus Gründen der Übersichtlichkeit.

714 Auf Durchbrechungen dieser Grundsätze innerhalb der einzelnen Leistungsbereiche, die ihrerseits wohl bereits wieder Teilsysteme des Sozialversicherungsrecht sind (z.B. das Eintreten der gesetzlichen Unfallversicherung bei ehrenamtlicher Tätigkeit oder Hilfe in Unglücksfällen), kommt es bei der Entwicklung der übergeordneten Systemschichten nicht an. Notwendigerweise ist die Einteilung der übergeordneten Teilsysteme generalisierend, und die großen Systemteile sind lediglich im Grundsatz zu erfassen.

715 *Zacher*, ZfS 1977, 145, 147, *„die Regelung von prinzipiell* (nach Inhalt oder Zweck) *ökonomischen Leistungen durch oder auf Veranlassung öffentlich-rechtlicher Träger grundsätzlich unmittelbar an nach sozialen Kriterien ausgewählte einzelne.“* (Hervorhebung im Orginal).

716 Ganz h.M. *Erlenkämper*/Fichte, unter I.1.; *Kreßel/Wollenschläger*, § 1 Rn.2, jeweils m.w.N.

2. *Normative Spezifität*

Als allgemeinste Aufgabe des Sozialrechts wird, aus dem die oberste Prinzipienschicht wesentlich prägenden Sozialstaatsprinzip, die Gewährleistung sozialer Sicherheit und einer gerechten Sozialordnung angesehen.[717] Die Konkretisierung der aus dem Sozialstaatsprinzip folgenden Aufgaben obliegt dem Gesetzgeber.[718] Die Rechtsfolgen des Sozialhilfe- und Sozialversicherungsrechts sind dementsprechend im wesentlichen darauf gerichtet, durch Sach-, Dienst- und Geldleistungen die Existenz des Bürgers zu sichern, entweder weil der Bürger sich zuvor versichert hat (Sozialversicherungsrecht) oder weil er die Unterstützung existenziell benötigt (Sozialhilferecht). Als widerstreitende Prinzipien sind auf der obersten Prinzipienschicht die Freiheitsrechte, des auf einem liberalen Rechtsstaatsverständnis aufbauenden Grundgesetzes, insbesondere das Prinzip der Selbstverantwortung, anzusehen.[719] Damit ist zunächst eine oberste Prinzipienschicht des Sozialrechts im weitesten Sinne gekennzeichnet. Diese Prinzipienschicht wird zum einen dadurch ergänzt, daß das Sozialrecht als Teil des öffentlichen Rechts auch der bereits oben dargelegten Prinzipienschicht des öffentlichen Rechts unterfällt (z.B. Prinzipien des Gesetzesvorrangs und –vorbehaltes, vgl. z.B. §§ 31, 40 Abs.1 SGB I). Zum anderen besteht eine stärkere Anbindung an die Prinzipienschicht des Grundgesetzes, als dies beim Privatrecht der Fall ist.[720]

Systembildende Faktoren im Sozialhilferecht sind insbesondere, daß Sozialhilfeansprüche einerseits die Führung eines Lebens ermöglichen sollen, das der Würde des Menschen entspricht (§ 1 Abs.2 S.1 BSHG, Bedarfsdeckungsprinzip[721]) und es

---

[717] Vgl. nur BVerfGE 5, 85 (198); 22, 180 (204); 27, 253 (283); 33, 303, (334 f.); ausf. *Scholz/Pitschas*, Festschrift Bundessozialgericht, S.627, 628 ff.

[718] Bereits BSG NJW 1970, 351; ferner *Scholz/Pitschas*, Festschrift Bundessozialgericht, S.627, 628, 643 f., 668 f. m.w.N. Diese wohl allseits anerkannte Konkretisierungsbedürftigkeit des Sozialstaatsprinzips bestätigt die methodologische Notwendigkeit, zur Feststellung der normativen Spezifität von den Rechtsfolgen, die der Gesetzgeber bereits zur Konkretisierung erlassen hat, auszugehen.

[719] Vgl. vor allem BSGE 20, 169 (176); ausf. *Scholz/Pitschas*, Festschrift Bundessozialgericht, S.627, 637, 666 f., mit weiteren Nachweisen aus der Rechtsprechung des BSG.

[720] Insoweit ist das, allgemein der Leistungsverwaltung zugrundeliegende und für das Sozialrecht besondere Bedeutung gewinnende, Sozialstaatsprinzip von überragender Bedeutung. Ferner sei das aus dem Rechtsstaatsprinzip folgende Gebot gesetzmäßigen Verwaltungshandelns genannt. Zu den allgemeinen Prinzipien der Leistungsverwaltung ausf. *Martens*, Festschrift für Wolff, S.429, 431 ff. Zum Zusammenhang von Sozialrecht und Verfassungsrecht ferner *Sachs*, in HdbStR, Bd.V, § 127 D.; *Scholz/Pitschas*, Festschrift Bundessozialgericht, S.627, 653 ff.; *Zacher*, VSSR 1976, 1, 21 ff.; *ders.*, ZfS 1977, 145, 154 f.

[721] Neuerdings werden Zweifel geäußert, ob die 1996 durch das Sozialhilfereformgesetz erfolgte Abkoppelung der Regelsatzhöhe von der Realentwicklung der Kosten des notwendigen Lebensunterhalts (§ 22 BSHG) dem Bedarfsdeckungsprinzip noch hinreichend Rechnung trägt, dazu LPK-BSHG-*Krahmer*, Einleitung Rn.3, LPK-BSHG-*Roscher*, zu § 22 Rn.23 ff., 29, 54. Der Gesetzgeber hat sich allerdings nicht grundsätzlich gegen das Bedarfsdeckungsprinzip

dem Hilfeempfänger ermöglicht, in der Nähe von Nichthilfeempfängern ähnlich wie diese zu leben[722], andererseits jedoch nur insoweit entstehen, als dem Hilfesuchenden der Einsatz eigenen Einkommens und Vermögens, entsprechend der näheren Regelungen der §§ 2, 11 Abs.1, 28, 76 ff. BSHG, nicht zumutbar ist (Prinzip der Bedürftigkeitsprüfung).[723] Die Hilfe wird ferner nach dem konkreten Bedarf im Einzelfall bemessen (vgl. § 3 Abs.1 BSHG, Individualisierungsprinzip) und soll es dem Hilfesuchenden ermöglichen, unabhängig von der Sozialhilfe zu leben (vgl. § 1 Abs.1 BSHG, Prinzip der Hilfe zur Selbsthilfe). Im Verhältnis zum Sozialversicherungsrecht gilt gemäß § 2 BSHG das Nachrangprinzip.

Im Sozialversicherungsrecht lassen sich auf der obersten Prinzipienschicht die sich aus den §§ 30 ff., 60 ff. SGB I ergebenden Prinzipien herausstellen.[724] Weiter gilt das Versicherungsprinzip sowie das Prinzip der Wirtschaftlichkeit, wobei letzteres vor allem in den letzten Jahren einen erheblichen Bedeutungszuwachs erfahren hat.[725] Sodann haben die einzelnen Teilbereiche des Sozialversicherungsrechts ihre eigenen Prinzipienschichten mit den jeweiligen unteren Prinzipienschichten ausgebildet.[726]

3. Zweckmäßigkeit

Sozialrecht als Teilsystem aufzufassen, entspricht der gängigen Praxis. Symptomatisch ist insoweit bereits der allseits anzutreffende Sprachgebrauch vom gegliederten System, der zwar methodologisch nicht notwendig aussagekräftig ist, jedoch eine Denkweise offenbart, die die Zweckmäßigkeit der Systemierung vermuten läßt. Das Sozialrecht als Teilsystem des öffentlichen Rechts aufzufassen, wird nicht dadurch in Frage gestellt, daß es sich hierbei um eine sehr umfangreiche, zergliederte und auch unübersichtliche Materie handelt, die in besonders hohem Maße ständiger Veränderung unterliegt.[727] Dieser Befund verdeutlicht vielmehr das Er-

---

ausgesprochen, sondern lediglich die Berechnungsweise geändert, so daß der Grundsatz weiterhin Gültigkeit besitzt. Die Realisierung des Grundsatzes stellt eine andere Frage dar.

[722] St. Rspr. des BVerwG seit E 1, 159; jüngst BVerwG NJW 1999, 664 m.w.N., das zudem noch auf das begrenzende aus § 22 Abs.3 S.1 BSHG ableitbare Lohnabstandsgebot hinweist; ferner *Wienand*, SDSRV 37, S.137; ausf. LPK-BSHG-*Krahmer*, Einleitung Rn.19 ff.

[723] *Schulin*, Arbeitsentgelt, S.55; *Wienand*, SDSRV 37, S.137.

[724] Vgl. ausf. *Zacher*, ZfS 1977, 145, 150 f.

[725] Vgl. hierzu insbes. *Ruland*, SDSRV 37, S.113.

[726] Ferner zur Prinzipienschicht des Krankenversicherungsrechts *Schulin*, in Schulin: HS-KV, § 6 Rn.1 ff., des Unfallversicherungsrechts *Gitter/Nunius*, in: Schulin HS-UV, § 5 Rn.1 ff. sowie des Rentenversicherungsrechts *Ebsen*, in: Schulin HS-RV, § 5 Rn.1 ff. Aufgrund des vorliegenden Erkenntnisinteresses reicht die bisherige Systemierung aus, weswegen auf weitere Ausführungen verzichtet wird.

[727] Deshalb attestiert *Zacher*, VSSR 1976, 1, 2, dem Sozialrecht eine „Systemfeindlichkeit", wobei freilich auch darauf hingeweisen wird (S.13), daß dies mit dem Hang zu hoher Spezialisierung innerhalb der Sozialrechtswissenschaft einhergeht, die der Erarbeitung einer Dogmatik bzw. eines Systems des Sozialrechts hinderlich sei. Letztlich kann die Jahrzehnte andau-

fordernis der Entwicklung von Prinzipienschichten und der Notwendigkeit der Entwicklung übergeordneter Zusammenhänge.[728] Denn auch das Überdauern sozialrechtsdogmatischer Erkenntnis ist eine Frage des richtigen Abstraktionsgrades, der sowohl von der Rechtsmaterie wie auch von dem Erkenntnisinteresse abhängig ist.[729]

Wie die bisherige Betrachtung des Sozialrechts veranschaulicht, weist das Teilsystem Sozialrecht bereits weitere Teil- bzw. Subsysteme auf, die sich bereits grob nach den Sozialversicherungszweigen, dem Recht der sozialen Entschädigung sowie dem Sozialhilferecht einteilen lassen, was der mittlerweile allgemein akzeptierten Einteilung des Sozialrechts entspricht.[730]

V. Rehabilitationsrecht als eigenständiges Teilsystem des Sozialrechts?

In Bezug auf den vorliegenden Untersuchungsgegenstand soll kurz der Annahme einer systematischen Eigenständigkeit des Rehabilitationsrechts innerhalb des Sozialrechts nachgegangen werden.[731] Der dem Teilsystem Rehabilitationsrecht zugrundeliegende Realitätsausschnitt könnte in der Rehabilitationsbedürftigkeit eines Behinderten gesehen werden. Der Normbereich, der diesen Lebenssachverhalt regelt, hat zwar eine gewisse Zusammenfassung im RehaAnglG gefunden, ist im übrigen jedoch dem jeweiligen Teilsystem, dem der Rehabilitationsträger unterfällt, zugeordnet. Bereits dieser Umstand könnte gegen die Eigenständigkeit des Rehabilitationsrechts sprechen. Entscheidend ist jedoch, daß das Rehabilitationsrecht wohl noch keine normative Spezifität aufweist, die wesentlich über die normative Spezifität des jeweiligen Teilsystems, das dem Rehabilitationsträger zugewiesen ist, der die Rehabilitationsmaßnahme fördert, hinausgeht. Die Förderung durch die Bundesanstalt für Arbeit erstreckt sich beispielsweise nur auf die berufliche Rehabilitation mit dem Ziel der Wiedereingliederung in den Arbeitsmarkt, was der Aufgabe und den Leistungsprinzipien des Arbeitsförderungsrecht entspricht. Eine durch die Träger der Sozialhilfe geförderte Rehabilitationsmaßnahme richtet sich nach den für das Sozialhilferecht geltenden Prinzipien.

---

ernde Entwicklung des SGB als Beleg für den Versuch des Gesetzgebers angesehen werden, zu einer äußeren und inneren Einheit des Sozialrechts zu gelangen, was „eine dringende Aufgabe im Dienst des Sozialstaats und des Sozialrechts" ist, *Zacher*, Festschrift für Zeidler, S.571; *ders.*, ZfS 1977, 145, 148 ff.

[728] Nur eine solche ermöglicht es, „mit dem Gesetzgeber über die Details von Morgen nicht nur auf der Grundlage der Details von Gestern, sondern mit Hilfe der Unterscheidung zwischen Prinzipiellem und Untergeordnetem, zwischen Systembruch und Systemvariante reden zu können", wie *Zacher*, VSSR 1976, 1, 14, es zutreffend formuliert.

[729] *Zacher*, VSSR 1976, 1, 15 und zur Notwendigkeit der Systembildung S.30 f.

[730] Vgl. nur *Scholz/Pitschas*, Festschrift Bundessozialgericht, S.627, 639, sowie die dementsprechende Entfaltung der jeweiligen Prinzipienschichten durch die in Fn.726 Genannten.

[731] In diese Richtung deuten die Ausführungen von *Benz,* in: Schulin HS-UV, § 43 Rn.23 f.

Aus diesen Gründen wäre es auch nicht zweckmäßig, das Rehabilitationsrecht als eigenständiges Teilsystem anzusehen, denn die Abhängigkeit von den Teilsystemen der Sozialhilfe und Sozialversicherung ist zu intensiv.[732] Eine Änderung in diesen Bereichen zieht Konsequenzen für das Rehabilitationsrecht nach sich, was umgekehrt wohl noch die Ausnahme sein wird.

Demnach sind Maßnahmen der Rehabilitation demjenigen Teilsystem zuzuordnen, das sich aus dem zugrunde liegenden Leistungsbereich als Normbereich und dem zuständigen Rehabilitationsträger ergibt.

VI. Zusammenfassung

Arbeits-, Berufsbildungs- und Sozialrecht sowie das sonstige Privatrecht können als Teilsysteme aufgefaßt werden, denn aus den abgrenzbaren wesentlichen Rechtsfolgenanordnungen, die auf ihrerseits abgrenzbaren Realitätsausschnitten beruhen, lassen sich tragende Wertentscheidungen für die jeweiligen Rechtsgebiete ableiten. Diese Teilsysteme können ihrerseits Untersysteme aufweisen.

Das Erkennen dieser systematischen Zusammenhänge soll die Zuordnung der in der vorliegenden Untersuchung behandelten Lebenssachverhalte zu den jeweiligen Teilsystemen einem rationalen Verfahren zugänglich machen.

E. Kommensurabilität des entwickelten Systembegriffs mit der Rechtsprechung des Bundesverfassungsgerichts

Die Rechtsfolgen, die das Bundesverfassungsgericht aus der Systemwidrigkeit einer Regelung zieht, wurden bereits dargestellt.[733] Es soll nun überprüft werden, inwieweit der hier entwickelte Systembegriff mit dem vom Bundesverfassungsgericht zugrundegelegten Verständnis kommensurabel ist. Dabei sei nochmals darauf hingewiesen, daß bislang lediglich ein methodologischer Systembegriff entwickelt wurde. Inwieweit verfassungsrechtliche Konsequenzen im Hinblick auf Art.3 GG anzunehmen sind, bedarf einer Prüfung am Einzelfall.[734]

Zunächst geht das Bundesverfassungsgericht ebenfalls davon aus, daß als systembildende Faktoren (Systematifikatoren) Rechtsprinzipien[735], Grundregeln[736] oder

---

[732] Zwar ohne Bezug auf das hiesige Systemverständnis, jedoch in der Sache übereinstimmend *Kolb*, SRH, C. 27 Rn.21, der aus diesem Grunde skeptisch hinsichtlich der geplanten Zusammenfassung im SGB IX ist.

[733] Vgl. oben unter B.

[734] Dazu unten unter § 13.

[735] Vgl. nur besonders deutlich BVerfGE 34, 118 (129): Den Prinzipien des Unfallversicherungsrechts (Sozialer Schutz des Arbeitnehmers und seiner Familie durch einen verschuldensunabhängigen Entschädigungsanspruch gegenüber einem leistungsfähigen Schuldner; „Prinzip der

Grundgedanken[737] herangezogen werden können. Teilweise wird die Systemwidrigkeit einer Regelung direkt an einer gesetzgeberischen Wertentscheidung geprüft.[738] Das System wird zum Teil unterschiedlich in seinen äußerlichen Grenzen vom Lebensbereich bzw. konkreten Lebensverhältnissen[739] oder vom Ordnungsbereich[740] bzw. Rechtsbereich[741] aus bestimmt. Dieses läßt sich einteilen in ein Gesamtsystem sowie in untere Systemeinheiten aufschlüsseln.[742]

Neuerdings schließlich folgert das Bundesverfassungsgericht aus dem Rechtsstaatsprinzip, daß die Rechtsordnung nicht widersprüchlich sein dürfe, ohne hierbei auf den Rechtsgedanken der Systemgerechtigkeit Bezug zu nehmen.[743]

Das Bundesverfassungsgericht sieht ein System als einen durch Wertentscheidungen und Prinzipien bestimmten Ordnungsbereich an, der übereinstimmt mit einem

---

Haftungsersetzung") wird das das allgemeine Privatrecht kennzeichnende Verschuldensprinzip gegenübergestellt. Ferner BVerfGE 59, 36 (49), zu den das Rentenversicherungsrecht beherrschenden Ordnungsprinzipien (Beitrags- und Versicherungsprinzip; fürsorgerisches Prinzip des sozialen Ausgleichs).

736 BVerfGE 9, 20 (28).

737 BVerfGE 76, 130 (140).

738 BVerfGE 22, 163 (169), (Art.6 Abs.5 GG). In das Sache scheinen sich die systembildenden Faktoren nicht zu unterscheiden.

739 BVerfGE 9, 338 (349); 34, 118 (129): Lebensbereich und Gesetzeslage als systembestimmend; BVerfGE 89, 365 (376): Lebens- und Sachbereich.

740 BVerfGE 43, 13 (21); 11, 283 (293): „Die Bedeutung der Bestimmungen innerhalb der verschiedenen Ordnungssysteme, denen sie angehören, ist ebenso wichtig. Solange nicht feststeht, daß eine Bestimmung auch von ihrem eigenen System her nicht mehr sinnvoll ist, kann sie nicht durch ein Gericht mit Hilfe des Gleichheitssatzes im Hinblick auf andere Bestimmungen eliminiert werden, die anderen rechtlichen Ordnungsbereichen angehören und in anderen systematischen und sozialgeschichtlichen Zusammenhängen stehen." In der Entscheidung ging es um die pfändungsschutzrechtliche Gleichbehandlung von Angestelltenrenten und Privatversicherungsrenten von Ruhestandsbeamten. In diesem Sinne auch E 75, 78 (107), zur Problematik der ungleichen Verfallbarkeit von Rentenanwartschaften: „Der allgemeine Gleichheitssatz enthält kein verfassungsrechtliches Gebot, ähnliche Sachverhalte in verschiedenen Ordnungsbereichen gleichzuregeln."

741 BVerfGE 9, 20 (28).

742 Zum Gesamtsystem: BVerfGE 34, 269 (292); das Deliktsrecht des BGB als System: BVerfGE 34, 118 (130); Gesetzliche Unfallversicherung als System: BVerfGE 34, 118 (131); 36, 383 (392); Arbeitsförderungsrecht als System: BVerfGE 61, 138 (148); Rentenversicherung als System: BVerfGE 43, 13 (23); 59, 36 (50); Strafprozeßordnung als System: BVerfGE 68, 337 (253); Krankenversicherung als System: BVerfGE 89, 365 (376).

743 BVerfG NJW 1998, 2341, 2342; BVerfG NJW 1998, 2346, 2347; hiergegen wenden sich *Schneider*, ZRP 1998, 323, 327, und *Sendler*, NJW 1998, 2875 ff., allerdings mit Nachdruck. Die Kritik scheint berechtigt, denn angesichts des fehlenden *Rahmens* der Prüfung einer Widersprüchlichkeit (nach dem hiesigen Standpunkt demnach der *Teilsystemgrenzen*), ist das Postulat des Bundesverfassungsgerichts von einer Widerspruchslosigkeit der Rechtsordnung in der Tat nicht handhabbar bzw. geeignet, in beliebigen Zusammenhängen angewendet zu werden.

eigenständigen Lebensbereich. Die Festlegung des Ordnungsbereiches obliegt ebenso dem Gesetzgeber wie die Festlegung der wesentlichen Grundsätze, die in diesem Ordnungsbereich gelten sollen.[744] Ferner darf der Gesetzgeber jederzeit das System ändern[745], fortentwickeln und ergänzen[746] sowie neuartige, aus dem bisherigen System herausfallende Regelungen treffen.[747]

Auch wenn eine einheitliche Linie nur schwer auszumachen ist, kann zumindest festgestellt werden, daß die hier entwickelten Vorgaben für eine systemorientierte Argumentation den Vorgaben des Bundesverfassungsgerichts nicht widersprechen.[748]

[744] Besonders deutlich BVerfGE 59, 36 (49) und 61, 138 (149): „Nach welchem System der Gesetzgeber eine Materie ordnen will, obliegt, ebenso wie die Zweckmäßigkeit einer Regelung, seiner Entscheidung". Best. BVerfGE 76, 130 (140).

[745] BVerfGE 27, 220 (227); 59, 36 (40 f.).

[746] BVerfGE 36, 383 (393).

[747] BVerfGE 18, 264 (273).

[748] Die Entscheidungen des Bundesverfassungsgerichts, die unter dem Aspekt der Systemwidrigkeit direkt zur Bejahung einer Verfassungswidrigkeit geführt haben, stellen die Ausnahme dar. Es ist anzunehmen, daß insbesondere das allenfalls in Ansätzen ausgereifte methodologische Konzept des Bundesverfassungsgerichts zu einer systemorientierten Betrachtung dazu führt, daß sich dieses im Ergebnis als keine sonderlich effektive Schranke der Gestaltungsfreiheit des Gesetzgebers darstellt, sondern lediglich als Hilfsgesichtspunkt herangezogen wird, so zutreffend bereits *Selmer*, AöR 101 (1976), 399, 454; *Zacher*, AöR 93 (1968), 341, 353 ff., 382. Die Feststellung von *Hesse*, Rn.439, das Bundesverfassungsgericht prüfe nur innerhalb eines Systems, ist von daher nur sehr bedingt aussagekräftig. Dieser Befund vermag freilich nicht die systemorientierte Argumentation an sich zu entwerten, vielmehr wird die Notwendigkeit einer auch für die praktische Rechtsfindung handhabbaren Systembildung begründet, so ebenfalls pointiert *Schoch*, DVBl 1988, 863, 878: Alles andere „stellt die Dinge auf den Kopf".

§ 10 Ergebnis des DRITTEN TEILS

A. Allgemeines methodologisches Ergebnis

Es ist kein Zufall, daß sich die Anforderungen aus der teleologischen Begriffsbildung, nämlich die Berücksichtigung der Rechtsfolgen, ggf. über die Zusammenfassung von Rechtsfolgenbündeln, mit der Methode der Feststellung der normativen Spezifität von Teilsystemen decken. Auch die normative Spezifität, die letztlich eine entscheidende Rolle bei der Festlegung der Systemgrenzen spielt, wird über die Ermittlung von Rechtsfolgengruppen und den hieraus abzuleitenden Prinzipienschichten gebildet. Dies ist Folge eines teleologischen Rechtsverständnisses, das beansprucht, auf jeder Ebene der Rechtsfindung beachtet zu werden. Dabei hat sich gezeigt, daß sich die Begriffsbildung als die untere Stufe und die Systembildung als die obere Stufe desselben teleologischen Erkenntnisprozesses darstellt. Die Ursache für das Zusammentreffen von System- und Begriffsbildung liegt in der spezifischen Funktion des Arbeitnehmerbegriffs. Dieser entscheidet über die Anwendbarkeit des Teilsystems des Arbeitsrechts.[749] Insoweit kann der Arbeitnehmerbegriff auch als Systembegriff bezeichnet werden.

Neben der methodologischen Bedeutung kann der systemorientierten Betrachtung allerdings auch eine verfassungsrechtliche Funktion im Rahmen des Gleichheitssatzes (Art.3 Abs.1 GG) zukommen. Die systemorientierte Betrachtungsweise vermag Gleichheits- und noch weiter Gerechtigkeitsvorstellungen zu operationalisieren.[750] Insofern kann die systemorientierte Betrachtungsweise im Rahmen eines konsequenten teleologischen Rechtsverständnisses ein rationales Verfahren der Erkenntnisgewinnung aus dem positiven Recht - mit verfassungsrechtlicher Relevanz - darstellen.

Unter Zugrundelegung des dargestellten Systemverständnisses kann die These aufgestellt werden, daß der Einheit der Rechtsordnung verstanden als wertungsmäßige

---

[749] Zur Deckungsgleichheit vom Geltungsbereich des Arbeitsrechts und dem Arbeitnehmerbegriff vgl. auch *Bauschke*, RdA 1994, 209 f.: „definitorisches Eingangstor“ sowie MünchArbR/*Richardi*, Bd.1, § 1 Rn.9.

[750] Ausf. hierzu insbes. *Bydlinski*, Festschrift für Mayer-Maly, S.107, 116 ff. Ob der Gedanke der Systemgerechtigkeit sich in der Prüfung einer Verletzung des Willkürverbots aus Art.3 GG erschöpft (so ist wohl die Rechtsprechung des Bundesverfassungsgerichts zu verstehen, ebenso *Canaris*, Systemdenken, S.128 und passim) oder in der Rechtsfolge verfassungsübergreifende Bedeutung hat, die zu einer Verletzung von Verfassungsrecht außerhalb von Art.3 GG führen kann (so insbesondere *Degenhardt*, S.51 f.), soll hinsichtlich des vorliegenden Untersuchungsgegenstandes, bei dem die methodologische Funktion der Systemzuordnung im Vordergrund steht, dahingestellt bleiben. Zutreffend differenziert *Battis*, Festschrift für Ipsen, S.11, 26, zwischen der Bedeutung der Systemgerechtigkeit als individualrechtliche Gewährleistung und objektives Konstruktionsprinzip, wobei vorliegend im wesentlichen letzteres von Interesse ist. Dies rechtfertigt sich vor allem daraus, daß der Gesetzgeber eine Zuordnung der hier in Rede stehenden Rechtsverhältnisse selbst noch nicht eindeutig vorgenommen hat.

Folgerichtigkeit dann am ehesten Genüge getan wird, wenn die jeweiligen Rechtsverhältnisse demjenigen Teilsystem unterstellt werden, welches am ehesten „paßt".[751] Denn die Zuordnung zum Teilsystem, bedeutet die Zuordnung zum spezifischen Rechtsfolgensystem und der hierzu korrespondierenden Prinzipienschicht. Damit wird erreicht, daß einer Konfliktsituation das teleologisch adäquate Konfliktlösungssystem zur Verfügung gestellt wird. Bezüglich der Einordnung als Arbeitsverhältnis wird das im Regelfall bereits dann gegeben sein, wenn die Voraussetzungen des Arbeitnehmerbegriffs gegeben sind. Sollte dies zu keinem eindeutigen Ergebnis führen, so hat die Betrachtung systemorientiert in Abgrenzung zu den jeweils alternativ in Betracht kommenden Teilsysteme zu erfolgen. So soll sichergestellt werden, daß die Rehabilitationsverhältnisse demjenigen Teilsystem unterstellt werden, das geeignete Rechtsfolgen und Prinzipienschichten zur Verfügung stellt. Es handelt sich bei der systemorientierten Betrachtung demnach mehr um ein Verfahren der Rechtsgewinnung, denn um eine Begriffsbildung im engeren Sinne. Eine entsprechende Zuordnung, die aus dieser systematisch-teleologischen Betrachtungsweise folgt, kann sich sodann gegen andere Erwägungen kraft der unmittelbar aus dem Postulat der Rechtssicherheit und dem Gleichheitsgrundsatz folgenden höheren Legitimität am ehesten durchsetzen.[752]

B. Definition des Arbeitnehmerbegriffs

Wie bereits erwähnt deckt sich der Anwendungsbereich des Arbeitsrecht mit dem Arbeitnehmerbegriff, so daß diesem eine entscheidende Bedeutung zukommt. Der auf die persönliche Abhängigkeit abstellende Arbeitnehmerbegriff der h.M. wurde bereits dargestellt.[753] Es stellt sich die Frage, inwieweit die von der h.M. herausgearbeiteten Erkenntnisse im Rahmen des vorliegend vertretenen teleologischen System- und Begriffsverständnisses fruchtbar gemacht werden können.

---

[751] In diesem Sinne auch *Peine*, S.125, hinsichtlich des Problems der verfassungsrechtlichen Relevanz einer Systemwidrigkeit.

[752] In diesem Sinne ebenfalls *Bydlinski*, System, S.56 f. Die höhere Legitimität einer systematisch-teleologischen Rechtsgewinnung ist auch darin zu sehen, daß sie zum einen durch die teleologische Betrachtungsweise dem Willen des demokratisch legitimierten Gesetzgebers (Zweckprogramm – Konditionalprogramm) möglichst weitestgehend Rechnung trägt, andererseits, durch eine gewisse Bindung an das vom Gesetzgeber einmal vorgegebene System, die Rechtsordnung vor tagespolitisch motivierten „Schnellschüssen" bewahren helfen kann. Die Änderung ganzer Systembereiche, die dem Gesetzgeber freilich immer offensteht, bedarf doch im Regelfall stärkerer inhaltlicher Durchdringung, vgl. zum Ganzen mit weiterführenden Ausführungen *Bydlinski*, Privatrecht, S.15 ff., der insbesondere auf die Einschränkungen des zumeist zur Legitimierung herangezogenen Demokratieprinzips durch Rechtsstaats- und Gleichheitsgrundsatz hinweist. Im Ergebnis stimmt die hiesige Auffassung auch mit der insbesondere von *Alexy*, Theorie, S.36 f. und passim, im Anschluß an *Luhmann*, vertretenen These überein, daß die Rationalität des Entscheidungsverfahrens für die Legimität der Entscheidung selbst eine überragende Bedeutung hat.

[753] Vgl. oben unter § 8 C.

Im Rahmen der teleologischen Begriffsbildung muß die Definition einen Bezug zu den wesentlichen Rechtsfolgen aufweisen. Diese wurden bereits im Zusammenhang mit der Untersuchung der normativen Spezifität des Arbeitsrechts entwickelt.[754] Es ist sinnvoll, den an der persönlichen Abhängigkeit orientierten Arbeitnehmerbegriff der ganz h.L. sowie der gesamten höchstrichterlichen Rechtsprechung einschließlich des Bundesverfassungsgerichts daraufhin zu untersuchen, ob sich die oben dargestellten Rechtsfolgen durch dieses Definitionsmerkmal rechtfertigen lassen. Die persönliche Abhängigkeit wird als Weisungsgebundenheit hinsichtlich Zeit, Ort und konkreter Art und Weise der Leistungserbringung sowie der Eingliederung in die betriebliche Organisation konkretisiert. Es kann festgestellt werden, daß typischerweise derjenige, der in einem Rechtsverhältnis tätig ist, daß diese Modalitäten aufweist, sich in einer spezifischen Gefahrensituation befindet, die die Anwendung eines arbeitsbezogenen Berufsschutzes, eines verstärkten Persönlichkeitsschutzes, eines besonderen Schutzes vor Organisationsrisiken sowie eines verstärkten Existenzschutzes rechtfertigt.[755] Es zeigt sich, daß das Kriterium der persönlichen Abhängigkeit durchaus einen starken Bezug zu den Rechtsfolgen des Arbeitsrechts aufweist und deshalb als operationales Merkmal verwendet werden kann.[756] Zuzugeben ist, daß eine stringente methodologische Ableitung bei der Begriffsbildung der h.M. nur selten anzutreffen ist. Das kann allerdings an der grundsätzlichen Verwendbarkeit der Ergebnisse, soweit sie tatsächlich einen Bezug zu den Rechtsfolgen aufweisen, nichts ändern. In den Grenzfällen wird sich allerdings auf Dauer nur diejenige Meinung durchsetzen können, die eine zumindest vorübergehend „bessere" Begründung liefern kann.[757]

---

754 Vgl. oben unter § 9 D.II.2.a.

755 Zutreffend *Hromadka*, NZA 1997, 569, 576 f.; *Konzen*, ZfA 1982, 259, 289 ff.; *Reuter*, Festschrift für Hilger/Stumpf, S.573, 580; ähnlich bereits *Zöllner*, RdA 1969, 65, 67.

756 Die von *Wank* angeführten Gegenbeispiele überzeugen nicht: So kann z.B. Entgeltfortzahlung im Krankheitsfall sehr wohl in Bezug zur persönlichen Abhängigkeit gesetzt werden (anders *Wank*, Arbeitnehmer, S.25 und S.149), denn der Arbeitnehmer wird typischerweise aufgrund der Weisungsgebundenheit nicht in der Lage sein, das Krankheitsrisiko selbst abzudecken. Ferner kann die Krankheit auch typischerweise im Arbeits- oder Betriebsablauf mit ihre Ursachen haben, so daß bei generalisierender Betrachtungsweise die Beteiligung des Arbeitgebers am Krankheitsrisiko gerechtfertigt sein kann. Daß dies freilich nicht immer und bei allen Arbeitnehmern so sein muß, es natürlich leitende Angestellte gibt, die auf den Schutz des Arbeitsrecht weit weniger angewiesen sind, ist zwar zutreffend, kann aber an der Brauchbarkeit einer typisierenden Definition nichts ändern. Zuzustimmen ist *Wank*, Arbeitnehmer, S.145 und passim, daß zum einen gerade für die Grenzfälle diese Definition nicht ausreichen mag. Zum anderen ist die Forderung berechtigt, mit der Bejahung des Arbeitnehmerbegriffs zunächst nur die Grundsatzentscheidung zu verbinden, daß die Tür zum Arbeitsrecht an sich geöffnet ist. Welche Teile tatsächlich auf das einzelne Arbeitsverhältnis anzuwenden sind, richtet sich zum einen nach den jeweiligen gesetzlichen Voraussetzungen, zum anderen nach der Teleologie einer jeden Vorschrift.

757 Zur methodologischen Bedeutung der „relativ stärkeren Argumente" innerhalb der Rechtsgewinnung, vgl. *Bydlinski*, System, S.55 f., der in einer argumentativen non liquet Situation der „besten Rechtstheorie" den Vorrang einräumen will. In diesem Sinne *Achternberg*, Krawietz

Der Wert, neben operationalen Begriffsmerkmalen, ohne die eine praktische Rechtsanwendung kaum möglich ist, sich über die Ableitungszusammenhänge bewußt zu sein, gewinnt dann erhebliche Bedeutung, wenn es um die Randbereiche oder um die Einordnung neuer Beschäftigungsformen geht, denn insoweit wird die Definition gegebenenfalls zu erweitern sein. Dies ist insbesondere erforderlich, wenn Abweichungen von der typischen Situation, die der ontologischen Begriffsbildung zugrundelag, vorliegen, was sich aus dem bisher Gesagten für den atypischen Fall, daß Rehabilitation Zweck von Arbeit und Ausbildung ist, wohl zwanglos ergibt.

Zum Schluß der methodologischen Betrachtung sei angemerkt, daß durch die im Rahmen des „Gesetzes zu Korrekturen in der Sozialversicherung und zur Sicherung der Arbeitnehmerrechte" vom 19. Dezember 1998[758] eingeführte gesetzliche Vermutung in § 7 Abs.4 SGB IV weder den sozialversicherungsrechtlichen Beschäftigtenbegriff noch den arbeitsrechtlichen Arbeitnehmerbegriff in seinem Inhalt geändert hat, sondern lediglich eine Beweislastumkehr bewirkt.[759] Auswirkungen auf den vorliegend entwickelten Arbeitnehmerbegriff, sind demnach nicht anzunehmen.

Arbeitnehmer ist demnach, wer im Sinne der h.M. persönlich abhängig ist. Soweit im Rahmen atypischer Beschäftigungsformen bzw. in Grenzfällen ein bloßes Abstellen auf die persönliche Abhängigkeit die Besonderheit der Beschäftigung nicht zu erfassen vermag, ist für die Annahme eines Arbeitsverhältnisses entscheidend, ob die in Rechtsfolgenbündeln erfaßbaren arbeitsrechtlichen Rechtsfolgen und die hieraus ermittelte Prinzipienschicht besser passen, als die Rechtsfolgen und die Prinzipienschicht des alternativen Rechtsbereichs bzw. Systemteils.

(Hrg.), S.43, 55 f.; *Alexy*, Krawietz (Hrg.), S.59, 61 m.w.N. und insbesondere unter Bezugnahme auf *Dworkins* „soundest theory of law".

758 BGBl. I, S.3843; amtl. Begründung BT-Drucks. 14/45; Entwurf ZIP 1998, 2032; Ausschußempfehlung, ZIP 1998, 2195.

759 Vgl. Rundschreiben der Spitzenverbände der Krankenkassen, der Rentenversicherungsträger und der Bundesanstalt für Arbeit vom 19. Januar 1999 unter 2. und 3.4. abgedruckt ZIP 1999, 254; in diesem Sinne BSG vom 28.1.1999 – 3 KR 2/98 R – unveröff.; *Bengelsdorf*, NJW 1999, 1817, 1821; *Buchner*, DB 1999, 146; *Gaul*, DB 1998, 2467, 2471; *Hanau*, ZIP 1999, 252; *Hanau/Strick*, DB 1998, Beilage 14; *Hohmeister*, NZA 1999, 337, 338; *Kerschbaumer/Tiefenbacher*, AuR 1999, 121, 122; *Reinecke*, NZA 1999, 729, 734; *Weimar/Goebel*, ZIP 1999, 217, 222; skeptischer *Bauer/Diller/Lorenzen*, NZA 1999, 169, wobei letztere eine faktische Auswirkung auf den Arbeitnehmerbegriff annehmen.

VIERTER TEIL

Rechtsnatur der beruflichen Rehabilitationsverhältnisse

§ 11 Notwendigkeit der einheitlichen Behandlung der dargestellten Rehabilitationsverhältnisse

Bevor die Rechtsstellung der beruflichen Rehabilitanden nunmehr konkret unter Berücksichtigung der methodologischen Konkretisierungen im *Dritten Teil* erörtert werden soll, sei die bislang zugrunde gelegte Möglichkeit einer einheitlichen Betrachtung der dargestellten Rehabilitationsverhältnisse begründet. Es hat sich gezeigt, daß überwiegend eine getrennte Betrachtung der Rechtsstellung der Rehabilitanden in Berufsförderungs- und Berufsbildungswerken einerseits sowie in WfB andererseits erfolgt.[760] Ferner wird ein Teil der Rechtsverhältnisse, vor allem im Arbeitsbereich der WfB, aus dem Umfeld der Rehabilitation herausgenommen.[761] Dem wird im Rahmen der vorliegenden Untersuchung nicht gefolgt. Dies hat sowohl sachliche wie auch methodologische Gründe.

A. Sachliche Gründe für eine einheitliche Betrachtung

Die sachlichen Gründe sind vor allem darin zu sehen, daß eine unterschiedliche Behandlung zu einer Klassifizierung bzw. Typisierung führt, die zwar vorgenommen werden kann und für die auch Gründe angeführt werden können. Die Gründe sind allerdings wertungsmäßig mit dem Anspruch an die berufliche Rehabilitation nicht zu vereinbaren. Ferner liegen sie außerhalb der Sphäre der Rehabilitation und weisen demnach auch keinen Bezug zur Durchführung der Rehabilitation auf.

Entsprechend der gesetzlichen Konzeption ist die berufliche Rehabilitation erfolgreich, wenn sie zu einer Eingliederung der Behinderten in das Arbeitsleben und damit in die Gesellschaft führt. Zur Verwirklichung dieses Ziels dienen im wesentlichen die drei genannten Einrichtungen. Sie sind von daher als gleichwertig zu betrachten, zumal, wie bereits ausgeführt[762], die Auswahl der Einrichtung oftmals auch von lokalen Gegebenheiten und Zufälligkeiten abhängig ist.[763] Dem Ziel der

---

[760] Vgl. oben § 5 A. einerseits und § 5 B. andererseits mit den entsprechenden Nachweisen.
[761] Vgl. oben § 5 A. II. insb. Fn.284 mit entsprechenden Nachweisen.
[762] Vgl. oben unter § 4 B. I.2.a. vor allem Fn.154.
[763] Da die Leistungen der Bundesanstalt für Arbeit im Eingangs- und Arbeitstrainingsbereich höher als die Sozialhilfeleistungen sind, vermuten beispielsweise *Stratmann/Urban,* S. 51, daß die WfB bedacht darauf sind, möglichst leistungsfähigere Behinderte aufzunehmen und diese im Arbeitstrainingsbereich, möglichst während des gesamten Förderzeitraums, tätig sein zu lassen und eine frühzeitige Überführung in den Arbeitsbereich zu vermeiden.

Eingliederung dient unstreitig auch die Förderung nach § 41 BSHG.[764] Unter diesem Blickwinkel ist auch die Beschäftigung der Behinderten im Arbeitsbereich einer WfB zu betrachten. Den Rehabilitandenstatus von einer Förderung durch die Bundesanstalt für Arbeit abhängig zu machen, erscheint sachlich nicht begründbar.[765] Die Rehabilitation ist durch diese Eingliederung nicht beendet, sondern es ist lediglich ein Teilerfolg, den man als Eingliederung in einen besonderen Arbeitsmarkt bezeichnen kann, erzielt worden. Die Beschäftigung im Arbeitsbereich bleibt demnach solange Rehabilitationsmaßnahme, wie eine Eingliederung in den allgemeinen Arbeitsmarkt noch nicht erfolgt ist. Diese bleibt weiterhin erklärtes Ziel auch einer Beschäftigung im Arbeitsbereich einer WfB (vgl. nunmehr § 5 Abs.4 SchwbWV[766]).[767] Die Rehabilitation ist demnach beendet, wenn der Rehabilitand einen Dauerarbeitsplatz gefunden hat[768], der nach dem Konzept der WfB auf dem allgemeinen Arbeitsmarkt sein sollte.

Die Wahrscheinlichkeit einer Eingliederung des Behinderten auf dem allgemeinen Arbeitsmarkt hängt entscheidend von den Bedingungen auf dem allgemeinen Arbeitsmarkt ab.[769] Würde man die Tätigkeit der Behinderten im Arbeitsbereich einer

---

[764] Vgl. nur Erlenkämper/*Fichte*, unter 9.1.6., der sogar von einer teilweisen Überlegenheit der Leistungen nach § 41 BSHG im Hinblick auf den Rehabilitationserfolg ausgeht; in diesem Sinne ebenfalls *Kolb*, SRH, C. 27 Rn.141; *Lachwitz*, SGb 1986, 347, 352 f. Demgegenüber spricht sich *Baur*, ZfSH/SGB 1999, 262, 268, sogar dafür aus, die Förderung in WfB ganz aus der Zuständigkeit der Sozialhilfeträger herauszunehmen, da der das Sozialhilferecht prägende Fürsorgecharakter mit der WfB als Rehabilitationseinrichtung nicht vereinbar sei.

[765] In diesem Sinne allerdings ohne weitere Begründung *Benz*, in: Schulin HS-UV, § 45 Rn.99; Neumann/*Pahlen*, SchwbG, zu § 54 b Rn.7, anders allerdings Neumann/*Pahlen*, SchwbWV, zu § 13 Rn.4 f.; Gröninger/*Thomas*, SchwbG, zu § 54 b Rn.1 f.

[766] Neueingefügt mit Wirkung zum 1.8.1996 durch das Sozialhilferechtsreformgesetz vom 23.7.1996 (BGBl. I, S.1088). Die Regelung fordert, den Übergang auf den allgemeinen Arbeitsmarkt durch geeignete Maßnahmen, auch bei den im Arbeitsbereich beschäftigten Behinderten, zu fördern. Durch Verweis des § 41 Abs.2 BSHG auf den Begriff der WfB i.S.d. § 54 Abs.1 SchwbG wird auch die SchwbWV bei einer sozialhilferechtlich geförderten Maßnahme miteinbezogen, in diesem Sinne *Mergler/Zink*, BSHG, Einf. EinglH. Rn.5.

[767] In diesem Sinne auch *Wendt*, RsDE 36 (1997), 41, 61. Ferner wurde der Begriff der Tätigkeit in § 17 Abs.1 EinglHVO durch den Begriff der „Beschäftigung" ersetzt, um so den Unterschied zu Maßnahmen der sozialen Rehabilitation zu verdeutlichen, so insbes. *Schmeller*, NDV 1997, 69, 70.

[768] So jüngst BSGE 74, 240 (243) = NZS 1995, 40 (LS); in diesem Sinne ebenfalls *Kolb*, SRH, C. 27 Rn.137.

[769] Dies verdeutlichen auch die kurzen historischen Ausführungen (§ 4 A.I.), die erkennen lassen, daß Ende der 60er Jahre sogar Behinderte „fehlten", um die Beschäftigungspflicht zu erfüllen, während im Jahr 1998 die Arbeitslosenquote der Behinderten rund 80 bis 90 % über der allgemeinen Arbeitslosenquote lag, vgl. *Baur*, ZfSH/SGB 1999, 262, 263. Ferner ausf. zu Möglichkeiten und Grenzen der betrieblichen Integration Behinderter *Runde*, S.22 ff., 85 ff.; instruktiv zur Abhängigkeit des Umfangs und Erfolgs außerbetrieblicher Rehabilitationsmaßnahmen vom Arbeitsmarkt BSG NZS 1997, 78, 80; *Stratmann/Urban*, S.8 ff.; *Walger*, S.61, 87 ff., 102 ff. In diesem Sinne ebenfalls *Cramer*, ZfSH/SGB 1990, 1, 2; *Großmann* in: Hauck/Noftz, SGB III, § 97 Rn.3; *Pitschas,* in: Schulin HS-RV, § 33 Rn.3.

WfB aus dem Bereich der Rehabilitation herausnehmen, so hätte dies zur Folge, daß der Behinderte selbst als nicht weiter rehabilitationsfähig, also eingliederungsfähig zu bezeichnen wäre. Das ist allerdings erst dann der Fall, wenn aufgrund der Pflegebedürftigkeit des Behinderten eine wirtschaftlich verwertbare Arbeitsleistung nicht mehr zu erwarten wäre.[770] Dann allerdings entfiele auch die Aufnahmevoraussetzung in der WfB. Solange der Behinderte demnach in der WfB tätig sein kann, besteht auch die Möglichkeit der Tätigkeit auf dem allgemeinen Arbeitsmarkt. Die Tätigkeit läßt sich dann als Rehabilitationsmaßnahme i.S.d. § 10 SGB I klassifizieren, die dazu dient eine Verschlimmerung der Behinderung und ihrer Folgen, d.h. der sozialen Ausgrenzung, zu verhindern. Nur so kann der allgemeinen Begriffsbestimmung in § 54 Abs.1 SchwbG entsprochen werden, die die WfB *insgesamt* als Einrichtung der Eingliederung Behinderter in das Arbeitsleben und demnach als berufliche Rehabilitationseinrichtung, wenn auch als letztes Glied in der Reihe der Rehabilitationseinrichtungen, festlegt.[771]

Aus diesen Gründen kann auch der häufig bereits im Zusammenhang mit dem Status eines Rehabilitanden anzutreffenden Differenzierung, ob die Leistungsfähigkeit des Behinderten im Einzelfall einer vergleichbaren Tätigkeit auf dem allgemeinen Arbeitsmarkt genügen würde, d.h. er lediglich aus konjunkturellen Gründen in der WfB beschäftigt wird, nicht gefolgt werden.[772] Zum einen scheint eine solche Feststellung kaum möglich und zum anderen widerspricht sie der gesetzlichen Konzeption. Bei allen in der WfB Beschäftigten, ist eine Beschäftigung auf dem allgemeinen Arbeitsmarkt anzustreben. Die Tätigkeit des Behinderten hat sich an seiner individuellen Leistungsfähigkeit zu orientieren. Ob unter diesen Voraussetzungen ein Arbeitsplatz auf dem allgemeinen Arbeitsmarkt gefunden werden kann, wird wie schon erwähnt eine konjunkturelle Frage sein, die von den aktuellen Arbeits- und Produktionsverhältnissen abhängig ist.[773] Daß die Beschäftigung von Rehabilitanden im Arbeitsbereich einer WfB eine auf Dauer erstrebenswerte Alternative zum allgemeinen Arbeitsmarkt darstellt, sofern eine Integration auf diesem nicht

---

[770] Allgemeine Meinung, z.B. *Weber*, SchwbG, zu § 54 Anm.2 ff. m.w.N.

[771] BSG vom 22.9.1981 – 1 RJ 12/80 – unveröff.; vgl. ferner BR-Drucks. 13/2764, S.7; i.E. ebenso *Baur*, ZfSH/SGB 1999, 262, 265 f.; BK-SchwbG, zu § 54 Rn.3; *Hennies*, NZS 1994, 543, 546; *Lachwitz*, SGb 1986, 347, 352 f.; *Lachwitz/Trenk-Hinterberger*, Neumann u.a., S.170; *Schulin*, Arbeitsentgelt, S.25; *Wiegand*, SchwbG, zu § 54 Rn.12, 16; zutreffend bezeichnet *Runde*, S.158, die WfB auch „ein Instrument zur Regulierung des Arbeitsmarktes für Behinderte"; in diesem Sinne auch *Stratmann/Urban*, S.8 f., 12 f.

[772] Z.B. *Benz*, in: Schulin HS-UV, § 45 Rn.99; *Dörner*, SchwbG, § 54 b Anm.II 3.a.; Neumann/*Pahlen*, SchwbG, zu § 54 b Rn.7; Gröninger/*Thomas*, SchwbG, zu § 54 b Rn.1; im einzelnen s.o. unter § 5 A.I.

[773] Die Annahme einer Abhängigkeit von der konjunkturellen Entwicklung setzt voraus, daß es ein objektives Beschäftigungsmaß gibt, von dem aus konjunkturellen Gründen abgewichen wird. Dieses wird allerdings kaum festellbar sein, so daß die Festlegung willkürlich sein dürfte bzw. nur mit sich selbst, d.h. den konjunkturellen Gründen begründet werden kann (Zirkelschlußgefahr).

möglich sei[774], ist dementsprechend insoweit zutreffend, als die Bedingungen auf dem allgemeinen Arbeitsmarkt eine Beschäftigung dort nicht zulassen und keine Beschäftigung eine Verschlimmerung der Gesamtsituation bewirken könnte.

Der hiermit vertretene weite Begriff der Rehabilitation steht ferner im Einklang mit der Begriffsbestimmung in den „Grundsätzen und Richtlinien für die Rehabilitation Behinderter" der Westeuropäischen Union, vom Mai 1950 i.d.F. vom November 1958: „Unter Rehabilitation sind alle Maßnahmen zu verstehen, die dazu bestimmt sind, eine behinderte Person geistig und körperlich darauf vorzubereiten, im Rahmen ihrer Fähigkeiten einen normalen Platz in der Gemeinschaft – sei es im Arbeitsleben oder im häuslichen Bereich - einzunehmen oder wiedereinzunehmen. Die Rehabilitation ist daher als einheitlicher, kontinuierlicher Vorgang zu betrachten, der mit der Erkrankung oder der Verletzung beginnt und erst abgeschlossen ist, wenn die endgültige Wiedereingliederung unter den bestmöglichen Arbeits- und Lebensbedingungen erreicht ist."[775]

B. Methodologische Begründung

Neben sachlichen Gründen sprechen auch methodologische Gründe für eine einheitliche Betrachtung der genannten Rechtsverhältnisse. Tatsächlich lassen sich viele Unterschiede zwischen den einzelnen Einrichtungen der beruflichen Rehabilitation herausarbeiten. Diese tatsächlichen Unterschiede führen allerdings nur dann zu einer unterschiedlichen Beurteilung, wenn sie sich auch rechtlich als wesentlich erweisen. Insoweit ist allerdings zunächst einmal von der funktionellen Gemeinsamkeit der Einrichtungen und der Beschäftigung der Rehabilitanden im Rahmen der Vorgaben des § 10 SGB I auszugehen. Es ist zu berücksichtigen, daß im Rahmen der vorliegenden Untersuchung keine Einzelprobleme erörtert werden sollen, sondern der Rechtsbereich, in dem die Erörterung der Einzelprobleme erfolgen soll, erst abgesteckt werden muß. Nur letzteres ist Gegenstand der vorliegenden Untersuchung, so daß der hierfür erforderliche Überblick verloren geht, wenn Rechtsverhältnisse in Einrichtungen mit einer funktional gleichartigen Aufgabe getrennt werden. Dies wäre einer auf systematische Zusammenhänge abstellenden Untersuchung abträglich.

Rechtlich unterfallen demnach die sozialrechtlich geförderten Behinderten in Berufsförderungs-, Berufsbildungswerken und WfB einheitlich dem Begriff der beruflichen Rehabilitanden.[776] Ferner wird sich sogleich zeigen, daß sie auch demselben Teilsystem unterfallen.

---

[774] So *Schellhorn/Jirasek/Seipp*, BSHG, zu § 41 Rn.6.

[775] Abgedruckt bei *Siebrecht*, Rechtssammlung, unter IV 4a (2.1 und 2.2).

[776] Das Ergebnis ist zwar bereits bei der Begriffsklärung vorausgesetzt worden, eine Begründung hierfür schien aber erst nach den bisherigen Erörterungen sinnvoll.

§ 12 Einordnung der Rehabilitationsverhältnisse anhand der entwickelten methodologischen Vorgaben

Entsprechend der bisherigen Vorgehensweise soll als erstes geklärt werden, ob die bislang erörterten Rehabilitationsverhältnisse dem öffentlichen Recht oder dem Privatrecht zu unterstellen sind.

A. Die privatrechtliche Zuordnung

I. Beteiligung eines Hoheitsträgers bzw. öffentlich-rechtlicher Vertragsgegenstand

Voraussetzung für eine aus dem Verhältnis zwischen Rehabilitationsträger und Rehabilitationseinrichtung abgeleitete öffentlich-rechtliche Zuordnung ist zunächst die Beteiligung eines Hoheitsträgers sowie eine öffentlich-rechtliche Regelungsmaterie.[777] Bereits begriffsnotwendig setzt die Förderung eines Rehabilitanden auch die Beteiligung eines Hoheitsträgers voraus, der die Maßnahme fördert. Inwieweit der Hoheitsträger allerdings das Rechtsverhältnis zwischen Rehabilitationseinrichtung und Rehabilitanden in rechtlich erheblicher Weise so beeinflußt, daß dem Erfordernis der Beteiligung eines Hoheitsträgers in diesem Verhältnis normativ Bedeutung zukommt, ist eine Fragestellung, die isoliert betrachtet, nicht weiterführt. Dies hat sich bereits an der unterschiedlichen Einschätzung des tatsächlichen Einflusses der Rehabilitationsträger auf die Rehabilitationseinrichtungen gezeigt.[778] Dabei ist nicht nur der Umfang der Einflußnahme im Rahmen von Tages- oder Pflegesatzvereinbarungen streitig, was freilich auch der Vielzahl der unterschiedlichen tatsächlichen Handhabungen geschuldet ist, sondern auch deren rechtliche Zulässigkeit selbst. D.h. nicht nur die Rechtstatsachen sind uneindeutig, sondern auch die rechtliche Bewertung der Zulässigkeit einer etwaig weitergehenden Einflußnahme.[779] Die Fragestellung nach der Beteiligung erweist sich deshalb als unbrauchbar.

Dasselbe gilt für die Frage, inwieweit ein öffentlich-rechtlicher Vertrag zwischen Rehabilitand und Rehabilitationseinrichtung angenommen werden kann.[780] Ob

[777] Vgl. bereits oben unter § 8 B. mit den entsprechenden Nachweisen.
[778] Vgl. *Schmitt*, S.103 ff.; *Schulin*, Neumann u.a., S.126 ff., 135 ff., jeweils m.w.N.
[779] Vgl. hierzu *Fesca/Jakobi/Lachwitz*, RsDE 10 (1990), 41, 48; *Schmitt*, S.112 f., 334 f.
[780] Ein öffentlich-rechtlicher Vertrag zwischen Rehabilitationseinrichtung und Rehabilitand könnte konstruktiv allenfalls in WfB nach § 54 b SchwbG in Betracht kommen, soweit hierin eine Ermächtigungsgrundlage gesehen werden könnte, was angesichts des Wortlauts kaum vertretbar erscheint. Mangels gesetzlicher Regelung scheidet die Annahme eines öffentlich-rechtlichen Vertrages in Berufsbildungs- und Berufsförderungswerken von vornherein aus, vgl. BVerwG RdL 1992, 167, 168; Stelkens/*Bonk*/Sachs, VwVfG, zu § 54 Rn.66 m.w.N. Im übrigen vgl. oben Fn.421.

nämlich der Vertragsgegenstand öffentlich-rechtlich ist, hängt entscheidend davon ab, in welchem Verhältnis der öffentlich-rechtliche Rehabilitationsanspruch gegenüber dem Rehabilitationsträger zu seiner tatsächlichen Umsetzung innerhalb der Einrichtung steht.[781]

II. Systemorientierte Zuordnung zum öffentlichen Recht oder Privatrecht

1. Möglichkeit der Zuordnung zum Teilsystem des öffentlichen Rechts bzw. Sozialrechts

Die Zuordnung zum Teilsystem des öffentlichen Rechts hat teleologisch zu erfolgen. D.h. nach Sinn und Zweck des öffentlichen Rechts müssen die erörterten Lebenssachverhalte zwischen Rehabilitationseinrichtung und Rehabilitanden dem öffentlichen Recht zuzuordnen sein. Hierzu ist auf das Rechtsfolgensystem des öffentlichen Rechts bzw. des Sozialrechts abzustellen. Aus den Rechtsfolgenanordnungen ergeben sich die das Sozialrecht prägenden Prinzipien, die sich zur charakteristischen Prinzipienschicht entfalten. Die Zuordnung innerhalb der Rechtsordnung kann ferner nur unter Berücksichtigung des Abgrenzungsobjekts erfolgen, so daß insoweit der alternative Systembereich in die Betrachtung miteinbezogen werden muß.[782] Aus der Geeignetheit der Rechtsfolgenanordnung zur Lösung der auftretenden Konflikte kann, zumindest indiziell, auf die Rechtsnatur des Rechtsverhältnisses geschlossen werden.[783]

---

781 Dieselbe Problematik zeigt sich bei der Diskussion um die Rechtsnatur sonstiger zwischen den Trägern der Sozialversicherung und den Leistungserbringern abgeschlossener Verträge (Pflegesatzvereinbarungen, Kostenübernahmeerklärungen, sonstige Beschaffungsverträge), wobei auffällt, daß regelmäßig nur die allgemeine Frage nach dem Gegenstand des Vertrages gestellt wird. Aber auch hier läßt sich diese Frage isoliert betrachtet kaum verläßlich beantworten. Das zeigt sich daran, daß Rahmenverträge über die Beschaffung von Heilmitteln als privatrechtlich (GemS OGB BGHZ 97, 312), während Rahmenverträge über die „Beschaffung" von Pflegeplätzen als öffentlich-rechtlich angesehen werden (BGH DVBl 1992, 615 ff.; BGHZ 119, 93 ff. jeweils m.w.N.), ohne daß überzeugend der *normative* Unterschied zwischen der Finanzierung eines Rollstuhls und eines Heimplatzes begründet wird. Es wird lediglich auf den ontologischen Umstand hingewiesen, daß die freien Träger den Sozialhilfeträgern „näher" stehen bzw. mehr suggestiv festgestellt, daß beide eine „gemeinsame Aufgabe" erfüllen (BGH DVBl 1992, 615, 617; BGHZ 119, 93 (97)), was allerdings eine aus dem geltenden Recht abgeleitete Begründung nicht ersetzen kann.

782 Vgl. zu diesem Erfordernis oben unter § 8 E.V.

783 Vgl. in diesem Sinne auch *Fikentscher*, AcP 190 (1990), 34, 64: „Umgekehrt darf man aus einer Fallgestaltung, die einen Arbeitsschutz und spezifisch arbeitsvertragliche Fürsorgepflichten entbehrlich erscheinen läßt, auf die Lösung der Auslegungsfrage, ob es sich im gegebenen Einzelfall um einen Dienst- oder Werkverschaffungsvertrag handelt, im Sinne einer Entscheidung für den Werkverschaffungsvertrag schließen."

a. Konfliktstruktur der zuzuordnenden Lebenssachverhalte

Um die Lebenssachverhalte, die dem Rechtsverhältnis zwischen Rehabilitationseinrichtung und Rehabilitand zugrundeliegen, zu erfassen, ist es notwendig, nochmals kurz die Konfliktstruktur zusammenzufassen.[784] Diese ist entscheidend für die systematische Zuordnung.

Unabhängig davon, wie die Leistung der Rehabilitanden eingeschätzt wird und ebenfalls unabhängig davon, ob die Rehabilitationseinrichtungen verstärkt betreuerische Aufgaben übernehmen, ist es möglich, die auftretenden Konflikte wie folgt zusammenzufassen: Der Rehabilitand verweigert sich der Mitwirkung, was zu einer Nichtleistung führt; er kann schlecht leisten, insbesondere Schäden am Eigentum der Rehabilitationseinrichtung verursachen und schließlich kann er verspätet leisten. Auf der anderen Seite kann die Rehabilitationseinrichtung ihre Aufgaben gegenüber dem Rehabilitanden verletzen und sie kann das Rechtsverhältnis mit dem Rehabilitanden beenden. Dies sind zunächst die in der Struktur klassischen Konflikte[785], die auftreten können und auch auftreten, was sich zumindest aus den Sachverhalten ergibt, die der bereits erörterten Rechtsprechung zugrundeliegen.

b. Die Rechtsfolgenanordnungen und Prinzipienschichten

Mit Blick auf die erörterten Lebenssachverhalte, die die Beziehung zwischen Rehabilitationseinrichtung und Rehabilitanden prägen, läßt sich feststellen, daß weder das öffentliche Recht noch das Sozialrecht als Teilsystem des öffentlichen Rechts Rechtsfolgen für die dargestellten Konflikte vorsehen.[786] Dementsprechend eignet sich auch die bereits entwickelte Prinzipienschicht des Sozialrechts nicht zur Lösung der Konflikte, die im Verhältnis zwischen Rehabilitanden und Rehabilitationseinrichtung auftreten. Zwar mag dem Sozialrecht entnommen werden, inwieweit ein Rehabilitand seine Mitwirkungspflichten verletzt hat, was gegebenenfalls zu einer Versagung der Förderung führen kann (vgl. §§ 64, 66 SGB I). Ob allerdings im Verhältnis zur Rehabilitationseinrichtung Pflichten verletzt wurden, läßt sich nicht dem Sozialrecht entnehmen.

Auf der anderen Seite lassen sich die dargestellten Konflikte dem Privatrecht unterstellen, denn es handelt sich hierbei um klassische Leistungsstörungen bzw. um

---

[784] Methodologisch ist es berechtigt, anhand einer typischen Konfliktsituation auf das Auftreten typischer Konflikte zu schließen, und diese zum Ausgangspunkt rechtlicher Folgerungen zu machen, vgl. *Zippelius*, Festschrift für Engisch, S.224, 239. Dies dürfte insbesondere hinsichtlich des hiesigen Untersuchungsgegenstandes keine Bedenken hervorrufen, denn die Möglichkeit, auf den abweichenden Einzelfall zu reagieren, verbleibt, dazu unten mehr.

[785] Daneben sind freilich eine Vielzahl weiterer Konflikte denkbar, die z.B. Persönlichkeitsrechte des Rehabilitanden einschränken können.

[786] So auch BAG NZA 1993, 762, 764, zu den in einem Berufsförderungswerk auftretenen Konflikten.

Probleme des Schadensrechts. Das Privatrecht sieht für Konflikte der geschilderten Art konkrete Rechtsfolgenanordnungen vor.[787] Dies gilt freilich unproblematisch, soweit dem Rechtsverhältnis zwischen der Rehabilitationseinrichtung und dem Rehabilitanden ein schriftlicher Vertrag zugrundeliegt. Aber auch, wenn auf einen schriftlichen Vertrag verzichtet wurde oder dieser mangels Geschäftsfähigkeit der Behinderten unwirksam sein sollte, hält das Privatrecht hierfür Konfliktlösungsmuster bereit, die sich im Sozialrecht nicht finden lassen.

Die Prinzipienschichten des Privatrechts sind ferner zur Konfliktlösung prinzipiell als geeignet anzusehen. Bereits die oberste Prinzipienschicht, die vor allem Vertragsfreiheit, Selbstbestimmungsrecht und Selbstverantwortung sowie Vertrauensschutz beinhaltet[788], eignet sich zur Erörterung der auftretenden Probleme. Soweit angeführt wird, die Rehabilitanden könnten prinzipiell die Verträge mit der Rehabilitationseinrichtung nicht frei aushandeln, spricht dies nicht gegen die Anwendung privatrechtlicher Vorschriften, denn, selbst wenn dies zuträfe, hält die Privatrechtsordnung hierfür Rechtsfolgen bereit. Dabei sei beispielsweise auf das AGBG verwiesen, das letztlich als Reaktion auf das Unvermögen des Aushandelns der Vertragsbedingungen anzusehen ist. Nur wenn das Sozialrecht überhaupt adäquate Rechtsfolgenanordnungen bereit hielte, wie dies z.B. im Beamtenrecht oder einer Arbeitsleistung im Rahmen der §§ 37 StVollzG der Fall ist, käme eine Herausnahme aus dem Privatrecht systemtheoretisch in Betracht.[789] Ebensowenig wie die Aufgabe der Sozialleistungsgesetze und damit auch der Rehabilitationsträger in der Schaffung neuer Institutionen besteht, liegt sie in der Regelung von Rechtsverhältnissen innerhalb bestehender, sondern ist im wesentlichen in der Ermöglichung der Inanspruchnahme der gegebenen Einrichtungen zu sehen.[790]

c. *Gesamtverantwortung des Rehabilitationsträgers*

An der privatrechtlichen Einordnung vermag auch die nach § 17 Abs.1 SGB I, § 97 Abs.1 SGB X, § 10 Abs.2, 3 BSHG bestehende Gesamtverantwortung des Rehabilitationsträgers nichts zu ändern.[791] Aus der Gesamtverantwortung des Rehabilitationsträgers als Rechtsfolge folgt keine Befugnis der Rehabilitationsträger zur Reglementierung der Rehabilitationseinrichtung. Vielmehr ist die Gesamtver-

---

787 Ebenso *Schulin*, Neumann u.a., S.146, der von „Funktionstauglichkeit" spricht.

788 Vgl. oben unter § 9 D.I.2.

789 In diesem Sinne bereits *Forsthoff*, § 22 I., und vor allem hinsichtlich des vorliegend erörterten Rechtsproblems *Schulin*, Neumann u.a., S.143: „Der Gedanke der Systemgerechtigkeit gebietet es, ... Rechtsverhältnisse zwischen Behinderten und Berufsbildungswerken und Berufsförderungswerken sowie zwischen Behinderten und Werkstätten für Behinderte nach zivilrechtlichen Grundsätzen zu behandeln, da für einen anderen Weg keine Sachgründe ersichtlich sind".

790 So zutreffend *Igl*, Dreiecksverhältnis, S.20.

791 Anders insoweit *Eckmann*, Neumann u.a., S.215 f., 217, zum Zeitpunkt der Äußerung stellvertretender Leiter der überörtlichen Sozialhifeträger.

antwortung des Rehabilitationsträgers mit der verfassungsrechtlichen Unabhängigkeit der Rehabilitationseinrichtungen (vgl. die einfachgesetzlichen Absicherungen in den §§ 10 Abs.1 BSHG, 17 Abs.3 SGB I, 4 Abs.1 SGB VIII) in Einklang zu bringen.[792] Gemeinsam ist allen außerbetrieblichen Rehabilitationseinrichtungen, daß es sich hierbei um selbständige soziale Einrichtungen handelt, die Träger *eigener* sozialer Aufgaben sind.[793] Das folgt im Regelfall bereits daraus, daß es sich überwiegend um juristische Personen des Privatrechts handelt.[794]

Bereits aus der praktischen Überlegung, daß die Rehabilitationsmaßnahme prinzipiell auf mehreren Wegen umgesetzt werden kann und es letztlich eine Frage der Verhältnismäßigkeit ist, wie die Maßnahme umgesetzt wird, kann dem Gebot der Gesamtverantwortung keine Regelungsbefugnis für das Rechtsverhältnis der Einrichtung zum Rehabilitanden entnommen werden.[795]

Soweit darauf hingewiesen wird, die Rehabilitationsträger würden, z.B. über die Tages- bzw. Pflegesatzvereinbarungen, Einfluß auf das zwischen Rehabilitations-

---

[792] Zutreffend *Fesca/Jakobi/Lachwitz*, RsDE 10 (1990), 41, 48; *Schmitt*, S.112 f., 334 f.; in diesem Sinne ferner OVG Hamburg FEVS 31, 404 f.; LSG Baden Württemberg vom 11.12.1984 – L 5 AR 666/83 – unveröff.; LAG Düsseldorf in Köln vom 6.3.1981 – 16 TaBV 28/80 – unveröff.

[793] Zutreffend stützt das BAG (AP Nr.4 zu § 5 BetrVG 1972 Ausbildung) die Annahme eines privatrechtlichen Verhältnisses auf die Selbständigkeit der Berufsförderungswerke. Zur Selbständigkeit der Verbände der freien Wohlfahrtpflege vgl. auch BGH DVBl 1992, 615, 617. Insbesondere sind die Rehabilitationsträger im Regelfall auch Träger eigener Grundrechtspositionen, in die das staatliche Sozialrecht nur unter Vorbehalt eingreifen darf. Als Grundrechtspositionen kommen, neben der staatskirchenrechtlich garantierten Kirchenautonomie (Art.140 GG, 137 Abs.3 WRV), insbesondere folgende Grundrechte in Betracht: das Grundrecht der freien karitativen Betätigung (Art. 2 Abs.1, dazu BVerfGE 20, 150 (159)), erweitert durch Art.19 Abs.3 GG um die Freiheit zur verbandlichen Ausübung von Wohlfahrtspflege, ferner die Vereinigungsfreiheit (Art.9 Abs.1 GG), die das Recht, sich zur Erfüllung sozialer Aufgaben zusammenzuschließen, schützt sowie über Art.19 Abs.3 GG die Vereinigung selbst in ihren Schutzbereich miteinbezieht, die Berufsfreiheit (Art.12 Abs.1 ggf. wiederum in Verbindung mit Art.19 Abs.3 GG; mittlerweile wird die Anwendbarkeit der Berufsfreiheit auf gemeinnützige Organisationen überwiegend zu recht bejaht: BVerfG NJW 1984, 970; *Neumann*, Neumann u.a., S.24; *Schulin*, SGb 1989, 94, 95 und 101) sowie die Bekenntnisfreiheit (Art.4 Abs.2 GG; BVerfGE 24, 236 (246), hinsichtlich von Vereinigungen, die sich nur partiell der Pflege des religiösen und weltanschaulichen Lebens ihrer Mitglieder widmen; bezüglich der Staatskirchen str.). Ausführlich zum Grundrechtsschutz der freien Rehabilitationseinrichtungen *Neumann*, Neumann u.a., S.21 ff. m.w.N., und insb. hinsichtlich konfessioneller Einrichtungen S.27 ff. Äußerst kritisch bezüglich der Betonung der Unabhängigkeit der freien Träger allerdings *Eckmann*, Neumann u.a., S.215 ff.

[794] Vgl. oben unter § 4 B. mit den entsprechenden Nachweisen. Die eigenhändige Leistungserbringung durch die Rehabilitationsträger ist rechtlich nicht erwünscht (vgl. § 140 SGB V; § 250 SGB III; §§ 8 Abs.2 S.2, 93 Abs.1 BSHG) und tatsächlich im Bereich der beruflichen Rehabilitation kaum anzutreffen.

[795] Ebenso *Neumann*, Neumann u.a., S.60; *Schulin*, Neumann u.a., S.110 f.; OVG Münster FEVS 42, 73, 75; OVG Nordrhein-Westfalen br 1991, 140.

einrichtung und Rehabilitand bestehende Rechtsverhältnis nehmen[796], kann dies ebenfalls nichts an der systematischen Zuordnung ändern. Die systematische Zuordnung hat sich zunächst am Gesetz und seinen Regelungsanordnungen zu orientieren. Danach kommt den Tages- und Pflegesatzvereinbarungen vorrangig eine Finanzierungsfunktion zu, so daß weitergehende Regelungen überwiegend als unzulässig angesehen werden.[797] Jedenfalls schaffen auch diese Vereinbarungen kein dem Privatrecht vergleichbares Rechtsfolgensystem. Die Rehabilitationsträger haben ihrer Gesamtverantwortung vielmehr durch Festlegung bestimmter Qualitätsstandards als Mindestvoraussetzung für die individuelle und institutionelle Förderung der Einrichtungen, durch Gewährleistung einer möglichst reibungslosen Verzahnung einzelner Maßnahmen sowie durch Überwachung des Erfolgs der einzelnen Maßnahmen, gerecht zu werden.[798]

d. *Unerheblichkeit der öffentlich-rechtlichen Trägerschaft*

Im Hinblick auf eine systemorientierte Zuordnung des Rechtsverhältnisses zwischen Rehabilitationseinrichtung und Rehabilitand, ist es unerheblich, inwieweit die Rehabilitationseinrichtung von öffentlich-rechtlichen juristischen Personen getragen wird. Denn eine derartige Rechtswahl wird gerade auch deshalb getroffen, um privatrechtlich aufzutreten, was dazu führt, daß jedenfalls dieselben privatrechtlichen Bindungen, soweit sie auch bei einer rein privatrechtlichen Trägerschaft bestünden, im Grundsatz entstehen müssen.[799] Vielmehr stellt sich die Frage, ob *darüber hinaus* grundrechtliche Bindungen anzunehmen sind.[800] Dies mag jedoch als Frage des Verwaltungsprivatrechts dahinstehen, geht es doch vorliegend darum, überhaupt eine systematische Zuordnung treffen zu können.

e. *Die privatrechtliche Einordnung als Verwirklichung des gesetzgeberischen Willens*

Schließlich sei das bisherige Ergebnis der privatrechtlichen Einordnung, das systemorientiert begründet wurde, mit einer weiteren Überlegung gestützt. Die im Rahmen von Deregulierung und „Verschlankung von Staatsaufgaben" durchgeführte Verlagerung von Aufgaben in das Privatrecht, ist auch im Sozialrecht anzutreffen.[801] Als Beispiele mögen nur die im Rahmen der gesetzlichen Pflegeversi-

[796] Ausf. und weiter differenzierend nach dem Grad der Einflußnahme *Schmitt*, S.103 ff.
[797] *Schulin*, Neumann u.a., S.126 ff., 135 ff. m.w.N.
[798] Ausf. zum Inhalt der Gesamtverantwortung BSGE 74, 240 (243 ff.).
[799] Zutreffend weist *Bydlinski*, Festschrift für Mayer-Maly, S.107, 133, daraufhin, daß es gerechtigkeits- und gleichheitswidrig wäre, wenn nur der öffentlichen Hand im Privatrechtsverkehr Privilegien eingeräumt würden, die Privaten in derselben Rechtsform nicht zustehen.
[800] Hierzu vgl. *Martens*, Festschrift für Wolff, S.429, 443 f.; ferner GemS OGB BGHZ 97, 312 (317).
[801] Hierzu hat der von der Bundesregierung eigens eingesetzte Sachverständigenrat „Schlanker Staat" Ende 1997 erste Ergebnisse vorlegt, ausf. *Kraus*, br 1998, S.7 ff. Einen Überblick über

cherung eingeführten neuen Regelungen der §§ 3 S.1, 11 Abs.2 S.3 SGB XI dienen. Hierbei handelt es sich um eine bereits seit längerer Zeit andauernde Entwicklung, die das Verhältnis zwischen privatrechtlicher und sozialrechtlicher Konfliktlösung oder Problembewältigung in Richtung einer grundsätzlichen Subsidiarität der sozialrechtlichen Einstandspflicht auflöst.[802] Die neuerdings verstärkt folgende Akzentuierung der privatrechtlichen Verantwortlichkeit, teilweise als „soziale Selbstverantwortung" und „Verantwortungsindividualisierung durch Selbsthilfe" bezeichnet[803], mag aktuelle wirtschaftliche Gründe haben bzw. Ausdruck der vielfach beschriebenen „Überlastungssymptome" des Sozialstaats sein[804], sie entspricht jedenfalls einem zeitgemäßen Verständnis der Funktion der Gesetzgebung und der Verwaltung im Bereich der Sozialleistungsverwaltung im Rahmen des sog. funktionalen Gewährleistungsstaates.[805] Mit dem Wesen des funktionalen Gewährleistungsstaates korrespondiert die Aufgabe des Staates, knappe Ressourcen funktional zugunsten individueller und gesellschaftlicher Eigeninitiative zu verteilen.[806]

---

die Verlagerung von Staatsaufgaben in den Privatsektor gibt der Jahreswirtschaftsbericht der Bundesregierung 1997, BT-Drucks. 13/6800, S.50 ff. sowie für 1996 BT-Drucks. 13/3601, S.46 ff. Vgl. ferner *Kuper*, Neumann u.a., S.231 f. (zum Zeitpunkt der Äußerung Leiter der ständigen Vertretung der Bundesarbeitsgemeinschaft der freien Wohlfahrtsverbände bei der Europäischen Gemeinschaft in Brüssel), der festellt, daß auch der nationale Staat sich, vor allem durch die europäische Einbindung, mehr und mehr aus der sozialen Verantwortung zurückziehen und die Aufgaben sog. sozialen Dienstleistungsunternehmen übertragen wird. Dem wird zwar entgegenzuhalten sein, daß der Staat gebunden durch das Sozialstaatsprinzip sich nicht seiner sozialen Verantwortung entziehen kann, aber sehr wohl entscheiden kann, wie er diese Verantwortung wahrnimmt, sei es selbst oder eben durch Übertragung auf Private. Ferner ausf. *Pitschas*, Festschrift für Zacher, S.755 ff., der insbesondere auf die Dynamik der Sozialordnung im Hinblick auf das Sozialstaatsprinzip eingeht und *ders.*, in: Schulin HS-RV, § 31 Rn.58, § 37 Rn.5 ff., zur „Rehabilitation im schlanken Staat" sowie *Löwisch*, RdA 1999, 69, 70 f., für den arbeitsrechtlichen Bereich.

802 Ausf. *Pitschas*, Festschrift für Zacher, S.755, 763 ff.; *ders.* in: Schulin HS-RV, § 31 Rn.53 ff., der eine Entwicklung vom aktiven zum subsidiären bzw. distanzierten Sozialstaat konstatiert; ferner *Merten*, VSSR 1995, 155 ff.; *Zacher*, SGB 1982, 329 ff.

803 *Pitschas*, Festschrift für Zacher, S.755, 770.

804 Hierzu ausf. *Pitschas*, Festschrift für Zacher, S.755, 759 ff.; *Weeber*, ZSR 42 (1996), 209 ff.; *Wiegand*, SozVers. 1996, 141 ff.

805 Soweit dieses anfangs noch im Zusammenhang mit einer eingriffsorientierten Ordnungsverwaltung („Armenpolizey") gesehen wurde, entspricht eine derartige Auffassung nicht mehr dem heutigen Verständnis des Sozialstaatsprinzips, vgl. zu diesem Funktionswandel der Verwaltung bereits *Pitschas*, VSSR 1977, 141, 147 ff., 162 ff., aber auch die das Selbstbestimmungsrecht des Pflegebedürftigen festlegende Regelung des § 2 SGB XI. In diesem Sinne auch Wolff/Bachof/*Stober*, VerwR I, § 18 Rn.28, der ferner zutreffend hervorhebt, daß Sozialstaatlichkeit nicht die Selbstverantwortung und Selbstbestimmung des Einzelnen einschränken dürfe.

806 Ausf. *Pitschas*, Festschrift für Zacher, S.755, 764 f.; *Schuppert*, Die Verwaltung 28 (1995), 137 ff. jeweils m.w.N. Insbesondere *Pitschas* zeigt Ursachen und weitere Zusammenhänge auf, die als Globalisierung der Wirtschaft, der Veränderung der demographischen Strukturen sowie einem gesellschaftlichen Werte- und Verantwortungswandel zusammengefaßt werden können. Betont werden soll der Zusammenhang bzw. die Wechselwirkung zwischen diesen

Entscheidet sich jedoch der Gesetzgeber für eine Verlagerung von Aufgaben in das Privatrecht, so ist die prinzipielle Unterstellung der hierauf aufbauenden Rechtsverhältnisse unter die privatrechtlichen Regelungssysteme ebenfalls notwendig.[807] Auch hieraus rechtfertigt sich, ein Recht der Rehabilitationsträger auf Einflußnahme auf die Rehabilitationseinrichtungen, die über die Festlegung der Fördervoraussetzungen und damit über Regelungen zur Sicherung der zweckentsprechenden Verwendung öffentlicher Mittel hinausgeht, abzulehnen. Wiederum mag ein systemorientiertes Argument herangezogen werden: Die geltende Rechtsordnung verlangt hinsichtlich eines Rechtsverhältnisses eine klare systematische Zuordnung zum öffentlichen Recht oder Privatrecht. Etwaige Zwischenformen sind dem Rechtssystem bislang fremd, so daß vor allem eine Charakterisierung der Aufgaben der Rehabilitationseinrichtung als „öffentliche Aufgaben“[808] für die systematische Zuordnung unbeachtlich ist. Soweit demnach der Gesetzgeber der privatrechtlichen Übernahme sozialrechtlicher Aufgaben den Vorrang einräumt, verliert er auch seine Regelungsmacht hinsichtlich der konkreten Durchführung des Rechtsverhältnisses.[809] Der Einfluß beschränkt sich dann auf die Aufstellung von Fördervoraussetzungen.[810]

Veränderungen und dem Wandel des Rechtssystems, die sich zuerst in der Änderung des einfachen Rechts, dann aber auch im Verständnis der übergeordneten Systemschicht, d.h. dem Sozialstaatsprinzip, zeigt.

807 Von der Möglichkeit gänzlich neue Systemstrukturen zu schaffen, hat der Gesetzgeber keinen Gebrauch gemacht.

808 So *Neandrup*, Rechtsfragen, S.181. Die „Zwischenkategorie“ der Erfüllung öffentlicher Aufgaben geht auf die Staatsrechtslehre der Weimarer Republik, insbesondere *Carl Schmitt*, zurück und diente vor allem der stärkeren Bindung und Reglementierung privater Einrichtungen oder Personen, ausf. *Neumann*, Neumann u.a., S.35 ff, 71. Ein ähnliches Problem stellt sich bei der Einordnung der Rechtsstellung von Vertrags(zahn-)ärzte, wo ebenfalls zum Teil eine Qualifizierung als „staatlich gebundenen Berufes“ als Zwischenform zwischen Beamten und Freiberufler angenommen wird, was gleichfalls mangels rechtlicher Verankerung abzulehnen ist, in diesem Sinne mit ausführlicher Begründung *Sodan*, S.138 ff. m.w.N. Zu recht kritisch hinsichtlich derartiger Klassifizierungen *Di Fabio*, JZ 1999, 585, 586 ff.

809 Zutreffend deshalb *Zacher*, VSSR 1976, 1, 34, „Und öffentliche Sorge für die persönliche Existenz kann zur Gefahr für die Privatheit werden.“ Dies dürfte umsomehr immer dann gelten, wenn die Einbeziehung eines Rechtsverhältnisses in den Bereich des öffentlichen Rechts durch Auskopplung aus dem Privatrecht nicht mit der gleichzeitigen Ausbildung eines spezifischen Rechtsfolgensystems verbunden ist.

810 Letztlich wird dieses Ergebnis auch mit Blick auf die Struktur der Sozialverwaltung bestätigt: Diese ist wohl typischerweise weder aufgrund der personellen Ausstattung noch aufgrund einer spezifischen Ausbildung der Mitarbeiter in der Lage, die Interessen der beruflichen Rehabilitanden im Einzelfall wahrzunehmen. Dies mag auch etwas über das Selbstverständnis der Verwaltung und des Gesetzgebers hinsichtlich der funktionellen Zuständigkeit bzw. zur rational-normativen Funktion der Verwaltung aussagen. Zur technisch-administrativen Ausrichtung der Verwaltung, in diesem Sinne bereits *Pitschas*, VSSR 1977, 141, 163 f.

Angesichts der gesetzgeberischen Entscheidung eines Vorrangs des Privatrechtssystems, kommt es auf eine weitere, sei es rechtsphilosophisch oder verfassungsrechtlich abgeleitete Vorrangstellung, nicht an.[811]

2. *Zwischenergebnis*

Die Rechtsverhältnisse zwischen beruflicher Rehabilitationseinrichtung und den Rehabilitanden sind dem Privatrechtssystem zu unterstellen.

B. Systemorientierte Zuordnung innerhalb des Privatrechts

I. Überblick über die Abgrenzungsbereiche

Wie bereits festgestellt, stellt sich das Privatrecht als Teilsystem des Gesamtrechtssystems dar und ist seinerseits unterteilbar in unterschiedliche Teilsysteme, von denen insbesondere das Arbeitsrechtssystem, das Berufsbildungssystem und das allgemeine Zivilrechtssystem im vorliegenden Kontext von Bedeutung sind. Entscheidend für die methodologische Zuordnung ist zunächst die Festlegung des Abgrenzungsbereichs.[812] Die angesprochenen Rechtsverhältnisse sind innerhalb des Privatrechts entweder dem spezielleren Teilsystemen des Arbeits- bzw. Berufsbildungsrechts zu unterstellen oder dem allgemeinen Zivilrechtssystem, ggf. dem Dienstvertragsrechtssystem, soweit Parallelen zum sonstigen sozialrechtlichen Leistungsrecht gezogen werden. Die Parallele bietet sich im Hinblick auf einen Vergleich zum ärztlichen Leistungserbringungsrecht an, das auch im Verhältnis zwischen Kassenpatient und Kassenarzt dem privaten Dienstrecht zu unterstellen sein wird.[813] Von daher ist es geboten, zu überprüfen, ob die Rehabilitationsverhältnisse dem spezielleren privatrechtlichen Bereich des Arbeits- bzw. Berufsausbildungsrechts zugeordnet werden können. Wird dies abgelehnt, steht die privatrechtliche Zuordnung zum allgemeinen Zivilrecht fest.

Damit ist allerdings zunächst lediglich der Abgrenzungsbereich im weitesten Sinne festgelegt, was vor allem dazu dient, Argumente, die sich in Abgrenzung zum Selbständigen herausgebildet haben, darauf zu überprüfen, ob sie auch zur vorliegend verfolgten Abgrenzung tauglich sind. Im nächsten Schritt wird es darauf an-

---

[811] Vgl. hierzu *Bydlinski*, System, S.92 ff., 97 ff., 773 f.; *ders.*, Privatrecht, S.62 ff.; *Di Fabio*, JZ 1999, 585 ff.; *Sodan*, S.306 ff. jeweils m.w.N.

[812] Siehe oben unter § 8 E.V.

[813] Hinsichtlich des Krankenhausvertrags: BGHZ 1, 383 (385); 89, 250 (254); 97, 273 (276); MünchKomm/*Müller-Glöge*, BGB, zu § 611 Rn. 72; Staudinger/*Richardi*, BGB, Vorbem. zu §§ 611 ff. Rn. 1248 ff.; zur Rechtsstellung der Vertragsärzte und Vertragszahnärzte als Freiberufler vgl. ausf. *Sodan*, S.94 ff., der trotz der intensiven Einbindung der Vertragsärzte und Vertragszahnärzte die Zuordnung zum Recht der freien Berufe wohl zutreffend bejaht (Ergebnis S.193 f. m.w.N.).

kommen, operationale Kriterien zu entwickeln, die der hier interessierenden Abgrenzung zur Umsetzungsfähigkeit in der Rechtsanwendung verhelfen. Dies ist nur in Auseinandersetzung mit den konkreten Voraussetzungen der Zuordnung zu dem jeweiligen Teilsystem möglich.

II. Die Bedeutung des arbeitnehmerähnlichen Status

Angesichts der gesetzgeberischen Entscheidung, den Rechtsstatus der im Arbeitsbereich in WfB beschäftigten Rehabilitanden subsidiär als arbeitnehmerähnlichen auszugestalten (§ 54 b Abs.1 SchwbG), scheint es vorab angebracht, diesen Rechtsstatus daraufhin zu überprüfen, inwieweit sich hieraus gesetzgeberische Vorgaben ableiten lassen, die von vornherein die allgemeine zivilrechtliche Zuordnung präjudizieren.

1. Allgemeiner Inhalt und Bedeutung des arbeitnehmerähnlichen Rechtsstatus

Entsprechend der Regelungen der §§ 12 a TVG, 5 Abs.1 Satz 2 ArbGG, 2 Satz 2 BUrlG zeichnen sich die Arbeitnehmerähnlichen dadurch aus, daß sie im Gegensatz zu Arbeitnehmern nicht im gleichen Maß persönlich abhängig sind, aber an die Stelle der schwächeren persönlichen Abhängigkeit eine wirtschaftliche Abhängigkeit tritt. Dadurch ist die Gruppe der Arbeitnehmerähnlichen den Arbeitnehmern vergleichbar schutzbedürftig, wobei Heimarbeiter und Handelsvertreter als konkretisierte Beispielsfälle anzusehen sind.[814] Aufgrund der eingeschränkten persönlichen Abhängigkeit, die sich zumeist aus der fehlenden betrieblichen Eingliederung und zeitlichen Unabhängigkeit ergibt, sind kraft gesetzlicher Anordnung nur einzelne arbeitsrechtliche Gesetze anwendbar.[815] Nach § 2 Satz 2 BUrlG findet das im BUrlG geregelte Urlaubsrecht Anwendung, ferner besteht für die Arbeitnehmerähnlichen die Möglichkeit, in Tarifverträge einbezogen zu werden und schließlich ist der Rechtsweg zu den Arbeitsgerichten gemäß § 5 Abs.1 Satz 2 ArbGG auch für die arbeitnehmerähnlichen Rechtsverhältnisse eröffnet. Neuerdings sind die Arbeitnehmerähnlichen auch in den Schutzbereich des Gesetzes zum Schutz der Beschäftigten vor sexueller Belästigung am Arbeitsplatz miteinbezogen (vgl. § 1 Abs.1 Nr.1 BeschSchG). Im übrigen sind arbeitsrechtliche Vorschriften auf Arbeitnehmerähnliche im Grundsatz nicht anwendbar, was sich aus einem Umkehrschluß der gesetzlichen Anordnung in einzelnen Gesetzen ergibt.[816] Im

---

[814] Ausf. *Hromadka*, NZA 1997, 1249 ff.

[815] St. Rspr. vgl. nur BAG NZA 1998, 499; BAG NZA 1997, 1302, 1303; BAG NZA 1997, 399, 400; BGH NZA 1999, 110, 112; BGH NZA 1999, 53, 55, jeweils m.w.N.

[816] So die ganz h.M. bereits *Hueck*, RdA 1969, 216, 217; *Hueck/Nipperdey*, § 10 III; *Nikisch*, § 16 III.4.; ferner *Bauschke*, RdA 1994, 209, 211; *Boemke*, ZfA 1998, 285, 317; *Buchner*, NZA 1998, 1144, 1148; *Maus*, RdA 1968, 367, 373 f.; *Mayer*, RdA 1998, 228, 230; ErfK/*Preis*, zu § 611 BGB Rn.136; MünchArbR/*Richardi*, Bd.1, § 29 Rn.1; KR-*Rost*, Arbeitnehmerähnliche Personen, Rn.4 ff, 32 ff.; *Wank*, Arbeitnehmer, S.244; *ders.*, NZA 1999, 225,

Rahmen einer systemorientierten Betrachtungsweise ergibt sich, daß sie somit keine Arbeitnehmer sind. Zumeist werden sie Selbständige sein, die dem allgemeinen Dienst- bzw. Werkvertragsrecht unterfallen.[817]

2. *Begriffswandlung durch die gesetzliche Fiktion des § 54 b Abs.1 SchwbG?*

Die gesetzliche Fiktion des § 54 b Abs.1 SchwbG führt dazu, daß die im Arbeitsbereich der WfB beschäftigten Rehabilitanden, soweit sie nicht in einem Arbeitsverhältnis stehen, als Arbeitnehmerähnliche gelten. Nach dem Willen des Gesetzgebers soll allerdings bereits aus dem arbeitnehmerähnlichen Rechtsstatus die entsprechende Anwendung offenbar aller arbeitsrechtlichen Vorschriften folgen, wobei als Beispiele Arbeitszeit-, (Erziehung-) Urlaubs- und Mutterschutzregelungen sowie Vorschriften über die Entgeltfortzahlung im Krankheitsfall und an Feiertagen genannt werden.[818] Dieser Wille des Gesetzgebers hat keinen Niederschlag im Gesetz gefunden, so daß überwiegend vertreten wird, daß etwaige Arbeitnehmerrechte außerhalb der kraft Gesetzes geltenden Vorschriften, erst durch den nach § 54 b Abs.3 SchwbG zu schließenden Werkstattvertrag begründet werden müßten.[819]

Im Vergleich zu den „klassischen" arbeitnehmerähnlichen Personen, Heimarbeiter, Handelsvertreter, Medienmitarbeiter oder die in Telearbeit Beschäftigten, lassen sich die in WfB Beschäftigten nur schwerlich vergleichbar einordnen. Vor allem fehlt die Eigenschaft als *Selbständiger*, wenn auch mit einem höheren Schutzbedürfnis, auf dem Markt aufzutreten. Allerdings könnte der Begriff des Arbeitnehmerähnlichen eine Modifikation erfahren haben. Entsprechend dem bereits dargestellten teleologischen Rechtsverständnis kommt es für die Begriffsbildung entscheidend auf die Rechtsfolgenanordnungen innerhalb der Rechtsordnung an.[820]

230; ferner *Hromadka*, NZA 1997, 1249, 1254, der sich allerdings im Rahmen rechtspolitischer Überlegungen für eine analoge Anwendung arbeitsrechtlicher Vorschriften ausspricht, in diesem Sinne ebenfalls *Reinecke*, ZIP 1998, 581, 588. A.A. *Rieble*, ZfA 1998, 327, 347.

[817] So auch die ganz h.M. vgl. nur BAG NZA 1997, 1126, 1127 m.w.N.; *Boemke*, ZfA 1998, 285, 317; *Breves*, S.184 ff.; *Buchner*, NZA 1998, 1144, 1146; *Griebeling*, RdA 1998, 208, 210; *Herschel*, DB 1977, 1185, 1186 f.; *Hromadka*, NZA 1997, 1249 f., 1252; *Rost*, NZA 1999, 113, 115; *Wank*, Arbeitnehmer, S.239; *ders.*, NZA 1999, 225, 229; *Zöllner*/Loritz, § 4 VI. 2. a); a.A. z.B. *Maus*, RdA 1968, 367, 371 f.

[818] BT-Drs. 13/3904, S.48, Ausschußbegründung zum unverändert übernommenen § 54 b SchwbG.

[819] *Cramer*, SchwbG, § 54 b Anm.9; *Dörner*, SchwbG, zu § 54 b Anm. IV; Neumann/*Pahlen*, SchwbG, zu § 54 b Rn.12; KR-*Rost*, Arbeitnehmerähnliche Personen, Rn.32 a; Gröninger/*Thomas*, SchwbG, zu §54 b Rn.11; *Weber*, SchwbG, zu § 54 b Anm. 1; *Wendt*, RsDE 36 (1997), 43, 46; a.A. *Pünnel*, AuR 1996, 483, 484, und offenbar auch *Brühl*, in LPK-BSHG, § 41 Rn.2, der scheinbar davon ausgeht, arbeitsrechtliche Vorschriften würden nunmehr ohne weiteres gelten.

[820] Vgl oben unter § 8 E. IV.

Ändern diese sich, so kann hiermit auch eine Begriffsänderung einhergehen, die dann von der Rechtswissenschaft zu berücksichtigen ist.

Hiergegen sprechen allerdings zwei wesentliche Umstände: Zum einen hat der Gesetzgeber die Annahme eines arbeitnehmerähnlichen Rechtsverhältnisses im Wege der gesetzlichen Fiktion auf alle Rehabilitanden, die nicht in einem Arbeitsverhältnis stehen, erstreckt. Damit bleibt es nach der gesetzgeberischen Konzeption auch bei der Unterscheidung zwischen Arbeitnehmern und Arbeitnehmerähnlichen, einhergehend mit einem Verzicht, die Stellung der Arbeitnehmerähnlichen der Stellung der Arbeitnehmer anzugleichen.[821] Zum anderen wird in anderen Gesetzen am klassischen Verständnis des Arbeitnehmerähnlichen festgehalten.[822] Hätte der Gesetzgeber eine grundlegende Begriffserweiterung des Arbeitnehmerähnlichen durchführen wollen, müßte sich dies aus den gesetzlichen Regelungen selbst ergeben.[823]

Die gesetzliche Regelung des § 54 b Abs.1 SchwbG reicht noch nicht aus, um von einem gesetzlichen Begriffswandel des Arbeitnehmerähnlichen auszugehen.

3. Bedeutung der gesetzlichen Fiktion für die vorliegende Einordnung

Nachdem festgestellt wurde, daß die gesetzliche Fiktion des § 54 b Abs.1 SchwbG das herkömmliche Verständnis der arbeitnehmerähnlichen Personen, wie es sich aus den einzelnen gesetzlichen Regelungen ergibt, nicht geändert hat, bleibt die Frage nach der Bedeutung der Fiktion für die vorliegende Untersuchung. Zunächst scheint rechtlich unproblematisch die Auffangfunktion der Fiktion dazu zu führen, daß für den Arbeitsbereich, jedenfalls bei Verneinung der arbeitsrechtlichen Stellung, die arbeitnehmerähnliche anzunehmen ist. Tatsächlich kommt der Regelung wohl nur wenig Bedeutung zu.[824] Insbesondere befreit die Regelung freilich nicht

[821] Die gesetzliche Regelung und die gesetzliche Intention scheinen kaum vereinbar zu sein. Ein Grund hierfür wird wohl auch in der Verkennung der Flexibilität des Arbeitnehmerbegriffs zu sehen sein, dessen Konturen der Gesetzgeber selbst festzulegen hat.

[822] Vgl. die Änderung des § 2 Nr.9 SGB VI durch Gesetz vom 19.12.1998 (BGBl. I, S.3843), der den Rentenversicherungsschutz auf arbeitnehmerähnliche Selbständige erstreckt. Die in WfB Beschäftigten werden demgegenüber in § 1 Satz 1 Nr.2 a) SGB VI als „Beschäftigte" der Versicherungspflicht unterstellt.

[823] Für die letztlich doch relativ geringe Bedeutung von Äußerungen im Gesetzgebungsverfahren, die keinen Niederschlag im verabschiedeten Gesetz selbst gefunden haben, spricht vor allem, daß am Gesetzgebungsverfahren eine Vielzahl von Personen beteiligt ist und jede Äußerung dem abstrakten Gesetzgeber zuzurechnen, zu weit ginge, in diesem Sinne auch st. Rspr. des Bundesverfassungsgerichts, vgl. E 1, 299 (312); 11, 126 (130); 13, 261 (268); 54, 277 (298 f.); 62, 1 (45 f.), jeweils m.w.N. Dies steht im Einklang mit der vorliegend vertretenen teleologischen Begriffsbildung, die deshalb auch zu recht als objektive Methode bezeichnet wird.

[824] In diesem Sinne *Brühl*, in LPK-BSHG, § 41 Rn.21, („Windei"); *Wendt*, RsDE 36 (1997), 43, 46 ff.; kritisch ebenfalls ErfK/*Steinmeyer*, §§ 54-58 SchwbG Rn.15. Methodologisch bewahr-

von der Notwendigkeit einer privatrechtlichen Einordnung auch des Rechtsverhältnisses zwischen dem im Arbeitsbereich einer WfB beschäftigten Rehabilitanden und der WfB.

III. Teilsystem des Arbeits- bzw. Berufsbildungsrechts

Eine Zuordnung zum Arbeits- bzw. Berufsbildungsrechtsteilsystem erfordert, daß die Voraussetzungen des Arbeitnehmerbegriffs bzw. des Auszubildenden i.S.d. des BBiG gegeben sein können und darüber hinaus, das Rechtsfolgensystem des Arbeits- bzw. Berufsbildungsrechts sowie die hieraus folgenden Prinzipienschichten für die typischen Konfliktsituationen der Rehabilitationsverhältnisse sinnvoll Anwendung finden können und besser passen als das alternativ anzuwendende Teilsystem. Die Erfüllung der zweiten Voraussetzung ist davon abhängig, daß die arbeitsrechtliche Zuordnung einer Zuordnung zum allgemeinen Privatrecht im Zusammenwirken mit einer sozialrechtlichen Absicherung durch die Zurverfügungstellung speziellerer Regelungen überlegen ist.

1. Erfüllung der allgemeinen Definitionsmerkmale des Arbeitnehmerbegriffs

Die Erfüllung der allgemeinen Definitionsmerkmale des Arbeitnehmerbegriffs entsprechend der von der h.M. aufgestellten Voraussetzung der persönlichen Abhängigkeit, die sich insbesondere durch Weisungsgebundenheit bezüglich Zeit, Ort und konkreter Art und Weise der Leistungserbringung auszeichnet sowie durch Eingliederung in eine betriebliche Organisation, kann, wie bereits dargestellt[825], zum Ausgangspunkt der Einordnung gemacht werden. Diese Voraussetzungen können für die berufliche Rehabilitation in einer WfB bereits konzeptionell bejaht werden. Die Erbringung eines Mindestmaßes an wirtschaftlich verwertbarer Arbeitsleistung gehört zu den Aufnahmevoraussetzungen und führt im Fall des Fehlens der Voraussetzungen zum Entfallen der Aufnahmevoraussetzung.[826] Es handelt sich demnach weder um ein reines Betreuungsverhältnis noch um ein Pflegeverhältnis, wie sich nunmehr auch aus § 71 Abs.4 SGB XI ergibt.[827] Daß die Arbeitsleistung weisungsgebunden und eingegliedert in die Organisationsstruktur der WfB erfolgt, ergibt sich aus der Organisation und Produktionsstruktur der WfB.[828]

---

heitet sich die Auffassungs von *Esser*, daß die „Scheinbereinigung durch gesetzliche Fiktionen ... gerade altertümlich" ist, da sie verzichtet, dogmatische Widersprüche aufzulösen, vielmehr meist neue produziert, AcP 172 (1972), 97, 105.

825 Vgl. oben unter § 10 B.

826 Vgl. hierzu BSG br 1996, 138, 139, das die Fördervoraussetzungen mangels Leistungsfähigkeit des Behinderten ablehnt.

827 Vgl. ferner *Brühl*, in LPK-BSHG, Vor § 39 Rn.32; *Mrozynski*, ZfSH/SGB 1999, 333 ff.

828 In diesem Sinne beispielsweise auch *Lachwitz*, RsDE 1 (1988), 33, 50; Gröninger/*Thomas*, SchwbG, zu § 54 b Rn.3; *v.Maydell/Eylert*, RdA 1981, 148, 151, die im übrigen aber die Anwendung arbeitsrechtlicher Vorschriften ablehnen.

Die im *Zweiten Teil* der Untersuchung dargestellten Bedenken gegen das Vorliegen einer persönlichen Abhängigkeit vermögen weder methodologisch noch inhaltlich zu überzeugen.

a. Fehlende Überzeugungskraft der dargestellten Rechtsauffassungen

Methodologisch überzeugen die dargestellten Rechtsauffassungen[829] bereits deshalb nicht, weil zumeist von einem vermeintlich feststehenden Begriff der persönlichen Abhängigkeit ausgegangen wird, der sodann im Wege eines formallogischen Subsumtionschlusses geprüft wird. Dabei wird vernachlässigt, daß das Merkmal der persönlichen Abhängigkeit auch nach Auffassung des BAG gerade keine festen Konturen aufweist, sondern von der Eigenart der jeweiligen Tätigkeit selbst abhängt. Anders ausgedrückt, unterscheidet sich auch nach der scheinbar durchweg zugrundegelegten h.M. die persönliche Abhängigkeit beispielsweise eines Chefarztes von der eines Fließbandarbeiters. Demnach hätte der dem Gegenstand, d.h. also der Tätigkeit eines Rehabilitanden, entsprechende Grad der persönlichen Abhängigkeit zunächst festgelegt werden müssen. Ansonsten ist die Gefahr, in die eigentlich überwundene sog. Inversionsmethode[830] zurückzufallen bzw. einem „naturalistischem Fehlschluß" zu erlegen[831], nahezu unausweichlich.

Nun mag den vorliegend ermittelten methodologischen Vorgaben vorgeworfen werden, sie täten ebenfalls nichts anderes als den Arbeitnehmerbegriff mit kontextorientiertem Inhalt zu füllen, um ihn dann auf eben diesen Kontext anzuwenden. Das trifft auch durchaus zu und eine Nähe zur Inversionsmethode, ist auch der methodischen Vorgehensweise des *Verfassers* nicht abzusprechen. Entscheidender Unterschied ist jedoch, daß die Begriffsbildung nicht voraussetzungslos, bzw. im luftleeren Raum stattfindet (wie bei der Begriffsjurisprudenz), sondern der Inhalt des Begriffs unter Anwendung der gesetzgeberischen Wertungen in Bezug auf das konkrete Rechtsproblem erarbeitet wird.[832] Mit Leben gefüllt wird dieser Vorgang, der das Wesen der in der Rechtswissenschaft kaum noch bestrittenen Wertungsjurisprudenz ausmacht[833], durch konsequente Anwendung der dargestellten teleologi-

---

[829] Vgl. oben unter § 5 A.I.

[830] Die Inversionsmethode stellt ein Verfahren dar, bei dem einem Rechtsbegriff ein bestimmter (gewünschter) Inhalt gegeben wurde, um ihn im anschließenden Schritt im Rahmen der Subsumtion anzuwenden. Dieses Verfahren wurde insbesondere der Begriffsjurisprudenz vorgeworfen, vgl. *Bydlinski*, System, S.62 ff., insbes. zu gegenwärtigen Tendenzen, die er als „Kryptonormativität" bezeichnet; *Heck*, S.92 ff., 166 f.; *Larenz*, Methodenlehre, S.53 f.; *Pawlowski*, AcP 175 (1975), 189, 208 f.; *ders.*, JuS 1976, 351, 352 f.

[831] *Bydlinski*, Rechtsfindung, S.9, der unter einem „naturalistischen Fehlschluß" die Ableitung vom Sein auf das Sollen, demnach wohl die ontologische Methode versteht.

[832] Vgl. hierzu instruktiv *Larenz*, Methodenlehre, S.53 f.; *Pawlowski*, AcP 175 (1975), 189, 212 ff.

[833] Vgl. nur ausf. *Larenz*, Methodenlehre, S.119 ff., 214 ff. m.w.N.; z.T. kritisch hinsichtlich einer allzu starken Verdrängung der Logik der juristischen Konstruktion aus der Rechtsfindung

schen Rechtsfindungsgrundsätze, sei es im Rahmen der Begriffs- oder Systembildung.

aa. Beispiel 1: Fehlende Verpflichtung zur Arbeitsleistung

Nun könnte die Auseinandersetzung mit den im *Zweiten Teil* dargestellten Argumenten an diesem Punkt bereits ihr Bewenden haben, denn wie bereits oben erwähnt, wird sich im juristischen Diskurs auf Dauer nur diejenige Auffassung durchsetzen, die inhaltlich *und* methodisch am besten begründet ist. Mehr beispielhaft soll dennoch auf das häufig vorgebrachte Argument der fehlenden Verpflichtung der Rehabilitanden zur Leistungserbringung eingegangen werden.[834] Diese wird damit begründet, daß der Rehabilitand nur im Rahmen des physisch und psychisch Möglichen arbeiten müsse. Dabei wird vernachläßigt, daß es auch im „Normalarbeitsverhältnis" keinen objektiven Leistungsmaßstab gibt, sondern der Umfang der Leistungsverpflichtung sich grundsätzlich aus dem Vertrag ergibt.[835] Eine etwaige Minderleistung fällt zunächst in den Risikobereich des Arbeitgebers, der unter bestimmten Voraussetzungen das Arbeitsverhältnis bei enttäuschter Leistungserwartung kündigen kann. Die Möglichkeit arbeitsrechtlicher Sanktionen ist allerdings eine Folgefrage, die erst beantwortet werden kann, wenn der Umfang der Verpflichtung selbst festgelegt wurde. Das bedeutet, daß für die Annahme einer Leistungsverpflichtung an sich nicht deren Umfang maßgeblich ist. Die in der WfB beschäftigten Rehabilitanden können nicht nach Belieben die Arbeit einstellen. Dies würde dazu führen, daß die WfB dem Behinderten kündigen könnte.[836] Daß die Beschäftigung des Behinderten im Zusammenhang mit dem Rehabilitationserfolg zu sehen ist, d.h. im Fall einer Überlastung die Verpflichtung zur Leistung entfällt, ist kein Umstand, der das Rechtsverhältnis vom „Normalarbeitsverhältnis" abhebt. Denn auch bei letzterem endet die Leistungspflicht an der Grenze der Leistungsfähigkeit. Umgekehrt formuliert, der Arbeitsunfähige ist von der

---

Hassold, AcP 181 (1981), 131 ff. m.w.N. Zur Rolle der normativen Logik vgl. oben unter § 9 I.

[834] Vgl. oben unter § 5 unter A. I. 1. e. mit den jeweiligen Nachweisen.

[835] Vgl. ausf. MünchKomm/*Müller-Glöge*, BGB, zu § 611 Rn.416 ff. Bereits an dieser Stelle kann das Argument der fehlenden Verpflichtung entkräftet werden, denn die WfB hat von Anfang an einen Vertrag im Hinblick auf eine eingeschränkte Leistungsfähigkeit geschlossen, weswegen sie ja auch subventioniert wird.

[836] Vgl. § 4 Nr.3.2. und 3.3. des Musters für einen Werkstattvertrag der BAG WfB sowie Nr.2 des Musters für eine Werkstattordnung der BAG WfB; ferner Ziffer 4 Abs.4 der Rahmenvereinbarung zwischen der Bundesanstalt für Arbeit und den Berufsbildungswerken vom 23.11.1979, Auszug aus dem Dienstblatt der Bundesanstalt für Arbeit, Rundschreiben 10/80; *Naendrup*, Rechtsfragen, S.136. Dabei scheint es unerheblich zu sein, ob das Kündigungsrecht auf die typischerweise in den Werkstattverträgen enthaltenen Kündigungsgründe gestützt wird, oder die Aufnahmevoraussetzung nach § 54 a Abs.2 i.V.m. Abs.1 Satz 1 SchwbG entfällt.

Leistungspflicht befreit, was bereits aus § 275 Abs.1 BGB folgt und in einer WfB nicht anders sein kann.[837]

Die Vertreter der Auffassung, der Behinderte unterliege keiner Verpflichtung zur Arbeitsleistung, definieren, zumeist unausgesprochen, die Verpflichtung zur Arbeitsleistung im abstrakten Vergleich zum Umfang der Leistungsverpflichtung eines „Normalarbeitsverhältnisses". Dabei ist nicht nur die Auswahl des Vergleichsobjekts methodologisch nicht begründbar, sondern das Vergleichsobjekt selbst ist schon ambivalent. Die Verpflichtung zur Arbeitsleistung kann selbst im klassischen Arbeitsverhältnis grundverschieden sein. Sie kann eher erfolgsbezogen oder eher zeitbezogen sein. Eine abstrakte Definition des Umfangs der Verpflichtung ohne Bezug zur konkreten Tätigkeit wie auch den besonderen Umständen der Erbringung dieser Tätigkeit wird ebenso schwierig wie nutzlos sein. Die Verpflichtung zur Arbeit kann weder von der Person des Verpflichteten, noch von der Vertragsgrundlage isoliert betrachtet werden.[838]

bb. Beispiel 2: Funktion der Vergütung

Als zweites Beispiel soll das häufig verwendete Argument der fehlenden (Ausbildungs-)Vergütung bzw. zu geringen Vergütung, das lediglich ein „Taschengeld" darstelle, herangezogen werden. Aus der fehlenden Vergütung wird auf den fehlenden Austauschcharakter geschlossen sowie weitergehend, auf die nicht mögliche sinnentsprechende Anwendung des Arbeitsrechts, da es am objektiven Funktionszusammenhang zwischen Arbeit und Arbeitsentgelt fehle. Deshalb fehle es auch an dem typischen Schutzbedürfnis, das für Arbeitnehmer notwendig sei.[839]

Auch diese Argumentation stellt sich als weiteres Beispiel der Inversionsmethode dar. Aufgrund tatsächlicher Beobachtungen wird eine rechtliche Lösung ermittelt. Dabei wird vernachlässigt, daß die beobachtete Tatsache, eine geringe Vergütung, zunächst neutral ist, allenfalls als untypisch für Arbeitsverhältnisse bezeichnet werden kann. Diese Feststellung hat für sich gesehen allerdings noch keinen normativen Wert, denn bei der Vielgestaltigkeit rechtlicher Beziehungen wird es immer untypische Vertragsgestaltungen geben. Die demnach nicht offengelegte und auch nicht begründete Rechtsauffassung, daß für die Annahme eines Arbeitsverhältnisses die Zahlung einer Vergütung erforderlich ist, wird demnach in die Definition des Arbeitnehmers hineingelegt, um sodann das dargestellte Ergebnis zu begründen. Aber abgesehen von der fehlenden normativen Rechtfertigung des Ergebnisses, verwundert das Ergebnis für sich gesehen, denn die Argumentation läuft

---

[837] Zu diesem Fall des subjektiven Unvermögens ausf. Soergel/*Wiedemann*, BGB, zu § 275 Rn.49 ff.

[838] In diesem Sinne bereits zutreffend *Wlotzke*, RdA 1965, 180, 182; aus neuerer Zeit *Wiese*, ZfA 1996, 439, 456.

[839] Vgl. ausf. oben unter § 5 A.I.2. mit den entsprechenden Nachweisen.

darauf hinaus, arbeitsrechtlichen Schutz, der zum großen Teil an die konkrete Arbeitssituation und nur teilweise an die Äquivalenz von Leistung und Gegenleistung anknüpft (Berufsschutz, Persönlichkeitsschutz, Schutz vor Organisationsrisiken, Kündigungsschutz)[840], zu entziehen, weil keine Vergütung gewährt wird, was wohl die Schutzwürdigkeit auf den ersten Blick eher erhöht, denn entbehrlich macht.[841] Diese Widersprüchlichkeit offenbar realisierend, wird dementsprechend auch überwiegend vertreten, daß die Zahlung einer Vergütung auch unter Berücksichtigung der Regelung des § 612 Abs.1 BGB[842] keine Voraussetzung für die Annahme eines Arbeitsverhältnisses ist.[843]

In diesem Zusammenhang sei abschließend auf eine Entscheidung des EuGH hingewiesen, der zum Arbeitnehmerstatus von Teilzeitbeschäftigten ausführt: „Die Tatsache, dass das Einkommen des Arbeitnehmers nicht seinen ganzen Lebensunterhalt deckt, nimmt ihm nicht die Eigenschaft eines Erwerbstätigen. Dass die Bezahlung einer Tätigkeit im Lohn- oder Gehaltsverhältnis unter dem Existenzminimum liegt, ..., hindert nach der Rechtssprechung des Gerichtshofes nicht, die Person, die diese Tätigkeit ausübt, als Arbeitnehmer ... anzusehen."[844]

b. Teilergebnis

Als Teilergebnis soll festgehalten werden, daß der Arbeitnehmerbegriff der h.M. der Annahme eines Arbeitsverhältnisses in WfB nicht entgegensteht. Andererseits kann ein Arbeitsverhältnis ausschließlich durch ein Abstellen auf die persönliche Abhängigkeit des Arbeitnehmers nicht zufriedenstellend bejaht werden, denn die sozialrechtliche Implikation des Rechtsverhältnisses bzw. die Leistungserbringung zum Zweck der Rehabilitation findet keine Berücksichtigung.

---

[840] Vgl. ausf. *Wiese*, ZfA 1996, 439, 455 ff.

[841] In diesem Sinne auch BAG AP Nr.43 zu § 611 Abhängigkeit.

[842] Aus dieser Regelung läßt sich wohl nur entnehmen, daß Dienstverträge üblicherweise gegen eine Vergütung geschlossen werden. Die Regelung überläßt jedoch den Vertragsparteien die Entscheidung darüber, ob sie eine Vergütung vereinbaren wollen, setzt sie doch bereits nach ihrem Wortlaut Umstände voraus, die zu der Annahme einer nicht vereinbarten Vergütung führen können.

[843] BAG AP Nr.37 zu § 611 BGB Abhängigkeit; ferner bereits *Hueck/Nipperdey*, § 9 IV.1.; *Nikisch*, § 14 I.3.a); ausf. *Mayer-Maly*, S.38, passim, sowie aus neuerer Zeit Hanau/*Adomeit*, E.3.; Soergel/*Kraft*, BGB, Vor § 611 Rn.29; Staudinger/*Richardi*, BGB, Vorbem. zu §§ 611 ff. Rn.192; MünchArbR/*Richardi*, Bd.1, § 24 Rn.66 f.; *Schaub*, § 8 III.1.; *Schulin*, Soziale Sicherung, S.50 Fn.113; *Zöllner*/Loritz, § 4 III 2 c). Entsprechend dem vorliegend vertretenen teleologischen Rechtsverständnis, hängt es von der einzelnen Rechtsfolge ab, ob die Entgeltlichkeit der Leistung Tatbestandsvoraussetzung ist, was beispielsweise bei der Entgeltfortzahlung im Krankheitsfall ebenso zwanglos zu bejahen ist, wie es bei der Frage nach der Haftungsprivilegierung des Arbeitnehmers abzulehnen sein wird.

[844] EuGH ZIP 1996, 40, Tz.19. Zu recht geht *Reinecke* davon aus, daß diese Rechtsprechung auch Auswirkungen auf den nationalen Arbeitnehmerbegriff haben kann, ZIP 1998, 581, 584.

2. *Erfüllung der allgemeinen Voraussetzungen eines Berufsausbildungsverhältnisses*

Soweit die Rehabilitanden in Berufsförderungs- oder in Berufsbildungswerken bzw. in WfB ausgebildet werden, weisen sie die allgemeinen Merkmale der beruflichen Ausbildung auf. So werden die Rehabilitanden entsprechend der gesetzlichen Konzeption sowie der praktischen Handhabung in einem anerkannten Ausbildungsberuf ausgebildet, wobei zumindest in Berufsförderungs- und Berufsbildungswerken auch eine Abschlußprüfung erfolgt. Die Ausbildung enthält neben einer theoretischen, schulischen Ausbildung auch eine praktische, in der die Fertigkeiten und Fähigkeiten zum jeweiligen Ausbildungsberuf erlangt werden.[845] Ferner entfällt die Annahme einer Ausbildung im Sinne des dualen Systems nicht dadurch, daß schulische und betriebliche Ausbildung von einem Träger durchgeführt werden, solange in der innerbetrieblichen Organisation beides auseinandergehalten wird.[846] Daß die Ausbildung in außerbetrieblichen Einrichtungen erfolgt, ist ebenso unerheblich wie der Umstand, daß keine Ausbildungsvergütung nach § 10 BBiG gezahlt wird.[847] Bedeutung gewinnt dieser Umstand erst im Rahmen konkreter Rechtsfolgenanordnungen, die auf die Zahlung einer Vergütung abstellen.

Demzufolge kann zunächst die Erfüllung der allgemeinen Voraussetzungen eines Berufsbildungsverhältnisses bejaht werden.[848]

3. *Zwischenergebnis*

Die in WfB Beschäftigten können den allgemeinen Arbeitnehmerbegriff, so wie er in operationaler Weise von der h.M. zurgundegelegt wird, erfüllen. Dieses Ergebnis kann nicht überraschen, stellt doch die h.M. letztlich vor allem auf arbeitsorganisatorische Merkmale ab, um die Arbeitnehmereigenschaft zu begründen. Daß diese arbeitsorganisatorischen Merkmale auch in WfB, die als Produktionsbetriebe

---

[845] Vgl. oben unter § 4 B. II. und III. mit den entsprechenden Nachweisen.

[846] GemS OGB AP Nr.4 zu § 14 BBiG; BAG AP Nr.1 zu § 1 BBiG; BAG zu AP Nr.3 zu § 14 BBiG; BAGE 36, 363 (368).

[847] BAG NZA 1999, 557, 559; BAG AP Nr.40 zu § 5 BetrVG 1972 jeweils m.w.N. aus der Rspr. Die Rechtsprechung des BAG zur Funktion der Vergütung in Berufsausbildungsverhältnissen bestätigt m.E. auch das hinsichtlich der Rolle der Vergütung in Arbeitsverhältnissen vertretene Ergebnis, daß der auf die Art der Leistungserbringung abstellende Schutz nicht von der Vergütung abhängig gemacht werden kann.

[848] Wie bereits dargestellt, sind Literatur (oben unter § 5 B.I.1.) und insbesondere die Rechtsprechung (oben unter § 6 B.) erheblich eher geneigt, ein Berufsbildungsverhältnis im Sinne des BBiG zu akzeptieren. Von daher erscheint eine weitere Begründung an dieser Stelle auch entbehrlich.

Umsätze von 1,6 Mrd. DM erwirtschaften[849], vorliegen, kann wohl nur als betriebswirtschaftliche Grundvoraussetzung angesehen werden.

Ebensowenig kann überraschen, daß die in Berufsbildungs- und Berufsförderungswerken beschäftigten Rehabilitanden dem BBiG unterfallen können. Denn der Ausbildung in diesen Einrichtungen liegt das duale Modell der Ausbildung zugrunde[850], wenn auch die praktische Ausbildung außerbetrieblich erfolgt.

Daß die in WfB tätigen Arbeitnehmer, entsprechend der soeben erfolgten quasi „begrifflichen Grobprüfung“, sein können, besagt über die Auswirkung der Beschäftigung im Rahmen einer Rehabilitationsmaßnahme noch nichts aus. Dazu ist der Arbeitnehmerbegriff der h.M. wie bereits erläutert auch nicht geeignet. Es bedarf demnach der Erweiterung des Arbeitnehmerbegriffs entsprechend des hier interessierenden Abgrenzungsproblems.

4. Problem der „sozialrechtlichen Einbettung“ der Leistungserbringung

Die sozialrechtliche Einbettung der Leistungserbringung stellt sich für Literatur und Rechtsprechung als das eigentliche Problem dar. Sowohl die Arbeitsleistung wie auch die Ausbildung wird ihrer gesetzlichen Konzeption nach als Rehabilitationsmittel erbracht, d.h. ihr kommt eine spezifisch therapeutische Funktion zu, was zumeist als dem Wesen des Arbeitsverhältnisses bzw. Berufsausbildungsverhältnisses widersprechend angesehen wird.[851] Dabei hat sich gezeigt, daß der Arbeitnehmerbegriff der h.M. nicht in der Lage ist, eine überzeugende Antwort auf dieses Problem zu geben. Dies liegt bereits daran, daß der Arbeitnehmerbegriff der h.M. methodologisch die Funktion hat, den Arbeitnehmer vom Selbständigen abzugrenzen. Die Bedeutung der therapeutischen Funktion der Arbeitsleistung ist teleologisch zu ermitteln. Da es vorliegend um die Zuordnung zum Arbeitsrechtssystem oder zum allgemeinen übergeordneten Zivilrechtssystem geht, ist im Rahmen der teleologischen Betrachtungsweise von den bereits ermittelten Rechtsfolgengruppen und den hieraus entwickelten Prinzipienschichten auszugehen. Systemorientiert ist fraglich, ob ein Dienstnehmer durch das allgemeine Zivilrecht funktional geschützt ist oder des besonderen Schutzes des Arbeitsrechts bedarf. Wie bereits im Rahmen der Prinzipienschicht angesprochen, geht es nicht nur um die Schutzfunktion des Arbeitsrechts, sondern umfassender einerseits um die spezifisch arbeitsrechtliche Konfliktsituation, die zutreffend nur durch die Prinzipienschicht des Arbeitsrechts aufgelöst werden kann, andererseits subsidiär um eine zivilrechtliche Konfliktsituation. Im vorliegenden Kontext ist allerdings zu beachten, daß dem Sozialrecht

---

[849] Süddeutsche Zeitung vom 9.3.1999, S.23, unter Berufung auf den Vorsitzenden der BAG WfB *Anders*.

[850] Vgl. oben unter § 4 B II. und III. mit den entsprechenden Nachweisen.

[851] Vgl. oben unter § 5 A.I.2. mit den entsprechenden Nachweisen.

ebenfalls die Funktion zukommt, Schutz zu gewähren. Inwieweit der sozialrechtliche Schutz den arbeitsrechtlichen ersetzt, gilt es im nächsten Schritt festzustellen.

a. *Konfliktstruktur der zuzuordnenden Lebenssachverhalte*

Systemorientierter Ausgangspunkt muß zunächst wieder die Erfassung der Konfliktstruktur der in Rede stehenden Rechtsverhältnisse sein. Bislang wurde festgestellt, daß die Konfliktstruktur spezifisch privatrechtlicher Natur ist. Nunmehr ist zu untersuchen, inwieweit sich aus den bereits dargestellten Rechtstatsachen sowie aus der gesetzlichen Konzeption eine besondere arbeits- bzw. berufsausbildungsrechtliche Konfliktstruktur ergibt.[852]

aa. *Arbeitsrechtliche Konfliktstruktur*

In WfB leisten die Rehabilitanden in einem von der Werkstatt vorgegebenen Betriebsablauf Arbeit, wobei Qualität und Umfang der Arbeit unerheblich sind. Der zeitliche Umfang der Arbeitsleistung entspricht dem durch § 6 Abs.1 SchwbWV vorgegebenen. Ferner werden entsprechend der gesetzlichen Konzeption wirtschaftliche Werte produziert, die sich im Wirtschaftsverkehr verkaufen lassen. Daß dieser abstrakte Sachverhalt eine Konfliktstruktur hervorbringt, die zumindest auch typisch arbeitsrechtlicher Natur ist, ergibt ferner ein Überblick über die Tatbestände der bereits erörterten gerichtlichen Entscheidungen[853] sowie, was wohl aussagekräftiger sein wird, die Äußerungen der am Werkstattgeschehen Beteiligten[854]. Diese Konfliktstruktur wird durch die Beteiligung der Rehabilitationsträger nur bedingt modifiziert, insbesondere bleibt auch eine Leistungsdrucksituation beste-

---

[852] Allgemein zu den „zivilrechtstypischen Rollenkonflikten innerhalb der durch Handlungssysteme des Arbeitsrechts" geregelten Lebenssachverhalte instruktiv *Reuter*, Festschrift für Hilger/Stumpf, S.573, 579 ff.

[853] Vgl. z.B. BAG NZA 1999, Heft 7, S.VI (Vergütungsstreitigkeit); LAG Saarland RsDE 4 (1989), 92; LAG Niedersachsen ZfS 1978, 296 (Entgeltfortzahlung im Krankheitsfall); LAG Berlin AuR 1978, 346 m.Anm. *Ihlefeld* (Informationsrechte des Wirtschaftsausschusses); LG Nürnberg-Fürth vom 17.3.1980 – 10 o 1353/80 – unveröff.; ArbG Berlin vom 25.8.1977 – 8 Ca 235/77 – unveröff.; ArbR Berlin vom 18.8.1977 – 6 Ca 248/77 – unveröff. (Kündigungsschutzverfahren); LAG Berlin br 1990, 139 (Wahlrecht der Behinderten); BAG ZfS 1981, 246 (Tendenzcharakter einer WfB).

[854] In diesem Zusammenhang erweist sich eine Umfrage des Lebenshilfe e.V., d.h. eines unmittelbar am Geschehen beteiligten Verbandes als erwähnenswert. Entsprechend einer bis 1990 abgeschlossenen Umfrage unter 111 WfB ergab sich als Grund für die Beendigung des Werkstattverhältnisses durch die WfB zu 17 % der Eintritt einer Pflegebedürftigkeit, während 73 % der Beendigungen mit „Verhaltensauffälligkeiten" begründet wurden, vgl. Rahmendaten, S.32. Ferner ergab die Umfrage, daß zum Teil rund ein Drittel der Gesamtzahl der ausgeschiedenen Behinderten ohne ihr Einvernehmen ausgeschieden ist, wobei immerhin zu 70 % eine Kündigungsfrist eingehalten wurde, S.28, 35. Vgl. ferner das Fallbeispiel bei *Holl*, BlWPfl 1987, 262, des unpünktlichen und grob sorgfaltswidrig handelnden Rehabilitanden, von dem sich die WfB trennen möchte.

hen.[855] Es wurde bereits festgestellt, daß aufgrund der Unabhängigkeit der Rehabilitationseinrichtungen sowie der anders gearteten, vor allem leistungsrechtlichen Aufgabenstellung der Rehabilitationsträger, eine tatsächliche Einflußnahme letzterer auf das Geschehen in der Werkstatt rechtlich weder geboten ist, noch tatsächlich in größerem Umfang anzutreffen ist.[856] Die vor allem finanzielle Rolle der Rehabilitationsträger kann demnach die Konfliktstruktur zunächst nur in finanzieller Hinsicht verändern. Darauf wird im Rahmen der folgenden Betrachtung noch einzugehen sein.

Es bleibt festzuhalten, daß das bereits in der Bejahung der persönlichen Abhängigkeit vorgegebene Ergebnis bei Untersuchung der spezifischen Konfliktsituation bestätigt wird und nicht aufgrund besonderer sozialrechtlicher Vorkehrungen entfällt.[857]

bb. Berufsausbildungsrechtliche Konfliktstruktur

Auch die berufsausbildungsrechtliche Konfliktstruktur findet sich in Berufsbildungs- und Berufsförderungswerken wieder. Entscheidend ist hierbei die Abgrenzung zur schulischen Ausbildung, die den Schulgesetzen der Länder unterfällt und strukturell eine andere Konfliktstruktur aufweist. Kommt es allerdings zu einer betriebspraktischen Ausbildung, sei es auf betrieblicher oder überbetrieblicher Ebene, in deren Rahmen Teilnahme- und Sorgfaltpflichten, Weisungsrechte sowie Kündigungsmöglichkeiten geregelt sind, so kann von dem Vorliegen einer die praktische Ausbildung prägenden Konfliktstruktur ausgegangen werden.[858] Im übrigen kann auf die bisherige Darstellung verwiesen werden, denn hinsichtlich des Vorliegens einer vom BBiG vorausgesetzten Konflikstruktur besteht eine erheblich größere Einigkeit in der Beurteilung. Ein Grund hierfür dürfte in der im klassischen Berufsausbildungsverhältnis bereits angelegten betreuerisch-erzieherischen Komponente zu sehen sein, die mit der spezifisch rehabilitativen betreuerischen Komponente offenbar besser in Einklang gebracht werden kann.

---

[855] Vgl. die ausf. Darstellung der tatsächlichen Verhältnisse insbes. oben unter § 4 B. I. 2. b. bb. mit den entsprechenden Nachweisen.

[856] Vgl. oben unter § 4 B. I. 2. a. sowie § 12 A. II. 1. c., e.

[857] Für die Richtigkeit des Ergebnisses spricht auch der Vorschlag von *Pünnel*, Festschrift für Gnade, S.323, 335, das Werkstattgeschehen nicht dem Sozialrecht, ggf. im Rahmen des SGB IX unterfallen zu lassen, sondern es dem Arbeitsrecht zu unterstellen. Dabei beruft er sich auf die „weitaus herrschende Meinung, insbesondere der am Werkstattgeschehen beteiligten Verbände".

[858] In diesem Sinne st.Rspr. des BAG, zuletzt BAG NZA 1999, 557, 559; BAG NJW 1998, 402, 403 jeweils m.w.N. und unter ausdrücklicher Einbeziehung von Berufsbildungs- und Berufsförderungswerken. Methodologisch ähnelt die Vorgehensweise des BAG in den Fällen, in denen es um die Abgrenzung des Berufsausbildungsverhältnisses vom rein schulischen Rechtsverhältnis geht, mit der vorliegend entwickelten: Die Konfliktstruktur entscheidet über die Anwendbarkeit des BBiG bzw. ArbGG oder BetrVG.

b. *Geeignetheit der spezifischen arbeits- bzw. berufsausbildungsrechtlichen Rechtsfolgenanordnungen*

aa. *Arbeitsrechtliche Rechtsfolgenanordnungen*

Daß ein Großteil der arbeitsrechtlichen Rechtsfolgenanordnungen auf das Verhältnis zwischen WfB und Rehabilitanden sinnentsprechend angewendet werden kann, ergibt sich aus der Konfliktstruktur. Der arbeitsbezogene Berufsschutz[859], der sich aus der Organisationsgewalt des Arbeitgebers ergibt, dürfte vollumfänglich anwendbar sein. Gleiches gilt für den Persönlichkeitsschutz, wobei sich die Grundsätze des Weisungsrechts des Arbeitgebers, Gleichbehandlungsgebote, Maßregelungsverbote, Datenschutz, Beschäftigungsansprüche usf. unproblematisch in die Konfliktsituation innerhalb der WfB einfügen. Ebenso kann der Schutz vor den Organisationsrisiken der WfB auch sinnvoll gegenüber den Rehabilitanden angewendet werden. Im Rahmen der privaten Seite des Existenzschutzes können sich Einschränkungen ergeben, die sich aus der Finanzierungsrolle der Rehabilitationsträger ergeben. Diese sind vor allem hinsichtlich der spezialgesetzlichen Entgeltregelungen anzunehmen. Die Vergütung der Rehabilitanden ist in § 54 b SchwbG geregelt[860], wobei eine Abhängigkeit vom wirtschaftlichen Erfolg der WfB hergestellt wird.[861] Inwieweit sonstige die Vergütung betreffende arbeitsrechtliche Vorschriften anwendbar sind, hängt davon ab, inwieweit die Rehabilitanden eine sinnentsprechende Vergütung überhaupt erhalten. Wird den Rehabilitanden beispielsweise ein Weihnachtsgeld gewährt[862], so wird dieser Anspruch arbeitsrechtlich zu schützen sein. Eine Entgeltfortzahlung im Krankheitsfall mag in der Höhe des jeweiligen tatsächlich von der WfB erhaltenen Entgelts berechtigt sein.[863] Hinsichtlich der prinzipiellen Geeignetheit des arbeitsrechtlichen Bestandsschutzes bestehen ebenfalls keine Zweifel. § 613 a BGB wird unproblematisch angewendet werden können. Der allgemeine und besondere Kündigungsschutz erweist sich ebenfalls als hinreichend offen und flexibel, um den Interessen von WfB und Rehabili-

---

[859] Vgl. hierzu und zu den folgenden Rechtsfolgengruppen oben unter § 9 D. II.2.a. mit den entsprechenden Nachweisen.

[860] Zum zwingenden Charakter der Regelung vgl. BAG NZA 1999, Heft 7, VI.

[861] Ob sich dies noch mit der finanziellen Abhängigkeit der WfB von öffentlichen Trägern rechtfertigen läßt, mag dahinstehen. Nach einer Entscheidung des LAG Hamm ZIP 1990, 880 mit zust. Anm. *Gaul*, stellt es eine mit dem Leitbild des Arbeitsvertrages unvereinbare und zur Sittenwidrigkeit führende Überwälzung des unternehmerischen Marktrisikos dar, wenn ausschließlich ein bestimmter Arbeitserfolg entlohnt wird.

[862] Was nach der Umfrage des Lebenshilfe e.V. immerhin in 90 % der 111 befragten WfB tatsächlich der Fall ist, Rahmendaten, S.38. Urlaubsgeld wird in 65 % der WfB gewährt.

[863] So z.B. LAG Saarland RsDE 4 (1989), 92. Als indiziell für die Geeignetheit der Entgeltfortzahlungsregelungen mag auch der Befund herangezogen werden, daß nach einer Umfrage des Lebenshilfe e.V. in 76 % der Werkstätten Leistungen der Entgeltfortzahlung tatsächlich erbracht wurden, Rahmendaten, S.37.

tanden gerecht zu werden. Der Abhängigkeit des Rechtsverhältnisses von der finanziellen Förderung durch einen Rehabilitationsträger wird im Regelfall bereits durch die Werkstattverträge hinreichend Rechnung getragen. Aber auch darüber hinaus scheinen die Voraussetzungen, die das KSchG ggf. im Rahmen einer betriebsbedingten Kündigung festlegt, der Konfliktstruktur gerecht zu werden.

Beispiel: Hat die WfB ein Interesse, sich mangels finanzieller Förderung des Rehabilitanden von diesem zu trennen, sieht sie sich, entsprechend dem Ergebnis der bisherigen Ausführungen, mit dem Bestandsschutzinteresse des Rehabilitanden konfrontiert. Zumeist wird wohl das Interesse der WfB sich durchsetzen können, aber bei einem Rehabilitanden, der eine Leistungsfähigkeit hat, die über die Kosten eines Werkstattplatzes[864] hinausgeht, ist kaum einzusehen, warum a priori das Bestandsschutzinteresse des Rehabilitanden zurücktreten sollte.

Die kursorisch erörterte Geeignetheit der arbeitsrechtlichen Rechtsfolgenanordnungen auf das Rechtsverhältnis zwischen Werkstatt und Rehabilitanden wird durch die in der Literatur häufig befürwortete analoge Anwendung arbeitsrechtlicher Vorschriften, sofern eine direkte Anwendung abgelehnt wird, bestätigt.[865] Ferner durch den Willen des Gesetzgebers, arbeitsrechtliche Vorschriften zumindest im Arbeitsbereich der WfB anzuwenden. Auch wenn der Gesetzgeber dies über die unpassende Konstruktion einer arbeitnehmerähnlichen Rechtsstellung versucht[866], besagt dies doch zumindest, daß er offenbar von der prinzipiellen Geeignetheit des Rechtsfolgensystems ausgeht.[867]

bb. Berufsausbildungsrechtliche Rechtsfolgenanordnungen

Ein ähnliches Bild wie bei den arbeitsrechtlichen Rechtsfolgenanordnungen ergibt sich, wenn nunmehr die Geeignetheit der berufsausbildungsrechtlichen Rechtsfolgenanordnungen auf die Rechtsverhältnisse in Berufsbildungs- und Berufsförderungswerken betrachtet wird. Soweit eine praktische Ausbildung stattfindet, was bei einer Ausbildung in den genannten Einrichtungen konzeptionell vorausgesetzt

---

[864] Diese sind jeweils unterschiedlich. *Hennies*, NZA 1994, 543, nennt beispielsweise einen monatlichen Betrag von 1.128,10 DM.

[865] *Holl*, BlWPfl 1987, 262, 264; *Pünnel*, Festschrift für Gnade, S.323, 336 ff., 341 ff. Auch eine analoge Anwendung arbeitsrechtlicher Vorschriften lehnen generell *Aretz*, S.102 f. und *Fabricius/Gammelin*, S.273 ff. ab, die dies allerdings im wesentlichen mit dem fehlenden Austauschcharakter bzw. Interessengegensatz begründen, der eine Vergleichbarkeit zum Arbeitsrecht ausschließe.

[866] Vgl. dazu oben unter B. II.

[867] In diesem Sinne ebenfalls *Schulin*, Neumann u.a., der S.146, der von einer „Funktionstauglichkeit" arbeitsrechtlicher Vorschriften in WfB ausgeht.

wird und sich entsprechend der bereits dargestellten Rechtstatsachen auch im tatsächlichen Geschehen wiederfindet, ergibt sich aus der einem Berufsausbildungsverhältnis entsprechenden Konfliktlage wiederum die Geeignetheit der auf diese Konfliktlage hin entwickelten Rechtsvorschriften des BBiG sowie der arbeitsrechtlichen Vorschriften. Eine Durchbrechung ist insoweit anzunehmen, als der Rehabilitand typischerweise keine Ausbildungsvergütung erhält, sondern ein Ausbildungs- bzw. Übergangsgeld vom zuständigen Rehabilitationsträger. Insoweit passen die den Entgeltschutz sichernden Rechtsfolgenanordnungen nicht. Dies kann allerdings nicht dazu führen, die Rechtsfolgenanordnungen nunmehr insgesamt für ungeeignet zu halten. Genauso wie im Arbeitsrecht, ist ein starres Alles-oder-Nichts-Prinzip im Berufsausbildungsrecht methodologisch nicht zu begründen. Vielmehr sind typischerweise immer nur ein Teil der Rechtsfolgenanordnungen eines Rechtsgebiets auf ein Rechtsverhältnis anwendbar. Nicht die Anwendbarkeit aller Rechtsfolgenanordnungen eines Teilsystems entscheidet über die systematische Zuordnung, sondern die Geeignetheit der zur konkreten Konfliktlösung benötigten Rechtsfolgenanordnungen des jeweiligen Teilsystems ist entscheidend.

c. *Geeignetheit der spezifischen arbeits- bzw. berufsbildungsrechtlichen Prinzipienschichten*

aa. *Arbeitsrechtliche Prinzipienschicht*

Die Geeignetheit der bereits dargestellten spezifischen arbeitsrechtlichen Prinzipienschicht ergibt sich bereits aus der sinnvollen Anwendbarkeit der arbeitsrechtlichen Rechtsfolgenanordnungen, folgt doch die Prinzipienschicht aus den Rechtsfolgenanordnungen.[868] Das Prinzip des Arbeitnehmerschutzes kann auf den in einer WfB beschäftigten Rehabilitanden sinnvoll angewendet werden. Die spezifische arbeitsrechtliche Schutzbedürftigkeit ergibt sich für den Rehabilitanden zum einen aus der persönlichen Abhängigkeit des Rehabilitanden sowie zum anderen aus der Eingliederung in die WfB. Ferner kann der Rehabilitand ebenso wie jeder andere Mensch auf den, wenn auch geringen, Erwerb angewiesen sein. Der Eintritt der Rehabilitationsträger während der Rehabilitationsmaßnahme kann, wie bereits bei den Rechtsfolgen gesehen, wiederum zu einem Zurücktreten der unmittelbar an der Vergütung ausgerichteten Prinzipien führen. Daran ändert auch der Eintritt des Sozialhilfeträgers beim Verlassen der Werkstatt nichts, denn die Sozialhilfe fängt insoweit jeden Menschen, der bedürftig ist, auf. Auf der anderen Seite wird das Schutzbedürfnis des Rehabilitanden durch die Vertrags- und wirtschaftliche Betätigungsfreiheit der WfB eingeschränkt. Die Werkstatt organisiert die Betriebsstruktur und den Betriebsablauf, bestimmt die Produktpalette sowie die Vertriebsstrukturen. Die WfB ist auf eine wirtschaftliche Betriebsführung ausgerichtet (z.B. § 12 SchwbWV) und tritt wirtschaftlich als Produktionsbetrieb auf dem Markt auf. Daß die WfB abhängig von öffentlichen Geldern ist, stellt keine rechtliche Beson-

[868] Siehe oben unter § 9 C. IV.4.b. mit den entsprechenden Nachweisen.

derheit dar, sind doch ganze Wirtschaftszweige nur kraft umfangreicher Subventionen überlebensfähig. Bedeutsam ist lediglich, daß die WfB hinsichtlich der Aufnahme der Rehabilitanden einem „abstrakten Kontrahierungszwang“ unterliegt. Dieser ist allerdings deshalb lediglich abstrakt, weil die Entscheidung über die Aufnahme eines bestimmten Rchabilitanden bei der WfB verbleibt.[869] Die Entscheidung kann z.B. von den eigenen aktuellen Kapazitäten, von der Zusammensetzung der bereits aufgenommenen Rehabilitanden oder auch von dem Rehabilitanden selbst abhängig gemacht werden. Daß die WfB freilich ihre Finanzierungsgrundlage verliert, wenn sie keine Rehabilitanden aufnimmt, liegt in der Natur der Sache bzw. ist typisch für subventionierte Einrichtungen, wenn diese die Subventionsvoraussetzungen nicht mehr erfüllen. Demnach ist ein für Wirtschaftsbetriebe typisches wirtschaftliches Interesse bei der WfB gegeben, die zwar nicht auf Gewinnerzielung ausgerichtet ist, jedoch ebenso mit knappen Mitteln wirtschaften muß und sich so den typischen Marktzwängen ausgesetzt sieht. An diesem Befund vermag auch die karitative Ausrichtung der Einrichtungen nichts zu ändern, denn diese befreit nicht von der Einbindung in die Wirtschaftsstruktur an sich, die ihrerseits wiederum mitursächlich für die bereits festgestellte spezifische Konfliktstruktur ist.

Auch untere Prinzipien der arbeitsrechtlichen Prinzipienschicht lassen sich sinnvoll auf das Verhältnis zwischen der WfB und dem Rehabilitanden anwenden. Wie bereits bei der Erörterung der betriebsbedingten Kündigung des Rehabilitanden, bei dem der Rehabilitationsträger die Förderung einstellt, dargelegt, wäre der Konflikt durch Abwägung des Bestandsschutzinteresses des Rehabilitanden gegenüber dem Beendigungsinteresse der WfB aufzulösen.

An der grundsätzlichen Geeignetheit der arbeitsrechtlichen Prinzipienschicht ändert auch der Umstand nichts, daß besondere Umstände, die aus der Arbeitsleistung im Rahmen einer Rehabilitationsmaßnahme folgen, zu ergänzenden, ggf. auch widersprechenden Prinzipien führen können. Dieses ist z.B. auch bei den Arbeitsverhältnissen in kirchlichen Einrichtungen anzutreffen, auf die prinzipiell arbeitsrechtliche Regelungen Anwendung finden, soweit die kirchliche Autonomie nicht eine einschränkende Auslegung verlangt.[870] Eine vergleichbare Situation ist ferner im Bereich der Rundfunkanstalten anzutreffen, in denen eine Einschränkung der Anwendbarkeit arbeitsrechtlicher Vorschriften, der im übrigen nach dem allgemeinen Recht zu bestimmenden Arbeitnehmer, im Einzelfall aufgrund der besonderen Bedeutung der Rundfunkfreiheit (Art.5 Abs.1 GG) geboten sein kann (vgl. z.B. den Tendenzschutz in § 118 Abs.1 BetrVG).[871]

---

[869] So ausdrücklich jetzt BSG br 1996, 137, 138.

[870] So jüngst BAG NZA 1999, 590, 591; vgl. ferner ausf. ErfK/*Preis*, § 611 BGB Rn.146 ff.; MünchArbR/*Richardi*, Bd. 2, § 192 Rn.21 ff. sowie Rn. 34 ff., § 193 Rn.1 ff.

[871] BVerfGE 59, 231 (256 ff.). Entscheidend für den vorliegenden Zusammenhang führt das Bundesverfassungsgericht aus (S.267): „Die Gerichte haben bei der Auslegung und Anwen-

bb. Berufsbildungsrechtliche Prinzipienschicht

Die berufsbildungsrechtliche Prinzipienschicht ist zur Lösung der in Berufsbildungs- und Berufsförderungswerken auftretenden Probleme ebenfalls als prinzipiell geeignet anzusehen. Dies folgt wiederum aus der sinnvollen Anwendbarkeit der entsprechenden Rechtsfolgenanordnungen. Im übrigen gilt im wesentlichen das zur Anwendbarkeit der arbeitsrechtlichen Prinzipienschicht Gesagte entsprechend.

d. Rechtsfolgenanordnungen und Prinzipienschicht des allgemeinen Privatrechts i. V.m. dem Sozialrecht

Bislang wurde festgestellt, daß das Arbeitsrechts- und Berufsausbildungssystem prinzipiell geeignet sind, um die aus der Konfliktstruktur folgenden privatrechtlichen Konflikte aufzulösen. Es stellt sich die Frage, inwieweit das Privatrecht gegebenenfalls ergänzt durch das Sozialrecht aufgrund der rehabilitativen Aufgabenstellung der Beschäftigung der Rehabilitanden Rechtsfolgenanordnungen zur Verfügung stellt, um der aufgezeigten Konfliktstruktur gerecht zu werden. Anders formuliert geht es nunmehr darum, festzustellen, inwieweit der durch das Arbeits- und Berufsbildungsrecht gewährte Schutz durch das Privatrecht i.V.m. dem Sozialrecht gewährleistet wird. Dies würde es rechtfertigen, aufgrund der sozialrechtlichen Implikationen, d.h. aufgrund des den wesentlichen Unterschied zum „Normalarbeitsverhältnis" markierenden betreuerisch-therapeutischen Charakters, das Rechtsverhältnis zwischen Rehabilitand und Rehabilitationseinrichtung dem allgemeinen Zivilrecht zu unterstellen.[872] Das vom allgemeinen Zivilrecht nicht aufgefangene Schutzbedürfnis würde dann durch die Regelungen des Sozialrechts gewährleistet.

---

dung des Arbeitsrechts den dargelegten, sich aus Art.5 Abs.1 und 2 GG ergebenden verfassungsrechtlichen Anforderungen Rechnung zu tragen. Das schließt es nicht von vornherein aus, von den für dieses Rechtsgebiet entwickelten Merkmalen abhängiger Arbeit auszugehen und, wenn diese für ein Arbeitsverhältnis sprechen, dem Einfluß der Rundfunkfreiheit dadurch gerecht zu werden, daß einzelne gegen eine Befristung sprechende Merkmale zurückzutreten haben." In diesem Sinne ferner BAG AP N.42 zu § 611 Abhängigkeit; BAG NZA 1995, 21, 22; BAG NZA 1995, 622, 624, m.w.N.; *Benzani*, NZA 1997, 856, 860 f.; *Hilger*, RdA 1981, 265, 266 ff.; *Konzen*, ZfA 1982, 259, 295; *Lieb*, Rn.20 ff., 25; *Papier/Möller*, VSSR 1996, 243, 258; a.A. z.B. *Rüthers*, DB 1982, 1869, 1875 ff., der auch die Rechtsformwahl an sich als durch die Rundfunkfreiheit geschützt ansieht, was m.E. als unverhältnismäßig anzusehen sein dürfte, da hierdurch eine Abwägung im Einzelfall von vornherein verhindert wird.

872 Es geht demnach um die methodologische Rolle des dem Wesen bzw. der Natur des Arbeitsverhältnisses widersprechenden *Zwecks* der Beschäftigung, vgl. hierzu oben unter § 5 A.I.2.

aa. Berücksichtigung des rehabilitativen Zweckes der Beschäftigung im Privatrecht

Wie allerdings bereits bei der Frage nach einer öffentlich-rechtlichen Zuordnung gesehen, hält zumindest das Sozialrecht für die aus der spezifischen Lebenssituation folgende Konfliktstruktur zwischen Rehabilitand und Rehabilitationseinrichtung keine Rechtsfolgen bereit. Der sozialrechtliche Schutz beschränkt sich auf die Finanzierung der Maßnahme sowie auf eine Auffangfunktion im Fall des Scheiterns der Rehabilitationsmaßnahme. Dieser Schutz ist allerdings als typischerweise durch das Sozialrecht gewährleistet anzusehen und stellt keine Besonderheit im Bereich der Rehabilitation dar.

Das allgemeine Privatrecht gilt dementsprechend zunächst unbeeinflußt von dem Umstand, daß es sich bei dem untersuchten Rechtsverhältnis um ein sozialrechtlich motiviertes handelt. Lediglich im Rahmen der allgemeinen Generalklauseln und der im Vertragsrecht möglichen Wertungsspielräume könnte demnach diesem Umstand Rechnung getragen werden.[873] Der hierdurch gewährte Schutz tritt allerdings deutlich hinter den durch die Teilsysteme des Arbeits- und Berufsbildungsrechts gewährten zurück. Ferner ist dieser Schutz erst durch die Rechtsprechung zu implementieren, denn die im allgemeinen Zivilrecht bestehenden Spielräume nutzen den Rehabilitanden im Zweifel erst dann etwas, wenn sie bestätigt wurden.

Demnach bleibt es im Grundsatz bei der Geltung der allgemeinen Rechtsfolgenanordnungen des Zivilrechts. Diese stellen vor allem auf ein synallagmatisches Vertragsverhältnis ab, das sich durch gegenseitige Selbstverantwortung, Selbstbestimmung und vor allem Gleichrangigkeit auszeichnet. Zwar sind auch dem allgemeinen Privatrecht Ungleichgewichtslagen nicht unbekannt, deren Ausgleich erfordert allerdings immer erst eine gesetzliche Beachtung oder richterrechtliche Ausformung. Solange dies für die Rechtsverhältnisse der Rehabilitanden noch nicht geschehen ist, bleibt es im Grundsatz bei der Geltung des allgemeinen Zivilrechts. Daraus folgt auch, daß das Prinzip der Vertragsfreiheit zunächst uneingeschränkt Geltung beansprucht. Etwaige Ausnahmen müßten erst im Einzelfall festgestellt werden.

Es kann somit festgehalten werden, daß das allgemeine Privatrecht keine auf die spezifische Konfliktsituation der Rehabilitanden zugeschnittenes Rechtsfolgensystem bzw. eine dementsprechende Prinzipienschicht aufweist. Dies wird durch das Sozialrecht nicht ausgeglichen.

---

[873] Vgl. hierzu auch *Schliemann*, RdA 1997, 322, 324.

bb. Abgrenzungsbeispiel: Arbeit im Rahmen der medizinischen Rehabilitation

(1) Allgemein

Um das soeben Gesagte zu verdeutlichen, insbesondere ab wann von einer sozialrechtlichen Überlagerung des allgemeinen Zivilrechts auszugehen ist, die die Einordnung in ein besonderes Schutzsystem entbehrlich macht, sei kurz auf die Arbeitsleistung im Rahmen einer medizinischen Maßnahme zur Rehabilitation eingegangen.[874]

Wird Arbeit im Rahmen einer Belastungserprobung oder einer Arbeitstherapie geleistet[875], so steht, entsprechend dem Wesen der medizinischen Rehabilitationsmaßnahme die medizinische Zielsetzung der Arbeitsleistung im Vordergrund. Sie unterstützt ausschließlich die ärztlichen Therapiebemühungen.[876] Sollte der Rehabilitand noch in einem Arbeitsverhältnis stehen, gilt er während der Maßnahme als arbeitsunfähig.[877] Kommt es zu Leistungsstörungen, d.h. wird schlecht, zu langsam oder überhaupt nicht mehr gearbeitet, so fällt der Rehabilitand automatisch in den unmittelbaren Patientenstatus zurück. Etwaige Rechtsfolgen sind sodann unter Anwendung des Dienstleistungsrechts im Verhältnis Arzt/Krankenhaus und Patient abzuleiten.[878] Die diesbezügliche Prinzipienschicht regelt maßgeblich die Konfliktstruktur. Diese ist nicht vergleichbar mit einer arbeitsrechtlichen, so daß kein Beschäftigungsverhältnis entsteht.[879]

(2) Wiedereingliederungsverhältnis nach § 74 SGB V als Beispielsfall

Das soeben gefundene Ergebnis soll an einem Grenzfall auf seine Tragfähigkeit überprüft werden. Als ein weiterer Bereich, in dem Rehabilitanden Arbeit leisten, ist das Modell der stufenweisen Wiedereingliederung anzusehen, das in § 74 SGB V eine gesetzliche Regelung gefunden hat.[880] Hierbei handelt es sich um

---

[874] Zur Abgrenzung siehe oben unter § 2 A.III.1.

[875] Zum Begriff vgl. oben unter § 2 A. III.1.c. mit den entsprechenden weiterführenden Nachweisen.

[876] BSG USK 7894.

[877] *Benz,* in: Schulin HS-UV, § 44 Rn.33.

[878] BGHZ 1, 383 (385); 89, 250 (254); 97, 273 (276); MünchKomm/*Müller-Glöge*, BGB, zu § 611 Rn. 72; Staudinger/*Richardi*, BGB, Vorbem. zu §§ 611 ff. Rn. 1248 ff.; *Schmitt*, S.140, 144 ff.; *Sodan*, S.94 ff.

[879] Demnach zutreffend BSG SozR 3-4100 § 101 AFG Nr.6; KassKomm-*Niesel*, SGB VI, § 15 Rn.9 m.w.N.

[880] Zur Entwicklung der stufenweisen Wiedereingliederung Langzeiterkrankter, die zuvor unter dem Schlagwort „Hamburger Modell“ auf betrieblicher Ebene durchgeführt wurde vgl. *Schaaf*, SGb 1993, 506 ff.; *Zwade*, S.105 ff., sowie aus betrieblicher Sicht zum Verfahren *Faßmann/Oertel*, BKK 1991, 18 ff.; *Köhn/Moch,* BKK 1990, 485 ff.; *Köhn/Müller,* BKK 1990, 700 ff., (die zuletzt genannten schildern das Verfahren bei Siemens); *Vetter*, BKK 1989, 876 ff. (für das Verfahren bei BASF).

ein bereits seit längerem praktiziertes Verfahren, bei dem ein arbeitsunfähiger Rehabilitand, im Regelfall bei seinem früheren Arbeitgeber, schrittweise, zumeist nach einem ärztlich überwachten Stufenplan, wieder anfängt zu arbeiten. Es handelt sich hierbei um eine im Rahmen der Krankenbehandlung durchgeführte betriebliche Rehabilitationsmaßnahme, die unter ständiger fachmedizinischer Begleitung und Betreuung, im Regelfall mit einer Dauer von maximal drei Monaten, erfolgt.[881] Ausgehend vom Träger der Maßnahme[882] sowie dem unmittelbaren Ziel kann die stufenweise Wiedereingliederung als eine Maßnahme der medizinischen Rehabilitation angesehen werden, die Ähnlichkeiten zur Arbeitstherapie aufweist.[883] Im Zusammenhang mit der vorliegenden Fragestellung ist bedeutsam, daß der Rehabilitand Arbeit leistet und zwar diese zunächst einmal nicht auf der Grundlage seines früheren freilich fortbestehenden Arbeitsvertrages, denn dieser ist aufgrund der andauernden Arbeitsunfähigkeit hinsichtlich seiner Hauptleistungspflichten suspendiert. Dementsprechend wird nahezu einhellig vertreten, daß mit Aufnahme der Tätigkeit des Rehabilitanden ein Rechtsverhältnis sui generis entsteht, das neben den suspendierten Arbeitsvertrag tritt.[884] Da der Rehabilitand Arbeit leistet, wenn auch nur eingeschränkt, könnte es naheliegen, daß es sich bei dem Wiedereingliederungsvertrag um einen Arbeitsvertrag handelt.[885] Dann müßte die Anwendung der Rechtsfolgen sowie der Prinzipienschicht des Arbeitsrechts sinnvoll und erforderlich sein. Hier zeigt sich nun ein erheblicher Unterschied zu den bisher behandelten Rechtsverhältnissen der beruflichen Rehabilitanden: Zunächst besteht beim Wiedereingliederungsverhältnis bereits konzeptionell keine Arbeitspflicht, denn der Rehabilitand ist arbeitsunfähig.[886] Sowohl Arbeitgeber wie auch Rehabilitand können sich nach unbestrittener und zutreffender Meinung je-

---

881 *Brocke*, SGb 1990, 45 ff.; *Faßmann/Oertel*, BKK 1991, 18, 19, sowie die von *Wanner*, DB 1992, 93, 94 f., erläuterten Richtlinien des Bundesausschusses der Ärzte und Krankenkassen über die Beurteilung der Arbeitsunfähigkeit und die Maßnahmen der stufenweisen Wiedereingliederung (Arbeitsunfähigkeits-Richtlinien).

882 Die Gewährung von Krankengeld durch die Krankenkasse, trotz der Arbeitsaufnahme, stellt eine Sozialleistung dar, vgl. *Brocke*, SGb 1990, 45, 47.

883 In diesem Sinne auch *Brocke*, SGb 1990, 45, 47; demgegenüber sehen *Compensis*, NZA 1992, 631, 632, und *v.Hoyningen-Huene*, NZA 1992, 49, 50, die stufenweise Wiedereingliederung als Maßnahme der beruflichen Rehabilitation an, was letzterer nicht und *Compensis* unter Verweis auf KassKomm-*Hess*, § 74 SGB V Rn.1, begründet, der sich allerdings hierzu nicht äußert. Insgesamt aus formal-systematischen Gründen eine Rehabilitationsmaßnahme prinzipiell ablehnend *Zwade*, S.109 f.

884 BAG AP Nr.1 zu § 74 SGB V; BAG AP Nr.2 zu § 74 SGB V m.Anm. *Gitter/Boerner*; bereits BSGE 57, 163 (166); LAG Berlin BB 1990, 1981; *Brocke*, SGb 1990, 45, 48 f.; *Compensis*, NZA 1992, 631, 633; *Gitter*, ZfA 1995, 123, 129 ff.; *v.Hoyningen-Huene*, NZA 1992, 49, 50 ff.; *Zwade*, S.134 ff., 145 f.

885 In diesem Sinne *Glaubitz*, NZA 1992, 402.

886 Vgl. bereits BT-Drucks. 11/2237, S.192: „Ob der Kranke seine Arbeitskraft teilweise einsetzen will, bleibt ihm überlassen." Ausf. *Zwade*, S.118 ff.

derzeit durch einseitige Erklärung vom Wiedereingliederungsverhältnis lösen.[887] Wird der Wiedereingliederungsvertrag gelöst, fällt der Rehabilitand wie bei der Arbeitstherapie in den Patientenstatus zurück. Ferner werden die Probleme der Vergütung, der Nicht- und Schlechtleistung sowie des Persönlichkeitsschutzes durch das Sozialrecht und subsidiär durch den bereits bestehenden Arbeitsvertrag aufgefangen. Der Rehabilitand ist aufgrund der Arbeitsunfähigkeit in das Leistungssystem der gesetzlichen Krankenversicherung rechtlich und tatsächlich weiterhin eingebunden.[888] Dies erstreckt sich nicht nur auf die Weitergewährung von Krankengeld, soweit keine Anrechnung eines gegebenenfalls erlangten Entgelts aus dem Wiedereingliederungsverhältnis erfolgt (§ 49 Abs.1 Nr.1 SGB V), sondern auch auf einen besonderen Gefahrenschutz, der durch die ärztliche Einrahmung gewährleistet ist. Das verbleibende Schutzbedürfnis wird durch die weiterhin bestehenden Nebenpflichten aus dem Arbeitsverhältnis abgedeckt.[889] Es verbleibt demnach kein Raum mehr für die sinnvolle Anwendung arbeitsrechtlicher Vorschriften, so daß auch bei systemorientierter Betrachtung davon auszugehen ist, daß es sich beim Wiedereingliederungsverhältnis um einen Vertrag sui generis handelt, dessen Inhalt wohl nur darin bestehen wird, daß es überhaupt zum Wiedereingliederungsversuch kommt.

e. *Operationales Abgrenzungsmerkmal*

Um methodologisch begründete Entscheidungen für die Praxis handhabbar zu machen, ist es erforderlich, operationale Kriterien zu entwickeln, denen eine grundsätzliche Bewertung zugrundeliegt, die es der Rechtsanwendung aber erlauben, diese anzuwenden, ohne jeweilige Neudiskussion der Grundlagenentscheidungen.[890] Wie gesehen, kann es eine sozialrechtlich motivierte Arbeitsleistung geben, die sowohl zur Annahme eines Arbeits- bzw. Berufsausbildungsverhältnisses führen kann, wie auch eines Vertrages sui generis. Aus der bisherigen Untersuchung hat sich ergeben, daß diesem Problem nicht durch eine reine, auf die juristische Begriffsbildung fixierte Betrachtungsweise Genüge getan werden kann, sondern sich vielmehr eine Rahmenerweiterung im Wege einer systemorientierten Betrachtung als zweckmäßig erwiesen hat. Dabei hat sich herausgestellt, daß die Beantwortung der Frage nach der Rechtsnatur des Rechtsverhältnisses zwischen Rehabilitand und Rehabilitationseinrichtung entscheidend davon abhängt, inwieweit

[887] Dies stellt einen wesentlichen Unterschied zu den Maßnahmen der beruflichen Rehabilitation dar, da es bei diesen letztlich um einen beruflichen Erfolg, Ausbildung, Umschulung, Erreichen des allgemeinen Arbeitsmarktes, während es bei medizinischen Rehabilitationsmaßnahmen nur um die Verbesserung des Gesundheitszustands geht. Dies zeigt sich auch bei den nach § 74 SGB V wiedereinzugliedernden Rehabilitanden, die typischerweise bereits ein Arbeitsverhältnis innehaben, so daß die Rekonvaleszenz ausreichend für den Rehabilitationserfolg sein wird.

[888] Vgl ausf. *Marschner*, S.29 ff., 38.

[889] Ausf. *Gitter*, ZfA 1995, 123, 135 ff.; *Zwade*, S.158 ff.

[890] Ausf. *Esser*, Festschrift für Raiser, S.517, 522 ff.

Rechtsfolgen und Prinzipienschicht des jeweiligen Rechtssystems auf das Rechtsverhältnis trotz der sozialrechtlichen Beeinflussung noch angewendet werden können. Als operationales Abgrenzungskriterium kann demnach die Geeignetheit von Rechtsfolgensystem und Prinzipienschicht herausgestellt werden. Das bedeutet, daß die sozialrechtliche Motivation einer Beschäftigung dann für die Beurteilung des Rechtsverhältnisses unerheblich ist, wenn die Rechtsfolgen des Arbeits- oder Berufsausbildungsrechts trotzdem noch sinnvoll angewendet werden können. Dies wird dann der Fall sein, wenn mit der sozialrechtlichen Einbettung der Beschäftigung nicht auch ein dem aus der spezifischen Konfliktlage resultierendes Schutzbedürfnis des Betroffenen entsprechendes Rechtsfolgensystem zur Verfügung gestellt wird.[891]

Mit diesem Ergebnis ist zugleich die Auffassung widerlegt, es könne für die Entscheidung, ob ein Arbeits- oder Berufsausbildungsverhältnis vorliegt, darauf ankommen, ob der Rehabilitand zu therapeutischen oder betreuerischen Zwecken beschäftigt wird. Dies stellt kein taugliches Abgrenzungsmerkmal dar.[892]

IV. Konsequenzen der erfolgten Zuordnung

Die systemorientierte, teleologische Betrachtung hat ergeben, daß die Rechtsverhältnisse in den behandelten Einrichtungen der beruflichen Rehabilitation prinzipiell dem Arbeits- bzw. Berufsbildungsrecht zu unterstellen sind. Daraus folgt, daß die Rechtsfolgenanordnungen diesen Teilsystemen des Privatrechts zu entnehmen sind.

Davon zu unterscheiden ist die Frage, wie einzelne konkrete Rechtsstreitigkeiten zu entscheiden sind. Ob im Streitfall eine Rechtsnorm aus dem Bereich des Arbeits- bzw. Berufsausbildungsrecht anzuwenden ist, hängt davon ab, ob dies bei teleologischer Betrachtung, insbesondere unter Einbeziehung der spezifisch rehabilitativen Besonderheiten des Rechtsverhältnisses, geboten ist. Auf diesem Weg kann es durchaus zu den selben Ergebnissen kommen, die bislang bereits von einem überwiegenden Teil der Rechtsprechung und Literatur über eine Analogie zum Arbeits- bzw. Berufsbildungsrecht erzielt wurden. Entscheidende Konsequenz des vorliegend ermittelten Ergebnisses ist jedoch eine Umkehrung des Regel-Ausnahme-Verhältnisses und damit auch der Argumentationslast.

---

[891] In diesem Sinne allgemeiner *Fenn*, Festschrift für Bosch, S.171, 187 f.

[892] Das vorliegend entwickelte Ergebnis steht im Einklang mit der sonst vertretenen Auffassung, daß die Motivation des Arbeitgebers oder des Arbeitnehmers zur Beschäftigung bzw. zur Arbeitsleistung keinen Einfluß auf den Rechtsstatus hat, sondern sich allenfalls hinsichtlich einzelner Rechtsfolgen auswirken kann, vgl. hierzu bereits *Fenn*, Festschrift für Bosch, S.171, 184 ff. m.w.N.; in diesem Sinne ebenfalls *Zöllner*/Loritz, § 4 III 2.d).

C. Zusammenfassung und Würdigung des Ergebnisses

Die systemorientierte Zuordnung ergibt, daß die Rechtsverhältnisse zwischen Rehabilitanden und den behandelten beruflichen Rehabilitationseinrichtungen im Grundsatz dem Arbeits- bzw. Berufsbildungsrecht unterfallen. Dieses Ergebnis wurde zum einen durch Subsumtion unter den Arbeitnehmerbegriff bzw. den Begriff des Auszubildenden gewonnen. Angesichts der Unzulänglichkeit dieser Begriffe, die sozialrechtliche Einbettung der Rechtsverhältnisse zu erfassen, war es im folgenden zum anderen erforderlich, den Prüfungsrahmen durch eine teleologische systemorientierte Prüfung zu erweitern. Diese hat ergeben, daß die sozialrechtliche Einbettung der Rechtsverhältnisse zwar Auswirkungen auf deren Konfliktstruktur, z.B. im Entgeltbereich hat, jedoch wesentliche Teile der Konfliktstruktur bestehen bleiben, ohne daß ein adäquater sozialrechtlicher Schutz bereit gestellt wird. Deshalb ist es erforderlich, die Rechtsverhältnisse dem Rechtsbereich zuzuordnen, der Rechtsfolgenanordnungen bereit hält und die zur Lösung von Einzelproblemen erforderliche Prinzipienschicht zur Verfügung stellt.

Am Ende des *Zweiten Teils* wurden zwei wesentliche Problemkomplexe dargestellt, die sich aus der Analyse der Rechtstatsachen sowie aus den Untersuchungen von Rechtswissenschaft und Rechtsprechung ergaben.[893] Zum einen die Varietät der tatsächlichen Verhältnisse und zum anderen das Problem der Gewichtung. Es ist nunmehr, im Rahmen der Würdigung des vorliegend ermittelten Ergebnisses zu überprüfen, ob sich der vorgeschlagene Lösungsweg dieser Probleme mit Erfolg annimmt.

Die Zuordnung der Rechtsverhältnisse der Rehabilitanden zu den Einrichtungen der beruflichen Rehabilitation zum Arbeits- bzw. Berufsbildungsrecht sichert zunächst die Gewährleistung eines differenzierten Rechtsfolgenkomplexes zur Lösung der aus der spezifischen Konfliktstruktur der Rechtsverhältnisse folgenden Probleme. Dies stellt insbesondere im Interesse der Rechtssicherheit und damit einhergehend auch der Möglichkeiten der Rechtsdurchsetzung einen erheblichen Vorteil zur derzeitigen Situation dar. Die im Rahmen der teleologischen Begriffsbildung ermittelten Vorgaben ermöglichen es andererseits, die Anwendung einzelner Rechtsfolgenanordnungen davon abhängig zu machen, ob die Umstände des Einzelfalls eine Anwendung als sinnvoll bzw. zweckmäßig erscheinen lassen. So lassen sich die unterschiedlichen Erscheinungsformen der außerbetrieblichen Rehabilitation jeweils flexibel und damit adäquat berücksichtigen. Dieses Konfliktlösungsmuster entspricht letztlich dem auch sonst üblicherweise anzutreffenden, bei dem ein genereller abstrakter Regelungskomplex für eine typisierte Problemkonstellation zur Verfügung gestellt wird, der dann allerdings für den Einzelfall modifi-

---

[893] Vgl. oben unter § 7 A. und B.

ziert werden kann (z.B. teleologische Reduktion).[894] Entscheidend ist, daß, wie auch im sonstigen Rechtssystem, eine Modifikation besonders begründet werden muß, so daß es für den Fall einer unzureichender Begründung bei der Anwendung der Regelungen des Teilsystems bleibt. Als Vorteil der vorliegend vertretenen Lösung stellt sich somit auch eine Verbesserung der Möglichkeiten einer potentiellen Rechtsdurchsetzung dar, denn im Gegensatz zu der Annahme eines Vertrages sui generis, bei dem das Auffinden von Rechtsfolgen für auftretene Konflikte im Zweifel erst über den beschwerlichen Weg der richterlichen Rechtsfindung möglich ist, steht, nach der vorliegend vertretenen Lösung, für den Regelfall ein Rechtsfolgensystem zur Verfügung, was insbesondere bei den „alltäglichen" Konflikten der Rehabilitanden in Rehabilitationseinrichtungen von nicht zu unterschätzender Bedeutung ist.

Insgesamt reiht sich das gefundene Ergebnis damit auch in das allgemeine gesetzgeberische Ziel einer Angleichung der Rechts- und Lebensverhältnisse behinderter Menschen ein, wie es sich insbesondere aus der besonderen Regelung des Art.3 Abs.3 Satz 2 GG ergibt.[895] Ein Teil dieser Angleichung wird vor allem im *Normalisierungsgedanken* gesehen, der aus dem Bereich der Behindertenpädagogik stammt, aber zunehmend auch in der Rechtswissenschaft als normativer Leitgedanke Eingang gefunden hat.[896] Verdrängt wird dadurch vor allem ein übertriebener Fürsorgegedanke, der die Handlungsspielräume der Rehabilitanden von vornherein unangemessen einengt.[897]

---

[894] In diesem Zusammenhang kann ein Vergleich zur Problematik der vor allem auch zu Weiterbildungszwecken beschäftigten wissenschaftlichen Mitarbeiter im Hochschulbereich gezogen werden. Trotz des in diesem Rechtsverhältnissen in den Hintergrund tretenden arbeitsrechtlichen Austauschverhältnisses, findet grundsätzlich das Arbeitsrecht Anwendung, wobei sich Einschränkungen, insbesondere hinsichtlich der Befristungsmöglichkeiten aus dem spezifischen Charakter der Tätigkeit sowie der Wissenschaftsfreiheit (Art.5 Abs.3 GG) ergeben, vgl. z.B. BAG AP Nr.62 zu § 620 BGB Befristeter Vertrag; BAG NZA 1987, 58; *Richardi*, DB 1981, 1461, 1462 ff.; *Wiedemann/Pahlen*, RdA 1977, 85 ff.

[895] Hierzu vor allem BVerfG NJW 1998, 131 ff.; BerlVerfGH NJW 1998, 3632, 3633; LSG Nordrhein-Westfalen, Breith 1981, 106 f., best. BSG Breith 1982, 939; ferner *Jürgens*, ZfSH/SGB 1995, 353 ff., 360.

[896] Ausf. *Runde*, S.364 ff.; *Schulin*, Neumann u.a., S.142, leitet bereits aus dem Normalisierungsgedanken ab, daß die Rechtsverhältnisse in WfB de lege lata nach dem Vorbild der Arbeitsverhältnisse, die für Nichtbehinderte bestehen und in Berufsbildungswerken nach dem BBiG auszugestalten sind; vgl. ferner *Baur*, ZfSH/SGB 1999, 262, 267; *Neumann*, Neumann u.a., S.78; *Wendt*, Neumann u.a., S.223 f. Ansätze hierfür können sich auch aus dem Beschluß des BVerfG NJW 1998, 131, 132 f., ableiten lassen, soweit in dem Beschluß verlangt wird, daß die Zuweisung eines behinderten Schülers in eine Sonderschule der Begründung bedarf.

[897] In diesem Sinne bereits *Hoefer*, Rehabilitation 1969, 207, 209, der darauf hinweist, daß es der medizinischen Rehabilitation obliege, die Voraussetzungen zu schaffen, die das Erlernen beruflicher Fähigkeiten normalisiert.

Im Rahmen der teleologischen Begriffs- und Systembildung konnte sich ferner dem zweiten aufgezeigten Problem genähert werden, der unterschiedlichen Gewichtung bzw. Wertung. Durch den konsequenten Bezug auf die Rechtsfolgenanordnungen, scheint der Verwirklichung der gesetzgeberischen Wertung in weitestmöglichem Umfang entsprochen zu werden. Die Eigenwertung wird dadurch spürbar hinausgeschoben. Vor allem wird durch ein konsequentes teleologisches Rechtsverständnis die Bewertung von Tatsachen, insbesondere derjenigen, die die Rechtsverhältnisse der Rehabilitanden vom „normalen" Arbeits- oder Berufsbildungsrecht abheben, rational und demnach auch diskursfähig ermöglicht.

D. Praktikabilität und Umsetzbarkeit des Ergebnisses

Wie bereits im *Dritten Teil* dargestellt, hat ein methodischer Ansatz nicht nur die Aufgabe, rational nachvollziehbare Ergebnisse zu ermöglichen, sondern darüber hinaus muß das gegebenenfalls methodologisch befriedigende Ergebnis auch praktisch umsetzbar, d.h. handhabbar sein.[898] Dies ist letztlich der Notwendigkeit eines erheblich stärkeren praktischen Bezugs der Rechtswissenschaften zur Konfliktlösung geschuldet, so daß ein juristisches Ergebnis, nur geringen Wert hat, wenn es praktisch nicht umsetzbar ist. Wenn demnach vorausgesetzt wird, daß die vorliegend betrachteten Rehabilitationsverhältnisse dem Arbeits- bzw. Berufsbildungsrecht unterfallen, muß dieses Ergebnis auch in der Praxis umsetzbar sein.

Hiergegen könnten die teils in der Literatur geäußerten Befürchtungen sprechen, daß der typische Rehabilitand nicht in der Lage sei, seine Rechte wahrzunehmen, und deshalb im Zweifel seine Rechtsposition eher noch verschlechtert würde. Diese Ansicht vermag nicht zu überzeugen, denn unstreitig gibt es „den Rehabilitanden" nicht, so daß die Orientierung an Rehabilitanden, die eine stärkere Behinderung aufweisen, nicht begründbar ist. Ferner führt das hier entwickelte Ergebnis lediglich zu einer notwendigen (systemkonformen) Umkehr des Regel-Ausnahme-Verhältnisses. Nicht der Rehabilitand muß demnach im Einzelfall beweisen, daß er einen Arbeitnehmer- bzw. Auszubildendenstatus innehat, womöglich noch, daß er eine Arbeitsleistung erbringt, die derjenigen entspricht, die ein Arbeitnehmer auf dem allgemeinen Arbeitsmarkt erbringt[899]. Vielmehr ist das Arbeits- bzw. Berufsbildungsrecht grundsätzlich anwendbar. Soweit Rehabilitanden nicht in der Lage

[898] Vgl. oben unter § 8 A.

[899] Das allerdings ist die Konsequenz der ganz überwiegenden Meinung, die davon ausgeht, es könne ein Arbeitsverhältnis bestehen, was allerdings vom Umfang der Leistung selbst abhängt. Bislang wurde bewußt darauf verzichtet, dies Ergebnis insbesondere unter dem Aspekt der demoralisierenden Bedeutung für den einzelnen Behinderten, zu bewerten, aber offensichtlich ist diese Beweislast, die dem Behinderten auferlegt wird, eine Belastung, die bei Nichtbehinderten nicht anzutreffen ist. Letztere gelten lediglich kraft ihrer Tätigkeit, und bei Arbeiten in der Produktion auch ohne Hinzutreten weiterer Umstände, generell als Arbeitnehmer.

sein sollten, ihre Rechte wahrzunehmen, ist dies unerheblich. Ein Recht zu besitzen, hängt typischerweise in den Grenzen der Geschäftsfähigkeit nicht davon ab, ob der Rechtsinhaber das Recht auch in Anspruch nehmen kann, geschweige denn es überhaupt kennt. Sollten die Rehabilitanden geschäftsunfähig sein, so ist dies nach den allgemeinen Regeln des BGB zu behandeln, bzw. soweit eine Betreuung besteht, nach den entsprechenden Vorschriften. Das Arbeits- bzw. Berufsbildungsrecht aber pauschal deshalb außer Kraft zu setzen, ist weder erforderlich noch methodologisch begründbar.

Wer davon ausgeht, daß die Rechtsposition der Rehabilitanden verschlechtert wird, vernachlässigt die hohe Flexibilität des Arbeitsrechts, die allerdings wohl bereits aus dem Vertragsrecht selbst folgt. Vertragsgegenstand ist die Leistung unter Berücksichtigung der eingeschränkten Leistungsfähigkeit der Rehabilitanden bzw. eine Ausbildung. Dafür wird der Rehabilitationsträger durch die öffentliche Finanzierung auch subventioniert, was insbesondere das Argument der fehlenden Wirtschaftlichkeit der Tätigkeit der Rehabilitanden und demnach der eingeschränkten Marktchancen der Rehabilitationseinrichtung erheblich entkräftet.[900] Vermag der Rehabilitand aufgrund der Behinderung nicht zu arbeiten, so wird beispielsweise eine verhaltens- noch personenbedingte Kündigung keine Aussicht auf Erfolg haben, solange der Arbeitsausfall nicht dazu führt, daß der Rehabilitand generell nicht mehr in Lage ist, ein Mindestmaß an wirtschaftlich verwertbarer Arbeit zu erbringen.

Es ist aber noch ein weiterer Aspekt hervorzuheben: Geht man zutreffenderweise davon aus, daß es Aufgabe der Rechtswissenschaft ist, der Praxis Arbeitsmittel an die Hand zu geben, die es gewährleisten, daß die unter methodischen Gesichtspunkten notwendigen und damit auch richtigen Erwägungen bei der Lösung bestimmter Problemkonstellationen vorgenommen werden[901], so läßt sich die systemorientierte Betrachtungsweise in besonderer Hinsicht fruchtbar machen. Sie ermöglicht eine systematische Zuordnung zu einzelnen Teilsystemen des Rechts, die an konkreten Rechtsfolgenanordnungen orientiert ist. Diese Zuordnung ist, da sie als Ausgangspunkt die Frage nach der Geeignetheit bzw. dem Fehlen eines Rechtsfolgensystems hat, unmittelbar nachvollziehbar und demnach auch einer rationalen Erörterung zugänglich. Sie ist, soweit Folgerichtigkeit und wertungsmäßige Einheit als Notwendigkeit der Rechtsordnung Akzeptanz finden, quasi als systematischer Minimalkonsens unumgänglich. Als Minimalkonsens deshalb, da es vorliegend nur um die Zuordnung zum adäquaten Rechtsfolgensystem und damit zur adäquaten Prinzipienschicht unterschiedlicher Teilsysteme geht. Wird ein

---

[900] Insoweit kann auf die Parallele zur Kassenarztrechtsprechung des BVerfG NJW 1985, 1385, 1388 f., verwiesen werden: Ein Kassenarzt, der sich der Vorteile des monopolisierten Systems in Anspruch nimmt, kann sich nicht auf die Marktpreisbindung bei der Preisfestsetzung berufen, vgl. ferner hierzu *Neumann*, Neumann u.a., S.58 f.

[901] In diesem Sinne *Pawlowski*, AcP 175 (1975), 189, 207.

adäquates Rechtsfolgensystem einer Konfliktsituation vorenthalten, führt dies letztlich dazu, daß der juristische Diskussionsrahmen entfällt, bzw. auf eine allgemeine Stufe zurückgeführt wird, die vorhersehbare Ergebnisse kaum noch zuläßt.

Schließlich kann auch das in der Einleitung beschriebene Bedürfnis nach Gewährung rechtlicher Schutzsysteme für diejenigen atypischen Problemkonstellationen, in denen ein solcher Schutz benötigt wird[902], durchaus juristisch Berücksichtigung finden. Die systemorientierte Betrachtungsweise bietet die Möglichkeit, methodologisch begründbar zu überprüfen, inwieweit „passende" Rechtsfolgen auch tatsächlich auf konkrete Lebenssachverhalte anzuwenden sind.

Diese hierdurch m.E. gewährleistete Handhabbarkeit, freilich neben seiner inhaltlichen Überzeugungskraft, stellt die notwendige Bedingung der praktischen Relevanz des vorgeschlagenen Lösungsweges dar.

---

[902] Vgl. oben unter § 1 B.

§ 13 Exkurs: Verfassungsrechtliche Relevanz des bisherigen Ergebnisses

A. Allgemein

Dem Erkenntnisinteresse der vorliegenden Untersuchung, d.h. die konkret aufgeworfene Frage nach der Rechtsnatur der in Einrichtungen der beruflichen Rehabilitation beschäftigten Rehabilitanden, ist mit dem in § 12 gefundenen Ergebnis bereits Genüge getan. Trotzdem soll kurz noch auf einen weiterführenden Aspekt eingegangen werde, der sich bereits im *Dritten Teil* herauskristallisiert hat. Mit dem methodologischen Anliegen einer systemorientierten Rechtsfindung korrespondiert die verfassungsrechtliche Problematik systemwidriger Regelungen unter dem Aspekt eines Verstoßes gegen Art.3 GG.

Dabei wurde bereits herausgestellt, daß sowohl das Bundesverfassungsgericht wie auch die überwiegende Meinung in der Rechtswissenschaft der Auffassung sind, daß eine systemwidrige Regelung ein Indiz für einen Gleichheitsverstoß darstellen könne. Zumeist wird dies jedoch nicht weiter konkretisiert, so daß hinsichtlich der praktischen Handhabbarkeit dieser Aussage erhebliche Zweifel angebracht sind. Es ist, als Konsequenz der bisherigen Ausführungen, davon auszugehen, daß eine systemwidrige Regelung zumindest dann keinen Verstoß gegen Art.3 GG darstellt, wenn der Gesetzgeber dem Betroffenen den Schutz eines an sich passenden adäquaten Systems vorenthält, aber gleichzeitig das Schutzbedürfnis des Betroffenen anders befriedigt. Dies kann nur dadurch geschehen, daß ein funktional-äquivalentes Schutzsystem bereit gestellt wird bzw. bereit steht.[903]

Dies mag an einem Beispiel der neueren Sozialgesetzgebung verdeutlicht werden: Entsprechend der §§ 229 ff. SGB III kann das Arbeitsamt die Eingliederung Langzeitarbeitsloser, die auf Grundlage eines „Eingliederungsvertrages" beschäftigt werden, bis zur Dauer von sechs Monaten fördern. Ausweislich der Regelung des § 231 Abs.2 Satz 1 SGB III sowie der amtlichen Begründung soll der Eingliederungsvertrag keinen Arbeitsvertrag, sondern einen allgemeinen privatrechtlichen Vertrag sui generis darstellen.[904] Arbeitsrechtliche Vorschriften finden jedoch kraft gesetzlicher Verweisung auf den Vertrag Anwendung, wobei materiell-rechtlich ein beiderseitiges jederzeitiges fristloses „Lösungsrecht" besteht. Demnach kann

---

[903] Zum Begriff der funktionalen Äquivalenz vgl. *Luhmann*, Zweckbegriff, S.162 ff; *ders.*, AöR 95 (1969), S.1, 9 ff., der dieses Kriterium zwar für *soziale* Systeme entwickelt hat, jedoch läßt sich der Gedanke der funktionalen Äquivalenz auch verfassungsrechtlich fruchtbar machen, zumindest in dem Sinne, daß Regelungen, die innerhalb eines Sozialsystems funktional äquivalent sind, nicht gleichheitswidrig sein können. Für den juristischen Methodenwert vgl. ferner *Fenn*, Festschrift für Bosch, S.171, 180 f.; *Wank*, Arbeitnehmer, S.84 ff. m.w.N.

[904] BT-Drucks. 13/4941, S.194; in diesem Sinne ebenfalls *Hanau*, DB 1997, 1278, 1279; *Kopp*, NZS 1997, 456, 457; *Natzel*, NZA 1997, 806, 807 f.; *Niesel*, NZA 1997, 580, 581; a.A. *Gerntke/Ulber*, AiB 1997, 511, 512 f.

als Unterschied zum Normalarbeitsverhältnis die Unanwendbarkeit von §§ 622 Abs.1 BGB sowie der Verzicht auf das Erfordernis einer Betriebsratsanhörung angesehen werden.[905]

Unterzieht man nun den Eingliederungsvertrag für Langzeitarbeitslose einer genaueren Prüfung unter Anwendung der im *Dritten Teil* aufgestellten Prämissen, so stellt sich sehr schnell heraus, daß es sich hierbei systematisch um einen Arbeitsvertrag handelt, entspricht doch die Tätigkeit des „Eingegliederten" einer spezifisch privatrechtlich erbrachten Arbeitnehmertätigkeit, auf die sowohl arbeitsrechtliche Rechtsfolgenanordnungen wie auch die Prinzipienschicht des Arbeitsrechts passen.[906] Daran vermag weder die Subventionierung des Rechtsverhältnisses noch die gegebenenfalls leistungsunabhängige Motivation auf Seiten des Arbeitgebers etwas zu ändern, denn die spezifisch arbeitsrechtliche Schutzbedürftigkeit wird hierdurch nicht aufgehoben. Eine systemkonforme Regelung hätte demnach lediglich das einseitige Lösungsrecht festlegen oder im Rahmen einer Sonderregelung § 622 Abs.1 BGB und § 102 BetrVG im Hinblick auf die Förderung Langzeitarbeitsloser für nicht anwendbar erklären können.[907]

Die systemwidrige Regelung führt allerdings nicht zu verfassungsrechtlichen Bedenken, denn über die Verweisungsvorschrift des § 231 Abs.2 Satz 1 SGB III ist das gesamte Arbeitsrecht anwendbar. Demnach hat der Gesetzgeber einen funktional äquivalenten Schutz für den „Einzugliedernden" bereit gestellt, der unter dem Aspekt des Art.3 GG Bestand hat.

B. Relevanz hinsichtlich der vorliegend untersuchten Rechtsverhältnisse

Hinsichtlich der verfassungsrechtlichen Relevanz im Hinblick auf die vorliegend untersuchten Rechtsverhältnisse ist es erforderlich, zwischen der gesetzgeberischen Entscheidung einerseits und den Bindungen der Rechtsprechung andererseits zu differenzieren.

Die einzig relevante Regelung des Gesetzgebers stellt § 54 b SchwbG dar, die allerdings angesichts der Offenheit der Regelung verfassungsrechtlich unproblema-

---

[905] *Hanau*, DB 1997, 1278, 1279 ff.; *Kopp*, NZS 1997, 456, 457; *Natzel*, NZA 1997, 806, 807 f.; *Niesel*, NZA 1997, 580, 581; dagegen gehen *Gerntke/Ulber*, AiB 1997, 511, 513, auch von der Anwendbarkeit des § 622 BGB aus.

[906] Ähnlich jetzt auch Staudinger/*Richardi*, BGB, Vorbem. zu §§ 611 ff. Rn.230.

[907] Eine derartige Regelung wäre nicht nur eine systemkonforme Umsetzung des Zweckprogramms gewesen, sondern rechtstechnisch erheblich einfacher. Das Beispiel mag ferner verdeutlichen, daß eine systemorientierte Betrachtungsweise am Konditionalprogramm ansetzt, daß Zweckprogramm jedoch respektiert, mehr noch, hilft dieses verfassungsrechtlich unbedenklicher umzusetzen. Zu recht bezeichnet *Zöllner*/Loritz, § 4 III.2.d), die jetzige Regelung als „eigentümlich".

tisch sein dürfte. Da nach hiesiger Auffassung sämtliche Rehabilitationsverhältnisse in WfB dem Arbeits- bzw. Berufsausbildungsrecht zu unterstellen sind, läuft die Fiktion der arbeitnehmerähnlichen Rechtsstellung leer. Für weitere gesetzgeberische Regelungen besteht die Möglichkeit der vollständigen Herausnahme der Rehabilitanden aus dem Arbeits- bzw. Berufsausbildungsrecht nur, soweit gleichzeitig ein funktional äquivalenter Schutz gewährleistet wird. Daneben besteht die Möglichkeit, einzelne Regelungen der jeweiligen Teilsysteme für nicht anwendbar zu erklären. Dies ist allerdings nur innerhalb des vom Bundesverfassungsgericht gesteckten Rahmens, insbesondere unter Berücksichtigung der Anforderungen aus Art.3 GG möglich. Danach ergeben sich für den Gesetzgeber unterschiedliche Grenzen, die vom bloßen Willkürverbot bis zu einer strengen Bindung an Verhältnismäßigkeitserfordernisse reichen, wobei die Anforderungen umso enger sind, je mehr sich die personenbezogenen Merkmale den in Art.3 Abs.3 GG genannten annähern und je größer deshalb die Gefahr ist, daß eine an sie anknüpfende Ungleichbehandlung zur Diskriminierung einer Minderheit führt.[908] Aus dem besonderen Schutz der Behinderten in Art.3 Abs.3 Satz 2 GG läßt sich entnehmen, daß die Anforderungen für eine Differenzierung demnach höher als bei anderen Personengruppen sind.[909]

Damit sind letztlich auch die Grenzen der Rechtsprechung abgesteckt, die derselben Bindung des Art.3 GG unterliegt. Etwaige Differenzierungen, d.h. ein Abweichen vom zugeordneten Teilsystem, sind unter Berücksichtigung dieser verfassungsrechtlichen Anforderungen teleologisch zu begründen.

---

908 St. Rspr. vgl. jüngst BVerfG NJW 1999, 1460, 1463; BVerfG NZA 1999, 435, 436 f., jeweils m.w.N.; ausf. *Osterloh*, in: Sachs, GG, Art.3 Rn.305 ff.; v.Mangoldt/Klein/*Starck*, GG, zu Art.3 Rn.10 ff., 382 ff. m.w.N.

909 Ausf. BVerfG NJW 1998, 131 ff.; *Jürgens*, ZfSH/SGB 1995, 353 ff.; *ders.*, NVwZ 1995, 452 ff.; *Osterloh* in: Sachs, GG, Art.3 Rn.314; *Springer*, br 1998, 92 ff.

§ 14 Thesenartige Zusammenfassung des Gesamtergebnisses

A. Die Rechtsstellung der Rehabilitanden in Rehabilitationseinrichtungen im Rahmen von Maßnahmen der beruflichen Rehabilitation, ist, unabhängig vom Rehabilitationsträger und der konkreten Einrichtung der beruflichen Rehabilitation, einheitlich zu beurteilen.

B. Die Rechtsstellung der beruflichen Rehabilitanden zu den Einrichtungen der beruflichen Rehabilitation ist teleologisch zu ermitteln.

C. Die Vorgaben der teleologischen Rechtsfindung sind zum einen im Rahmen der Begriffsbildung und zum anderen im Rahmen der Systembildung zu beachten. Die teleologische Rechtsfindung erfordert eine konkrete Rechtsfolgenbetrachtung bzw. einen Rechtsfolgenvergleich der alternativen Bezugsbereiche.

D. Die Auswirkung des Rehabilitationszweckes im Rahmen von Arbeit und Ausbildung der Rehabilitanden auf die Rechtsnatur des zwischen Rehabilitand und Rehabilitationseinrichtung bestehenden Rechtsverhältnisses ist dementsprechend grundsätzlich im Rahmen einer systemorientierten Betrachtungsweise zu ermitteln.

E. Die Auswirkungen des Rehabilitationszweckes auf das Rechtsverhältnis zwischen Rehabilitand und Rehabilitationseinrichtung im Einzelfall sind entsprechend den Grundsätzen der teleologischen Begriffsbildung zu beurteilen.

F. Entscheidend für die Zuordnung ist die Geeignetheit der spezifischen Rechtsfolgenanordnungen sowie der hieraus abzuleitenden Prinzipienschichten für die typisierend zu ermittelnden Konfliktsituationen.

G. Danach sind die Rechtsverhältnisse der Rehabilitanden in Einrichtungen der beruflichen Rehabilitation zu den Rehabilitationseinrichtungen dem Privatrecht, sowie im Regelfall dem Arbeits- bzw. dem Berufsbildungsrecht zu unterstellen.

H. Der Zweck der Rehabilitation hat hierauf aus teleologischen Gründen keinen Einfluß, denn die Konfliktsituation, aus der sich die Geeignetheit der Anwendung des Arbeitsrechts- sowie des Berufsbildungsrechtsteilsystems ergibt, wird durch den Rehabilitationszweck weder aufgehoben noch selbständig geregelt.

I. Die Herausnahme eines Rechtsverhältnisses aus dem an sich passenden Rechtsfolgensystem und damit aus der adäquaten Prinzipienschicht ist nur dann gerechtfertigt, wenn gleichzeitig ein funktional äquivalentes Schutzsystem zur Verfügung gestellt wird.

Literaturverzeichnis

Achternberg, Norbert — Argumentationsmängel als Fehlerquellen bei der Rechtsfindung, in: Argumentation und Hermeneutik in der Jurisprudenz, hrgg. von Krawietz, Werner u.a., Berlin 1979, S.43 ff. (zit. *Achternberg*, Krawietz (Hrg.))

Adloch, Ulrich — Das Gesetzgebungsverfahren SGB IX, br 1998, S.185 ff.

Adloch, Ulrich — Die beabsichtigte Einordnung des SchwbG in das geplante SGB IX, br 1995, S.133 ff.

Alexy, Robert — Theorie der juristischen Argumentation – Die Theorie des rationalen Diskurses als Theorie der juristischen Begründung, 3. Auflage, Frankfurt am Main 1996 (zit. *Alexy*, Theorie)

Alexy, Robert — Zum Begriff des Rechtsprinzips, in: Argumentation und Hermeneutik in der Jurisprudenz, hrgg. von Krawietz, Werner u.a., Berlin 1979, S.59 ff. (zit. *Alexy*, Krawietz (Hrg.))

André, Achim — Der Stand der Arbeiten am Sozialgesetzbuch – Zwischenbilanz und Ausblick, ZfSH/SGB 1990, S.345 ff.

Aretz, Dirk Ulrich — Die Rechtsstellung der Behinderten in Werkstätten für Behinderte, Berlin 1985

Arndt, Adolf — Gesetzesrecht und Richterrecht, NJW 1963, 1273 ff.

Bachner, Michael — Gesetzlicher Schutz für Schwerbehinderte, AiB 1995, S.86 ff.

Bachof, Otto — Die Dogmatik des Verwaltungsrechts vor den Gegenwartsaufgaben der Verwaltung, VVDStRL 30 (1972), S.193 ff

Baden, Eberhard — Gesetzgebung und Gesetzesanwendung im Kommunikationsprozeß, Baden-Baden 1977

Baltzer, Johannes/ *Jürgens*, Andreas — Die Rechtsstellung der Behinderten in Werkstätten für Behinderte, SGb 1981, S.241 ff.

Battis, Ulrich — Systemgerechtigkeit, in: Festschrift für Hans Peter Ipsen zum siebzigsten Geburtstag, Tübingen 1977, S.11 ff.

Bauer, Jobst-Hubertus/ *Diller*, Martin/*Lorenzen*, Stefanie — Das neue Gesetz zur „Scheinselbständigkeit, NZA 1999, S.169 ff.

Baur, Fritz	Die Werkstatt für Behinderte im Spannungsfeld von Förderung und Arbeitsleistung, ZfSH/SGB 1999, S.262 ff.
Bauriedel, Ulrich	§ 97 SGB X und Rechtsverhältnis im Bereich der Rehabilitation, DRV 1983, S.557 ff.
Bauschke, Hans-Joachim	Auf dem Weg zu einem neuen Arbeitnehmerbegriff, RdA 1994, S.209 ff.
Benzani, Thomas	Der arbeitsrechtliche Status von Rundfunk- und Fernsehmitarbeitern, NZA 1997, S.856 ff.
Bertram, Oliver/ *Beckmann*, Elke	Perspektiven der Rehabilitation unter kritischen Rahmenbedingungen, br 1998, S.177 ff.
Bengelsdorf, Peter	Die (neue) Scheinselbständigkeit – zur schwierigen Handhabung des § 7 IV SGB IV, NJW 1999, S.1817 ff.
Bethmann, Heinz u.a.(Hrg.)	Schwerbehindertengesetz – Basiskommentar, 5. Auflage, Frankfurt a.M. 1999 (zit. BK-SchwbG-*Verfasser*)
Beuthien, Volker/ *Wehler*, Thomas	Anmerkung zu den Urteilen des BAG AP Nr. 15-21 zu § 611 BGB Abhängigkeit, in: AP Nr. 21 zu § 611 BGB Abhängigkeit
Beuthien, Volker/ *Wehler*, Thomas	Stellung und Schutz der freien Mitarbeiter im Arbeitsrecht, RdA 1978, S.2 ff.
Bickel, Dietrich	Sind Lehrlinge Arbeitnehmer?, in: Recht und Rechtserkenntnis - Festschrift für Ernst Wolf, Köln/Bonn/München/Berlin 1985, S.35 ff.
Bieback, Karl-Jürgen	Gleichbehandlungsgrundsatz und Sozialrecht, SGb 1989, S.46 ff.
Birk, Ulrich-Arthur u.a.	Bundessozialhilfegesetz Lehr- und Praxiskommentar, 5.Auflage, Baden-Baden 1998 (zit. *Verfasser* in LPK-BSHG)
Böckenförde, Ernst-Wolfgang	Die Methoden der Verfassungsinterpretation – Bestandsaufnahme und Kritik, NJW 1976, S.2089 ff.
Boemke, Burkhard	Neue Selbständigkeit und Arbeitsverhältnis, ZfA 1998, S.285 ff.
Boll, Werner	Die zeitgerechte berufliche Rehabilitation, in: *Scholz*, Franz Josef (Hrg.): Rehabilitation als Schlüssel zum Dauerarbeitsplatz, Heidelberg/Berlin/New York 1979, S.53 ff.

Boll, Werner — Formen und Methoden der beruflichen Ausbildung Behinderter, in Der behinderte Mensch in unserer Zeit - Gesamtbericht über den 65. Deutschen Fürsorgetag 1967 in Hamburg, Frankfurt am Main 1968, S.113 ff. (zit. *Boll*, Gesamtbericht)

Borowski, Martin — Grundrechte als Prinzipien, Diss., Baden-Baden 1998

Brackmann, Kurt (Hrg.) — Handbuch der Sozialversicherung, Loseblatt, April 1999, Sankt Augustin

Breitmeier, Wolfgang *Frädrich*, Martin — Vogelfreie Ausbildung von Behinderten in Berufsbildungswerken?, BB 1984, S.1811 ff.

Breitmeier, Wolfgang/ *Frädrich*, Martin — Änderung des Berufsbildungsgesetzes durch die Hintertür?, BB 1982, S.1736 ff.

Breitmeier, Wolfgang/ *Frädrich*, Martin — Ausbildungsverträge nur in der betrieblichen Berufsausbildung?, DB 1982, S.1929 ff.

Breves, Christiane — Die Abgrenzung des Arbeitnehmers vom freien Mitarbeiter, Diss., Aachen 1998

Brocke, Erwin — Die stufenweise Wiedereingliederung in den Arbeitsprozeß, SGb 1990, S.45 ff.

Brox, Hans — Allgemeiner Teil des BGB, 22. Auflage, Köln/Berlin/Bonn/München 1998

Brox, Hans/ *Rüthers*, Bernd — Arbeitsrecht, 14. Auflage, Stuttgart/Berlin/Köln 1999

Buchner, Herbert — Das Recht der Arbeitnehmer, der Arbeitnehmerähnlichen und der Selbständigen – jedem das Gleiche oder jedem das Seine?, NZA 1998, S.1144 ff.

Bydlinski, Franz — Fundamentale Rechtsgrundsätze, Wien 1988 (zit. *Bydlinski*, Fundamentale Rechtsgrundsätze)

Bydlinski, Franz — Bewegliches System und juristische Methodenlehre, in: Das Bewegliche System im geltenden und künftigen Recht, hrgg. von *Winkler*, Günther, Redaktion *Bydlinski*, Franz u.a., Wien New York 1986, S.21 ff. (zit. *Bydlinksi*, Bydlinski u.a.)

Bydlinski, Franz — Das bewegliche System und die Notwendigkeit einer Makrodogmatik, JBl 1996, S.683 ff.

Bydlinski, Franz — Gerechtigkeit als rechtspraktischer Maßstab kraft Sach- und Systemzusammenhanges, in: Der Gerechtigkeitsanspruch des Rechts, Festschrift für Theo Mayer-Maly, Wien/New York 1996, S.107 ff.

Bydlinski, Franz — Juristische Methodenlehre und Rechtsbegriff, 2. Auflage, Wien/New York 1991 (zit. *Bydlinski*, Methodenlehre)

Bydlinski, Franz — System und Prinzipien des Privatrechts, Wien/New York 1996 (zit. *Bydlinski*, System)

Bydlinski, Franz — Über die lex-lata-Grenze der Rechtsfindung, in: Einheit und Folgerichtigkeit im Juristischen Denken, Symposion für Claus-Wilhelm Canaris, München 1998 S.27 ff. (zit.: *Bydlinski*, Symposion für Canaris)

Bydlinski, Franz — Über prinzipiell-systematische Rechtsfindung im Privatrecht, Vortrag gehalten vor der Juristischen Gesellschaft zu Berlin, New York/Berlin 1995 (zit. *Bydlinski*, Rechtsfindung)

Bydlinski, Franz — Das Privatrecht im Rechtssystem einer „Privatrechtsgesellschaft“, Wien/New York 1994 (zit. *Bydlinski*, Privatrecht)

Canaris, Claus-Wilhelm — Bewegliches System und Vertrauensschutz im rechtsgeschäftlichen Verkehr, in: Das Bewegliche System im geltenden und künftigen Recht, hrgg. von *Winkler*, Günther, Redaktion *Bydlinski*, Franz u.a., Wien New York 1986, S.103 ff. (zit. *Canaris*, Bydlinski u.a.)

Canaris, Claus-Wilhelm — Das Fehlen einer Kleinbetriebsregelung für die Entgeltfortzahlung an kranke Angestellte als Verfassungsverstoß, RdA 1997, S.267 ff.

Canaris, Claus-Wilhelm — Der Bereicherungsausgleich im Dreipersonenverhältnis, in: Festschrift für Karl Larenz, München 1973, S.799 ff.

Canaris, Claus-Wilhelm — Risikohaftung bei schadensgeneigter Tätigkeit in fremdem Interesse, RdA 1966, 41 ff.

Canaris, Claus-Wilhelm — Systemdenken und Systembegriff in der Jurisprudenz entwickelt am Beispiel des deutschen Privatrechts, im wesentlichen unerveränderte 2. Auflage, Berlin 1983 (zit. *Canaris*, Systemdenken)

Canaris, Claus-Wilhelm — Verstöße gegen das verfassungsrechtliche Übermaßverbot im Recht der Geschäftsfähigkeit und im Schadensersatzrecht, JZ 1987, S.993 ff.

Coing, Helmut — Bemerkungen zum überkommenen Zivilrechtssystem, in: Vom Deutschen zum Europäischen Recht, Festschrift für Hans Dölle, Band I, Tübingen 1963, S.25 ff.

Coing, Helmut — Geschichte und Bedeutung des Systemgedankens in der Rechtswissenschaft, in: Frankfurter Universitätsreden, Frankfurt am Main 1955, S.26 ff.

Coing, Helmut — Über einen Beitrag zur rechtswissenschaftlichen Grundlagenforschung, ARSP 1954/55, S.436 ff.

Compensis, Ulrike — Sozialrechtliche Auswirkungen der stufenweisen Wiedereingliederung arbeitsunfähiger Arbeitnehmer nach § 74 SGB V, NZA 1992, S.631 ff.

Cramer, Horst H. — Neue Rechtsgrundlage, BArbBl 1980, S.11 ff.

Cramer, Horst H. — Schwerbehindertengesetz, 5. Auflage, München 1998

Cramer, Horst H. — Neue Wege zur Integration Schwerbehinderter auf dem allgemeinen Arbeitsmarkt, ZfSH/SGB 1990, S.1 ff.

Cramer, Horst H. — Werkstätten für Behinderte – Die Rechtsgrundlagen – WfB-Kommentar, 2. Auflage, München 1997

Dahlinger, Erich — Die Werkstatt für Behinderte, NDV 1979, S.72 ff.

Däubler, Wolfgang — Die Sprache der Bundesgerichte – Ein Herrschaftsinstrument?, ARSP 1977, 107 ff.

Däubler, Wolfgang — Mobbing und Arbeitsrecht, BB 1995, S.1347 ff.

Denck, Johannes — Die Relativität im Arbeitsrecht, ZfA 1981, S.205 ff.

Di Fabio, Udo — Privatisierung und Staatsvorbehalt, JZ 1999, S.585 ff.

Diederichsen, Uwe — Auftragslose Geschäftsführung des Minderjährigen als Problem der juristischen Methode, MDR 1964, 889 ff.

Diederichsen, Uwe — Die Eigenständigkeit der Jurisprudenz, in: Festschrift für Werner Flume, Band I, Köln 1978, S.283 ff.

Diederichsen, Uwe — Topisches und systematisches Denken in der Jurisprudenz, NJW 1966, S.697 ff.

Dierks, Karin — Zwischen Arbeits- und Sozialrecht – Beschäftigungsverhältnisse in der Werkstatt für Behinderte, Diss., Frankfurt am Main 1986

Dieterich, Thomas — Grundgesetz und Privatautonomie im Arbeitsrecht, RdA 1995, S.129 ff.

Dieterich, Thomas/ *Hanau*, Peter/ *Schaub*, Günther (Hrg.) — Erfurter Kommentar zum Arbeitsrecht, München 1998 (zit. ErfK/*Verfasser*)

Dill, Manfred/ *Gedon*, Walter/ *Gemsjäger*, Werner — Arbeits- und Berufsförderung Behinderter – Berufliche Rehabilitation, 2. Auflage, Stuttgart/Berlin/Köln/Mainz 1988

Dings, Wolfgang — Berufliche Rehabilitation Erwachsener, Hamburg 1988

Dolzer, Rudolf/ *Vogel*, Klaus (Hrg.) — Bonner Kommentar zum Grundgesetz, Loseblatt, Dezember 1998, Heidelberg (zit. BK-*Verfasser*, GG)

Dörner, Hans-Jürgen — Schwerbehindertengesetz, Loseblatt, August 2000, Starnberg

Dörrie, Klaus — Beschützende Werkstätten, NDV 1971, S.58 ff.

Dreier, Horst (Hrg.) — Grundgesetz – Kommentar, Band I, Tübingen 1996 (zit. Dreier/*Verfasser*, GG)

Dreier, Ralf — Bemerkungen zur Rechtserkenntnistheorie, in: Argumentation und Hermeneutik in der Jurisprudenz, hrgg. von Krawietz, Werner u.a., Berlin 1979, S.89 ff. (zit. *Dreier*, Krawietz (Hrg.))

Dreisbach, Dieter — Berufsbildungswerke - Sozialer Lernort für Behinderte, Freiburg im Breisgau 1986

Dütz, Wilhelm/ *Schulin*, Bertram — Das Betriebsverfassungsrecht in seiner dogmatischen und systematischen Fortentwicklung, ZfA 1975, S.103 ff.

Ecker, Walther — Wege richterlicher Rechtsgewinnung, SGb 1970, S.401 ff.

Eichenhofer, Eberhard — Sozialrecht, 2. Auflage, Tübingen 1997

Engisch, Karl — Begriffseinteilung und Klassifikation in der Jurisprudenz, in: Festschrift für Karl Larenz, München 1973, S.125 ff.

Engisch, Karl — Die Idee der Konkretisierung in Recht und Rechtswissenschaft unserer Zeit, 2. Auflage, Heidelberg 1968 (zit. *Engisch*, Konkretisierung)

Engisch, Karl — Einführung in das juristische Denken, 9. Auflage, Stuttgart 1997 (zit. *Engisch*, Einführung)

Engler, Hans-Jürgen — Veränderung des Anstaltscharakters durch Rehabilitation, in: *Scholz*, Franz Josef (Hrg.): Rehabilitation als Schlüssel zum Dauerarbeitsplatz, Heidelberg/Berlin/New York 1979, S.436 ff.

Erlenkämper, Arnold/ *Fichte*, Wolfgang — Sozialrecht, 4. Auflage, Köln/Berlin/Bonn/München 1999

Esser, Josef — Dogmatik zwischen Theorie und Praxis, in: Funktionswandel der Privatrechtsinstitutionen, Festschrift für Ludwig Raiser, Tübingen 1974

Esser, Josef — Buchbesprechung von Strache, Karl-Heinz: Das Denken in Standards, AöR 96 (1971), S.140 ff.

Esser, Josef — Grundsatz und Norm, 4. unveränderte Auflage, Tübingen 1990 (zit. *Esser*, Grundsatz und Norm)

Esser, Josef — Möglichkeiten und Grenzen dogmatischen Denkens im modernen Zivilrecht, AcP 172 (1972), S.97 ff.

Esser, Josef — Vorverständnis und Methodenwahl in der Rechtsfindung, Frankfurt am Main 1972 (zit. *Esser*, Vorverständnis)

Etzel, Gerhard (GesRed.) — Gemeinschaftskommentar zum Kündigungsschutzgesetz und zu sonstigen kündigungsschutzrechtlichen Vorschriften, 5. Auflage, Neuwied 1998 (zit. KR-*Verfasser*)

Fabricius, Fritz/ *Gammelin*, Dietrich — Die Rechtsstellung der Behinderten in sogenannten Werkstätten für Behinderte aus arbeitsrechtlicher Sicht, in: Die Werkstatt für Behinderte – Ein interdisziplinärer Beitrag zur Rehabilitation der Behinderten, Bochum 1972, S. 182 ff.

Faßmann, Hendrik/ *Oertel*, Martina — Stufenweise Wiedereingliederung in den Arbeitsprozeß, BKK 1991, S.18 ff.

Fehr, Jörn/*Laga*, Gerd — Aufbau durch Handeln, BArbBl 1981, S.11 ff.

Fenn, Herbert — Arbeitsverhältnisse und sonstige Beschäftigungsverhältnisse, in: Festschrift für Friedrich Wilhelm Bosch, Bielefeld 1976, S.171 ff.

Fesca, Dietrich/ *Jacobi*, Volker/ *Lachwitz*, Klaus — Diskussionsergebnisse und Thesen zum Rechtsverhältnis Betreuer – Einrichtung – Kostenträger, RsDE 10 (1990), S.41 ff.

Fikentscher, Wolfgang — Buchbesprechung zu Bydlinski, Franz: Fundamentale Rechtsgrundsätze, RdA 1991, 122 f.

Fikentscher, Wolfgang — Der Werkverschaffungsvertrag, AcP 190 (1990), S.34 ff.

Fikentscher, Wolfgang — Methoden des Rechts, Band III, Tübingen 1976, Band IV, Tübingen 1977

Finke, Bernd — Die Auswirkungen des Gesetzes zur Reform des Bundessozialhilferechtes auf Werkstätten für Behinderte, br 1996, S.185 ff.

Forsthoff, Ernst — Lehrbuch des Verwaltungsrechts, Band 1, 10. Auflage, München 1973

Fredebeul, Franz-Heinz — Ausbildungsverträge mit überbetrieblichen Ausbildungsstätten als betriebliche Berufsausbildung, BB 1982, S.1493 ff.

Fredebeul, Franz-Heinz — Zur Vertragsfrage bei überbetrieblicher Berufsausbildung, BB 1983, S.968 ff.

Fuchs, Harry — Entwicklungsperspektiven für die Rehabilitation in der gesetzlichen Rentenversicherung, SozSich 1990, S.103 ff.

Fuchs, Maximilian — Die Rechtsnatur von Pflegesatzvereinbarungen, in: Das sogenannte Dreiecksverhältnis zwischen Sozialhilfeträger Sozialhilfeempfänger Einrichtungsträger - Dokumentation eines Kolloquiums vom 4. bis 5. November 1986 in Wittekindshof, hrgg. vom Verband evangelischer Einrichtungen für geistig und seelische Behinderte e.V., Stuttgart 1987, S.42 ff.

Gagel, Alexander (Hrg.) — Arbeitsförderungsgesetz Kommentar, Loseblatt, März 1998, München

Gamillscheg, Franz — Die Grundrechte im Arbeitsrecht, AcP 164 (1964), 385 ff.

Gamillscheg, Franz — Zivilrechtliche Denkformen und die Entwicklung des Individualarbeitsrechts – Zum Verhältnis von Arbeitsrecht und BGB, AcP 176 (1976), 197 ff.

Gast, Wolfgang — Anmerkung zum Beschluß des BAG vom 24.9.1981 – 6 ABR 7/81 –, SAE 1982, S.279 ff.

Gedon, Walter/ *Spiertz*, Hans — Berufsbildungsrecht, Loseblatt, November 2000, Neuwied/Kriftel

Gerntke, Axel/ *Ulber*, Jürgen — Der Eingliederungsvertrag, AiB 1997, S.511 ff.

Gitter, Wolfgang — Sozialrecht, 4. Auflage, München 1996 (zit. *Gitter*, Sozialrecht)

Gitter, Wolfgang — Beschäftigungsverhältnis und Arbeitsverhältnis, in: Festschrift für Georg Wannagat, Köln 1981, S.141 ff.

Gitter, Wolfgang — Der Anspruch der Behinderten auf Arbeitsentgelt in Werkstätten für Behinderte, Krautheim/Jagst 1988 (zit. *Gitter*, Arbeitsentgelt)

Gitter, Wolfgang — Die Rechtsbeziehungen zwischen Versicherungsträgern, Rehabilitationseinrichtungen und Rehabilitanden, MittLVA Oberfranken und Mittelfranken 1982, S.491 ff.

Gitter, Wolfgang/ *Boerner*, Dietmar — Anmerkung zum Urteil des BAG vom 19.4.1994 – 9 AZR 462/92 –, in: AP Nr.2 zu § 74 SGB V

Glaubitz, Werner — Nochmals: Das Rechtsverhältnis zur stufenweise Wiedereingliederung arbeitsunfähiger Arbeitnehmer, NZA 1992, 402

Görg, Hubert — Nochmals: Der Rechtsschutz im Eingemeindungsverfahren, DVBl 1969, S.772 ff.

Götz, Hilmar — Berufsbildungsrecht, München 1992

Gralka, Peer — Mobbing und Arbeitsrecht, BB 1995, S.2651 ff.

Griebeling, Gert — Die Merkmale des Arbeitsverhältnisses, NZA 1998, S.1137 ff.

Griebeling, Gert — Der Arbeitnehmerbegriff und das Problem der „Scheinselbständigkeit", RdA 1998, S.208 ff.

Gries, Georg — Beschützende Werkstätten und Anlernwerkstätten – Aufgaben, Methoden und Grenzen, in: Der behinderte Mensch in unserer Zeit - Gesamtbericht über den 65. Deutschen Fürsorgetag 1967 in Hamburg, Frankfurt am Main 1968, S.163 ff.

Grillberger, Konrad	Arbeitsrecht und Gerechtigkeit, in: Der Gerechtigkeitsanspruch des Rechts, Festschrift für Theo Mayer-Maly, Wien/New York 1996, S.257 ff.
Gröninger, Karl/ *Thomas*, Werner	Schwerbehindertengesetz, Loseblatt, Dezember 2000, Neuwied/Kriftel/Berlin
Großmann, Ruprecht u.a.	Gemeinschaftskommentar zum Schwerbehindertengesetz, Neuwied 1992 (zit. GK-SchwbG-*Verfasser*)
Grossmann, Ruprecht	Zum Status der Schwerbehinderten im Schnittpunkt von Verfassungsrecht, Sozialrecht und Arbeitsrecht, in: Beiträge zum Sozialrecht, Festgabe für Hans Grüner, Percha am Starnberger See/Kempfenhausen am Starnberger See 1982, S.181 ff.
Grupp, Rudolf	Bilanz der Planungen, BArbBl 1975, S.339 ff.
Gusy, Christoph	Der Gleichheitssatz, NJW 1988, S.2505 ff.
Haaser, Albert	Zielkonflikte und Interessengegensätze in der Werkstatt für Behinderte, NDV 1973, S.122 ff.
Haller, Robert/ *Koch*, Ulrike	Mobbing – Rechtsschutz im Krieg am Arbeitsplatz, NZA 1995, S.356 ff.
Hammer, Ulrich	Neuregelung der Berufsbildung im Betriebsverfassungsgesetz?, ZRP 1998, S.23 ff.
Hanau, Peter	Der Eingliederungsvertrag – Ein neues Instrument der Arbeitsförderung, DB 1997, S.1278 ff.
Hanau, Peter	Betriebliche Mitbestimmung in überbetrieblichen Einrichtungen?, DB 1987, S.2356 ff.
Hanau, Peter	Einführung zum Rundschreiben der Spitzenverbände zur Scheinselbständigkeit, ZIP 1999, S.252 ff.
Hanau, Peter/*Adomeit*, Klaus	Arbeitsrecht, 12. Auflage, Neuwied/Kriftel/Berlin 2000
Hassold, Gerhard,	Rechtsfindung durch Konstruktion, AcP 181 (1981), S.131 ff.
Hauck, Karl/*Noftz*, Wolfgang u.a. (Hrg.)	Sozialgesetzbuch – SGB III, 1.Band, Loseblatt, Juni 2000, Berlin (zit. *Verfasser* in Hauck/Noftz, SGB III)
Haverkate, Görg	Rechtsfragen des Leistungsstaats, Tübingen 1983

Heck, Philipp — Begriffsbildung und Interessenjurisprudenz, Tübingen 1932

Hennies, Günter — Vermögenseinsatz für die Beschäftigung in einer Werkstatt für Behinderte, NZS 1994, S.543 ff.

Herschel, Wilhelm — Die arbeitnehmerähnliche Person, DB 1977, S.1185 ff.

Herschel, Wilhelm — Die typologische Methode und das Arbeitsrecht, in: Festgabe für Otto Kunze, Berlin 1969, S.225 ff.

Hesse, Konrad — Der Gleichheitssatz in der neueren deutschen Verfassungsentwicklung, AöR 109 (1984), S.174 ff.

Hesse, Konrad — Grundzüge des Verfassungsrechts der Bundesrepublik Deutschland, 20. Auflage, Heidelberg 1995

Hilger, Marie Luise — Rundfunkfreiheit und „freie Mitarbeiter", RdA 1981, S.265 ff.

Hilger, Marie Luise — Zum „Arbeitnehmer-Begriff", RdA 1989, S.1 ff.

Hohmeister, Frank — Scheinselbständige und arbeitnehmerähnliche Selbständige in der Sozialversicherung, NZA 1999, S.337 ff.

Holl, Heinz-Eberhard — Überlegungen zur Rechtsstellung der Behinderten in Werkstätten für Behinderte, BlWPfl 1987, S.262 ff.

Hönn, Günther — Verständnis und Interpretation des Vertragsrechts im Lichte eines Beweglichen Systems, in: Das Bewegliche System im geltenden und künftigen Recht, hrgg. von *Winkler*, Günther, Redaktion *Bydlinski*, Franz u.a., Wien/New York 1986, S.87 ff.

Hoppe, Werner — Anmerkung zum Urteil des BSG vom 1.12.1976 – 7 RAr 125/75 –, AuB 1977, S.159 f.

Hoppe, Werner — Anmerkung zum Urteil des BSG vom 26.5.1976 – 12/7 RAr 41/75 –, AuB 1977, S.156

Hoppe, Werner — Anmerkung zum Urteil des BSG vom 3.11.1976 – 7 RAr 52/75 –, AuB 1977, S.157 f.

Hoppe, Werner — Die kommunale Gebietsreform im Spannungsfeld von Neuordnungsmodellen und Einzelmaßnahmen, DVBl 1971, S.473 ff.

Hromadka, Wolfgang — Arbeitnehmerähnliche Personen, NZA 1997, S.1249 ff.

Hromadka, Wolfgang — Arbeitnehmerbegriff und Arbeitsrecht, NZA 1997, S.569 ff.

Hromadka, Wolfgang — Streikrecht für Auszubildende?, DB 1972, S.870 ff.

Hsu, Tzong-li — Verfassungsrechtliche Schranken der Leistungsgesetzgebung im Sozialstaat, Baden-Baden 1986

Huchthausen, G. — Der Beschäftigungs- und Arbeitstherapeut, Die Rehabilitation 1969, S.216 ff.

Hueck, Alfred/*Nipperdey*, Hans Carl — Lehrbuch des Arbeitsrechts, Band 1, 7. Auflage, Berlin/Frankfurt am Main 1963

Hueck, Götz — Einige Gedanken zum Begriff des Arbeitnehmers, RdA 1969, S.216 ff.

Hüther, Horst — Die Einkommenssituation in Werkstätten für Behinderte, BlWPfl 1989, S.313 ff.

Igl, Gerhard — Die rechtlichen Beziehungen zwischen Sozialhilfeempfänger, Einrichtungsträger und Sozialhilfeträger, in: Das sogenannte Dreiecksverhältnis zwischen Sozialhilfeträger Sozialhilfeempfänger Einrichtungsträger - Dokumentation eines Kolloquiums vom 4. bis 5. November 1986 in Wittekindshof, hrgg. vom Verband evangelischer Einrichtungen für geistig und seelische Behinderte e.V., Stuttgart 1987, S. 17 ff. (zit. *Igl*, in: Das sogenannte Dreiecksverhältnis)

Igl, Gerhard — Pflegebedürftigkeit und Behinderung im Rechts der sozialen Sicherheit, Baden-Baden 1987 (zit. *Igl*, Pflegebedürftigkeit)

Igl, Gerhard — Rechtliche Gestaltung sozialer Pflege- und Betreuungsverhältnisse, VSSR 1978, S.201 ff.

Ihlefeld, Andreas — Anmerkung zum Beschluß des LAG Berlin vom 7.6.1978 – 5 Ta BV 2/78, AuR 1978, S.348 ff.

Isensee, Josef/*Kirchhof*, Paul (Hrg.) — Handbuch des Staatsrechts, Band V, Heidelberg 1992 (zit. *Verfasser*, HdbStR, Band V)

Jacobi, Volker — Der Geistigbehinderte und sein Recht, Freiburg im Breisgau 1984

Jacobs, Antoine — Arbeitnehmer und Selbständige – Einige Bemerkungen aus internationaler Sicht, NZA 1999, S.23 ff.

Jakobi, Volker — Freie Träger der Wohlfahrtspflege in ihrer Situation zum betreuten Behinderten und zum Sozialleistungsträger, ZfSH 1981, S.293 ff.

Jentschura, G. — Gedanken zum Problem der Beschäftigungstherapie und Arbeitstherapie, Die Rehabilitation 1969, S.220 ff.

Jung, Karl — Von der Kausalität zur Finalität, RdA 1973, S.161 ff.

Junker, Abbo — Systembildung und Systemlücken im harmonisierten Arbeitsvertragsrecht, NZA 1999, S.2 ff.

Jürgens, Andreas — Das Rechtsverhältnis zwischen Behinderten und Werkstätten für Behinderte, RdA 1986, S.349 ff.

Jürgens, Gunther — Grundrecht für Behinderte, NVwZ 1995, S.452 ff.

Jürgens, Gunther — Verfassungsrechtliche Stellung Behinderter nach Änderung des Grundgesetzes, ZfSH/SGB 1995, S.353 ff.

Kant, Immanuel — Kritik der reinen Vernunft, 2. Auflage, Riga 1787, abgedruckt und hrgg. von *Heidemann*, Ingeborg, Reclam Verlag, Stuttgart 1966

Kasseler Kommentar zum Sozialversicherungsrecht, Gesamtredaktion *Niesel*, Klaus, Loseblatt August 2000, München (zit. KassKomm-*Verfasser*)

Katzenstein, Dietrich — Das Sozialrecht in der neueren Rechtsprechung des Bundesverfassungsgerichts, VSSR 1982, S.167 ff.

Katzer, Hans — Rehabilitation – eine sozialpolitische Aufgabe ersten Ranges, BArbBl 1969, S.249 ff.

Kerschbaumer, Judith/ *Tiefenbacher*, Torsten — Änderungen im Bereich Scheinselbständigkeit, AuR 1999, S.121 ff.

Kirchhof, Paul — Gleichheit vor dem Grundgesetz, NJW 1987, S.2354 ff.

Klees, Bernd — Aufstieg und Fall der Rehabilitation und des Schutzes Behinderter, AiB 1985, S.39 ff.

Klug, Ulrich — Juristische Logik, 4. Auflage, Berlin/Heidelberg/New York 1982

Knopp, Anton/ *Kraegeloh*, Wolfgang — Berufsbildungsgesetz, 4.Auflage, Köln/Berlin/Bonn/München 1998

Knopp, Anton/*Fichtner* Otto/*Wienand*, Manfred (Hrg.)	Bundessozialhilfegesetz Kommentar, 7. Auflage, München 1992 (zit. *Knopp/Fichtner*, BSHG)
Koch, Hans-Joachim/ *Rüßmann*, Helmut	Juristische Begründungslehre, München 1982
Köhn, Manfred/ *Müller*, Ludwig	Wiedereingliederung in den Arbeitsprozeß nach schwerer Krankheit („Siemens-Modell"), BKK 1990, S.700 ff.
Köhn, Manfred/ *Moch*, Peter	Wiedereingliederung in den Arbeitsprozeß nach schwerer Krankheit, BKK 1990, S.485 ff.
König, Gert	Vergleich der entwickelten Systemproblematik mit der J.H. Lamberts, in: *Diemer*, Alwin (Hrg.), System und Klassifikation in Wissenschaft und Dokumentation, Meisenheim an der Glan 1968, S.178 ff.
Kokert, Josef	Der Begriff des Typus bei Karl Larenz, Berlin 1995
Kolb, Rudolf A./ *Seidel*, Ehrentraud	Rehabilitationsrecht, Frankfurt am Main 1985
Konzen, Horst	Arbeitsrechtliche Drittbeziehungen, ZfA 1982, S.259 ff.
Kopp, Ferdinand O. (Begr.)	Verwaltungsverfahrensgesetz, 6. Auflage, München 1996
Kopp, Joachim	Reform der Arbeitsförderung, NZS 1997, S.456 ff.
Korinek, Karl	Gedanken zur Bindung des Gesetzgebers an den Gleichheitsgrundsatz nach der Judikatur des Verfassungsgerichtshofes, in: Festschrift für Erwin Melichar, Wien 1983, S.39 ff.
Kraft, Alfons	Anmerkung zum Beschluß des BAG vom 21.7.1993 – 7 ABR 35/92 –, SAE 1994, S.260 ff.
Kraus, Rudolf	Der Vierte Bericht der Bundesregierung über die Lage der Behinderten und die Entwicklung der Rehabilitation; Positionen- Erhebungen – Konzepte, br 1998, S.117 ff.
Kraus, Rudolf	Die Reform des Sozialhilferechts – Wesentliche Argumente im Gesetzgebungsverfahren, br 1996, S.177 ff.
Krause, Peter	Empfiehlt es sich, soziale Pflege und Betreuungsverhältnisse gesetzlich zu regeln?, Gutachten E für den 52. Deutschen Juristentag, München 1978

Kreßel, Eckhard/ *Wollenschläger*, Michael — Leitfaden zum Sozialversicherungsrecht, 2. Auflage, Neuwied/Kriftel/Berlin 1996

Kretschmer, Hans-Jürgen/ *v. Maydell*, Bernd/ *Schellhorn*, Walter (Hrg.) — Gemeinschaftskommentar zum Sozialgesetzbuch– Allgemeiner Teil, 3. Auflage, Neuwied/Berlin 1996 (zit. GK-SGB I-*Verfasser*)

Kreuder, Thomas — Arbeitnehmereigenschaft und „neue Selbständigkeit" im Lichte der Privatautonomie, AuR 1996, S.386 ff.

Kriele, Martin — Theorie der Rechtsgewinnung, 2. Auflage, Berlin 1976

Kuhlen, Lothar — Die Denkform des Typus und die juristische Methodenlehre, in: *Koch*, Hans-Joachim (Hrg.) Juristische Methodenlehre und analytische Philosophie, Kronberg/Ts. 1976, S.53 ff. (zit. *Kuhlen*, Koch (Hrg.))

Kuhlen, Lothar — Typuskonzeptionen in der Rechtstheorie, Diss., Berlin 1977 (zit. *Kuhlen*, Typuskonzeptionen)

Lachwitz, Klaus — Die Rechtsstellung behinderter Menschen in der Werkstatt für Behinderte – Überlegungen zum Arbeitnehmerbegriff, RsDE 1 (1988), S.33 ff.

Lachwitz, Klaus — Lohn- und Sozialhilfe in der Werkstatt für Behinderte (WfB) – Ein Spannungsverhältnis?, SGb 1986, S.547 ff.

Lambert, Johann Heinrich — Drei Abhandlungen zum Systembegriff, aus: Logische und philosophische Abhandlungen (ed. Joh. Bernoulli), Bd. 1, Berlin/Dessau 1782, abgedruckt in: *Diemer*, Alwin (Hrg.), System und Klassifikation in Wissenschaft und Dokumentation, Meisenheim am Glan 1968, S.161 ff.

Lang, R. — Qualitätsbeurteilung in der beruflichen Rehabilitation an einem Berufsförderungswerk, in: Zusammenarbeit in Forschung und Praxis, DRV-Schriften, 1995, S.69 f.

Larenz, Karl — Richtiges Recht, München 1979 (zit. *Larenz*, Richtiges Recht)

Larenz, Karl — Methodenlehre der Rechtswissenschaft, 6. Auflage, Berlin/Heidelberg u.a. 1992 (zit. *Larenz*, Methodenlehre)

Larenz, Karl — Wegweiser zu richterlicher Rechtsschöpfung, in: Festschrift für Arthur Nikisch, Tübingen 1958, S.275 ff.

Larenz, Karl/*Canaris*, Claus-Wilhelm — Methodenlehre der Rechtswissenschaft, 3. Auflage, Berlin/ Heidelberg u.a. 1995

Leenen, Detlef — Typus und Rechtsfindung, Diss., Berlin 1971

Leisten, Leonhard — Die rechtliche Stellung der Behinderten in der Werkstatt für Behinderte, Diss., Aachen 1989

Lerche, Peter — „Systemverschiebung“ und verwandte Argumentationsformeln, in: Festschrift für Wolfgang Zeidler, Berlin 1987, S.557 ff.

Lerche, Peter — Rechtsprobleme der wirtschaftslenkenden Verwaltung, DÖV 1961, S.486 ff.

Lieb, Manfred — Arbeitsrecht, 6. Auflage, Heidelberg 1997

Lieb, Manfred — Beschäftigung auf Produktionsdauer – selbständige oder unselbständige Tätigkeit?, RdA 1977, S.210 ff.

Lieb, Manfred — Rechtsfromzwang und Rechtsformverfehlung im Arbeitsrecht, RdA 1975, S.49 ff.

Lieb, Manfred — Sonderprivatrecht für Ungleichgewichtslagen? Überlegungen zum Anwendungsbereich der sogenannten Inhaltskontrolle privatrechtlicher Verträge, AcP 178 (1978), S.196 ff.

Loeser, Roman — System des Verwaltungsrechts, Band 1, Baden-Baden 1994

Löwisch, Manfred — Arbeitsrecht und wirtschaftlicher Wandel, RdA 1999, S.69 ff.

Luhmann, Niklas — Funktionale Methode und juristische Entscheidung, AöR 94 (1969), S.1 ff.

Luhmann, Niklas — Rechtssoziologie, 3. Auflage, Opladen 1987 (zit. *Luhmann*, Rechtssoziologie)

Luhmann, Niklas — Zweckbegriff und Systemrationalität, Tübingen 1968 (zit. *Luhmann*, Zweckbegriff)

Marschner, Andreas — Krankengeldanspruch bei Arbeitsunfähigkeit und Gesundheitsreform, Diss., Frankfurt am Main/Berlin/Bern/Wien/New York 1994

Martens, Wolfgang — Prinzipien der Leistungsverwaltung, in: Festschrift für Hans J. Wolff, München 1973

Maus, Wilhelm	Die „freien Mitarbeiter“ der Deutschen Rundfunk- und Fernsehanstalten, RdA 1968, S.367 ff.
Mayer-Maly, Theo	Erwerbsabsicht und Arbeitnehmerbegriff, Berlin 1965
Meessen, Karl Matthias	Maßnahmegesetze, Individualgesetze und Vollziehungsgesetze, DÖV 1970, S.314 ff.
Meisel, Peter G.	Anmerkung zum Beschluß des BAG vom 26.1.1994 – 7 ABR 13/92 –, SAE 1994, S.338 f.
Mergler, Otto/ *Zink*, Günther (u.a.)	Bundessozialhilfegesetz Kommentar, Loseblatt, März 2000, Stuttgart/Berlin/Köln
Merten, Detlev	Grenzen des Sozialstaats, VSSR 1995, S.155 ff.
Mohr, Wolfgang	Der Arbeitnehmerbegriff im Arbeits- und Steuerrecht, Diss., Frankfurt am Main 1994
Möller-Lücking, Norbert	Novellierung des Schwerbehindertengesetzes dringend erforderlich, SozSich 1980, S.141 ff.
Mrozynski, Peter	Rehabilitationsrecht, 3. Auflage, München 1992
Mrozynski, Peter	Das Verhältnis der Pflegeleistungen zur Eingliederungshilfe, ZfSH/SGB 1999, S.333 ff.
Mrozynski, Peter	Sozialrechtliche Fragen der stufenweisen Eingliederung psychisch Behinderter in das Arbeitsleben, SGb 1985, S.277 ff.
Müller, Friedrich	Juristische Methodik, 7. Auflage, Berlin 1997
Naendrup, Peter-Hubert	Rechtsfragen der außerbetrieblichen beruflichen Rehabilitation – Grundprobleme eines Rechtsstellungsgesetzes für Behinderte, Bochum 1981
Naendrup, Peter-Hubert	Zum Sinn eines Gesetzes zur außerbetrieblichen beruflichen Rehabilitation, SGb 1982, S.265 ff.
Natzel, Benno	Kein Streikrecht für Lehrlinge, DB 1983, S.1488 ff.
Natzel, Benno	Anmerkung zum Beschluß des BAG vom 25.10.1989 – 7 ABR 1/88 –, in: AP Nr.40 zu § 5 BetrVG 1972
Natzel, Benno	Anmerkung zum Urteil des BAG vom 6.9.1989 – 5 AZR 611/88 –, in: AP Nr.1 zu § 56 AFG

Natzel, Ivo — Das Eingliederungsverhältnis als Übergang zum Arbeitsverhältnis, NZA 1997, S.806 ff.

Neseker, Herbert — Der geistig Behinderte in der beschützenden Werkstatt, ZfF 1970, S.290 ff.

Neumann, Dirk — Anmerkung zum Urteil des BSG vom 11.6.1980 – 12 RK 34/78 –, in: SGb 1981, 234 f.

Neumann, Dirk — Beschäftigung Behinderter in Werkstätten für Behinderte, RdA 1981, S.143 ff.

Neumann, Dirk/ *Pahlen*, Ronald — Schwerbehindertengesetz, 9. Auflage, München 1999

Neumann, Ulfried — Buchbesprechung zu Bydlinski, Franz: Fundamentale Rechtsgrundsätze, Wien 1988 sowie ders.: Juristische Methodenlehre und Rechtsbegriff, Wien 1991, JuS 1989, S.335 ff.

Neumann, Volker — Möglichkeiten und Grenzen der Einflußnahme des Sozialhilfeträgers auf den Einrichtungsträger, in: Das sogenannte Dreiecksverhältnis zwischen Sozialhilfeträger Sozialhilfeempfänger Einrichtungsträger - Dokumentation eines Kolloquiums vom 4. bis 5. November 1986 in Wittekindshof, hrgg. vom Verband evangelischer Einrichtungen für geistig und seelische Behinderte e.V., Stuttgart 1987, S.58 ff.

Neumann, Volker/*Schulin*, Bertram/*Lachwitz*, Klaus/ *Trenk-Hinterberger*, Peter — Reform des Rehabilitationsrechts (Sozialgesetzbuch Band IX): Anforderungen aus der Sicht geistig behinderter Menschen, Freiburg im Breisgau 1992 (zit. *Verfasser,* Neumann u.a.).

Neumann-Duesberg, Horst — Buchbesprechung zu Bydlinski, Franz: Fundamentale Rechtsgrundsätze, Wien 1988, BB 1990, Heft 20, S.XVIII

Niesel, Klaus — Die wichtigsten Änderungen des Arbeitsförderungsrechts durch das Arbeitsförderungs-Reformgesetz (AFRG), NZA 1997, S.580 ff.

Nikisch, Arthur — Arbeitsrecht, 1. Band, 3. Auflage, Tübingen 1961

Nipperdey, Hans Carl — Zur Methode der Bestimmung des Koalitionsbegriffs. Koalition und Arbeitskampf, RdA 1964, S.361 ff.

Ostheim, Rolf — Arbeitsrechtliche Aspekte des beweglichen Systems, in: Das Bewegliche System im geltenden und künftigen Recht, hrgg.

von *Winkler*, Günther, Redaktion *Bydlinski*, Franz u.a., Wien/New York 1986, S.199 ff.

Otte, Gerhard	Komparative Sätze im Recht. Zur Logik eines beweglichen Systems, in: Jahrbuch für Rechtssoziologie und Rechtstheorie, Band II, Düsseldorf 1972, S.301 ff. (zit. *Otte*, Jahrbuch)
Otte, Gerhard	Zur Anwendung komparativer Sätze im Recht, in: Das Bewegliche System im geltenden und künftigen Recht, hrgg. von *Winkler*, Günther, Redaktion *Bydlinski*, Franz u.a., Wien/New York 1986, S.271 ff. (zit. *Otte*, Bydlinski u.a.)
Palandt, Otto (Begr.)	Bürgerliches Gesetzbuch, 59. Auflage, München 2000 (zit. Palandt/*Verfasser*, BGB)
Papier, Hans-Jürgen/ *Möller*, Johannes	§ 7 SGB IV in der Anwendung durch die Rechtsprechung und das grundgesetzliche Bestimmtheitsgebot, VSSR 1996, S.243 ff.
Pawlowski, Hans-Martin	Die Funktion des Wertbegriffs in der Rechtswissenschaft, JuS 1976, S.351 ff.
Pawlowski, Hans-Martin	Ein neues Verfahren richterlicher Rechtsfortbildung?, ZfA 1974, S.405 ff.
Pawlowski, Hans-Martin	Methodenlehre für Juristen, 3. Auflage, Heidelberg 1999 (zit. *Pawlowski*, Methodenlehre)
Pawlowski, Hans-Martin	Allgemeiner Teil des BGB – Grundlehren des bürgerlichen Rechts, 5. Auflage, Heidelberg 1998 (zit. *Pawlowski*, BGB-AT)
Pawlowski, Hans-Martin	Zum sog. Verfolgungsrecht des Gerichtsvollziehers – Eine Kritik der Interessen- und Wertungsjurisprudenz, AcP 175 (1975), S.189 ff.
Peine, Franz-Joseph	Das Recht als System, Berlin 1983
Picker, Eduard	Die Regelung der „Arbeits- und Wirtschaftsbedingungen" – Vertragsprinzip oder Kampfprinzip?, ZfA 1986, S.199 ff.
Pitschas, Rainer	Der „neue" soziale Rechtsstaat. Vom Wandel der Arbeits- und Sozialverfassung des Grundgesetzes, in: Festschrift für Hans F. Zacher, Heidelberg 1998, S.755 ff.

Pitschas, Rainer — Formelles Sozialstaatsprinzip, materielle Grundrechtsverwirklichung und Organisation sozialer Dienstleistungen, VSSR 1977, S.141 ff.

Podlech, Adalbert — Wertungen und Werte im Recht, AöR 95 (1970), S.185 ff.

Pünnel, Leo — Das Rechtsverhältnis der Behinderten zur „Werkstatt für Behinderte", AuR 1978, S.44 ff.

Pünnel, Leo — Der behinderte Beschäftigte in der „Werkstatt für Behinderte" (WfB) – Wie sollte eine gesetzliche Regelung aussehen?, in: Festschrift für Albert Gnade, Köln 1992, S.323 ff.

Pünnel, Leo — Der Beschäftigte in der Werkstatt für Behinderte – Objekt oder Subjekt?, AuR 1987, S.104 ff.

Pünnel, Leo — Der Beschäftigte in der Werkstatt für Behinderte (WfB), AuR 1996, S.483 f.

Pünnel, Leo/ *Vater*, Alexander — Rechtsbeziehungen in der Werkstatt für Behinderte nach der Werkstättenverordnung, AuR 1981, S.230 ff.

Rahmendaten zur Werkstatt für Behinderte - Umfrageergebnisse zu aktuellen Werkstattfragen, hrgg. von dem Lebenshilfe e.V., 2. Auflage, Marburg an der Lahn 1991

Rancke, Friedbert — Arbeitnehmerbegriff und sozio-ökonomischer Strukturwandel – Eine Analyse der Rechtsprechung des Bundesarbeitsgerichts, AuR 1979, S.9 ff.

Rauscher, Bruno — Die „eingefärbte" zivilrechtliche Vorfrage im Sozialrechtsstreit, NJW 1983, S.2474 ff.

Rebmann, Kurt/*Säcker*/ Franz Jürgen/*Rixecker*, Roland (Hrg.) — Münchener Kommentar zum Bürgerlichen Gesetzbuch, Band 4, 3. Auflage, München 1997 (zit. MüKo-BGB-*Verfasser*)

Reinecke, Gerhard — Neudefinition des Arbeitnehmerbegriffs durch Gesetz und Rechtsprechung, ZIP 1998, S.581 ff.

Reinecke, Gerhard — Der Kampf um die Arbeitnehmereigenschaft – prozessuale, materielle und taktische Probleme, NZA 1999, S.729 ff.

Reiter, Heinrich — Das Sozialstaatsgebot in der Rechtsprechung des Bundessozialgerichts, in: Festschrift für Hans F. Zacher, Heidelberg 1998, S.777 ff.

Reuter, Dieter — Die Stellung des Arbeitsrechts in der Privatrechtsordnung, in: Berichte aus den Sitzungen der Joachim-Jungius-Gesellschaft der Wissenschaften e.V., Jg.7, Heft 2, Hamburg 1989, S.3 ff. (zit. *Reuter*, Die Stellung des Arbeitsrechts)

Reuter, Dieter — Gibt es eine arbeitsrechtliche Methode?, in: Festschrift für Hilger/Stumpf, München 1983, S.573 ff.

Richardi, Reinhard — Arbeitsrecht und Zivilrecht, ZfA 1974, S.3 ff.

Richardi, Reinhard — Der Arbeitsvertrag im Zivilrechtssystem, ZfA 1988, S.221 ff.

Richardi, Reinhard — Die Bedeutung der Personalstruktur für die Befristung von Arbeitsverhältnissen im Hochschulbereich, DB 1981, S.1461 ff.

Richardi, Reinhard — Arbeitnehmerbegriff und Arbeitsvertrag, in: Festschrift zum 125jährigen Bestehen der Juristischen Gesellschaft zu Berlin, Berlin/New York 1984, S.607 ff.

Richardi, Reinhard/ *Wlotzke*, Otfried (Hrg.) — Münchener Handbuch zum Arbeitsrecht, Band 1, 2. Auflage, München 2000 und Band 2, 2. Auflage, München 2000 (zit. MünchArbR/*Verfasser*, Bd.1 od. 2)

Rieble, Volker — Die relative Verselbständigung von Arbeitnehmern – Bewegung in den Randzonen des Arbeitsrechts?, ZfA 1998, S.327 ff.

Rifkin, Jeremy — Das Ende der Arbeit und ihre Zukunft, Frankfurt am Main 1997

Rindt, Manfred — Die berufliche Eingliederung Behinderter, AuA 1990, S.1 ff.

Rittner, Franz — Die Sicherheitsleistung bei der ordentlichen Kapitalherabsetzung, in: Festschrift für Walter Oppenhoff, München 1985, S.351 ff.

Robbers, Gerhard — Gerechtigkeit als Prinzip, Diss., Baden-Baden 1980

Rode, Karlheinz — Begriffliche und typologische Gesetzesinterpretation, JR 1968, S.401 ff.

Rohlfing, Bernd — Die Arbeitnehmereigenschaft von Auszubildenden und Umschülern im Sinne des Arbeitsgerichtsgesetzes und des Betriebsverfassungsgesetzes, NZA 1997, S.365 ff.

Rommé, Oliver — Unternehmerrisiko, ZfA 1997, S.251 ff.

Rost, Friedhelm — Arbeitnehmer und arbeitnehmerähnliche Personen im Betriebsverfassungsrecht, NZA 1999, S.113 ff.

Rother, Kurt — Die Werkstatt für Behinderte aus sozialpolitischer, pädagogischer und ökonomischer Sicht, NDV 1976, S.272 ff.

Rother, W. — Der Urlaubsanspruch des Eintagsbeschäftigten, RdA 1966, S.301 ff.

Ruland, Franz — Anforderungen an ein Buch „Rehabilitationsrecht" aus sozialmedizinischer Sicht, SDSRV 37, S.105 ff.

Runde, Peter — Zukunft der Rehabilitation, Hamburg 1986

Rupp, Hans Heinrich — Art.3 GG als Maßstab verfassungsrechtlicher Gesetzeskontrolle, in: Festschrift für das Bundesverfassungsgericht, Band 2, Tübingen 1976, S.364 ff.

Rüthers, Bernd — Die Verbindlichkeit des Unverbindlichen, NJW 1992, S.879 f.

Rüthers, Bernd — Paritätische Mitbestimmung und Tendenzschutz, AfP 1974, S.542 ff.

Rüthers, Bernd — Programmfreiheit der Rundfunkanstalten und Arbeitsrechtsschutz der freien Mitarbeiter, DB 1982, S.1869 ff.

Rüthers, Bernd — Die unbegrenzte Auslegung, Tübingen 1968

Sachs, Michael (Hrg.) — Grundgesetz Kommentar, 2. Auflage, München 1999 (zit. *Verfasser* in: Sachs, GG)

Schaaf, Michael — Anspruch auf Arbeitsentgelt aus einem Wiedereingliederungsverhältnis, SGb 1993, S.506 ff.

Schaub, Günter — Arbeitsrechts-Handbuch, 9. Auflage, München 2000

Schellhorn, Walter/ *Jirasek*, Hans/ *Seipp*, Paul — Das Bundessozialhilfegesetz, 15. Auflage, Neuwied/Berlin/ Kriftel 1997

Schilcher, Bernd — Gesetzgebung und Bewegliches System, in: Das Bewegliche System im geltenden und künftigen Recht, hrgg. von *Winkler*, Günther, Redaktion *Bydlinski*, Franz u.a., Wien/New York 1986, S.287 ff. (zit.: *Schilcher*, Bydlinski u.a.)

Schlachter, Monika — Anmerkung zum Beschluß des BAG vom 20.3.1996 – 7 ABR 34/95 –, in: AP Nr.10 zu § 5 BetrVG 1972

Schlage, Hanno — Aufbau, Struktur und Organisation von außerbetrieblichen Einrichtungen der beruflichen Rehabilitation, Bochum 1981

Schleusener, Axel Aino — Der Gewerkschaftsbegriff in § 11 ArbGG, NZA 1999, S.408 ff.

Schliemann, Harald — Flucht aus dem Arbeitsverhältnis – falsche oder echte Selbständigkeit?, RdA 1997, S.322 ff.

Schliemann, Harald — Wahlen zum und im Betriebsrat – Ausgewählte neuere Rechtsprechung des Bundesarbeitsgerichts, ZTR 1994, S.135 ff.

Schmeller, Franz — Änderung der §§ 40 bis 44 BSHG, der §§ 17, 19 EinglHVO, der §§ 54 ff. SchwbG und der §§ 1 ff. SchwbWV durch das Gesetz zur Reform des Sozialhilferechts, NDV 1997, S.69 ff.

Schmidt-Bleibtreu, Bruno/ *Klein*, Franz — Kommentar zum Grundgesetz, 9. Auflage, Neuwied 1999 (zit.: Schmidt-Bleibtreu/Klein-*Verfasser*)

Schmitt, Jochem — Leistungserbringung durch Dritte im Sozialrecht, Köln 1990

Schneider, Alfred — Anmerkung zum Beschluß des Gemeinsamen Senats der Obersten Gerichtshöfe des Bundes vom 27.1.1983 – OGB 2/82 –, in: AP Nr.4 zu § 14 BBiG

Schneider, Hans-Peter — Gesetzgebung und Einzelfallgerechtigkeit, ZRP 1998, S.323 ff.

Schoch, Friedrich — Der Gleichheitssatz, DVBl 1988, S.863 ff.

Scholler, Heinrich — Arbeits- und sozialpolitische Probleme der Beschäftigung in Werkstätten für Behinderte, ZfSH 1981, S.193 ff.

Scholler, Heinrich — Die Werkstättenverordnung und ihre Einpassung in das Konzept der Rehabilitation, ZfSH 1981, S.266 ff.

Scholler, Heinrich/ nis, *Broß*, Siegfried — Das Rehabilitationsverhältnis als soziales Betreuungsverhält- ZfSH 1978, S.1 ff.

Scholz, Rupert — Die Berufsfreiheit als Grundlage und Grenze arbeitsrechtlicher Regelungssysteme, ZfA 1981, S.265 ff.

Scholz, Rupert/ *Pitschas*, Rainer — Sozialstaat und Gleichheit, in: Sozialrechtsprechung - Verantwortung für den sozialen Rechtsstaat, Festschrift zum 25jährigen Bestehen des Bundessozialgerichts, Band 2, Köln 1979, S.627 ff.

Schulin, Bertram (Hrg.) Handbuch des Sozialversicherungsrechts, Band 1: Krankenversicherungsrecht, München 1994 (zit. *Verfasser* in: Schulin HS-KV)

Schulin, Bertram (Hrg.) Handbuch des Sozialversicherungsrechts, Band 2: Unfallversicherungsrecht, München 1996 (zit. *Verfasser* in: Schulin HS-UV)

Schulin, Bertram (Hrg.) Handbuch des Sozialversicherungsrechts, Band 3: Rentenversicherungsrecht, München 1999 (zit. *Verfasser* in: Schulin HS-RV)

Schulin, Bertram Behindertenrecht in der Bundesrepublik Deutschland, ZfS 1981, S.270 ff.

Schulin, Bertram Der rechtliche Schutz des Anspruchs der Behinderten auf Arbeitsentgelt in Werkstätten für Behinderte, Konstanz 1986 (zit. *Schulin*, Arbeitsentgelt)

Schulin, Bertram Soziale Sicherung der Behinderten, Freiburg 1980 (zit. *Schulin*, Soziale Sicherung)

Schulin, Bertram Die Freiheit des Berufs im Sozialrecht, SGb 1989, S.94 ff.

Schulte, Hans Zu den Gesichtspunkten des Bundesgerichtshofes bei der Fortbildung des Gesellschaftsrechts, in: Festschrift für Harry Westermann, Karlsruhe 1974, S.525 ff.

Schuppert, Gunnar Folke Verfassungsrechtliche Prüfungsmaßstäbe bei der verfassungsgerichtlichen Überprüfung von Steuergesetzen – Ein Beitrag zu den verfassungsrechtlichen Bindungen des Steuerrechts, in: Festschrift für Wolfgang Zeidler, Berlin 1987, S.691 ff.

Schuppert, Gunnar Folke Zur Anatomie und Analyse des Dritten Sektors, Die Verwaltung 28 (1995), S.137 ff.

Selmer, Peter Finanzordnung und Grundgesetz, AöR 101 (1976), S.399 ff.

Sendler, Horst Grundrecht auf Widerspruchsfreiheit der Rechtsordnung? – Eine Reise nach Absurdistan?, NJW 1998, S.2875 ff.

Simitis, Spiros Die Bedeutung von System und Dogmatik – dargestellt an rechtsgeschäftlichen Problemen des Massenverkehrs, AcP 172 (1972), S.131 ff.

Sodan, Helge — Freie Berufe und Leistungserbringer im Recht der gesetzlichen Krankenversicherung, Tübingen 1997

Söllner, Alfred — Grundriß des Arbeitsrechts, 12. Auflage, München 1998

Soergel, Theodor (Begr.) — Kommentar zum Bürgerlichen Gesetzbuch mit Einführungsgesetz und Nebengesetzen, Band 4/1, Schuldrecht III/1, 12. Auflage, Stuttgart/Berlin/Köln 1998 (zit. *Soergel*/Verfasser, BGB)

Spielbüchler, Karl — Die Auslegung des Angestelltenbegriffs, ZAS 1969, S.1 ff.

Springer, Tade Matthias — Umfassender Schutz aller Behinderten über Art.3 Abs.3 Satz 2, br 1998, S.92 f.

Spur, Günter u.a. — Automatisierung und Wandel der betrieblichen Arbeitswelt, Forschungsbericht, Berlin/New York 1993

Steininger, Viktor — Walter Wilburg als Lehrer und Forscher in der Erinnerung seiner unmittelbaren Schüler und das Bewegliche System im Gesamtgefüge der Wissenschaften, in: Das Bewegliche System im geltenden und künftigen Recht, hrgg. von *Winkler*, Günther, Redaktion *Bydlinski*, Franz u.a., Wien/New York 1986, S.1 ff.

Stelkens, Paul/*Bonk*, Heinz Joachim/*Sachs*, Michael (Hrg.) — Verwaltungsverfahrensgesetz, 5. Auflage, München 1998

Stratmann, Franz Josef/ *Urban*, Bernd — Ziele und Durchsetzungsmöglichkeiten bei Werkstätten als Einrichtungen der beruflichen Rehabilitation und als Arbeitmarkt für Behinderte, Institut für Arbeitsmarktforschung der Bundesanstalt für Arbeit (Hrg.), Nürnberg 1981

Strick, Kerstin — Diskussionsbericht vom Symposion des Bundesarbeitsgerichts und des Deutschen Arbeitsgerichtsverbandes vom 5. und 6.März 1998, RdA 1998, S.228 ff. (zit. Strick/*Redner*, RdA 1998)

Stroebel, Hubertus — Soziale Sicherheit der Personen, die in Werkstätten für Behinderte beschäftigt werden, Die Rehabilitation 1969, S.1 ff.

Strohm, Fritz — Sicherung der Eingliederung durch nachgehende Hilfe, in: Der behinderte Mensch in unserer Zeit - Gesamtbericht über den 65. Deutschen Fürsorgetag 1967 in Hamburg, Frankfurt am Main 1968, S.139 ff. (zit. *Strohm*, Gesamtbericht)

Thieler, Heinz-Siegmund Dualer Behindertenbegriff – ein Gebot des Sozialrechts!, NZA 1985, S.111 ff.

Tiedt, Günter/ *Seidel*, Ehrentraud Die Rehabilitation psychisch Behinderter – Ein Diskussionsbeitrag, DRV 1984, S.547 ff.

Tipke, Klaus Anwendung des Gleichheitssatzes im Steuerrecht – Methode oder irrationale Spekulation, BB 1973, S.157 ff.

Tipke, Klaus Steuerrechtswissenschaft und Steuersystem, in: Festschrift für Gerhard Wacke, Köln-Marienburg 1972, S.211 ff.

Unger, Manfred Die rechtlichen Beziehungen zwischen den am Rehabilitationsverhältnis Beteiligten, SGb 1982, S.344 ff.

Unger, Manfred Auch für Reha-Recht bleiben Fragen offen, ErsK 1983, S.348 ff.

v. Hoyningen-Huene, Gerrik Das Rechtsverhältnis zur stufenweisen Wiedereingliederung arbeitsunfähiger Arbeitnehmer (§ 74 SGB V), NZA 1992, S.49 ff.

v.Münch, Ingo/ *Kunig*, Philip Grundgesetz-Kommentar, Band 1, 4. Auflage, München 1992 (zit. *Verfasser* in v.Münch/Kunig, GG)

van der Veen, Joseph J.M. Die Überwindung der traditionellen Zweiteilung von öffentlichem und privatem Recht, besonders an Hand des Arbeitsrechts, in: Festschrift für Hans Carl Nipperdey, Band II, München/Berlin 1965, S.681 ff.

van der Veen, Joseph J.M. Eins-Zwei-Drei? Bürgerliches, Öffentliches, Soziales Recht, in: Festschrift für Rudolf Reinhardt zum 70. Geburtstag, Köln-Marienburg 1972, S.167 ff.

Verband Deutscher Rentenversicherungsträger Abschlußbericht der Reha-Kommission-Berufsförderung des Verbandes Deutscher Rentenversicherungsträger, Frankfurt am Main 1997 (zit. Abschlußbericht Reha-Kommission)

Vetter, Lore Stufenweise Wiedereingliederung - § 74 SGB V, BKK 1989, S.676 ff.

Viehweg, Theodor Systemprobleme in Rechtsdogmatik und Rechtsforschung, in: *Diemer*, Alwin (Hrg.), System und Klassifikation in Wissenschaft und Dokumentation, Meisenheim am Glan 1968, S.96 ff. (zit. *Viehweg*, Diemer (Hrg.))

Viehweg, Theodor	Topik und Jurisprudenz, 5. Auflage, München 1974
Vollmar, Helmut	Zum Rechtsstatus des Rehabilitanden im Berufsbildungswerk, RsDE 11 (1990), S.41 ff.
Volmer, Bernhard	Anmerkung zum Urteil des LAG Niedersachsen vom 22.9.1976 – 8 (6) Sa 728/76 –, ZfS 1978, S.298 f.
von der Stein, Alois	Der Systembegriff in seiner geschichtlichen Entwicklung, in: *Diemer*, Alwin (Hrg.), System und Klassifikation in Wissenschaft und Dokumentation, Meisenheim am Glan 1968, S.1 ff.
von Hülsen, Hans-Viggo	Sinn und Methode der Rechtsvergleichung, insbesondere bei der Ermittlung übernationalen Zivilrechts, JZ 1967, S.629 ff.
von Maydell, Bernd; *Eylert*, Mario	Zum Wahlrecht der Behinderten nach dem Betriebsverfassungsgesetz in den Werkstätten für Behinderte, RdA 1981, S.148 ff.
von Maydell, Bernd; *Ruland*, Franz (Hrg.)	Sozialrechtshandbuch, 2. Auflage, Neuwied/Kriftel/Berlin 1996 (zit. *Verfasser*, SRH)
von Savigny, Friedrich C.	System des heutigen römischen Rechts, Band 1, Berlin 1840
von Staudinger, Julius (Begr.)	J. von Staudingers Kommentar zum Bürgerlichen Gesetzbuch, Zweites Buch, §§ 611 -615, 13. Auflage, Berlin 1999 (zit. Staudinger/*Verfasser*, BGB)
Walger, Martin	Ökonomie der Rehabilitation Behinderter, Frankfurt am Main/New York 1992
Wank, Rolf	Arbeiter und Angestellte, Berlin 1992 (zit. *Wank*, Arbeiter und Angestellte)
Wank, Rolf	Arbeitnehmer und Selbständige, München 1988 (zit. *Wank*, Arbeitnehmer)
Wank, Rolf	Die „neue Selbständigkeit“, DB 1992, S.90 ff.
Wank, Rolf	Die juristische Begriffsbildung, München 1985 (zit. *Wank*, Begriffsbildung)
Wank, Rolf	Telearbeit, NZA 1999, S.225 ff.
Wank, Rolf	Die verfassungsgerichtliche Kontrolle der Gesetzgebung und Rechtsfortbildung durch die Fachgerichte, JuS 1980, S.545 ff.

Wannagat, Georg (Hrg.) Sozialgesetzbuch – Kommentar zum Recht des Sozialgesetzbuchs, Erstes Buch (I) Allgemeiner Teil, Loseblatt, September 1997, Köln/Berlin/Bonn/München

Wanner, Ernst Arbeitsunfähigkeits-Richtlinien in Kraft, DB 1992, S.93 ff.

Weber, Rolf Schwerbehindertengesetzkommentar, Loseblatt, Oktober 1998, Köln

Weeber, Joachim Radikalreform oder Umbau des Sozialsystems?, ZSR 42 (1996), S.209 ff.

Weimar, Robert/ *Goebel*, Dietrich Neue Grundsatzfragen um Scheinselbständigkeit und arbeitnehmerähnliche Selbständige, ZIP 1999, S.217 ff.

Wendt, Rudolf Der Gleichheitssatz, NVwZ 1988, S.778 ff.

Wendt, Sabine Die Sozialhilferechtsreform 1996 und ihre Auswirkungen auf die Werkstätten für Behinderte, RsDE 36 (1997), S.43 ff.

Wendt, Sabine Zur Entlohnung der Beschäftigten in den Werkstätten für Behinderte, AuR 1989, S.128 ff.

Wertenbruch, Wilhelm (Hrg.) Bochumer Kommentar zum Sozialgesetzbuch, Allgemeiner Teil, Berlin/New York 1979 (zit. *Verfasser*, BochKomm)

Wertenbruch, Wilhelm Eingliederung Behinderter, in: Sozialrechtsprechung – Verantwortung für den sozialen Rechtsstaat, Festschrift zum 25 jährigen Bestehen des Bundessozialgerichts, Band 1, Köln 1979, S.325 ff.

Wertenbruch, Wilhelm Rehabilitation – Recht und Praxis, SGb 1977, S.327 ff.

Westerhoff, Rudolf Die Elemente des Beweglichen Systems, Berlin 1991

Westermann, Harm Peter Sonderprivatrechtliche Sozialmodelle und das allgemeine Privatrecht, AcP 178 (1978), S.150 ff.

Westermann, Harry Wesen und Grenzen der richterlichen Streitentscheidung im Zivilrecht, Münster Westfalen 1955 (zit. *Westermann*, Streitentscheidung)

Wieacker, Franz Privatrechtsgeschichte der Neuzeit unter besonderer Berücksichtigung der deutschen Entwicklung, 2. Auflage, Göttingen 1967

Wiedemann, Herbert — Zur culpa in contrahendo beim Abschluß des Arbeitsvertrages, in: Festschrift für Wilhelm Herschel, München 1982, S.463 ff.

Wiedemann, Herbert/*Pahlen*, Hubertus — Die Zulässigkeit von Zeitarbeitsverträgen im öffentlichen Dienst insbes. im Hochschulbereich, RdA 1977, S.85 ff.

Wiegand, Bernd — Kommentar zum Schwerbehindertengesetz, Loseblatt, Juni 2000, Wiesbaden

Wiegand, Dietrich — Der „Umbau" des Sozialstaates, SozVers 1996, S.141 ff.

Wienand, Manfred — Anforderungen an ein Buch „Rehabilitationsrecht" aus Sicht der sozialen Rehabilitation und der Rehabilitationseinrichtungen, SDSRV 37, S.127 ff.

Wiese, Günther — Der personelle Gehalt des Arbeitsverhältnisses, ZfA 1996, S.439 ff.

Wilburg, Walter — Entwicklung eines beweglichen Systems im Bürgerlichen Recht, Graz 1950

Wille, Wolfgang — Stellung der beruflichen Rehabilitation im System der sozialen Sicherung – Zur Rechtsentwicklung seit 1974, NDV 1980, S.54 ff.

Winckelmann, Hans-Karl — Sozial- und Jugendhilfe, Sozialversicherung und Arbeitsrecht, in: Der behinderte Mensch in unserer Zeit - Gesamtbericht über den 65. Deutschen Fürsorgetag 1967 in Hamburg, Frankfurt am Main 1968

Wlotzke, Otfried — Leistungspflicht und Person des Arbeitnehmers in der Dogmatik des Arbeitsvertrages, RdA 1965, S.180 ff.

Wohlgemuth, Hans Hermann — BBiG Berufsbildungsgesetz Kommentar für die Praxis, 2. Auflage, Köln 1995

Wolf, Ernst — BGB-AT, 3. Auflage, Köln/Berlin/Bonn/München 1982

Wolff, Hans J./*Bachof*, Otto/*Stober*, Rolf — Verwaltungsrecht I, 10. Auflage, München 1994

Zacher, Hans F. — Grundtypen des Sozialrechts, in: Festschrift für Wolfgang Zeidler, Berlin 1987, S.571 ff.

Zacher, Hans F. — Soziale Gleichheit, AöR 93 (1968), S.341 ff.

Zacher, Hans F.	Was ist Sozialrecht?, in: Sozialrecht in Wissenschaft und Praxis, Festschrift für Horst Schieckel, Percha am Starnberger See/Kampfenhausen am Starnberger See 1978, S.371 ff.
Zacher, Hans F.	Was kann und soll das Sozialgesetzbuch leisten?, ZfS 1977, S.145 ff.
Zacher, Hans F.	Zur Anatomie des Sozialrechts, SGb 1982, S.329 ff.
Zacher, Hans F.	Grundfragen theoretischer und praktischer sozialrechtlicher Arbeit, VSSR 1976, S.1 ff.
Zeihe, Paul-Arthur	Anmerkung zum Urteil des BSG vom 15.11.1979 – 11 RA 9/79 –, in: SGb 1980, S.555 ff.
Zeller, Ernst	Auslegung von Gesetz und Vertrag, Zürich 1989
Zeuner, Albrecht	Überlegungen zum Begriff des Arbeitnehmers und zum Anwendungsbereich arbeitsrechtlicher Regelungen, RdA 1975, S.84 ff.
Zippelius, Reinhold	Der Gleichheitssatz, VVDStRL 47 (1989), S.7 ff.
Zippelius, Reinhold	Die Verwendung von Typen in Normen und Prognosen, in: Festschrift für Karl Engisch zum 70. Geburtstag, Frankfurt am Main 1969, S.224 ff.
Zöllner, Wolfgang	Die Einwirkung der erweiterten Mitbestimmung auf das Arbeitsrecht, RdA 1969, S.65 ff.
Zöllner, Wolfgang	Die politische Rolle des Privatrechts, JuS 1988, S.329 ff.
Zöllner, Wolfgang	Privatautonomie und Arbeitsverhältnis, AcP 176 (1976), S.221 ff.
Zöllner, Wolfgang/ *Loritz*, Karl-Georg	Arbeitsrecht, 5. Auflage, München 1998
Zwade, Christian	Die Teilarbeitsfähigkeit aus arbeits- und sozialrechtlicher Sicht, Diss., Regensburg 1995
Zweng, Johann/*Scheerer*, Reinhard/*Buschmann*, Gerhard/*Dörr*, Gernot	Handbuch der Rentenversicherung, II, Sozialgesetzbuch VI, Loseblatt, August 1998, Stuttgart/Berlin/Köln

Peter Lang · Europäischer Verlag der Wissenschaften

Friedrich E. Schnapp (Hrsg.)

Probleme der Rechtsquellen im Sozialversicherungsrecht Teil III

Tagungsband zum 7. Fachkolloquium des Instituts für Sozialrecht am 24./25. Juni 1999 in Bochum

Frankfurt/M., Berlin, Bern, Bruxelles, New York, Oxford, Wien, 2000. 287 S.
Bochumer Schriften zum Sozialrecht. Herausgegeben von Friedrich E. Schnapp. Bd. 6
ISBN 3-631-36891-7 · br. DM 89.–*

Seit Jahrzehnten leben Sozialgerichtsbarkeit und Sozialrechtswissenschaft mit einer – im Vergleich zu anderen Gebieten – ungewöhnlichen Vielfalt verschiedener Normtypen, die Theorie und Praxis bis in die jüngste Zeit mit immer neuen Problemen konfrontiert haben. Im Rahmen des 7. Fachkolloquiums des Instituts für Sozialrecht der Ruhr-Universität Bochum haben sich ausgewiesene Fachleute mit den Fragen befaßt, die, vor allem im Zusammenhang mit der dritten Stufe der Gesundheitsreform, durch diese unorthodoxen Handlungsinstrumentarien ausgelöst werden.
Damit setzt das Institut für Sozialrecht eine Veranstaltungsreihe fort, die sich den übergreifenden Rechtsquellenproblemen im Sozialrecht widmet. Die Ergebnisse der ersten beiden einschlägigen Tagungen sind im ersten bzw. zweiten Band der Schriftenreihe dokumentiert.

Aus dem Inhalt: Bundesausschuß der Ärzte und Krankenkassen: Aufgaben, Zusammensetzung, Verfahren · Der „kleine Gesetzgeber" und die Rechte der Versicherten · Richtliniengesetzgebung durch den Bundesausschuß der Ärzte und Krankenkassen und demokratische Legitimation · Untergesetzliche Normsetzung im Recht der gesetzlichen Krankenversicherung durch Verträge und Richtlinien · Das Entscheidungsmonopol des Bundesausschusses Ärzte/Krankenkassen für Arzneimittel und neue medizinische Verfahren · Der Vertragsarzt: Ausschußbeauftragter für den Richtlinienvollzug?

Frankfurt/M · Berlin · Bern · Bruxelles · New York · Oxford · Wien
Auslieferung: Verlag Peter Lang AG
Jupiterstr. 15, CH-3000 Bern 15
Telefax (004131) 9402131
*inklusive Mehrwertsteuer
Preisänderungen vorbehalten

FSC
www.fsc.org
MIX
Papier | Fördert gute Waldnutzung
FSC® C083411

Kolibri 360 GmbH
Ferdinand-Jühlke-Straße 7
99095 Erfurt, Deutschland
produktsicherheit@kolibri360.de

Druck:
CPI Druckdienstleistungen GmbH
im Auftrag der
Kolibri 360 GmbH
Ferdinand-Jühlke-Str. 7
99095 Erfurt